经以修心
勤政廉事

贺教育印
知识问项目
心里工作

李路林
乙巳春八

教育部哲学社會科学研究重大課題攻關項目
"十四五"时期国家重点出版物出版专项规划项目

马克思主义中国化
新飞跃论纲

THE NEW LEAP OF
MARXISM IN CHINA

章忠民
等著

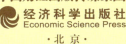

中国财经出版传媒集团
经济科学出版社
Economic Science Press
·北 京·

图书在版编目（CIP）数据

马克思主义中国化新飞跃论纲／章忠民等著．

北京 ：经济科学出版社，2025.3. -- ISBN 978 - 7 - 5218 -
6400 - 7

Ⅰ. D61

中国国家版本馆 CIP 数据核字第 2024C3N235 号

责任编辑：孙丽丽　胡蔚婷
责任校对：齐　杰
责任印制：范　艳

马克思主义中国化新飞跃论纲

章忠民　等著

经济科学出版社出版、发行　新华书店经销

社址：北京市海淀区阜成路甲 28 号　邮编：100142

总编部电话：010 - 88191217　发行部电话：010 - 88191522

网址：www. esp. com. cn

电子邮箱：esp@ esp. com. cn

天猫网店：经济科学出版社旗舰店

网址：http：//jjkxcbs. tmall. com

北京季蜂印刷有限公司印装

787 × 1092　16 开　25.5 印张　500000 字

2025 年 3 月第 1 版　2025 年 3 月第 1 次印刷

ISBN 978 - 7 - 5218 - 6400 - 7　定价：103.00 元

课题组主要成员

首 席 专 家　章忠民
主 要 成 员　徐家林　张桂芳　裴学进　刘慧卿
　　　　　　　刘 洋　姜国敏　孙 鹏　张孟雯
　　　　　　　李亚丁　王世进　赵 劲

总　序

哲学社会科学是人们认识世界、改造世界的重要工具，是推动历史发展和社会进步的重要力量，其发展水平反映了一个民族的思维能力、精神品格、文明素质，体现了一个国家的综合国力和国际竞争力。一个国家的发展水平，既取决于自然科学发展水平，也取决于哲学社会科学发展水平。

党和国家高度重视哲学社会科学。党的十八大提出要建设哲学社会科学创新体系，推进马克思主义中国化、时代化、大众化，坚持不懈用中国特色社会主义理论体系武装全党、教育人民。2016年5月17日，习近平总书记亲自主持召开哲学社会科学工作座谈会并发表重要讲话。讲话从坚持和发展中国特色社会主义事业全局的高度，深刻阐释了哲学社会科学的战略地位，全面分析了哲学社会科学面临的新形势，明确了加快构建中国特色哲学社会科学的新目标，对哲学社会科学工作者提出了新期待，体现了我们党对哲学社会科学发展规律的认识达到了一个新高度，是一篇新形势下繁荣发展我国哲学社会科学事业的纲领性文献，为哲学社会科学事业提供了强大精神动力，指明了前进方向。

高校是我国哲学社会科学事业的主力军。贯彻落实习近平总书记哲学社会科学座谈会重要讲话精神，加快构建中国特色哲学社会科学，高校应发挥重要作用：要坚持和巩固马克思主义的指导地位，用中国化的马克思主义指导哲学社会科学；要实施以育人育才为中心的哲学社会科学整体发展战略，构筑学生、学术、学科一体的综合发展体系；要以人为本，从人抓起，积极实施人才工程，构建种类齐全、梯队衔接的高校哲学社会科学人才体系；要深化科研管理体制改革，发挥高校人才、智力和学科优势，提升学术原创能力，激发创新创造活力，建设中国特色新型高校智库；要加强组织领导、做好统筹规划、营造良好学术生态，形成统筹推进高校哲学社会科学发展新格局。

哲学社会科学研究重大课题攻关项目计划是教育部贯彻落实党中央决策部署的一项重大举措，是实施"高校哲学社会科学繁荣计划"的重要内容。重大攻关项目采取招投标的组织方式，按照"公平竞争，择优立项，严格管理，铸造精品"的要求进行，每年评审立项约40个项目。项目研究实行首席专家负责制，鼓励跨学科、跨学校、跨地区的联合研究，协同创新。重大攻关项目以解决国家现代化建设过程中重大理论和实际问题为主攻方向，以提升为党和政府咨询决策服务能力和推动哲学社会科学发展为战略目标，集合优秀研究团队和顶尖人才联合攻关。自2003年以来，项目开展取得了丰硕成果，形成了特色品牌。一大批标志性成果纷纷涌现，一大批科研名家脱颖而出，高校哲学社会科学整体实力和社会影响力快速提升。国务院副总理刘延东同志做出重要批示，指出重大攻关项目有效调动各方面的积极性，产生了一批重要成果，影响广泛，成效显著；要总结经验，再接再厉，紧密服务国家需求，更好地优化资源，突出重点，多出精品，多出人才，为经济社会发展做出新的贡献。

作为教育部社科研究项目中的拳头产品，我们始终秉持以管理创新服务学术创新的理念，坚持科学管理、民主管理、依法管理，切实增强服务意识，不断创新管理模式，健全管理制度，加强对重大攻关项目的选题遴选、评审立项、组织开题、中期检查到最终成果鉴定的全过程管理，逐渐探索并形成一套成熟有效、符合学术研究规律的管理办法，努力将重大攻关项目打造成学术精品工程。我们将项目最终成果汇编成"教育部哲学社会科学研究重大课题攻关项目成果文库"统一组织出版。经济科学出版社倾全社之力，精心组织编辑力量，努力铸造出版精品。国学大师季羡林先生为本文库题词："经时济世 继往开来——贺教育部重大攻关项目成果出版"；欧阳中石先生题写了"教育部哲学社会科学研究重大课题攻关项目"的书名，充分体现了他们对繁荣发展高校哲学社会科学的深切勉励和由衷期望。

伟大的时代呼唤伟大的理论，伟大的理论推动伟大的实践。高校哲学社会科学将不忘初心，继续前进。深入贯彻落实习近平总书记系列重要讲话精神，坚持道路自信、理论自信、制度自信、文化自信，立足中国、借鉴国外、挖掘历史、把握当代，关怀人类、面向未来，立时代之潮头、发思想之先声，为加快构建中国特色哲学社会科学，实现中华民族伟大复兴的中国梦做出新的更大贡献！

教育部社会科学司

摘　要

本书对于实现马克思主义中国化新的飞跃的重大理论成果——习近平新时代中国特色社会主义思想——的深刻内涵进行多方位的学理性阐释。本书的全部研究工作始终注意围绕这一新思想本身得以命名的三个关键词"新时代""中国特色""社会主义"进行阐释，既梳理了习近平新时代中国特色社会主义思想的红色基因和文化底蕴，又强调了它的原创性贡献和在马克思主义发展史上的地位。

第一章从时代方位、社会主义建设规律、共产党执政规律、人类社会发展规律这四大问题领域入手阐述习近平新时代中国特色社会主义思想的鲜明问题意识，确定其所要着手处理的基本理论议题，包括：准确判断中国社会主要矛盾的转化、坚持和发展中国特色社会主义、加强党的长期执政能力建设、构建人类命运共同体。

第二章结合第一章的四大问题，阐述习近平新时代中国特色社会主义思想关于中华民族伟大复兴的中国梦、科学社会主义的中国方案、中国共产党的初心使命、中国构建人类命运共同体的文明智慧的独到理论创见，指出这些原创性范畴和命题对于解决现实重大问题的指导意义。

第三章从总体上评价习近平新时代中国特色社会主义思想的历史地位，阐明其在理论维度上是开创了马克思主义发展的新阶段，在实践维度上是阐明了中国式现代化新道路，在价值维度上是展示了人类文明新形态。

第四章归纳了习近平新时代中国特色社会主义思想的理论品格。习近平新时代中国特色社会主义思想坚持实践导向，它不是抽象理论思辨，而是为新时代布局提供直接现实性方略。这一新思想坚持守正创新，是对马克思主义经典理论、对马克思主义中国化以及对中国发展的世界意蕴阐释上的重大创新。这一新思想蕴含着丰富的科学方法，具有从哲学世界观到治国理政实践的多层次方法论指导价值。

第五章提炼了习近平新时代中国特色社会主义思想的内在逻辑。这一新思想从生成逻辑上说，是人民群众、党和领袖的合力缔造；从历史逻辑上说，是中国和世界历史进程相互影响的产物，反映了中国在世界上的能动作用逐步提升的历史阶段特征；从理论逻辑上说，是21世纪时代精神精华的交汇凝聚，代表人类文明智慧的升华；从实践逻辑上说，是21世纪社会主义建设的科学方案，谱写了美好生活的详细蓝图。

第六章分析了习近平新时代中国特色社会主义思想的战略格局。新思想针对新时代实践给出了根本指引，坚持以人民为中心，积极运用科学思维，始终贯彻新发展理念。新思想突出党的核心领导力量，为加强党的自身建设和提高党的执政能力做出了深刻阐述。新思想科学布局了新时代中国特色社会主义的事业，推进"五位一体"和"四个全面"建设，并注意加强外部保障，善处当代世界的百年变局和战略机遇。

第七章考察了习近平新时代中国特色社会主义思想的若干重要执政举措。结合新思想指导新时代工作的四方面实际案例，从夯实当下、继往开来、大国善治、谋求大同四个维度上分别论述实施精准扶贫、坚持全面深化改革、推进治理体系和治理能力现代化、构建人类命运共同体的行动内在理路，突出展示新思想的实施路径。

Abstract

This book carries out anacademic study of Xi Jinping Thought on Socialism with Chinese Characteristics for a New Era, which represents a new breakthrough in adapting Marxism to the Chinese context. All the research work in this book always pays attention to the interpretation of the three key words "New Era", "Chinese Characteristics" and "Socialism", which named the new thought itself. We combs out the red gene and cultural heritage of Xi Jinping Thought on Socialism with Chinese Characteristics for a New Era, and emphasizes its original contribution and position in the development history of Marxism.

Chapter 1 expounds the distinctive questions realized by Xi Jinping Thought on Socialism with Chinese Characteristics for a New Era, including the position of the contemporary era, the laws that underlie the development of socialism, the laws that underlie governance by a Communist party, and the laws that underlie the evolution of human society. Those questions determines the basic theoretical issues to be dealt with, so that Xi Jinping Thought on Socialism with Chinese Characteristics for a New Era accurately judges the transformation of the principal contradiction facing Chinese society, upholds and develops socialism with Chinese characteristics, strengthens the Party's capacity for long-term governance, and builds a community with a shared future for mankind.

In view of the four questions of Chapter 1, Chapter 2 elaborated the new thought about the Chinese Dream of national rejuvenation, the Chinese approach to scientific socialism, the aspiration and mission of the CPC, the wisdom of Chinese civilization to build a community with a shared future for mankind. We points out the significance of Xi Jinping Thought on Socialism with Chinese Characteristics for a New Era to solve the questions.

Chapter 3 evaluate the historical status of Xi Jinping Thought on Socialism with

Chinese Characteristics for a New Era on the whole, and clarify that it has achieved a new breakthrough indeveloping Marxism, expressed the new road of Chinese modernization, and demonstrated the new form of human civilization.

Chapter 4 summarizes the theoretical character of Xi Jinping Thought on Socialism with Chinese Characteristics for a New Era. The new thought is practice-oriented so that is not abstract theoretical speculation, but a direct and realistic plan for the layout of the new era. The new thought also adheres to the principle of inheritance and innovation so that is a great innovation in the interpretation of the classical theory of Marxism, the Sinicization of Marxism and the world significance of China's development. Morever, the new thought contains abundant scientific methods and has multi-level methodological guiding value from philosophical world outlook to governance practice.

Chapter 5 refines the internal logic of Xi Jinping Thought on Socialism with Chinese Characteristics for a New Era. In terms of generative logic, the new thought is created by the joint efforts of the people, the communist party and the leader. In terms of historical logic, it is the product of the mutual influence between China and the world historical process, reflecting the characteristics of the historical stage in which China's active role in the world gradually increased. In terms of theoretically logic, it is the convergence of the essence of the spirit of the 21st century and represents the sublimation of human civilization and wisdom. In terms of practical logic, it is a scientific plan for socialist construction in the 21st century, which has written a detailed blueprint for a better life.

Chapter 6 analyzes the large sense of Xi Jinping Thought on Socialism with Chinese Characteristics for a New Era. The new thought provides fundamental guidance for our practice in the new era. We must put people first, think scientifically, and always apply the new development philosophy. The new thought highlights the party's core leadership and makes a profound elaboration for strengthening the Party's self-construction and improving the Party's governing ability. The new Thought has laid out the cause of socialism with Chinese characteristics for a new era in a scientific way, promoted the Five-sphere Integrated Plan and the Four – Pronged Comprehensive Strategy. It also pays attention to strengthening external support to dealing with the once-in-a-century changes taking place in the world and strategic opportunities.

Chapter 7 examines several important policies of Xi Jinping Thought on Socialism with Chinese Characteristics for a New Era. Through the analysis of the four aspects of the new era, including concrete and meticulous efforts, resolute and swift act, good governance in a big country, and seeking Great Unity. We discussed the implementation of targeted poverty alleviation, persisting in comprehensively deepening reforms, promoting the modernization of the national governance system and governance capabilities, and building a Community with a Shared Future for Mankind. We highlight the new ideas and advanced experience of the new era.

目　录
Contents

Contents

把握好习近平新时代中国特色社会主义思想的三个核心关键词

党的十九大，郑重宣告了中国特色社会主义进入了新时代，同时也郑重宣告了习近平新时代中国特色社会主义思想这一马克思主义中国化创新成果的诞生，对这一新思想的深刻内涵和丰富内容进行了系统阐述。正如《中共中央关于党的百年奋斗重大成就和历史经验的决议》所指出的那样，习近平新时代中国特色社会主义思想是当代中国马克思主义、二十一世纪马克思主义，是中华文化和中国精神的时代精华，实现了马克思主义中国化新的飞跃。

历史决议关于马克思主义中国化新飞跃的提法，科学概括了习近平新时代中国特色社会主义思想的伟大历史意义和地位，也要求我们从马克思主义发展史和马克思主义中国化进程的全局高度上，对这一新思想进行更加深入的学习、理解和把握。在我们看来，要对习近平新时代中国特色社会主义思想这一极富历史厚重感和理论深刻性的飞跃成果进行学理性的研究和阐释，我们首先需要从这一新思想得以命名的三个关键词——"新时代""中国特色""社会主义"——出发，领会好这一新思想最为突出的三个特性。

"新时代"的关键词表明了习近平新时代中国特色社会主义思想是与中国特色社会主义新时代相伴生的存在，是中国共产党人的长期接续奋斗在新时代的土壤当中凝结出的最新飞跃性成果；"中国特色"的关键词强调了习近平新时代中国特色社会主义思想是中国化马克思主义的有机组成部分，是在中华民族伟大复兴征程的关键历史节点上，依托中国道路的最新成就而讲述出的马克思主义"中国故事"的最新飞跃性篇章；"社会主义"的关键词凸显了习近平新时代中国特

1

色社会主义思想是科学社会主义在 21 世纪的最新飞跃性智慧和方案，是为人类进步事业提供的关于现代化新道路和文明新形态的科学诠释。

第一节 "新时代"关键词：新思想是对中国特色社会主义新时代的能动反映

从"新时代"这个关键词来看，习近平新时代中国特色社会主义思想的创立，内在地顺应了中国特色社会主义伟大事业的发展，是在这一伟大事业的新时代进程中应运而生的，新思想本质上就是对新时代的历史大势和实践课题所作出的深刻的、能动的理论反映。也就是说，这一新思想指明了新时代坚持和发展中国特色社会主义的总目标、总任务、总体布局、战略布局，回答了发展方向、发展方式、发展动力、战略步骤、外部条件、政治保证等一系列基本问题，它秉持了中国共产党人的初心和使命，擘画了中华民族伟大复兴的新时代宏伟蓝图，是新时代坚持和发展中国特色社会主义的指导思想。在新时代明确而清晰的问题意识的牵引下，在马克思主义科学世界观和方法论的指引下，在马克思主义中国化逻辑的演绎下，习近平新时代中国特色社会主义思想对新时代中国特色社会主义的宏大历史使命及其未来发展方略形成了科学的认知和精准的判断。并且，随着新时代发展实践的不断深化，习近平新时代中国特色社会主义思想的丰富理论体系和深刻理论内涵还将不断持续完善和发展，不断续写出无愧于时代的理论新篇章。

一、思想和时代相统一是马克思主义的内在品质

新思想和新时代的这种统一，是思想和时代辩证统一关系的最新范例，是马克思主义立足现实、与时俱进的一贯品质的最新生动体现。恩格斯曾经评价黑格尔的哲学说："黑格尔的思维方式不同于所有其他哲学家的地方，就是他的思维方式有巨大的历史感作基础。形式尽管是那么抽象和唯心，他的思想发展却总是与世界历史的发展平行着，……实在的内容却到处渗透到哲学中"①，马克思主义正是继承发展了黑格尔哲学的这个宝贵理论品质，在"这个划时代的历史观"的基础上，对它进行批判改造，形成了与实在历史进程内在统一、密切互

---

① 《马克思恩格斯文集》（第 2 卷），人民出版社 2009 年版，第 602 页。

动、共同前进的科学理论。正如黑格尔所深刻指出的："每个人都是他那时代的产儿。哲学也是这样，它是被把握在思想中的它的时代。"① 马克思主义秉持着这种深刻的辩证法思想并且更进一步，在人们的社会存在和社会意识的历史运动当中，为黑格尔所提倡的辩证统一性找到了真正的根据，也相应为他们自己所开创理论的永恒活力和生长特性进行了奠基。

马克思主义的着眼点，是从黑格尔原先狭义的"哲学"视野拓展到了人类精神文化的各个方面，因而其对时代问题所给出的是一套更加全面、更加系统的理论回答，涵盖了最一般层面的哲学世界观、描述社会运动本质性规律的经济科学、关于人的解放事业即共产主义事业的具体实施方略，等等。中国共产党在马克思主义中国化的实践过程中，始终坚持以马克思主义的思想宝库为理论原点，坚持"运用马克思主义观察时代、解读时代、引领时代"②。一代代中国共产党人之所以创新了马克思主义，包括党的十八大后我们之所以创立了习近平新时代中国特色社会主义思想，逻辑的起点就在于遵循了马克思主义关于理论与现实历史进程之间辩证关系的科学观点，承认理论反映实际、承认理论必须随实际情况的发展而发展。马克思主义理论从其内在品质上说就扎根于实际，内嵌于实际运动和理论形态之间的历史辩证法，马克思主义理论的这一品质内在地耦合了中国人民求解放谋幸福的历史任务，马克思的"主义"有机地适应着中国人民各个阶段上实际存在的"问题"，由此，不断呈现出自己的动态生成与存在。

自 1921 年中国共产党成立之后，一代代中国共产党人运用马克思主义普遍真理同中国具体实际相结合，率领中国人民经过艰苦卓绝的努力奋斗，终于摆脱了自鸦片战争以来中华民族屡遭侵略、备受欺凌的厄运。在经历了新中国成立70 多年和改革开放 40 多年的长期积累之后，我国经济繁荣，社会稳定，综合国力迅速提高，国际地位不断上升，国际影响力不断加强，一个守规则、重和平、负责任、有追求的大国形象正在逐步树立起来。尤其是党的十八大以来，中国的经济社会建设全面发展，综合国力继续提升，中华民族前所未有地走近了世界舞台的中央，比任何时候更加接近中华民族的伟大复兴，并且让科学社会主义在二十一世纪的中国焕发出了强大的生机活力，在世界上高高举起了中国特色社会主义伟大旗帜。

此时，现实当中的重大突破性发展也就对新一代中国共产党人的理论建构工作提出了更加高层次的要求。在新时代的新型历史条件下，我们所处的发展环境

---

① ［德］黑格尔：《法哲学原理》，范扬、张启泰译，商务印书馆 1961 年版，序言第 12 页。
② 习近平：《深刻认识马克思主义时代意义和现实意义 继续推进马克思主义中国化时代化大众化》，载于《人民日报》2017 年 9 月 30 日。

和发展条件都发生了新的改变，各种新形式和新内容的问题和矛盾也逐步涌现出来，全党、全国人民和全世界的人们不约而同地都在关注：中国接下去要走什么样的道路、建设什么样的国家、实现什么样的发展、达到什么样的目标、作出什么样的贡献？以习近平同志为主要代表的中国共产党人在思考回应这一问题时，完全是秉承着马克思主义关于理论和实际之间辩证统一关系的立场，这构成了我们在新时代思考理论问题、推进理论创新的一般方法论指引，最终导向了习近平新时代中国特色社会主义思想的理论突破。

习近平同志早先在担任浙江省委书记期间，就在所撰写的《问题是时代的呼声》一文中集中论述了这种辩证统一性："每个时代总有属于它自己的问题，只要科学地认识、准确地把握、正确地解决这些问题，就能够把我们的社会不断推向前进。……只有立足于时代去解决特定的时代问题，才能推动这个时代的社会进步。"[1] 在当代中国和 21 世纪全球的新问题样态之下，马克思主义无疑需要有新形态，一方面要对我们一路走过来的既往经验进行回顾、总结和提炼，另一方面要对当下所处的历史方位、时局作出精准的研判，同时还要对未来奋斗前景、努力方向和目标及有可能面临的种种挑战、威胁作出一个科学的前瞻。

从而在党的十八大之后，随着中国和世界实际情况的更新，以习近平同志为主要代表的中国共产党人逐步推进马克思主义理论的再一次突破创新，这可以说是历史辩证法的应有之义。习近平同志在建党 95 周年纪念大会上的讲话中指出："时代是思想之母，实践是理论之源。实践发展永无止境，我们认识真理、进行理论创新就永无止境。今天，时代变化和我国发展的广度和深度远远超出了马克思主义经典作家当时的想象。……事业越发展新情况新问题就越多，也就越需要我们在实践上大胆探索、在理论上不断突破。……我们要以更加宽阔的眼界审视马克思主义在当代发展的现实基础和实践需要，坚持问题导向，坚持以我们正在做的事情为中心，聆听时代声音，更加深入地推动马克思主义同当代中国发展的具体实际相结合，不断开辟 21 世纪马克思主义发展新境界，让当代中国马克思主义放射出更加灿烂的真理光芒。"[2]

党的十九大正式宣告马克思主义重大理论创新成果——习近平新时代中国特色社会主义思想——的诞生，乃是沿着这一逻辑内在生发的必然归宿。这一新思想处于当代中国和 21 世纪人类世界的时代新语境下，从它的思考维度和基本内容来看，它高度凝聚了马克思主义的基本立场、基本原则和基本精神，因而它也就决不会机械地固守马克思主义包括中国化马克思主义既有成果中的个别观点或

---

① 习近平：《之江新语》，浙江人民出版社 2007 年版，第 235 页。
② 习近平：《在庆祝中国共产党成立 95 周年大会上的讲话》，载于《人民日报》2016 年 7 月 2 日。

结论，相反，它是对马克思主义立场、观点和方法的创造性应用。这一新思想的诞生，必然是要结合着中国特色社会主义新时代当中最具体、最生动、最鲜活的实际情况，作出理论上能动的反映，从而成为了当代中国最具体、最生动、最鲜活的马克思主义创新成果。

在考察中国特色社会主义进入新时代这个重大历史阶段演进时，我们尤其还要有马克思主义的世界历史视野，并相应把握住习近平新时代中国特色社会主义思想是同这一"大历史"和"大时代"相统一的存在。纵观世界，一方面几十年来经济全球化以极为强劲的势头有效推进，将全人类几乎毫无遗漏地纳入了统一的世界历史进程当中，给世界经济的发展带来了前所未有的繁荣，也有效助推了中国特色社会主义近几十年来的经济社会发展，但另一方面，由于资本主义主导下的全球化进程的固有弊端，也导致了世界范围内前所未有的矛盾积累和爆发，并同样传导波及了中国的发展。在当今人类世界面临百年未有之大变局的情形下，我们若要维护好中华民族伟大复兴的大局，让我们的复兴事业行稳致远，就必须是将其同当今世界的变局统筹加以考量，既要"深刻认识我国社会主要矛盾发展变化带来的新特征新要求"，又要"深刻认识错综复杂的国际环境带来的新矛盾新挑战"①，在指导思想上统一地加以回应。

一方面，现有的世界格局的风云激荡，对中华民族伟大复兴提出了严峻的挑战，带来了巨大的压力，不断地考验着我们的应对方略和发展智慧。另一方面，这种全球范围内的挑战危机又给我们带来了前所未有的机遇良机，只要我们能因势利导、乘势而为，就能助力我们实现"弯道超车"式的突破性发展。而无论是抵御危机挑战，还是在危机挑战中发掘新机、创造先机，都需要有伟大的理论来指导我们创造伟大时代的伟大行动。如果意识不到这一点，就很难真正领会到习近平新时代中国特色社会主义思想应时而生、应势而生的重要意涵，而这也正是习近平同志提出的"从历史长河、时代大潮、全球风云中分析演变机理、探究历史规律，提出因应的战略策略，增强工作的系统性、预见性、创造性"②的论断所着力告诫我们的。

同时，从人类进步和社会形态演进的尺度来看，也存在"大时代"和"小时代"、挑战和机遇辩证统一的情形，并相应对理论因应提出的迫切要求。总的来说，我们依然还是处于马克思和恩格斯所断言的、列宁和毛泽东所实践的社会主义取代资本主义的"大时代"，但在这个"大时代"中，还有着前后相继却有所差异不同的"小时代"——我们现处的"小时代"即"新时代"，既有其不利

---

① 习近平：《正确认识和把握中长期经济社会发展重大问题》，载于《求是》2021 年第 2 期。

② 习近平：《在党史学习教育动员大会上的讲话》，载于《求是》2021 年第 7 期。

的因素，有诸多的严峻挑战、危机、困惑，但也由此伴随着机遇机会及解困的钥匙，有其有利的因素。在当今世界百年未有之大变局、各种思潮风起云涌、利益格局层出不穷、新兴经济体日益崛起、地缘政治争端敏感多发等复杂情况下，反倒是给 21 世纪社会主义的发展带来了前所未有的机遇。

这是因为，在经历了 2008 年以来的全球经济危机，经历了"占领华尔街"等抗争运动的兴起和失败，经历了从左和右不同方向上发出的反全球化、逆全球化浪潮的冲击，经历了西方发达资本主义世界应对新冠疫情不利等一系列状况之后，人类社会越来越有内心动机和现实例证来进行深刻反思。特别是上述这些经历促使了世界各国的人们进行社会主义制度和资本主义制度优劣的对比，资本主义原有的不可一世，西方文明原先的神话，都进一步被揭露、进一步趋于破灭了，越来越多的有识之士开始批判资本主义单一道路、单一制度、单一价值观。从而"从人类发展大潮流、世界变化大格局、中国发展大历史"来看问题，必然也就促使我们得出"站在历史正确的一边，站在人类进步的一边"[1] 的结论，凸显社会主义的优越性是新时代中国特色社会主义义不容辞的历史使命，也因而是习近平新时代中国特色社会主义思想传承发展马克思主义、科学社会主义的神韵所在。

二、新思想标识着党领导伟大社会革命的最新断代

在党的十九大阐述了中国特色社会主义进入新时代、确立了习近平新时代中国特色社会主义思想的指导地位后不久，2018 年 1 月 5 日，习近平同志在学习贯彻党的十九大精神研讨班开班式上发表重要讲话中提到，"新时代中国特色社会主义是我们党领导人民进行伟大社会革命的成果，也是我们党领导人民进行伟大社会革命的继续，必须一以贯之进行下去。"[2] 此后，习近平同志 2018 年 2 月在春节团拜会上的讲话当中，3 月在十三届人大一次会议闭幕会上的讲话当中，又多次面向全国人民强调了"社会革命"的概念。

习近平同志在 2018 年 1 月 5 日这篇重要讲话中指出："历史和现实都告诉我们，一场社会革命要取得最终胜利，往往需要一个漫长的历史过程。只有回看走过的路、比较别人的路、远眺前行的路，弄清楚我们从哪儿来、往哪儿去，很多问题才能看得深、把得准。"[3] 伟大社会革命这个科学概念，就是对中国共产党成立以来百年历史进程的精准归纳判断，我们可以从中国共产党百年来领导中国

---

① 《中共中央关于党的百年奋斗重大成就和历史经验的决议》，载于《人民日报》2021 年 11 月 17 日。
②③ 习近平：《以时不我待只争朝夕的精神投入工作 开创新时代中国特色社会主义事业新局面》，载于《人民日报》2018 年 1 月 6 日。

人民推进伟大社会革命的历史延续性，把握新时代中国特色社会主义这一最新阶段的实践斗争，也因而呈现出习近平新时代中国特色社会主义思想在这一伟大社会革命最新阶段中的根本遵循地位。

习近平新时代中国特色社会主义思想饱含着深刻的历史性，指引我们要牢记历史、把握历史、开创历史，在新时代续写出伟大历史事业的最新篇章。这里的篇章可以从不同的历史尺度和谱系线索上加以理解，例如习近平同志多次提出我们要学习"四史"即党史、新中国史、改革开放史和社会主义发展史，其中每一门史都可以把新时代看作是其最新的段落。但是在"四史"当中最为枢纽的一条线索是党史，"党的历史是最生动、最有说服力的教科书"，尤其在建党百年的历史节点上，我们需要通过学党史，"在学思践悟中坚定理想信念，在奋发有为中践行初心使命，让初心薪火相传，把使命永担在肩，做到学史明理、学史增信、学史崇德、学史力行"①。可以说，习近平同志在党的十九大后所提出的"伟大社会革命"概念，正是对党的全部历史最生动、最有说服力的理论定性，我们理解新时代以及习近平新时代中国特色社会主义思想在新时代的指导地位，也要置于党的全部历史亦即党领导人民推进伟大社会革命的进程中进行理解。

回顾中国共产党的百年奋斗历程，这一百年既是社会主义发展史的一个重要组成部分，更是实现中华民族伟大复兴历史进程的一个最重要的接续，两者统一于中国伟大社会革命的历史征程，并由此为世界社会主义的历史运动孕育了一块希望沃土和有生力量，为中华民族伟大复兴历史运动开辟了切实可行的路径和方案，擘画了中国人民求解放谋幸福事业的崭新壮丽画卷。一方面，中国共产党通过把马克思主义普遍真理和中国具体的革命、建设、改革、发展的伟大事业相结合，率领全体中国人民经过艰苦卓绝的探索实践，书写了波澜壮阔的百年伟大社会革命历史，积累了伟大社会革命的经验和智慧。另一方面，也正是有着五千年悠久历史的中华民族和中国人民生生不息艰苦奋斗，得以确保伟大社会革命历史进程的延续发展和升华，书写了科学社会主义的中国篇章。

社会主义五百年的漫长历史进程，给予了人类前行的希望之光，尤其是经过马克思和恩格斯的批判改造，正式宣告了社会主义从空想到科学的飞跃，使得这种光明和希望化作了一种科学蓝图。在经历近70年的探索、努力、积累之后，终于爆发了十月革命，由以列宁为代表的俄国布尔什维克党人把这种可能性化作了现实。十月革命一声炮响，同时也给中国送来了马克思列宁主义，让苦难深重的中国人民从鸦片战争后所面临的亡国灭种危局中，看到了希望和光明，看到了

---

① 习近平：《学好"四史"，永葆初心、永担使命》，载于《求是》2021 年第 11 期。

导论 把握好习近平新时代中国特色社会主义思想的三个核心关键词

前行的目标和方向，让深受帝国主义、封建主义、官僚资本主义压迫和剥削的中国人民获得了实现解放的理论武器和实践指导，即要由共产党领导中国人民开展伟大社会革命。

就这一伟大社会革命的起点来说，是直接承继着"以俄为师"的路标导向的。其一，"以俄为师"是澄清了中华民族救亡图存的基本手段，也就是要进行以社会主义、共产主义为根本方向的彻底变革；其二，"以俄为师"是促成了中国人民翻身解放的领导力量的形成，成立了中国共产党；其三，"以俄为师"是给出了中国推进现代化发展的参考范例，十月革命后苏联社会主义现代化的巨大成就，为贫穷落后中国的后续发展前景树立了学习榜样。

但中国又超越了苏联这位"老师"。中国共产党领导人民进行的伟大社会革命，首先就是在狭义的暴力革命的层面上，创造性地找出了中国的具体实施路径。中国"星星之火，可以燎原"式的革命胜利，也就像"十月革命一声炮响"一样，给世界上许多还处在殖民主义、半殖民主义压迫之下的民族极大增添了希望，提供了实践证明可行的路径指引和借鉴。进而，正如毛泽东同志在 1949 年新民主主义革命取得全国胜利前夕所指出的那样："我们不但善于破坏一个旧世界，我们还将善于建设一个新世界。"① 中国的伟大社会革命进程是破坏和建设的有机统一，并且其后半篇的建设篇章更加辉煌，也更加具有世界历史意义。

在新中国成立以后的 70 多年的历史发展中，我们在崭新社会形态的建构工作当中，艰辛探索着被压迫人民在获得民族独立、建立国家政权之后如何捍卫国家的主权、领土的完整，如何大力发展社会生产，如何快速提高综合国力，如何逐步改善人民群众的生活水平——总而言之，我们逐步形成了对于伟大社会革命的后半篇即社会主义建设事业的规律性认知。可以说，中国百年来伟大社会革命的生动实践，不仅是在中华民族史上留下的一座丰碑，也在世界历史发展进程中留下了一座丰碑，为全人类的发展道路提供了路径指引和借鉴。所以总体来看，马克思列宁主义为中国共产党的成立奠定了理论基础和生长基础，而中国共产党领导中国人民开展了伟大社会革命的波澜壮阔进程，又反过来作为推动马克思列宁主义在中国大地上发展的现实主体。

如果我们要概括中国共产党领导伟大社会革命的百年历史，那么首先这就是开创了马克思主义理论与中国实践相结合的革命性创制，开启了在中国化马克思主义指引下追求社会主义的伟大进程。中国共产党人既在科学社会主义的理论方面对马克思主义加以继承、发展和创新，同时又在社会主义运动、社会主义实践、社会主义制度的实施和建构方面进行了卓有成效的探索、尝试和创新，并由

---

① 《毛泽东选集》（第 4 卷），人民出版社 1991 年版，第 1439 页。

此走出了一条中国道路，中国全面树立起了中国特色社会主义的四个自信，并向世界贡献中国智慧和中国方案。其次，中国共产党领导伟大社会革命的百年历史是对中国社会和中华民族面貌的革命性改造。这一伟大社会革命的百年是中华民族伟大复兴征程上最为波澜壮阔、光辉灿烂的阶段，让中华民族前所未有地比任何时候更加接近民族的复兴、国家的富强、人民的幸福，把积弱积贫、一穷二白、备受帝国主义列强凌辱的旧中国改造成为了初步繁荣、富强的社会主义国家，让中华民族实现了从"站起来"、"富起来"到"强起来"的三次伟大飞跃，也给世界上那些既希望加快发展又希望保持自身独立性的国家和民族提供了全新选择。再次，中国共产党领导伟大社会革命的百年历史也为党本身镌刻下了不忘初心、牢记使命的革命性基因。作为一个无产阶级政党，中国共产党要始终追问我是谁、为了谁、依靠谁？我从哪里来，又到哪里去？在一百多年进程中，中国共产党以自己的理论与实践，铸就了始终不忘为人民谋幸福，不忘为民族谋复兴，不忘为世界谋大同的历史丰碑。这座历史丰碑也是一个路标，既是对既往百年历史的提炼和总结，是一个很好的定格，同时更是开启下一个百年的崭新的起点，中国共产党必将在它内嵌着的红色基因驱动下，不断创造新的历史伟业。

而在这场伟大社会革命经历百年之际，习近平新时代中国特色社会主义思想是我们向下一段百年征程前进的根本遵循。作为中华民族伟大复兴的行动指南，习近平新时代中国特色社会主义思想的创立，集中国共产党创立以来马克思主义扎根中国发展之大成，全面回顾和总结了中华民族近代以来实现伟大复兴的成就和经验，更为重要的是勾勒出了伟大复兴未来发展前景的时间表、路线图，要实现理论与实践更新一个高度的结合，要把马克思主义指引下的中国伟大社会革命的具体实践，推向一个崭新的过程。

在伟大社会革命的新时代赓续中，习近平新时代中国特色社会主义思想通过传承优良传统，带领中华民族一路前行并引领人类世界进步方向，通过弘扬伟大精神，振奋全体国民的家国情怀和天下担当，通过汲取革命力量，永葆旺盛的斗志，永不言败一往无前，通过提升历史智慧，敢于化解前进道路当中的种种艰难险阻，消解各种各样的敌对势力，排除各种干扰。所以可以说，随着中华民族伟大复兴的不断实现，随着马克思主义的真理力量在世界历史进程不断获得践行和确证，马克思主义在东方古老土地的伟大社会革命新篇章当中，收获了它在21世纪最重要的继承者和最有力的代言人。

三、新思想承载了中国持续走向繁荣富强的最新接力

正如前文所说，中国在其狭义的革命取得胜利之后，更是在广义的社会革命

即崭新社会形态的建构和发展的宏伟道路上，经过不断的学习借鉴、自我完善、与时俱进，确立起了具有中国特色的现代化新道路，较好地解决了中国现代化的发展目标、发展路径、发展方式和发展动力等问题。大致来说，中国共产党人带领中国人民是从实际出发，适应中国国情和时代潮流，逐步探索出处理平衡好以下几对关系：一是经济发展与社会稳定的矛盾对立统一关系；二是改革创新与制度刚性的矛盾对立统一关系；三是先进文化与大众文化、传统文化与现代文化、本土文化与外来文化的矛盾对立统一关系。

因而，新中国成立 70 多年来得以接续奋斗，就是如党的十九大报告所言是一个"持续走向繁荣富强"[①] 的过程，这首先是一以贯之的整体，最终使得中华民族在新时代日益走近世界舞台中央。当然具体说来，其中也必然有着"站起来""富起来""强起来"的不同阶段侧重，而中国特色社会主义的新时代正是这 70 多年来一整套逻辑的必然延展和最新步伐，新时代既要以前期的"站起来""富起来"成果为基础，又以自身"强起来"的归宿统摄着整个逻辑运动的方向。因而总的来看，我们可以从新中国成立 70 多年来我们持续走向繁荣富强的历史延续性出发，从阶段之间的逻辑联系和统摄关系当中把握新时代中国特色社会主义这一最新阶段的实践斗争，也因而呈现出习近平新时代中国特色社会主义思想在这一繁荣富强的持续性事业中的思想遵循地位。

在 1949 年新中国成立到 1978 年实行改革开放前的这个历史阶段上，中国主要解决的还是"站起来"的阶段性历史使命，不断丰富"站起来"的具体内涵，并不断积累"富起来"的前期基础条件。一方面，新中国的"站起来"经受了保家卫国的血与火历练。面对站起来的新中国，欢迎支持者有之，观望游移者有之，拒斥孤立乃至试图扼杀者亦有之。可以说，一个备受凌辱备受压迫的民族哪怕经过浴血奋战后重新站立起来后，其之后的发展也仍然是充满了艰辛，仍然要面对各种各样巨大的乃至颠覆性的挑战和压力。中国共产党领导中国人民赢得了抗美援朝战争的"立国之战"，并在 1962 年中印边境自卫反击战、1969 年中苏珍宝岛冲突、1979 年对越自卫反击战等一系列捍卫国家主权和领土完整的斗争中取得了胜利，有效地为中国的建设和发展提供了基本保障。

另一方面，新中国的"站起来"开启了独立自主建设现代化的征程。新中国成立后，我们聚焦在中国自身薄弱基础和不利国际环境的情况下，自力更生摸索开展社会主义现代化建设事业。在外部包围封锁压力下，也由于我们在探索过程中的主观缺点错误，我们的现代化建设事业遭到过严重的挫折，但从总体上来

看，我们仍然取得了很大的成就。我们建立了独立的比较完整的工业体系和国民经济体系，培养起了一支具有初步社会主义觉悟、文化水平和职业素质的劳动者大军，取得了旧中国根本不可能取得的巨大成就，为我们建设富强的社会主义现代化国家奠定了必不可少的坚实基础。

如果说新中国的成立以及中国领土主权的维护和国民经济体系的搭建，充分地体现出社会主义制度为被压迫、被剥削的民族实现"站起来"所具有的优越性，那么改革开放 40 多年的历史，更加充分地体现了社会主义制度对于"富起来"所具有的优越性。

改革开放 40 多年，中国完成了西方发达国家用两三百年时间才完成的工业化和现代化进程，中国 GDP 总量从 1 495 亿美元提升至 13 万亿美元，由原来美国 1/26 上升至美国的 3/4，GDP 总量排名从世界第十位提升为第二位，同时，中国人均收入从 300 多人民币元提升至 26 000 多元人民币，从低收入国家提升至中等偏上收入国家，我们的经济社会发展水平逐步实现着从跟跑、并跑到领跑的内涵提升。作为当今世界上第二大经济实体，中国极大地改善、满足和丰富了人民群众的物质文化生活，并为开启满足人民日益增长的美好生活需要的新时代储备了雄厚保障。

正是在这些富起来的雄厚积累基础之上，党的十八大以来我们准确把握了中国社会主要矛盾的深刻转变，即由人民群众日益增长的物质文化需要与落后的社会生产之间的矛盾转变为人民对美好生活的需要和不平衡、不充分发展之间的矛盾。而随着中国特色社会主义帮助中华民族解决了富起来的问题、解决了旧的社会主要矛盾之后，中国特色社会主义自身也进入了新时代，中国特色社会主义理论体系也由此被赋予了创新发展和引领新的伟大实践的使命和意蕴。

因而在这个意义上，习近平新时代中国特色社会主义思想正是对改革开放这个现代化发展道路上"关键一招"① 的成功提炼，是中国有效打破对西方现代化模式的路径依赖、有效克服苏联现代化模式的僵化思维的科学呈现，是对中国发展智慧和方案的最好概括，是"关键一招"的一本"秘籍"：一方面，我们摒弃了西方自由主义式的现代化教条，打破了所谓现代化意味着西方化，意味着私有化、市场化、自由化的迷信；另一方面，我们扬弃了苏联现代化模式所固有的局限，例如高度集权化、用行政命令代替市场规则、过度依赖重工业、未能从根本上改善人民群众的物质文化生活水平，等等。习近平新时代中国特色社会主义思想所承载的发展智慧和方案，将通过指导"五位一体"的治国理政体系，继续不断提高中国治国理政的现代化能力，朝着社会主义现代化强国不断迈进。

---

① 习近平：《在庆祝改革开放 40 周年大会上的讲话》，载于《人民日报》2018 年 12 月 18 日。

与此同时很显然的，随着改革开放 40 多年来"富起来"目标的实现，带给中国人的不光是物质文化生活水平的不断提高和物质文化需要的不断满足、提升，同时也逐步重塑了整个中华民族的民族自信心。在改革开放打开国门之初，许多国人在有了横向比较的视野之后不可避免地存在失落自卑的现象，但改革开放的历程本身，就是要从这种直接的否定性出发，实现否定之否定，努力使我们的民族再次立于世界民族之林，屹立于世界的东方，相应也就包括要重新确立民族的自信心，重塑整个民族的社会意识、社会心理，重构整个国民的心理结构。这种重新确立起的民族自信心、文化自信心，表现在深刻的理论形态上就是中国特色社会主义的道路、理论、制度、文化的四个自信，并在新时代形成了习近平新时代中国特色社会主义思想的理论总结，由此更加高扬起了全面实现中华民族伟大复兴中国梦的风帆。

而在中华民族的"自信"随着"富起来"进程而不断获得培育和巩固的进程中，我们相应收获了来自"他者"的信服和认同。这种信服和认同，首先当然是由于中国取得了如此辉煌的富强业绩，壮实了中国的"筋骨"和"肌肉"，但从更根本的层次上说，这离不开我们在富强道路和发展智慧层面所展现出的魅力，离不开我们的精神高度，中国的新型的现代化发展道路具有人类文明史尺度上的创新性和感召力。因而在这个意义上，习近平新时代中国特色社会主义思想作为中国富强道路上一次重要的回顾和总结，一种理论与实践的集大成，也就是对中国发展道路为人类发展道路、人类文明样态如何作出贡献的创新性表述。习近平新时代中国特色社会主义思想本身就是契合中华民族发展智慧的时代产物，也必将和中华文明的智慧发展互为表里，不断呈现中国强起来的精神维度，为人类的文明智慧注入中国元素和中国活力。

因而在这个意义上，习近平新时代中国特色社会主义思想也是社会主义发展史上的最新成就，是立足于中国特色社会主义事业而兼有着对人类更美好制度、更美好生活的着力推动和示范引领意义。党的十九大所说的中国特色社会主义为解决人类问题贡献了中国智慧和中国方案，实际上就是同习近平同志在庆祝中国共产党成立 95 周年大会上的讲话提到的"为人类对更好社会制度的探索提供中国方案"相一致的，我们必须"牢牢占据推动人类社会进步、实现人类美好理想的道义制高点"①。从而，我们可以从社会主义 500 年来人类追求美好理想的历史延续性，把握新时代中国特色社会主义这一最新阶段的实践斗争，也因而呈现出习近平新时代中国特色社会主义思想在这一人类历史进程中的思想遵循地位。

---

① 习近平：《在庆祝中国共产党成立 95 周年大会上的讲话》，载于《人民日报》2016 年 7 月 2 日。

第二节 "中国特色"关键词：新思想是对马克思主义"中国故事"的原创续写

　　从"中国特色"这个关键词来看，习近平新时代中国特色社会主义思想的主旋律，就是推动当代中国马克思主义理论与实践的发展，在前人基础上讲好21世纪的"中国故事"。从五百年前托马斯·莫尔等先驱书写空想社会主义开始，欧洲各国的许多有识之士和先进分子就开始用各自的语言来设想起未来人类理想社会的图景。而直到马克思恩格斯用德语写作了《德意志意识形态》等一系列科学文献，特别是用《共产党宣言》向世界公开宣告了科学社会主义的诞生，这才确立起世界社会主义运动的现实进路，马克思的语境，19世纪的语境，德语的语境，这是社会主义的科学策源地。而当时钟转到了20世纪，以列宁为代表的布尔什维克党人营造出了马克思主义俄国化的新境界，以十月革命胜利和苏联社会主义国家建设的伟大成绩，凸显出马克思主义在俄语语境中的巨大现实感和战斗精神。

　　同样在中国，以毛泽东、邓小平等为主要代表的中国共产党人的伟大开拓，把马克思主义普遍真理和中国的具体实践相结合，在中国语境中书写了社会主义500年和科学社会主义180多年发展的新篇章，马克思主义讲通、讲透、讲好了中国故事，中国也确证了马克思主义的当代意义，为马克思主义增添了中国风格和中国气派。让马克思主义的普遍真理和中国具体实际相结合，是马克思主义在中国和人类历史进程中发挥真理力量的必然要求，也是马克思主义理论发展的必然环节，同时更是当今世界朝向美好明天发展的必然中介。在新时代，讲好马克思主义的中国故事，就意味着在新时代进一步将马克思主义普遍真理和中华民族伟大复兴的事业、和中国全面建设社会主义现代化国家的事业相结合，不断有针对性地破解我们在前进当中所面临的问题，使马克思主义进一步中国化、大众化、时代化。更为重要的是，在这一进程中我们所书写的中国故事也是在反哺马克思主义的发展，用中国特色社会主义的理论与实践成果，用中国智慧、中国力量、中国方案解决马克思主义在21世纪发展所遭遇的理论困境和实践难题，为人类文明的发展指引美好的前景，这正是习近平新时代中国特色社会主义思想在当代中国和21世纪人类世界所要呈现的特定语境和内在本质。

一、讲好"中国故事"是马克思主义发展的内在要求

恩格斯在《社会主义从空想到科学的发展》中深刻地指出,"科学社会主义本质上就是德国的产物",它必然是要"产生在古典哲学还生气勃勃地保存着自觉的辩证法传统"的"德国人中间"①。黑格尔的唯心主义辩证法叙事总结并批判了西方哲学两千多年的发展,马克思又在此基础上改造形成了唯物主义辩证法,该辩证法以其"否定性"的力量,为马克思提供了对于现实世界进行分析、批判和否定的思想方法和内在动力。黑格尔的法哲学理论正确地提出了对市民社会的剖析和把握,并对劳动的巨大历史作用有了初步的揭示和承认,马克思摒弃了黑格尔的唯心主义,但又从中提取了黑格尔关注市民社会、关注劳动、关注现实的合理内核,这深刻影响了马克思对资产阶级政治经济学的批判,影响了马克思对国家和法同社会经济基础内在关系的看法。黑格尔在 1818 年谈到当时整个欧洲及德国思想界、哲学界的时弊时,看到了德意志民族由纷繁杂乱的外部世界回归到思想理论的精神世界的时代趋势,从而他提出了实现德国学术振兴、让哲学说德语的振聋发聩的号召。这里的所谓让哲学说德语,是源于黑格尔认为德语是一种既充满学术思辨的理性语言,同时又饱含思想批判性的战斗语言,而这种思辨性学理性与批判性战斗性的有机统一,确实有力地推动了马克思对既往社会主义实践和理论成果的科学改造,马克思主义是在德国语境中实现了社会主义从空想到科学的伟大变革,讲好了社会主义的德国故事。

马克思主义的广泛传播与能动实践,进而又促成了科学社会主义超出德国的原初语境,在法国、俄国等一系列新时空、新沃土、新语境中实现了创造性转化。其中,以列宁为代表的布尔什维克党人所续写的马克思主义俄国篇章、俄国故事,尤其具有世界历史性的意义。以列宁为代表的布尔什维克党人根据俄国革命的实际情况,创造性地发展了马克思主义,首先是打破了社会主义不可能在一国实现,特别是不可能在东方落后国家实现的教条,进而在确立起苏维埃政权之后,俄国又进行了社会主义建设的勇敢探索,创造了优于西方资本主义的伟大发展成就。在短短 20 多年的时间里,俄国及其后建立的苏联就经由社会主义道路,从一个相对落后的欧洲国家,改造成为欧洲强国乃至于世界两个超级大国之一,并且苏联在自身一国胜利的基础上,又推动在东欧建立起社会主义阵营,形成了社会主义与资本主义两大社会制度长期对峙的局面,使得社会主义的旗帜在 20 世纪最鼎盛时期覆盖了全世界 1/3 的人口,达到了国际社会主义运动的又一个高

---

① 《马克思恩格斯文集》(第 3 卷),人民出版社 2009 年版,第 495 页。

潮。可以说，俄国和苏联的革命和建设成果是科学社会主义在 20 世纪进一步前进的最重要动力源泉，马克思主义形成了一套生动有力的"俄国故事"。

讲好马克思主义的"俄国故事"，这既是以列宁为代表的俄国布尔什维克党人伟大的创举和实践，也是马克思主义在自身传播和推进世界历史进步过程中一个重要的生成和发展环节，它告诉我们这样一个事实和道理：任何一种先进的思想理论和对人类新的生存可能性的实践探索，都需要与时俱进，需要适应时代潮流和适应世界发展的新情况。最为重要的是，要能满足广大人民对消灭剥削和压迫，追求国家独立、民族解放和自身美好生活的热切愿望和现实需要，就必须要把马克思主义的普遍真理和各国的具体实践相结合，要通过继承和发展马克思主义而产生出适合各国国情的、本土化了的思想理论和实践，由此为各国的社会主义革命和实践提供行动指南。列宁主义是马克思主义俄国化的伟大成果，同时也使得马克思主义从德国的原始语境完成了创新性转化和创造性发展，形成了具有 20 世纪现实气质的俄国智慧、俄国方案、俄国故事。

但这一历史进程并没有完结，马克思主义并没有也绝不会停留在俄国的具体语境中，它还要继续在各国历史的语境中寻找到自己的现实承载者，继续开拓科学社会主义的实践与理论创新事业。十月革命一声炮响，不仅在俄国建立起人类历史上第一个社会主义国家政权，同时也给当时中国的先进分子送来了马克思列宁主义的成功示范，给处在水深火热之中的中华民族宣示了光明的前景，由此，马克思列宁主义在中国迅速传播，其在当时五四新文化运动的时代风潮中得以发展壮大，产生了巨大的社会影响，为中国共产党的成立奠定了思想基础和组织准备。从 1921 年中国共产党成立开始，就把"坚持真理、坚守理想"作为了自己第一位的精神特质，这个真理就是马克思主义的科学真理，中国共产党人开始用马克思主义的真理之火引燃中国的古老土地，在自己的伟大征程当中开始了马克思主义"中国故事"的篇章续写。

在马克思主义中国化的长期历史进程中，产生了三次伟大的结合，并促成了三次伟大的飞跃，使得马克思主义中国化有了三个与时俱进的鲜活版本。其一，是把马克思主义普遍真理和中国革命实际相结合，和中国近代以来争取国家独立、民族解放、人民幸福的历史任务相结合，产生了毛泽东思想，创造性地发展了马克思主义，在借鉴苏俄革命成功经验的基础上，科学分析中国所处的半殖民地半封建社会形态，着力解决中国的农民问题和土地问题，扬弃俄国所采取的城市工人武装暴动的模式，转而走出了一条农村包围城市的中国式新民主主义革命道路，最后推翻了三座大山，建立了新中国，改变了自鸦片战争以来中华民族积弱积贫和备受凌辱的悲惨的命运和状况，中国人从此站起来了。进而，新中国创造性地实践了符合中国国情的社会主义改造模式，在中国大地上建立起来了社会

15

主义的根本制度，为中国持续走向繁荣富强奠定了坚实的基础。其二，是在新时期改革开放的伟大进程当中，继续推进马克思主义中国化，开辟了中国特色社会主义道路，形成了中国特色社会主义理论体系。中国共产党人深化发展了马克思主义关于社会主义本质的学说，强调社会主义的本质就在于解放生产力、发展生产力，消灭剥削、消除两极分化，最终达到共同富裕，聚焦于实现有利于提高社会生产力、有利于提高综合国力、有利于提高人民群众生活水平的发展，对生产力与生产关系、经济基础与上层建筑之间的矛盾进行了再反思、再平衡，由此开启了社会主义的改革事业，大刀阔斧地进行了对社会主义既有模式下的经济、政治、文化等全方位体制机制的改革，逐步让生产关系适应社会主义初级阶段的生产力发展水平，上层建筑符合社会主义初级阶段经济基础发展的要求，从而实现了富起来的伟大飞跃，极大提高了生产力水平，提高了综合国力，改善了人民群众物质文化生活水平。其三，就是继毛泽东思想解决了挨打问题、实现了"站起来"的伟大飞跃，继中国特色社会主义理论体系解决了挨饿问题、实现了富起来的伟大飞跃之后，中国特色社会主义进入了新时代，习近平新时代中国特色社会主义思想应运而生。在中国特色社会主义的新时代，中国社会的主要矛盾已经由原来的人民群众日益增长的物质文化需要同落后的社会生产之间的矛盾，转变为人民对美好生活的需要和不平衡、不充分发展之间的矛盾，中国正处在从"站起来""富起来"到"强起来"迈进的伟大征程中。习近平新时代中国特色社会主义思想在马克思主义中国化持续深入发展的历史进程中，明确了讲好新时代"中国故事"的理念、思想和举措。

经过新中国成立以来特别是改革开放以来经济社会的长期发展，在对社会主义革命、建设和改革开放事业的伟大道路的探索及其反思的基础上，新时代奠定了为马克思主义提供 21 世纪语境下的新型叙事的实践基础和理论基础。要传承中国共产党建党百年来所创造的世界历史性业绩，要努力实现中华民族伟大复兴和建设社会主义现代化强国的第二个百年奋斗目标，要科学应对当今世界百年未有之大变局的复杂情境，就需要与时俱进地创新和发展马克思主义，提供更为强劲、有力的行动指南。所以在这个意义上，讲好马克思主义的中国故事，凝结中国智慧和中国方案的科学话语，既是回望过去的全面总结，更是开辟未来的必要遵循，也就成为马克思主义发展和马克思主义中国化在 21 世纪的题中应有之义。

二、"中国故事"是马克思主义理论"化中国"的生动故事

马克思主义的中国化，首先是把马克思主义普遍真理与中国的具体实践相结合，运用马克思主义，以马克思主义为指导，根据中国社会主义革命、社会主义

建设和改革开放的实践需要，把理论化作现实，把普遍真理转化为行动方案，其间也就是要用马克思主义化解中国革命建设和改革开放的种种难题，化解中华民族自鸦片战争以后所遭遇的种种挑战、危机、困局，这可谓是"以马化中"。另外，在"以马化中"过程当中，马克思主义的理论也得以不断地检验、丰富和发展，社会主义运动其方式方法、实质内涵也得以不断地延展，其实也就是以中国具体的社会主义革命、社会主义建设和改革开放的理论与实践探索和创新不断地丰富着马克思主义。同时，还要以中国社会主义革命、社会主义建设和改革开放伟大事业所取得的成功及经验教训，不断地化解马克思主义在自身发展过程当中所面临的各种挑战、难题与困境，不断地推进马克思主义的理论与实践发展，并由此推动社会主义运动不断向前——因而，其实这也就是"以中化马"。

一代代中国共产党人以马克思主义为思想指导，在马克思主义中国化的不同历史阶段中形成能够解决并指导中国实际问题且一脉相承的理论。这一理论发展的序列不仅产生了理论逻辑本身的不断自我革新、自我融洽的内生驱动力，同时还推动着中国特色社会主义事业和 21 世纪科学社会主义运动的发展。伟大历史运动的产生并非单纯的物质活动，其酝酿、发展的过程需要伟大理论作为指引。中国共产党秉承了中华民族仁人志士救亡图存的斗志和意愿，总结了近代以来救国兴国尝试的经验与教训，深刻认识到思想理论的指导正确与否对于革命运动实践成败的关键影响作用。因此，自中国共产党成立之初，就努力寻求用最先进、最科学的理论——马克思主义，作为开启马克思主义中国化理论逻辑大门的总钥匙。

中国共产党在革命斗争时期，深刻认识到中国的革命问题必须依托马克思主义理论为指导，从中寻求符合中国革命实情的理论元素，付诸中国革命实践。中国共产党科学分析了当时共产主义国际所处局势的客观条件，并结合中国新民主主义革命实际境遇的主观因素，提出了切合中国实际的革命方案，带领中华民族在世界民族之林中站了起来，实现了马克思主义中国化理论逻辑的第一次伟大飞跃，形成了毛泽东思想。党的十一届三中全会以后，中国共产党在继续探索中国社会发展的前进道路中，步入了改革开放的社会主义事业新时期，带领中华民族日益走向在世界舞台中央，实现了马克思主义中国化理论逻辑的第二次飞跃，形成了中国特色社会主义理论体系。

中华民族步入新时代，中国共产党继续坚持马克思主义对于中国特色社会主义新时代的指导地位，在坚持改革开放伟大事业的进程中进一步提出反映中国综合实力发展的"五位一体"总体布局，决胜全面建成小康社会的阶段性节点，开启全面建设社会主义现代化国家的宏伟蓝图。同时，对国际局势进行了深度剖析，意识到和平与发展仍是时代主题，人类依然面临着许多共同的挑战，但百年未有之大变局加速演变的现状又给人类历史进程带来了极大变数。以习近平同志为核心的党中央根据这一国际局势的现实性与严峻性，结合马克思主义关于人类自由全面发展的设想，提出了构建人类命运共同体的宏伟理念。在对国内矛盾与国际态势进行系统分析的基础上，新一代中国共产党人不仅传承了马克思主义中国化的理论脉络，同时也开启了马克思主义中国化的又一次伟大飞跃。

在"以马化中"和"以中化马"的双向互动进程中，前者无论在历史还是逻辑的顺序中都具有优先地位，是中国人要化解中国社会现状中存在的诸多难题，从而我们才"发现"了马克思主义的真理味道，以及之后不断"再发现"着这一真理所内在蕴含的历史伟力，以马克思主义理论作为自己的"看家本领"，从这一真理宝库当中不断发掘出革命手段、建设理论、理想信念等来推进中华民族伟大复兴事业，从而形成了一系列理论成果与实践成果。

第一，我们是寻找到以武装革命手段实现翻身解放的法宝。中国共产党根据马克思主义关于无产阶级革命斗争的相关理论对中国革命时期的实际情况进行精准分析与定位，意识到只有坚持无产阶级领导广大人民群众开展武装斗争，才能让中国社会的面貌焕然一新。为此，中国共产党在28年的浴血奋战中始终将中国半殖民地半封建这一特殊社会性质中所蕴含的中国人民与三座大山之间的矛盾放置于革命目标的首位，以解决该社会主要矛盾为导向，以彻底的暴力革命斗争实现了国家独立、民族解放和人民自由，中国人民从此站了起来。

第二，我们是寻找到以社会主义制度重塑国家的利器。新中国成立后，中国共产党运用马克思主义关于未来新社会建设的理论，确立了符合中国国情的社会主义制度，建立了比较完整有效的治理体系和经济社会发展体系。在此根本制度的基础上，中国主动打开国门，拉开了改革开放的序幕。在主动对外交流的过程中，中国在瞬息万变的局势演进中始终坚持走中国特色社会主义道路，并深刻认识到把计划经济和市场经济结合起来更能解放生产力和加速经济社会发展，从而在确立了中国特色社会主义市场经济的基础上，实现了中国现代化建设新局面的开启，中国人民从此富了起来。

第三，我们是寻找到以共产主义理想信念化育人民群众的境界。中华民族在经历了从落后挨打到独立自主、从贫穷落后到经济繁荣的历史转变后，其精神家园也从长期经历的摧残、压抑的状态中逐渐得以修复。在新时期，在市场经济的功利性逻辑驱动下，在对外交往带来的思想冲击和消解侵蚀下，中国人的精神世界开始出现了有悖艰苦奋斗、自力更生等中国优秀精神的消极元素。然而，中华民族实现强国梦的最终目标，并非仅仅注重个体物质利益的享受，同样注重精神世界的塑造和社会人格的全面提升。中国共产党人始终坚守共产主义理想信念，以社会主义核心价值观规正多元社会意识形态，以此来化育人民群众更为先进的社会意识和社会心理，不断增强人民群众的意识凝聚感与心理归属感，塑造担当民族复兴大任的时代新人。

归纳马克思主义"化"中国的历史进程，就是化育中国人民和中华民族，使之不仅在物质上富足起来，更在精神上也强大起来，通过不断满足人民群众美好生活的需要，逐步实现人的自由而又全面的发展。这种化育可以说有以下两方面的特征：其一，是与中国社会实践的各方面发展相契合，坚持融入中国语境，逐步渗透进人们日常生活之中；其二，是在融入的过程中坚持马克思主义本身的科学真理性，取得叙事权的主导地位，进而成为指导中国实践发展的主流意识形态。正是由于如此鲜明的特征与效果，使得马克思主义中国化进程以一种摧枯拉朽、势不可当的态势，在历经百年沧海桑田后依然谱写着绚丽的华章。因此，以中华民族伟大复兴的发展逻辑和实践步伐为主线，对马克思主义中国化百年发展的内在逻辑进行规律性总结，对于指引中国的未来进一步发展，乃至于对世界其他民族奋起而上的可能进路，都具有重大的启示意义。

在马克思主义"化"中国的进程中，不仅客观地推进了马克思主义在世界范围的传播，更充分发挥了马克思主义改造人类现实生活、影响世界历史进程的功能，科学印证了马克思主义能够在认识世界的基础上改造世界的实际功效。马克思主义在成功"化"中国的过程中，一方面得益于马克思主义理论本身具有科学性与真理性，"中国共产党为什么能，中国特色社会主义为什么好，归根到底是因为马克思主义行"①。马克思主义发源自发达资本主义社会的无产阶级革命实践运动，但它又在全世界无产者和被压迫民族的斗争实践中不断经受检验和发展，其不仅仅是纯粹的学术理论，是能够指导包括中国在内的人类解放事业的客观真理。另一方面，也在于中国共产党领导中国人民发挥了能动的历史主体性，审慎分析中国各个时期具有特殊性的社会矛盾，并将特殊性矛盾放置于普遍性矛盾之中，始终在世界大格局的变化中把握住中国实际国情，创造性地运用马克思主义的普遍真理。由此可见，马克思主义之所以能够成功地"化"中国，在于这一过程中主体与客体之间动态的统一。马克思主义"化"中国的这种有效结合、互动共生的过程，相应地推动了中国反过来"化"马克思主义的创新发展。

三、"中国故事"需要展现由中国"化"马克思主义的全新篇章

如上文所言，以马克思主义"化"中国，即以马克思主义普遍原理为指导，

---

① 习近平：《在庆祝中国共产党成立100周年大会上的讲话》，载于《人民日报》2021年7月2日。

分析、化解中国的具体实际问题，那么相应地，以中国"化"马克思主义，则是以中国现实发展进程中的理论与实践新成果，来丰富、完善和发展马克思主义理论。马克思主义在中国的传播和发展不仅仅是马克思主义理论单向度地影响中国，同时，中国共产党人在中国实践发展取得阶段性成果和胜利的时候，同样凝聚而成具有鲜明特色的中国经验、中国智慧与中国力量，继而丰富、发展和创新了马克思主义理论，用中国成功的实践"化"马克思主义普遍真理为现实可能，以马克思主义中国化进程中的伟大阶段性成果促成了中国"化"马克思主义的伟大飞跃。

特别是在新时代，在当代中国和 21 世纪人类全局问题的考验下，这种双向的化育过程必然要凝结为科学社会主义在 21 世纪中国的有效发展，解决当代中国与世界所面临的一系列重大理论与实践难题，提供世界问题的中国答案。可以说，马克思主义中国化历经百年，时至今日，面临当代世界社会主义的理论与实践发展新情况、新趋势、新要求，尤其是将中国"化"马克思主义这一向度上的紧迫性、重要性呈现了出来。中国化的马克思主义成果不仅是中国的马克思主义，还发展成为了第三世界国家争取国家独立、民族解放和人民自由及社会经济蓬勃发展的样板和借鉴，乃至于对西方发达资本主义世界具有警醒和启示作用，捍卫了马克思主义在新世纪的话语权，同时也为回答全人类向何处发展这一世界之问提供了中国方案。

马克思主义"化"中国和中国"化"马克思主义是辩证统一的关系，二者"一而二、二而一"，是同一事物的两个方面。一方面，马克思主义在百年中国化的进程中化育了中华民族，在中华民族面临进退两难的危机抉择时挽救并改变了中华民族的前途和命运，并指引着中华民族实现了从"站起来""富起来"到"强起来"的伟大实践；另一方面，中国共产党也同心同向同频地进行着"化"马克思主义的百年历程，在"站起来""富起来""强起来"的历史进程中不仅以马克思主义普遍真理解决了中国社会主义革命、社会主义建设和改革开放伟大事业中的系列难题，同时还融入中国特有的现实情况，予以理论转化，不断与时俱进，丰富和发展了马克思主义，不断回应马克思主义面临的新问题、新挑战。因此，马克思主义"化"中国与中国"化"马克思主义在实践化育与理论充实的辩证互动中相辅相成，并以继往开来的姿态在 21 世纪不断完善与发展。

这种辩证统一、双向互动，它既有理论的形态，是一种理念，同时更是一种实践模式，即源自革命建设改革开放实践的需要，并进而不断面对困难、解决问题的活动方式。而这也就是中国共产党人之所以能够不断地推进马克思主义中国化的伟大进程、不断地实现理论与实践的飞跃的一个重要基础和平台。一方面，

"以马化中"是前提、是引领，在相当长一段时间里面是马克思主义中国化的矛盾的主要方面；另一方面，"以中化马"尽管在相当长一段时间里面与"以马化中"相比较是属于矛盾的次要方面，然而它却不可或缺地蕴含在、内嵌在马克思主义中国化这一伟大的进程当中。简单地说，中国共产党人以马克思主义为指导，创造性地运用马克思主义解决中国社会主义革命、社会主义建设和改革开放伟大实践当中各种各样难题，完成自身的任务，实现党的目标，这一历程当中同时也必然是在不断地推进和丰富、发展了马克思主义。

中国共产党推进马克思主义中国化进程本身就是让马克思说中国话的辩证统一历程，中国共产党是双向互动的一个主体、一个载体和一个路径。中国共产党从成立之初就具有了三个重要特性。一是以最先进的马克思主义科学理论为指导，并且不断灵活地运用于中国革命的实践。二是从成立之初就扎根于中国大地，有良好的人民群众的基础，并且始终保持着为人民谋福利，为民族谋复兴，为世界谋大同的初心和信念。三是中国共产党始终注重自身建设，把自身建设成为一个有共同理想和严格纪律的先进分子组成的坚强有力的革命政党，尤其是在率领全国人民推翻三座大山，实现民族解放、国家独立、人民自由的历史伟业基础上，善于在理论与实践方面不忘初心、继续前进，持续进行建设性的探索和创新。

透过中国共产党这个现实中介，从"以中化马"的视角来看中国共产党的奋斗历程，就更能凸显中国共产党人勇敢探索、不断创新，成为马克思列宁主义的忠实的继承者、捍卫者和发展者。"以中化马"它不仅是解决了马克思主义传播到中国之后如何指导中国社会主义革命、社会主义建设和改革开放的伟大事业取得成功和胜利等难题，在此之后还要进一步解决如何反哺马克思列宁主义的理论发展，也就是说，由此提出来了一个以中国经验、中国智慧、中国理论来进一步推进马列主义的发展、使其时代化的难题。从这个意义上来讲，"以中化马"也就是要以马克思主义中国化的百年进程，新中国成立70多年的进程和改革开放40多年的进程所积累的中国理论、中国智慧、中国力量，解决马克思主义、解决当代世界文明发展进程当中所面临的一系列难题，回答人类向何处去、世界向何方走的历史之问、世界之问、人类之问，推进21世纪社会主义的蓬勃发展。

这一"以中化马"的进程，在中国特色社会主义进入了新时代以后又有了新的理论与实践的样态，由原来一种潜能的状态逐步显现出来。党的十九大的胜利召开，习近平新时代中国特色社会主义思想的明确提出，代表了当代中国马克思主义的新境界，推进了21世纪马克思主义的蓬勃发展，这也就意味着从"以马化中"到"以中化马"的这一进程发生了伟大的飞跃，也就是实现了由自在到自为的这样一种状态。这样，充分地呈现出"以马化中"与"以中化马"的辩证张力所蕴含着的巨大历史势能向社会现实进步的动能发生转化，由此凸显出习近平新时代中国特色社会主义思想推进 21 世纪马克思主义的发展与创新的关键性意义。

中国"化"马克思主义不仅以中国经验、中国理论、中国智慧丰富了马克思主义理论与实践的发展，捍卫了马克思主义在新世纪的话语权，同时也为回答全人类向何处发展这一世界之问提供了中国方案。人类进入 21 世纪以后，世界的局势更为复杂多变，世界的发展充满了更多的不确定性，反全球化、逆全球化浪潮此起彼伏，单边主义的盛行、恐怖主义的猖獗、局部冲突的汹涌及国际霸凌的凸显，让人们对于世界的明天充满了迷惑，人类究竟往何处去？这需要有个很好的引领，所以习近平新时代中国特色社会主义思想应运而生，这就赋予了马克思主义中国化的更为深刻的意涵和逻辑必然性，为人类发展的前景带来了前途和希望。马克思主义中国化的开启有其理论逻辑与现实历史的双重线索，而从黑格尔到马克思的关于历史与逻辑相统一的深刻观点，为我们定位人类要往何处去、中国要有何作为提供了重要启示。

从黑格尔关于世界历史的思想到马克思的世界历史理论，其间有一条重要的线索，也就是想要发掘人类历史在塑造它自身各种各样文明形态的过程中，它需要有伟大的历史人物（个体和群体）来做世界历史的载体或者说代言人。黑格尔在唯心主义的语境下阐述了所谓的世界历史民族和世界历史个人，并带有个人倾向地属意于德意志民族和拿破仑这样的个人。而马克思的世界历史理论则是科学地立足于"人类社会或社会的人类"的发展，将之作为实现世界历史的真正主体，要追求逐步实现"自由人的联合体"这一科学的共产主义远景目标。马克思主义在自身发展过程当中，经过近两百年的高潮低潮和沧桑巨变，它曾在不同阶段上寻找过德国、法国、俄国等不同的历史承载者，而最终它在中国身上收获了最大的成果。以 1921 年中国共产党成立为标志，开启了马克思主义扎根中国的伟大进程，并最终在中国化马克思主义的活力迸发中，飘扬起了 21 世纪马克思主义的示范引领旗帜。

今天，伴随着中华民族走在中国特色社会主义的道路上而"强起来"，就是要求我们自觉地担当起主体的世界历史使命，把我们这种道路的优越性推己及人，惠及世界各国人民，所以这是世界人民所需要的中国方案，也是中国方案的真谛所在，由此中国方案会改变世界的格局，推进世界历史新的进步。正如习近平同志指出："新中国成立以来特别是改革开放以来，中国发生了深刻的变革，置身这一历史巨变之中的中国人更有资格、更有能力揭示这其中所蕴含的历史经验和发展规律，为发展马克思主义做出中国的原创性贡献。"① 概言之，正如历史上支撑列宁对马克思主义"原创性贡献"的最大根据、最大底气在于俄国革命的胜利和苏联社会主义道路的开辟，中国之"变"给了党的十九大上中国共产党人总结出习近平新时代中国特色社会主义思想的"原创性贡献"的最大底气。提供出一套现实制度样态，是先行建立社会主义的国家对人类历史的应有贡献和可行介入方式。

苏联在 20 世纪所给出的那套社会主义具体样态为本国人民和世界人民作出了一系列历史贡献，但最重要的一点贡献就是它的制度的现实存在、现实呈现本身，由于有了这种存在和呈现，才极大地提升了社会主义作为科学理论和现实历史运动对全人类的说服力、感召力。像西方著名左翼理论家霍布斯鲍姆，尽管他对苏联社会主义的具体内容颇有微词，但他还是用"现实中的社会主义"这个术语来进行了指称，因为"目前真正在实行的只有这么一种"②。然而，苏联的社会主义模式无论功过毁誉，都已经成为了历史遗产或遗迹，社会主义的现实性必须有新的样态和方案来加以弥补，这是世界历史运动的必然要求，因此，习近平新时代中国特色社会主义思想应运而生。

当代中国马克思主义，21 世纪马克思主义，马克思主义中国故事的全新篇章，内在地统一于习近平新时代中国特色社会主义思想身上。一方面，这是社会主义在处于长期低潮之后的必然觉醒。国际共产主义运动在经历了东欧剧变、苏联解体之后，进入了一个蛰伏期，而西方资本主义世界则陷入了一片狂欢之中，"历史终结论"之类的论调一时甚嚣尘上。在此期间，中国共产党沉着应对，勇于探索，练好内功，做好自己的事，经过从 20 世纪 80 年代末 90 年代初以来长期的沉潜建设之后，终于在新时代中国"强起来"的新阶段，需要中国再次勇立潮头，让科学社会主义的旗帜更高飘扬。另一方面，这也是社会主义善于处理好"两种社会制度长期合作和斗争"③ 的战略思维和斗争艺术的必然要求。我们在坚持以马克思主义为指导，坚持走社会主义道路，坚持共产党的领导，坚持人民民主专政这样的大前提下，与美国为首的西方发达资本主义国家既长期共存、互助互惠，又坚持原则、敢于斗争，并在此基础上"站在历史正确的一边，站在人类进步的一边"。

---

① 习近平：《深刻认识马克思主义时代意义和现实意义 继续推进马克思主义中国化时代化大众化》，载于《人民日报》2017 年 9 月 30 日。

② ［英］霍布斯鲍姆：《极端的年代》，郑明萱译，江苏人民出版社 1998 年版，第 560 页。

③ 习近平：《关于坚持和发展中国特色社会主义的几个问题》，载于《求是》2019 年第 7 期。

第三节 "社会主义"关键词：新思想是对社会主义制度优势的科学表达

　　以习近平同志为核心的党中央处理"两种社会制度长期合作和斗争"[①] 的历史命题，绝不是如某些资本主义国家和政治集团那样用意识形态的偏见和空话进行攻讦，而是在治国理政的伟大实践中，使得中国特色社会主义在新时代展现出高度的制度优势和治理效能。对于中国特色社会主义进入新时代以来中国共产党人使命和征程的集中概括，就是如同汇集了习近平同志在党的十八大以来最重要论述的作品集书名所言，即"治国理政"。"治国理政"是习近平新时代中国特色社会主义思想同历史进程、同 21 世纪科学社会主义事业对接的现实中介和平台，新思想指引历史进程和社会主义事业，也就是通过在中国特色社会主义的现实制度框架中完善治理体系、提高治理能力。

一、彰显制度特性是 21 世纪科学社会主义的重大任务

　　习近平新时代中国特色社会主义思想具体地落实在以习近平同志为核心的党中央的治国理政的实践进程中，这一科学理论的活力富源和现实载体，首要的就是中国特色社会主义的一整套最鲜活、最管用的制度。正如习近平同志所强调指出的那样，"在当代中国，坚持和发展中国特色社会主义，就是真正坚持社会主义"[②]，中国特色社会主义"特就特在其道路、理论体系、制度上，特就特在其实现途径、行动指南、根本保障的内在联系上"[③]，"制度优势是一个国家的最大优势，制度竞争是国家间最根本的竞争"[④]，习近平新时代中国特色社会主义思想彰显了中国特色社会主义制度的特性，将自身的理论形态作为整套制度有效运行的灵魂所在。具体而言，我们可以从目标定位、价值取向、情感纽带和利益关系四个方面着手，把握习近平新时代中国特色社会主义思想依托于中国特色社会主义基本制度开展治国理政实践的鲜明气质，更加充分地发挥其理论指导和行动

　　① 习近平：《关于坚持和发展中国特色社会主义的几个问题》，载于《求是》2019 年第 7 期。
　　②③ 习近平：《紧紧围绕坚持和发展中国特色社会主义 学习宣传贯彻党的十八大精神》，载于《人民日报》2012 年 11 月 19 日。
　　④ 习近平：《坚持和完善中国特色社会主义制度 推进国家治理体系和治理能力现代化》，载于《求是》2020 年第 1 期。

马克思主义中国化新飞跃论纲

指南的巨大作用。

第一，我们要从目标定位上来把握习近平新时代中国特色社会主义思想赋予制度的新时代意涵。以习近平同志为核心的党中央立足于新时代的历史方位，致力于不断探索和把握共产党执政规律、社会主义建设规律、人类社会发展规律，树立了高度的理论自觉与实践自信，形成了鲜明的目标导向和强烈的问题意识，围绕解决"世界怎么了""我们怎么办"等一系列重点理论与现实问题，系统展开了中国特色社会主义制度的治理实践。其一，明确的目标任务确保永不迷航。从全面深化改革的目标导向，到"五位一体"总体布局、"四个全面"战略布局；从坚持和发展中国特色社会主义的总目标总任务，到实现中华民族伟大复兴中国梦；从构建人类命运共同体，到为最终实现共产主义远大理想而奋斗：所有这些目标和任务，一脉相承环环相扣，指引新时代的制度运行永不迷失方向。其二，强烈的问题意识产生强大的驱动力量。从长远到当下、从宏大到具体、从外交到内政，举凡新时代之目标任务，无不贯穿着中国共产党人的初心与使命，无不体现着对一个又一个难题与挑战的深入剖析和着力破解，进而形成了中国特色社会主义制度在党的领导下不断自我完善、奋力前行的巨大驱动力量。其三，清晰的目标定位发挥巨大的凝聚作用。新时代的清晰的目标定位成为团结全党、全国、全社会、全民族的最大公约数，系统融汇了党的凝聚力、国家的凝聚力、社会的凝聚力和民族的凝聚力，构成了中国特色社会主义制度战胜任何艰难险阻、惊涛骇浪的压舱石。

第二，我们要从价值取向上来把握习近平新时代中国特色社会主义思想赋予制度的新时代意涵。制度不是脱离了人的思想因素的冰冷机器和无生命骨架，我们在坚持和完善党的领导制度体系当中，第一位的就是强调"建立不忘初心、牢记使命的制度"[①]，科学社会主义的客观规律，只有通过新时代"不忘初心、牢记使命"这一中国共产党人的共同价值追求，才能真正落实到全体人民勠力同心的自觉行动之中，而中国共产党人的根本价值取向，只有通过社会主义核心价值观的具体培育践行，方可产生现实的作用与效力。其一，完成使命任务呼唤主流价值追求构筑共同社会理想。中国特色社会主义的主流价值追求既要支撑共同目标使其成为共同社会理想，又要有效应对新矛盾、新挑战，是制度设计和取舍的评判尺度。始终坚持社会主义主流价值追求，以中国共产党人的初心使命和社会主义核心价值观，也就可以厚植我们民族和国家最持久、最深层的精神力量，可以推动新时代的政党认同、国家认同、社会认同和文化认同迈上新台阶。其二，

---

① 《中共中央关于坚持和完善中国特色社会主义制度 推进国家治理体系和治理能力现代化若干重大问题的决定》，载于《人民日报》2019年11月6日。

实现宏伟目标需要不断优化各种内在关系和外在关系，亟待发挥共同的价值取向的整合作用。中华民族从"站起来""富起来"到"强起来"这一不断追求实现宏伟目标的过程，既需要通过社会主义核心价值体系从思想理论上把握并解决各类矛盾冲突，也需要通过治国理政的具体实践对目标与对象进行取舍和聚焦、对观念行为与实施过程予以规范和调整，两者统一于制度化的合理建构当中。其三，应对复杂局面亟须构建当代社会价值系统和美好精神家园。面向新时代，无论是中国国内还是全世界范围，民粹主义、虚无主义、犬儒主义等各种不良思潮都有抬头之势。因此，我们应当始终坚持社会主义核心价值观，不断增强全民文化自觉与文化自信，特别是结合新时代的特点，运用好制度的刚性保障，切实抵御和打击各种错误社会思潮的侵扰，努力构建当代社会价值系统和美好精神家园。

第三，我们要从情感纽带上来把握习近平新时代中国特色社会主义思想赋予制度的新时代意涵。无论是"五位一体"总体布局和"四个全面"战略布局，还是共建"一带一路"和构建人类命运共同体，均有一条重要的情感纽带贯穿其中，那就是努力使全体中国人民和广大世界人民都有所分享、有所受益。

第四，我们要从利益关系上来把握习近平新时代中国特色社会主义思想赋予制度的新时代意涵。以习近平同志为核心的党中央作出对社会主要矛盾转化的准确判断，重视从满足人民群众物质文化需要到满足人民群众美好生活需要的提升，强调从制度的角度和高度关注人民群众切身利益的获得感、幸福感、安全感，既体现了中华民族的最根本利益，也代表了人类社会未来发展的合理方向。其一，牢牢把握利益关系大格局。新时代的治国理政强化落实全过程人民民主，随时随地倾听人民呼声、回应人民期待，保障人民平等参与、平等发展的权利，维护社会公平正义，把实现好、维护好、发展好最广大人民的根本利益作为一切工作的出发点和落脚点，努力使更多成果更加公平地惠及全体人民，在经济社会不断发展的基础上朝着共同富裕的方向稳步前进。其二，动态调整各种利益纷争。在坚持兼顾国家、集体、个人三者利益的基础上，新时代的治国理政进一步强调三者关系的动态平衡，充分发挥共建共治共享的机制原则，理顺并不断动态调整各种各样的利益纷争，最大限度地化解矛盾，从而为自身发展赢得更为广阔的空间。其三，始终坚持以人民为中心的发展思想。"得民心者得天下"，围绕新时代中国社会主要矛盾，中国共产党时刻不忘以人民为中心，进一步解放生产力，发展生产力，调动劳动者的生产积极性，激活社会创新活力，同时，不断消除影响经济社会发展不平衡不充分的因素，科学把握并有效平衡国内外各种复杂利益关系，形成了为实现中华民族伟大复兴的中国梦提供强劲有力支撑的制度安排。

二、提高制度能效是21世纪科学社会主义的直接使命

中国特色社会主义制度是植根中国大地、具有强大生命力和巨大优越性的制度。中国特色社会主义制度在中国人民"站起来"并建立了社会主义基本制度的基础之上，采取了"富起来"的有效安排，勇敢地进行了制度学习、制度更新和制度创设。中国特色社会主义大胆吸收和借鉴人类社会创造的一切文明成果，吸引和借鉴当今世界各国包括资本主义发达国家的一切反映现代化生产规律的先进经营方式、管理方法，尤其是把市场的无形之手与政府的有形之手辩证地统一在一起，有机地建构起一套扬长避短、统筹兼顾的制度体系，并不断地优化其内在的体制机制，提升市场经济的效率，利用市场无形之手，我们得以更加有效地配置资源，调动了广大人民群众的积极性，提高了经济发展效率，激活了社会创新活力。在改革开放新时期的发展创新基础之上，中国特色社会主义关于党的领导和经济、政治、文化、社会、生态文明、军事、外事等各方面制度都得以系统形成和发展，充分展现出了社会主义制度的活力和优越性。

而中国特色社会主义进入新时代之后，我们党领导人民统筹推进"五位一体"总体布局、协调推进"四个全面"战略布局，中国特色社会主义制度得以更加完善，制度的能效又有了明显的提高，为政治稳定、经济发展、文化繁荣、民族团结、人民幸福、社会安宁、国家统一提供了有力保障。并且在当前的世界变局当中，中国业已成为推进世界现代化健康发展的重要力量，说清楚如何开创好新时代国家治理体系和治理能力现代化的新格局，也已成为中国在新的历史方位中实现内政外交持续健康发展、进一步赢得和巩固制度竞争的比较优势的重大时代命题，从习近平新时代中国特色社会主义思想作为21世纪科学社会主义的历史定位出发，必然要为提高中国特色社会主义的制度效能作出明确的说明。因而在2019年10月，党的十九届四中全会顺应这一制度演进和制度竞争的客观需要，审议通过了《中共中央关于坚持和完善中国特色社会主义制度、推进国家治理体系和治理能力现代化若干重大问题的决定》（以下简称《决定》）。《决定》为科学阐明中国特色社会主义的治国理政方略，提炼总结中国之"治"的优势所在和宝贵经验，说清楚中国特色社会主义好在哪里、为什么好，提供了更加系统深入的文本遵循。

第一，提高制度能效是中华民族伟大复兴的内在要求。在世界现代化的大潮中，中国特色社会主义提高制度能效、推进国家治理现代化已然成为新时代中华民族向纵深发展、实现伟大复兴的新要求，并为世界现代化进程提供了中国智慧和中国方案。以习近平同志为核心的党中央在新时代对"治国理政"这一关键主

题词的凸显，不仅是对世界现代化发展这一国际大势的有效回应，以使中国能够在世界现代化浪潮中奋发搏击，而且是对中华民族伟大复兴的两个百年奋斗目标的历史交接，从全面建成小康社会过渡到建成富强民主文明和谐美丽的社会主义现代化强国，提供重要的推动力，进而贯穿了"两个一百年"奋斗目标的内在逻辑及实现历程。

治国理政，首要的就是要有效应对新时代现代化进程中所面临的双重困境。中国在经济社会转型发展的过程中，始终坚持走中国特色社会主义道路，不断发挥中国特色社会主义的制度优势，不仅一跃成为世界第二大经济体，而且在政治民主、文化繁荣、社会和谐及生态文明等方面取得了一系列现代化发展硕果，并在这些成就的铸造中继续砥砺前行。然而，现代化发展带来的现代性问题也在国内和国际两个不同层面中分别体现出来，在国内全面深化改革的过程中存在着诸如"有形之手"与"无形之手"、对外开放与对内搞活之间的矛盾、稳定与发展之间的总体协调统一之下的深层次矛盾；同时，在世界和平与发展的时代主题中仍存在着棘手的国际问题，比如国与国之间在经济、政治等方面的相互摩擦时有发生。

这一系列矛盾与问题都促使我们必须加快推进国家治理体系和治理能力现代化建设的步伐，以更加合理有序地应对世界现代化进程中的各种重大难题，弥补现阶段中国的国家治理体系和治理能力的不足及短板。改革开放以来，我们在国家治理现代化进程中取得可喜成就与宝贵经验的同时，也在国家治理体系和治理能力方面尚存在一些短板，包括一些本身在改革开放新时期创新探索过程中形成的有益做法，也随着时代的进一步发展而需要加以反思超越。因此，对国家治理体系和治理能力进行现代化的系统性和整体性重构，是对新时代如何进一步加快发展的有效回应。

第二，提高制度能效是加强党的领导、巩固党的执政地位的重要抓手。提高制度能效、推进国家治理现代化，本质上就要同坚持和完善党对国家的全面领导相一致的。习近平同志指出，"深化党和国家机构改革，是贯彻落实党的十九大决策部署的一个重要举措，是全面深化改革的一个重大动作，是推进国家治理体系和治理能力现代化的一次集中行动"①。巩固并深化党的领导地位和执政能力，是不断推进国家治理体系和治理能力现代化的关键所在，为推进国家治理现代化提供了符合中国国情的现代化发展模式。同时，推进国家治理体系和治理能力现代化也为党的领导地位和执政能力提供了良好的实践平台，两者相互促进、互为助力。

---

① 习近平：《巩固党和国家机构改革成果　推进国家治理体系和治理能力现代化》，载于《人民日报》2019年7月6日。

推进国家治理现代化，是中国在全面深化改革过程中的重要举措，如何有效实现国家治理体系和治理能力的现代化，成为当前亟待解决的首要问题。首先来说，坚持党的全面领导是推进国家治理现代化的根本保障。我们应始终坚持并强化党在国家治理现代化进程中的领导地位，以适应改革开放和社会主义现代化建设的发展要求，继续坚持科学执政、民主执政、依法执政，剔除治国理政过程中出现的享乐主义、奢靡之风等不正之风，摒弃机构改革中出现的权责模糊、权力任性等不良倾向。加大统筹力度，明确改革章法，做好各项工作，严格执行纪律，统筹推进"五位一体"总体布局，协调推进"四个全面"战略布局，继续以改革成果整体性、系统性充实国家治理体系的主体框架，为推进国家治理现代化提供科学的发展导向。

进而来说，加快政府部门职能转变是国家治理现代化的重要着力点。我们需要在坚持科学的国家治理体系基础上，优化政府职能部门的机构设置和职能配置，在社会发展的各个方面增强其内政外交的能力，保持中央与地方的一致性，推进中央政策的有效落实，避免政策执行的滞后性和低效性，明确部门之间的权责分界，协调部门与部门之间的沟通协作，避免因部门职能交叉而带来的责任推卸问题，有效提高政府为民办事的效率。

即以近两年来总体上表现了我国制度优势的抗疫工作而言，也同样存在短板和改进的空间，正如习近平同志强调的，"重大传染病和生物安全风险是事关国家安全和发展、事关社会大局稳定的重大风险挑战。要把生物安全作为国家总体安全的重要组成部分，坚持平时和战时结合、预防和应急结合、科研和救治防控结合，加强疫病防控和公共卫生科研攻关体系和能力建设"[1]。可见，我们亟须在整体完善国家制度和治理体系及提升制度执行力的基础上，建立健全更加灵敏、更加权威高效的微观实施"毛细血管"。

再进一步看，统筹党、政、军、群机构改革是国家治理现代化的重要堵点和痛点，需要下大决心、花大力气进行理顺。发挥好群体效应，推动各类机构紧紧围绕满足人民日益增长的美好生活需要这一目标协同发展、履行职责，才能增强党的领导力、提高政府的执政力、提升军队的战斗力、发挥群众的创造力，而这有赖于推进自上而下的组织机构系统性和整体性的重构。

第三，提高制度能效是新时代推进中国内政外交的必然选择。面对纷繁复杂的国际国内形势，要想平稳推进治国理政与大国外交，努力实现"两个一百年"奋斗目标，就必须提高治国理政水平，加快推进国家治理体系和治理能力的现代化步伐。在这一进程中，应清醒认识到，"现代化"与"现代性"并非西方独有

---

① 习近平：《为打赢疫情防控阻击战提供强大科技支撑》，载于《求是》2020年第6期。

的专属名词，而是人类社会发展的必然规律。习近平同志强调："深化党和国家机构改革是放在全面深化改革大盘子里谋划推进的，是我们打的一次全面深化改革的战略性战役。要用好机构改革创造的有利条件，推动全面深化改革向纵深发展，以深化党和国家机构改革新成效，推动开创全面深化改革新局面。"[①] 当前，我们亟须遵循客观规律进行国家治理现代化建设，善于学习、勇于实践、敢于创新。

一方面，我们要牢牢把握国家治理现代化的发展方向。我们需要立足于中国基本国情，不忘初心、牢记使命，坚持中国特色社会主义道路，坚定文化自信，发挥中华优秀传统文化、革命文化和社会主义先进文化的优势，在古今的纵向发展和中外的横向发展中构建顺势顺情的国家治理现代化模式，以古推今，以今带古。在内政方面，协调社会各方面发展，使治理成果更好地造福于人民群众，早日实现人民群众对美好生活的向往；在外交方面，要彰显社会主义国家治理现代化的优势，为世界上其他发展中国家及地区提供可资借鉴的社会主义国家治理现代化路径，使治理成果造福于世界。另一方面，我们要善于学习和借鉴在国家治理问题上的一切人类文明成果，激发社会组织和人民群众的活力与自治能力，培养人民群众的责任感与使命感，进一步提升国家治理活力。

总之，国家治理现代化是一种渐进式的动态发展。在第一个百年奋斗目标完成之际，我们为实现国家治理体系和治理能力现代化才算是做好了前期准备，在第二个百年奋斗目标基本实现社会主义现代化阶段同时，也正是实现国家治理体系和治理能力现代化的中期巩固阶段，而到本世纪中叶第二个百年奋斗目标最后阶段完成之际，实现国家治理体系和治理能力现代化的才能言胜，才能具有决定性地彰显我国国家治理体系的科学性与国家治理能力的高效性。因而，开创新时代国家治理现代化的新格局，将使国家治理体系和治理能力更加系统化、科学化和前沿化，为中国特色社会主义制度的能效提升提供永不衰竭的助推力，这是贯穿于中国特色社会主义新时代始终，也是内嵌于习近平新时代中国特色社会主义思想全局的使命担当。

三、发挥制度影响力是 21 世纪科学社会主义的振兴关键

习近平新时代中国特色社会主义思想是"紧密结合新的时代条件和实践要求"[②]，即以当代中国和 21 世纪人类的具体实际而提出的，它内在地包含了对于

---

① 习近平：《巩固党和国家机构改革成果 推进国家治理体系和治理能力现代化》，载于《人民日报》2019 年 7 月 6 日。

② 习近平：《决胜全面建成小康社会 夺取新时代中国特色社会主义伟大胜利——在中国共产党第十九次全国代表大会上的报告》，载于《人民日报》2017 年 10 月 28 日。

当代中国特色社会主义实践和人类共同发展进程中的新情况、新问题的深刻认知与把握。而与当今世界之"乱"形成鲜明对比的是中国之"治"。经过新中国70多年的建设发展，尤其是改革开放40多年的迅猛腾飞，在中国共产党英明正确领导下，经过全体中国人民的艰苦卓绝的奋斗，中华民族自鸦片战争以来前所未有地走近了世界舞台的中央。理论源自实践，实践呼唤理论，处在十字路口的人类急需有一种深刻的理论作为引领，由此，习近平新时代中国特色社会主义思想不仅担当起中华民族伟大复兴的指南职责，更兼有着破解世界难题的历史使命和职责。党的十九大的胜利召开，把中国制度的整体优势，把中华民族的文明样板，把习近平新时代中国特色社会主义思想的理论蓝图，推到了历史的前台，要义不容辞地肩负起世界历史责任，助力解决世界两大经济难题，引领全球化发展的正确方向，重新构建全球治理体系，推进人类命运共同体的构建。

当前，新思想正在破解人类所面临的几大矛盾和冲突，主要表现为：

第一，倡导共商、共建、共享、互惠共赢的新理念，处理民族共同体、社会共同体、国家共同体与人类命运共同体之间的平衡关系。当今世界出现了严重的失衡，有一些国家因为无法实现预想的目的，满足获得预期的利益，满足自身的需求而欲破坏现有的国际关系准则，由此生发出单边主义和霸权主义。因此，这种局面它的出现和凸显，呼唤有一种理念、思想，有一种力量，超乎其上，能够遏制霸凌主义和单边主义的汹汹来势，能够创建适宜于世界各国，没有东西南北、强弱大小之分，一种共商共建、互利合作、共享共赢的新的世界格局。

第二，克服金德尔伯格陷阱，为世界各国提供公共平台，公共服务，公共产品，有效促进世界经济繁荣，当今有些国家强硬地推行自己的文明观、价值观，破坏人类文化发展的多样性，违背了大自然物种的多样化原则，由此导致了此起彼伏的局部冲突和战火，并在此基础上催生出各种极端的恐怖主义。恐怖主义的出现，极端势力的侵扰，地缘政治的威胁，意味着需要有一种强大的声音和力量呼唤世界的正义力量齐心协力，构建一个更安全、更稳定、更和平的人类生存空间。

第三，引领全球化发展的正确方向，着力解决困扰世界的两大经济难题。一是经济复苏乏力，二是贸易保护主义。在社会经济发展过程当中，放纵资本贪婪的本性，任性地演绎出各种各样的只顾眼前不顾未来的金融衍生工具和产品，催生出极度的虚拟经济和泡沫经济，一次又一次酿成了金融危机和经济危机的灾难，并影响侵蚀着人类社会交往行为、政治行为、经济行为，进而影响了人类实现可持续发展、科学发展的愿景。因此，针对这种现象，社会思潮和行为倾向，需要我们倡导新的发展理念，倡导创新、协调、绿色、开放、共享的新发展理念，始终把握好人类发展进程中的手段和目的的关系，谨防手段和目的本末倒置

31

的现象。

对此，习近平新时代中国特色社会主义思想的提出，依托其深厚的社会历史背景，尤其是依托其在中国治国理政的丰硕成果，依托中国特色社会主义所发挥出的治理能效和优势，也就相应可以对当今世界形势变化及世界格局演绎，作出一个积极、有效、建设性的回应。2018 年，习近平同志在会见联合国秘书长古特雷斯时明确认为："国际上的问题林林总总，归结起来就是要解决好治理体系和治理能力的问题。我们需要不断推进和完善全球治理，应对好这一挑战。"①而与此同时"中国正在统筹推进经济、政治、文化、社会、生态文明建设'五位一体'总体布局，这五方面也是构建人类命运共同体的主要内容"②，这种内在契合呼唤着中国在收拾停当"自己的事情"之后，进一步积极回应世界范围内对人类命运所能获得的更好形态的追求。

第一，中国之"治"及其背后的中国之"制"，给世界社会主义带来新的模式。科学社会主义曾经给人类带来过无数的光明和希望，例如取得十月革命胜利，形成东欧社会主义阵营，指导建立新中国，继而在全球范围包括拉丁美洲、非洲、东南亚相继爆发民族解放运动，取得了反对帝国主义和殖民主义的重大突破。但在经历了东欧剧变、苏联解体的沉重打击后，科学社会主义落入低潮，进而科学社会主义未来的理论与实践的发展路在何方？这可以说是在世界范围内"长期想解决而没有解决的难题"和"过去想办而没有办成的大事"③。而习近平新时代中国特色社会主义思想在破解了中国范围内的一系列难题、大事之后，也就酝酿着对此问题的一个直面和解答。当然，没有固定现成的正确答案，它必须在未来的 21 世纪科学社会主义的实践进程当中，不断地丰富思想、深化理论。

早在党的十八大后，随着我国综合国力和国际地位上升，国际上关于"北京共识""中国模式""中国道路"等议论和研究也多了起来，习近平同志指出"所谓的'中国模式'是中国人民在自己的奋斗实践中创造的中国特色社会主义道路"，并坚信这种模式或者说道路"对世界的影响必将越来越大"④。中国特色社会主义既展示了符合中国国情的现代化发展道路，彰显了人类社会的多样性，同时它也蕴藏着从根本超越人类旧有不合理生存状态的革命性。当我们在党的十九大上对中国经验进行了系统总结和提炼之后，我们面对世界的变局和难题，也就尤其可以阐发出中国为世界人民包括西方发达资本主义国家人民具体指引出另

---

①② 《习近平会见联合国秘书长古特雷斯》，载于《人民日报》2018 年 4 月 9 日。

③ 习近平：《决胜全面建成小康社会 夺取新时代中国特色社会主义伟大胜利——在中国共产党第十九次全国代表大会上的报告》，载于《人民日报》2017 年 10 月 28 日。

④ 习近平：《关于坚持和发展中国特色社会主义的几个问题》，载于《求是》2019 年第 7 期。

一种发展道路的意义，这使得马克思主义在世界的复兴更加具有了现实支撑和理论武器。

第二，中国之"治"及其背后的中国之"制"，给世界各国发展贡献了成功示范。正如上一节中我们提及的黑格尔的"世界历史民族"所意谓的那样，翻开世界历史，我们发现往往人类文明处在重大转折期，尤其是有所突破，有所进展时，往往是需要有一个新型的文明共同体担当重任，它会以这样或那样的方式率先实现突破性、创新性的发展，继而在世界范围起到一种有力的引领作用，促使人类文明的前行和飞跃。中华民族几经磨难、几经兴衰，当前中华民族自身的伟大复兴进程实际上已经成了一个促进人类历史文明发展的重要变量。中华民族不仅自己一扫鸦片战争以来濒临亡国灭种的颓势，而且伴随着中国共产党成立以来百年辉煌的强劲上升势头，从而给世界上许多发展遭遇挫折、面临瓶颈的文明体提供引领借鉴的历史使命，就现实地落在了中华民族的肩上，中国的发展需要世界，世界的进步需要中国，人类所面临的剧变、挑战，世界所遭受的危机、冲击，中华民族不仅是难以独善其身，而且是必须勇挑重担、勇立潮头、勇敢前行。

习近平新时代中国特色社会主义思想向我们深刻地指出了，中国之"治"也就是中国特色社会主义之"治"，这不是躲进小楼成一统的"富家翁"，也不是照抄照搬西方发达国家的"模范生"，中国是在世界历史前进浪潮的推动下，以自己的开拓奋进超越了前述两种状态。近代以来，世界历史浪潮推动着我们走向社会主义、建设社会主义、发展社会主义，而在今天的新时代，我们"强起来"的过程既是与中国人民求得解放和幸福的进程结合在一起，是近代以来中国故事的必然延伸，同时，它又与科学社会主义在 21 世纪的全球复兴、与人类进步的道路选择联系在一起。也就是说，新时代的世界趋势内在地要求我们展现新时代的社会进步和人民幸福的现实优越图景，习近平新时代中国特色社会主义思想面对着世界之"乱"的外部环境，从系统完整的理论形态上反映着中国之"治"和背后的中国之"制"，以科学的理论阐述描绘出中国方案的基本内容，并呈现出中国方案的系统优越性和实践成长性，提供了美好生活和美好社会制度的可复制、可推广的经验示范。

第三，中国之"治"及其背后的中国之"制"，给世界百年未有之大变局带来了破解启示。人类在生物技术、医药技术、航天技术、人工智能等各种新兴技术不断涌现的今天，却伴随着经济发展繁荣过后的经济危机和金融风暴，十年以来的世界经济复苏乏力，贸易保护主义猖獗，进而在经济问题基础上是人类社会问题的全面积累和暴露，人类对自身存在价值和意义的追问，对人与自然的关系，人与国家之间的关系，人与人之间关系的重新审视，所有这一切带来了前所未有的颠覆及革命。伴随着世界迎来了百年未有之大变局，这种巨大的变化、变更和变革，一方面把人类带到了前所未有的危机四伏的险境，而显得每前进一步都步履艰难，潜伏着黑暗、罪恶、死亡和毁灭；另一方面也激发起人类巨大的潜力、创造力，更能通过人类自身的自我调整、自我革新、自我修复的能力，将挑战变成机遇，将危机变成良机。然而，要想实现这种正向度的转变的话，需要有一种解决方案，需要有一种成功的示范，需要有一种思想指南，让人类渡过十字关口，让世界继续前行。

归纳起来，当今世界存在着四种赤字，即治理赤字、信任赤字、和平赤字、发展赤字，导致反全球化、逆全球化浪潮此起彼伏。而中国经过70多年发展特别是改革开放40多年以来的进步，让社会主义真正焕发出了青春活力，凸显了社会主义制度的解放生产力、改善人民群众物质文化生活水平、提高国家综合国力的整体优越性。而中国一方面保持自身经济社会持续蓬勃发展并不断增进内部的稳定、和谐与团结；另一方面更是在做好自身的事情的基础上，致力于推进全球治理，努力构建新型的互惠共赢的世界格局，为解决当今世界诸多难题，回应人类向何处去提供中国方案。中国向世界各国人民展示了一个统筹协调生产力生产关系、发展稳定、国内国外良性互动的先进路径，有效避免体制性、内耗性治理赤字的产生。

以习近平同志为核心的党中央，审时度势，肩负起了推进21世纪科学社会主义蓬勃发展的重任，进一步加强了和世界各国人士的联系，除了运用思想理论宣传渠道，同时还充分利用经济、文化、外交等渠道，推进21世纪马克思主义的发展和传播，遵循着马克思关于世界历史的理论导引，呼吁世界各国共同构建人类命运共同体。其中，中国特别是以倡导"一带一路"建设为抓手，有效助力沿途国家社会经济的有效有序发展，以提供公共服务平台、公共产品，参与国际交往规则平台构建活动等形式与载体，推进全球治理体系新的更加合理的全球治理体系的形成。又如，在从2020年初以来全球新冠肺炎疫情肆虐的考验当中，中国更是充分发挥了中国特色社会主义制度的优越性，为世界各国提供抗疫物资及抗击疫情的宝贵经验和做法，用实际行动和道义优势为处在新冠肺炎疫情阴影下的世界带来了希望和光明，也让习近平新时代中国特色社会主义思想所倡导的构建人类命运共同体的理念、平台和做法举措越来越获得世界各国的充分理解、认同和支持。

第一章

习近平新时代中国特色社会主义思想的问题意识

中国人从最初的少数先进分子选择马克思主义时起，就辩明了"问题"与"主义"的关系，认定了马克思的"主义"能够真正切合中国"问题"、指导解决中国"问题"。习近平新时代中国特色社会主义思想这一马克思主义的最新阶段理论成果，是以习近平同志为主要代表的中国共产党人"科学地认识、准确地把握、正确地解决"① 问题的历史必然和逻辑必然。概而言之，这一新思想认识、把握和解决了"中国向何处去""社会主义向何处去""中国共产党向何处去""人类社会向何处去"等一系列重大问题，我们今天学习、阐释和运用习近平新时代中国特色社会主义思想的伟大理论武器，首先也正是要从这一新思想所由产生的历史和逻辑起点出发。为此，我们首先就要弄清新时代的几大问题形态，明晰习近平新时代中国特色社会主义思想对于这几大问题的基本把握和回应这几大问题的基本方向，由此逐步进入到对这一新思想的理论大厦的丰富内容和理论架构的理解。这几大问题包括：

（1）时代主题问题（怎样应对中国社会主要矛盾的转化）；

（2）社会主义建设规律问题（怎样坚持和发展中国特色社会主义）；

（3）共产党执政规律问题（怎样坚持党领导一切和全面从严治党）；

（4）人类社会发展规律问题（怎样建设人类命运共同体）。

---

① 习近平：《之江新语》，浙江人民出版社 2007 年版，第 235 页。

第一节　时代方位问题：怎样应对中国社会主要矛盾的变化

习近平新时代中国特色社会主义思想在"中国特色社会主义"之前冠以"新时代"的修饰语，这一核心关键词又切中肯綮地表明了新思想在一脉相承的同时又实现了与时俱进，"新时代"构成了这一新思想之所以区别于中国特色社会主义理论体系既有阶段性成果的出发点和总根据。正如党的十九大报告所说，中国特色社会主义进入了新时代，这是"我国发展新的历史方位""国内外形势变化和我国各项事业发展都给我们提出了一个重大时代课题"①，有了实践领域中的新时代、新课题，这才相应地有了要从理论的角度给出系统回答的必要性，并最终凝结成了习近平新时代中国特色社会主义思想的伟大成果。在党的十九大召开前的一段时间内，就已经有一些理论工作者通过学术研讨、决策咨询等形式，针对党的十八大以来以习近平同志为主要代表的中国共产党人的理论创新成果的命名和定位问题给出过自己的思考和建议，海外的不少观察家和评论者们也都对这一问题保持着热烈的关注并作出了诸多猜测。但这些非正式的评估意见，往往是试图从习近平同志在党的十八大以来系列重要讲话当中、从党中央治国理政的政治文件和宣传文本当中提取某个具体用语，以此来"提纲挈领"地统摄和概括党的十八大以来总体的理论创新成果。而以习近平同志为核心的党中央，最终则是选择了"新时代"的提法来进行命名，这表现出了中国共产党人更加宏大、更加深刻、更加具有历史哲学高度的概括把握能力，也更加科学、更加准确、更加全面地呈现了党的十八大以来理论创新成果的特质所在。可以说，习近平新时代中国特色社会主义思想居于首位的问题意识，就是对"新时代"的科学判断和精准把握。

一、经济社会发展水平跃升决定了中国社会主要矛盾的变化

党的十九大报告中指出新时代"是承前启后、继往开来、在新的历史条件下继续夺取中国特色社会主义伟大胜利的时代，是决胜全面建成小康社会进而全面建成社会主义现代化强国的时代，是全国各族人民团结奋斗、不断创造美好生

---

① 习近平：《决胜全面建成小康社会　夺取新时代中国特色社会主义伟大胜利——在中国共产党第十九次全国代表大会上的报告》，载于《人民日报》2017年10月28日。

活、逐步实现全体人民共同富裕的时代，是全体中华儿女勠力同心、奋力实现中华民族伟大复兴的中国梦的时代，是我国日益走近世界舞台中央、不断为人类作出更大贡献的时代。"① 总体而言，新的时代转换赋予了中国新的使命，提供了新的机遇，而这也就成为习近平新时代中国特色社会主义思想的宏观实践依据。

党的十九大关于"新时代"的概念甫一提出，学术界立即展开了研究阐释，取得了数量可观的研究成果。"新时代"是有别于其他历史时代的中国特色社会主义发展新阶段，是中国新的历史方位，对此有学者提出，"新时代"以"巨大的发展成就"为基础，以社会主要矛盾转化等为标志②，应该"立足历史、理论、实践和价值"全面进行理解。③ 同时，学界还从不同学科视野出发对"新时代"进行了层次非常丰富的解读。有学者对其进行"哲学理解"，阐明中国特色社会主义进入新时代的根据、标识和具体内容，"新时代"的哲学方法论意义④，以及其"唯物史观机理"⑤；有学者探讨其"政治逻辑"，认为"党的十九大明确宣示了举什么旗，走什么路"，政治站位提上了新高度。⑥ 与"新时代"相联系，学界对中国社会新的主要矛盾进行了深入而全面的探讨。有学者提出要"多维度把握"这一"重大判断"、"深刻把握"四个"不变"与"变"⑦；有学者研究其与"新时代"的关系⑧，讨论其"意义"⑨，分析其"原因"⑩；有学者探讨其"经济学意义"⑪，有学者深究其哲学"逻辑"⑫，等等。

总之，自中央作出中国特色社会主义进入新时代和社会主要矛盾发生转化这一重要判断以来，国内学术界就从各个方面对其展开研究和探讨，取得了丰硕成

---

① 习近平：《决胜全面建成小康社会 夺取新时代中国特色社会主义伟大胜利——在中国共产党第十九次全国代表大会上的报告》，载于《人民日报》2017年10月28日。

② 陶文昭：《论中国特色社会主义新时代》，载于《教学与研究》2017年第12期。

③ 黄蓉生、丁玉峰：《中国特色社会主义进入新时代重大判断的四维理解》，载于《学习与实践》2017年第12期。

④ 韩庆祥、黄相怀：《中国特色社会主义新时代的哲学理解》，载于《哲学研究》2017年第12期。

⑤ 曹洪滔：《论习近平关于新时代社会主要矛盾转化重要论述的唯物史观机理》，载于《理论视野》2019年第11期。

⑥ 钟君：《中国特色社会主义进入新时代的政治逻辑》，载于《红旗文稿》2017年第24期。

⑦ 金民卿：《全面准确地理解中国特色社会主义新时代我国社会主要矛盾的深刻变化》，载于《国外理论动态》2017年第11期。

⑧ 李君如：《社会主要矛盾新变化和中国特色社会主义新时代》，载于《中共党史研究》2017年第11期。

⑨ 张宏志：《深刻领会我国社会主要矛盾转化的重要意义》，载于《党的文献》2017年第6期。

⑩ 刘须宽：《新时代中国社会主要矛盾转化的原因及其应对》，载于《马克思主义研究》2017年第11期。

⑪ 高培勇：《深刻理解社会主要矛盾变化的经济学意义》，载于《经济研究》2017年第12期。

⑫ 刘同舫：《新时代社会主要矛盾背后的必然逻辑》，载于《华南师范大学学报》（社会科学版）2017年第6期。

果，为本书的研究奠定了重要基础，我们即是要在前期研究的基础上进一步围绕
"新时代"的内涵，拓展研究领域、深化研究内容、拓宽研究视野、改进研究方
法。从马克思主义的时代观的基本原理来看，一个时代的基本特征和它在历史整
体进程中的特定方位，从根本上说都是由特定历史阶段的生产决定的：由于生产
力的活跃与累积的特性，决定了历史不断向前发展；而生产的每一发展阶段既是
过去生产发展的结果，又是下一阶段生产发展的基础。因此，"历史方位"不是
一个静态的坐标，而是一个动态的过程，包含着"从哪里来""现在何处""走
向何方"等丰富信息。如果我们从这三个方面来理解，新时代中国的"历史方
位"的基本内涵就是，新时代中国特色社会主义源于中国特色社会主义建设和改
革的伟大实践（"从哪里来"），以党的十八大以来党中央治国理政的新实践为新
起点，以21世纪中叶全面建成社会主义现代化强国和实现中华民族伟大复兴为
目标方向（"走向何方"），现在正处于这一重要的历史区间（"现在何处"）。

中国特色社会主义进入新时代，中国处于新的历史方位，从根本上说，是由
社会主要矛盾的转变决定的。唯物史观认为，推动人类社会发展的根本动力是生
产力与生产关系、经济基础与上层建筑之间的基本矛盾运动，社会基本矛盾决定
了社会形态和社会基本结构。但是，正确把握社会特定发展阶段的性质和特点，
只有对社会基本矛盾的一般认识是不够的，因为事物的性质和发展走向都是一系
列矛盾运动的结果，是一个矛盾系统在起作用，我们必须从抽象上升到具体，深
入到对特定历史阶段上社会矛盾内容和性质的把握。在矛盾系统中，各种矛盾的
地位和作用不同，"事物的性质，主要是由取得支配地位的矛盾的主要方面所规
定的。取得支配地位的矛盾的主要方面起了变化，事物的性质也就随着起变
化。"[①] 因此，正确认识和把握中国社会发展的历史方位，关键就要抓住中国社
会发展的主要矛盾及其主要方面的发展变化。

近代以来，帝国主义和中华民族的矛盾、封建主义和人民大众的矛盾就是决
定中国社会性质、影响中国社会发展的两对主要矛盾，中国社会的半殖民地半封
建性质和战争与革命的时代主题就由此决定。当帝国主义加紧侵略中国时，帝国
主义和中华民族的矛盾即上升为其中最主要的矛盾，中国社会内部的阶级矛盾就
暂时处于次要地位，中国社会的性质和发展走向也主要由这一矛盾决定。而当中
国人民的反侵略战争取得彻底胜利，封建主义和人民大众之间的矛盾又上升为最
主要矛盾，新民主主义革命的最主要任务又回到反封建上，而鉴于中国买办资本
和官僚资本与帝国主义和封建主义联系的紧密性，也同时成为新民主主义革命的
对象。

---

① 《毛泽东选集》（第1卷），人民出版社1991年版，第322页。

中华人民共和国成立之初，以毛泽东同志为主要代表的中国共产党人对当时社会主要矛盾的判断是，"资产阶级革命完成之后，中国内部的主要矛盾就是无产阶级和资产阶级的矛盾，外部就是与帝国主义的矛盾。"① 面对国际国内的多重矛盾，我们党把巩固新生政权、恢复发展国民经济作为最重要的工作，这是非常必要的，也是十分正确的。随着社会主义改造的基本完成，如何在社会主义制度下大力发展生产力，进行社会主义建设，解决"先进的社会制度和落后的生产力之间的矛盾"又摆在党和政府面前。1956 年，党的八大提出，"我们国内的主要矛盾，已经是人民对于建立先进的工业国的要求同落后的农业国的现实之间的矛盾，已经是人民对于经济文化迅速发展的需要同当前经济文化不能满足人民需要的状况之间的矛盾。"② 此后由于主客观条件的制约，我们在相当长一段时期内对于中国社会的主要矛盾的判断出现了曲折和反复，中国社会主义事业在艰辛探索当中砥砺前行。

1979 年 3 月，邓小平在党的理论工作务虚会上指出，"我们的生产力发展水平很低，远远不能满足人民和国家的需要，这就是我们目前时期的主要矛盾，解决这个主要矛盾就是我们的中心任务。"③ 1978 年底，党的十一届三中全会实现了党和国家工作重心的转移，1981 年党的十一届六中全会上，我们党总结历史经验与教训，正式对社会主要矛盾做出了新的判断：在社会主义改造基本完成之后，我国所要解决的主要矛盾，是人民日益增长的物质文化需要同落后的社会生产之间的矛盾。在对中国社会主要矛盾的科学判断指引下，改革开放让整个国家进入到了解放和发展生产力的新时期。党的十八大以来，我国社会呈现出一系列新的阶段性特征，党的十八届三中全会提出，我们要"进一步解放思想、进一步解放和发展社会生产力、进一步解放和增强社会活力"，这"三个进一步解放"既是改革的目的，又是改革的条件。解放思想是前提，是解放和发展社会生产力、解放和增强社会活力的总开关。生产力的整体发展推动中国特色社会主义进入新时代，这也使得我国的历史方位发生了重大变化。

概言之，在中国社会主义的基本制度确立之后，各个历史时期社会主要矛盾总体表现为人民需要和现实发展水平之间的矛盾，而其中现实发展水平这个"供给侧"处于矛盾的主要方面，决定了社会主要矛盾的性质。从这种主要矛盾及其主要方面的决定性出发，我们解决主要矛盾的中心任务始终是发展，不断提高现实发展水平，发展是硬道理，是党执政兴国的第一要务，但与此同时，我们又要始终坚持实事求是地看待我国所处的历史方位和发展水平，科学判断精准施策，

---

① 《毛泽东年谱》（1893－1949 下册），中央文献出版社 1993 年版，第 344 页。
② 《建国以来重要文献选编》（第 9 册），中央文献出版社 1994 年版，第 341 页。
③ 《邓小平文选》（第 2 卷），人民出版社 1994 年版，第 182 页。

从而才能更好发展，这就是习近平同志所指出的："我们要准确把握国际国内环境变化，辩证分析我国经济发展阶段性特征，准确把握我国不同发展阶段的新变化新特点，使主观世界更好符合客观实际，按照实际决定工作方针，这是我们必须牢牢记住的工作方法。"①

中国GDP总量从1 495亿美元提升至13万亿美元，由原来美国1/26上升至美国的3/4，GDP总量排名从世界第十位提升为第二位，同时，中国人均收入从300多人民币元提升至26 000多元人民币，从低收入国家提升至中等偏上收入国家，我们的经济社会发展水平逐步实现着从跟跑、并跑到领跑的内涵提升。作为当今世界上第二大经济实体，中国极大地改善、满足和丰富了人民群众的物质文化生活，并为开启满足人民群众日益增长的对美好生活需要的新时代储备了雄厚保障。因而，党的十九大作出"中国特色社会主义进入新时代"的重要判断，其基本依据就是中国社会主要矛盾特别是其主要方面所发生的新变化："中国特色社会主义进入新时代，我国社会主要矛盾已经转化为人民日益增长的美好生活需要和不平衡不充分的发展之间的矛盾。"②

同时，习近平新时代中国特色社会主义思想生成于21世纪，其对于中国经济社会发展水平跃升特别是对其中的矛盾主要方面和动能输出端水平跃升的认识，也深刻地联系到了人类社会整体发展水平的层面，关注和把握了世界范围内新旧经济发展动能的转换。21世纪以来的20年，是人类在信息科技等领域取得重大突破和实现高度发展的时期，科学技术的变革引起了连锁性的反应，对政党、国家、社会、市场等人类文明各要素都提出了新的适应性变革的要求。可以说，21世纪以来，人类社会开启了信息革命时代，高度发达的互联网信息技术和网络社会的全面到来从根本上重塑了全人类的经济社会发展形态，特别是在这一时期当中我们中国也深入参与了这一变革进程，这一进程对中国发展造成了深度的影响。

对此，习近平同志指出："纵观世界文明史，人类先后经历了农业革命、工业革命、信息革命。每一次产业技术革命，都给人类生产生活带来巨大而深刻的影响。现在，以互联网为代表的信息技术日新月异，引领了社会生产新变革，创造了人类生活新空间，拓展了国家治理新领域，极大提高了人类认识世界、改造世界的能力。"③ 科技发展给经济社会发展带来的巨大变革和影响，其对于经济发展动能的转换和更替，应当进一步转变成为提升人民生活水平乃至自由全面发

---

① 习近平：《辩证唯物主义是中国共产党人的世界观和方法论》，载于《求是》2019年第1期。
② 习近平：《决胜全面建成小康社会 夺取新时代中国特色社会主义伟大胜利——在中国共产党第十九次全国代表大会上的报告》，载于《人民日报》2017年10月28日。
③ 习近平：《在第二届世界互联网大会开幕式上的讲话》，载于《人民日报》2015年12月17日。

展水平的动能。可以说，技术革命所引起的系统性的现实变化为习近平新时代中国特色社会主义思想提出了新的基础性发展条件，构成了新的不同于以往的社会主义建设探索的实践基础。

二、应对新时代主要矛盾需要积极满足人民的美好生活需要

我们党对新时代中国社会主要矛盾的判断，一方面遵循的是马克思主义的矛盾分析方法和唯物史观关于生产力根本决定作用的观点；另一方面也符合马克思主义关于"人的自由全面发展"的理论，要从人的需要的历史发展尺度来看问题。在马克思主义看来，"人的自由全面发展"不仅是人的物质和文化生活需要的满足，而是包括人的一切社会关系的发展和完善。"人的自由全面发展"不是一蹴而就的，是一个不断发展的过程。在马克思那里，"人的自由全面发展"要经历三个历史阶段，即"人的依赖关系"阶段、"以物的依赖性为基础的人的独立性"阶段、"建立在个人全面发展和他们共同的、社会的生产能力成为从属于他们的社会财富这一基础上的自由个性"阶段。[1]

第三阶段即共产主义阶段，正如《共产党宣言》系统阐述人类社会历史发展规律时对于其中的内在趋向和最终目标所作的强调："代替那存在着阶级和阶级对立的资产阶级旧社会的，将是这样一个联合体，在那里，每个人的自由发展是一切人的自由发展的条件。"[2] 要实现这种人的解放，切实保障每个人的自由全面发展，这是马克思主义的根本目的和价值旨归，"自由人联合体"是科学社会主义运动的最高目标，科学社会主义理论和实践都应围绕着最大限度促进人的自由全面发展这一主线展开，是要让人民逐步地成为掌握生产资料、国家权力和精神生产的主体。

但是我们又要看到，马克思主义经典作家关于人的自由全面发展阶段的理论告诫我们，人的自由全面发展的程度和水平归根到底取决于生产的发展。在到达共产主义"自由人联合体"的高级形态之前，我们要进行社会主义的沉潜建设，社会主义本身是共产主义的初级阶段，而我国又将长期处在社会主义的初级阶段，其生产发展的阶段性和局限性决定其还只能在一定范围内和一定程度上实现人的自由全面发展，是量力而行和尽力而为的辩证统一。"人民日益增长的美好生活需要和不平衡不充分的发展之间的矛盾"的新判断，一方面反映的是当前生产发展阶段上仍然不可避免的局限性，另一方面反映的则是人的自由全面发展水

---

[1] 《马克思恩格斯文集》（第 8 卷），人民出版社 2009 年版，第 52 页。
[2] 《马克思恩格斯文集》（第 2 卷），人民出版社 2009 年版，第 53 页。

平又有了新的进步和提高。中国新的社会主要矛盾以及中国特色社会主义处于新的历史方位，是改革开放四十多年发展的必然结果。经过四十多年的大力发展，"人民美好生活需要日益广泛，不仅对物质文化生活提出了更高要求，而且在民主、法治、公平、正义、安全、环境等方面的要求日益增长。同时，我国社会生产力水平总体上显著提高，社会生产能力在很多方面进入世界前列，更加突出的问题是发展不平衡不充分，这已经成为满足人民日益增长的美好生活需要的主要制约因素。"① 说明这一判断不仅具有理论依据，也是基于中国社会发展与人民需求转变的客观实际。

对新时代中国社会主要矛盾的新判断也说明，人民的需求的范围在扩展、水平在上升，对国家治理的要求也在提高。经过四十多年的改革开放，人们总体上已获得充足的物质保障，开始有了发展与享受的需求，对国家与社会满足其需求提出了要求，即党的十九大报告提出的"人民对美好生活的需要"。"人民对美好生活的需要"，一是需要范围的扩展，即人民的需要不再局限于传统的物质文化生活，而是扩展到民主、法治、公平、正义、安全等政治与社会各个方面；二是需要层次的提高，即由原来的"生存型"上升为"发展型""享受型"。当前，我国人民的温饱问题已稳定解决，小康社会已经全面建成，总体上已摆脱了物质贫困和产品短缺，人民群众的消费升级越来越明显，消费结构也在不断优化，高质量高品质的消费需求越来越旺盛。同时，越来越多的人开始着力关注和追求自我发展、自我实现、自我享受了，更满意的收入、更宜居的环境、更健全的社会保障、更优质的医疗服务、更便捷的交通出行、更稳定的社会秩序等，已经成为他们新的期待和追求，从而对国家和社会也提出了相应的要求。

但很显然我们也应看到，我国发展的群体差异、地区差异、城乡差异、领域差异明显，即仍然存在发展的不充分和不均衡，对于人民群众的需要还不能很好地加以满足，解决这一对矛盾就是我们当前及今后相当长一段时期的主要任务。要解决新时代社会主要矛盾，特别是要解决好发展不平衡、不充分这个矛盾的主要方面，以习近平同志为核心的党中央有针对性地提出了"以人民为中心"的发展思想，并将其贯穿于治国理政的全部实践中，而这也是解决新的社会主要矛盾的基本原则。"以人民为中心"有着特定的内涵。就主体而言，人民是具体的，是现实中一个个具体的人；同时，人民也是广泛的，是相互联系的集合体。就内容而言，"以人民为中心"是以人民的正当利益、人民的合理诉求为中心，不断满足人民美好生活的需要。而人民美好生活需要会随着环境条件和时代发展而变

---

① 习近平：《决胜全面建成小康社会 夺取新时代中国特色社会主义伟大胜利——在中国共产党第十九次全国代表大会上的报告》，载于《人民日报》2017 年 10 月 28 日。

化，要求与时俱进，精准把握人民群众不断发展变化着的美好生活需要，以提高工作的针对性和有效性。

中国共产党始终坚持立党为公，执政为民的初心和使命，始终坚持科学社会主义关于人的自由全面发展的价值追求。中国共产党自诞生之日起，就将"人民"镌刻在自己的旗帜上，并一以贯之。在民主革命时期，以毛泽东同志为主要代表的中国共产党人坚持密切联系群众的立场，形成"为人民服务"的科学理论体系。毛泽东指出，"我们的共产党和共产党所领导的八路军、新四军，是革命的队伍。我们这个队伍完全是为着解放人民的，是彻底地为人民的利益工作的。"① "我们共产党人区别于其他任何政党的又一个显著的标志，就是和最广大的人民群众取得最密切的联系。全心全意地为人民服务，一刻也不脱离群众；一切从人民的利益出发，而不是从个人或小集团的利益出发；向人民负责和向党的领导机关负责的一致性；这些就是我们的出发点。"②

在改革开放和中国特色社会主义建设新时期，中国共产党人继续坚持人民立场和人民主体地位，"坚持一切为了群众、一切依靠群众，坚持权为民所用、情为民所系、利为民所谋，坚持把实现好、维护好、发展好最广大人民的根本利益作为我们一切工作的根本出发点和落脚点"③，坚持"以人为本"的发展观，强调"我们党的一切奋斗和工作都是为了造福人民"。④ 人民群众的生活水平是衡量国家富强与否的重要指标，改革开放给人民生活带来了根本变化，主要体现在生活富裕、出行便捷、福利保障等各个细微之处，"兜好底""同进步"的发展原则是促进我国和谐稳定发展的秘诀。中国特色社会主义进入新时代，以习近平同志为核心的党中央继承和延续了中国共产党人长期坚持的以人民为中心的根本立场，不断夯实人民群众在改革和发展进程中的主体地位。

党的十九大报告强调："中国共产党人的初心和使命，就是为中国人民谋幸福，为中华民族谋复兴。""必须始终把人民利益摆在至高无上的地位，让改革发展成果更多更公平惠及全体人民。"⑤ 党的十九届四中全会再次强调："增进人民福祉、促进人的全面发展是我们党立党为公、执政为民的本质要求。""满足人民多层次多样化需求，使改革发展成果更多更公平惠及全体人民。"⑥ 不断回应和

---

① 《毛泽东选集》（第 3 卷），人民出版社 1991 年版，第 1004 页。

② 《毛泽东选集》（第 3 卷），人民出版社 1991 年版，第 1094～1095 页。

③ 《十六大以来重要文献选编》（中），中央文献出版社 2006 年版，第 317 页。

④ 《十七大以来重要文献选编》（上），中央文献出版社 2009 年版，第 576 页。

⑤ 习近平：《决胜全面建成小康社会 夺取新时代中国特色社会主义伟大胜利——在中国共产党第十九次全国代表大会上的报告》，载于《人民日报》2017 年 10 月 28 日。

⑥ 《中共中央关于坚持和完善中国特色社会主义制度 推进国家治理体系和治理能力现代化若干重大问题的决定》，载于《人民日报》2019 年 11 月 6 日。

满足人民对物质文化生活的更高要求，不断回应和满足人民群众对民主、法治、公平、正义、安全、环境等各方面日益增长的需要，就是新时代中国共产党"以人民为中心"执政理念的重要体现。

人民群众不仅是中国特色社会主义的价值主体，也是中国特色社会主义的实践主体。生产力的发展转变，归根到底是人民推动的。当人民群众的积极性和创造性被调动和激发出来的时候，生产力就会获得快速发展，反之我们的发展事业就会遭受挫折。改革开放使束缚生产力发展的藩篱被打破，人民参与创造、致力创新的积极性被释放，实现了生产力的大发展和生产方式的大变革，中国社会主要矛盾的主要方面才会由原来生产的"落后"转变为发展的"不平衡不充分"。

党的十八大以来，随着改革的深入，中国人民创造了巨量的物质财富，绝对贫困人口大幅减少，从而在解决人的基本需要的同时，更要致力于满足人民群众更高层次的需求，要不断通过改革给人民群众带来更多的获得感、幸福感、安全感。而从物质文化需要的解决到美好生活需要的完善，都要依靠人民——当然，目的也是为了人民。因此，应充分尊重人民群众在解决社会主要矛盾中的主体地位，依靠人民群众去促进更加平衡、更加充分地发展，推动人民主体地位的实现，要求建立完善的生产生活制度和人民主体作用发挥的保障机制，以调动人民的生产积极性，激发人民创新创造活力。这彰显了社会主义实现全体人民共同富裕和每个人自由全面发展的根本目的，也是实现社会发展与人的发展的内在统一。

三、解决新时代主要矛盾需要坚持全面深化改革的根本途径

社会主要矛盾新的转变是关系我国改革开放全局的历史性变化，意味着40多年的改革开放进入一个新的历史阶段。"改革是党和人民大踏步赶上时代的重要法宝，是坚持和发展中国特色社会主义的必由之路，是决定当代中国命运的关键一招，也是决定实现'两个奋斗一百年'奋斗目标、实现中华民族伟大复兴的关键一招。"[①] 解决新时代社会主要矛盾，改革仍然是关键，特别是要全面深化改革，随着中国特色社会主义进入新时代，以习近平同志为核心的党中央开启了全面深化改革的新征程，着力通过全面深化改革发展自身，按照以人民为中心的发展思想指导全面深化改革，持续推动发展，进一步解放和发展生产力，解决发展不平衡不充分问题，满足人民日益增长的美好生活需要。

中国的改革以对问题的正确认识和对矛盾的科学分析为起始点，以问题和矛盾的解决为落脚点。"文化大革命"结束后，如何拨乱反正、如何使社会发展回

---

① 习近平：《在庆祝改革开放40周年大会上的讲话》，载于《人民日报》2018年12月18日。

到健康稳定发展的轨道上来，成为当时中国面临的最主要问题。我们党以极大的勇气和智慧，对中国社会主要矛盾和矛盾主要方面的认识又回到正确判断上来，指出我国所要解决的主要矛盾，仍然是人民日益增长的物质文化需要同落后的社会生产之间的矛盾。因此，"党和国家工作的重点必须转移到以经济建设为中心的社会主义现代化建设上来，大大发展社会生产力，并在这个基础上逐步改善人民的物质文化生活"。[①]

这之后的 40 多年改革进程，我国主要就是围绕经济发展这一核心问题，立足于我国物质基础薄弱的现状，把主要精力放在如何改革生产关系方面，使生产关系适应于社会主要矛盾的主要方面即生产力发展水平，从而大力发展经济。我们通过逐步放活市场并最终确立和完善社会主义市场经济体制，确立公有制为主体、多种所有制经济共同发展和按劳分配为主体、多种分配方式的基本经济制度，并且通过"打破平均主义，打破'大锅饭'"，"让一部分人、一部分地区先富起来"[②] 的发展战略，取得了举世瞩目的经济发展成效，并且在经济发展的同时也在人民生活改善方面取得了显著的成就，中国的改革总体上看是成功的。

但与此同时，我们也产生并积累了发展的不平衡不充分问题。不平衡不充分问题体现之一，是地区差距、城乡差距、居民个人收入差距等。这些差距不仅表现在经济发展速度和水平上，还表现在教育、医疗、住房、就业、社会保障、生态环境、基础设施等各个方面。不平衡不充分问题体现之二，是经济有了很大发展，城乡硬件设施也得到了极大改善，但一些反映社会综合发展水平的软件建设却没有跟上，人民群众随着经济发展和生活水平的提高却对此提出了要求。这一矛盾是改革中产生的，"改革开放中的矛盾只能用改革开放的办法来解决"[③]，即解决新时代中国社会主要矛盾，仍然需要也只能全面深化改革，特别是通过供给侧结构性改革，从深层结构上解决发展的不平衡不充分问题，不仅为经济持续增长提供基础，也为社会全面发展和人民生活全面改善提供保障。

把全面深化改革与人民群众的生活改善和美好生活向往直接相结合，是党的性质与宗旨决定的。共产党关于人的彻底解放和自由全面发展和信仰说到底还是为了人民群众的根本利益，其近期目标就是通过提高社会生产力、不断创造社会财富、不断改善社会环境，从而提高人民群众的生活质量和水平。为国家富强、民族复兴而奋斗，为人民群众谋幸福、增福祉就是中国共产党的初心和使命。中国共产党始终坚持群众观点和群众路线，一切为了群众、一切依靠群众，不断回

---

① 《改革开放三十年重要文献选编》（上），人民出版社 2008 年版，第 212 页。

② 《邓小平文选》（第 3 卷），人民出版社 1993 年版，第 155 页。

③ 习近平：《把改善供给侧结构作为主攻方向动经济朝着更高质量方向发展》，载于《人民日报》2017 年 1 月 23 日。

应人民群众的诉求。中国特色社会主义进入新时代，无论从范围还是质量、水平上看，人民群众的诉求都有了前所未有的扩展和提升，同时又遭遇到"不平衡不充分的发展"的阻碍，特别是不合理、不适应新时代要求的体制、机制、结构的阻碍。

要破除发展障碍、满足人民群众日益增长的美好生活需要，只有继续全面深化改革，要坚持"老百姓关心什么、期盼什么，改革就要抓住什么、推进什么，通过改革给人民群众带来更多获得感"①。但是，改革"已进入深水区，可以说，容易的、皆大欢喜的改革已经完成了，好吃的肉都吃掉了，剩下的都是难啃的硬骨头。"② 因此，必须加强顶层设计，并把基层探索和顶层设计相结合，发展和完善制度，把改革本身也纳入制度的轨道，重视凝聚改革共识，通过各种利益机制，调动人民群众的积极性、主动性、创造性，有效解决全面发展中的深层次矛盾和问题，为满足人民美好生活需要提供内生动力。

改革为了人民，改革依靠人民，改革也就应由人民来检验和评判。毛泽东提出了"为人民服务"简明扼要的格言，将之作为党的根本宗旨，共产党人"完全是为着解放人民的，是彻底地为人民的利益工作的。"③ 邓小平同样用十分朴实的话语要求我们做工作"必须考虑群众拥护不拥护、赞成不赞成、高兴不高兴、答应不答应"④。习近平在党的十九大报告中也同样强调了人民的"至高无上"性，指出"必须始终把人民利益摆在至高无上的地位，让改革发展成果更多更公平惠及全体人民，朝着实现全体人民共同富裕不断迈进"⑤。

可以说，今天中国共产党"全面深化改革"的深水区、攻坚期，为了完善和发展中国特色社会主义制度，推进国家治理体系和治理能力现代化，这个阶段上的改革必然是一项极为复杂、极为艰巨的系统工程，尤其是会在实施推进过程中触及各种利益的牵扯和权衡，但其中的根本评判指针则依然是简明的、清晰的，那就是为了实现人民群众最关心、最直接、最现实的利益，"江山就是人民，人民就是江山，打江山、守江山，守的是人民的心"⑥。

经济增长是社会发展进步的物质基础，没有增长就没有发展。但是，增长并不直接等于发展，发展也并不局限于经济增长，GDP 的增长不等于国民收入的提高，人均国民收入的提高也不等于每个人的生活改善，只有经济增长而没有社会

---

① 《习近平谈治国理政》（第 2 卷），外文出版社 2017 年版，第 103 页。
② 《习近平谈治国理政》（第 1 卷），外文出版社 2018 年版，第 101 页。
③ 《毛泽东选集》（第 3 卷），人民出版社 1991 年版，第 1004 页。
④ 转引自《习近平关于社会主义社会建设论述摘编》，中央文献出版社 2017 年版，第 6 页。
⑤ 习近平：《决胜全面建成小康社会 夺取新时代中国特色社会主义伟大胜利——在中国共产党第十九次全国代表大会上的报告》，载于《人民日报》2017 年 10 月 28 日。
⑥ 习近平：《在庆祝中国共产党成立 100 周年大会上的讲话》，载于《人民日报》2021 年 7 月 2 日。

和人的发展是片面的。在经济增长了的物质基础之上，既然具备了社会和人的发展的基本前提，那么相应也就要延伸到、落实到提高人民群众的收入、提高人民群众的物质生活水平上，这是人民生活改善最直接的体现，也是人民群众最迫切的利益，是体现人民群众获得感和守护民心、守护江山的关键环节，做好促进共同富裕的工作，才能抓住"社会主义的本质要求"，确证"中国式现代化的重要特征"①。

更重要的是，人是社会的人，吃喝住穿只是基本需要。随着经济增长和物质财富的增加，人在满足基本需要之后必然提出更广、更高的要求，以实现自己安全、幸福、尊严等愿望。因此，发展有着更加广泛的内容，是经济增长、社会进步、人的完善的统一，这也就是"美好生活需要"的真意所在。为了不断满足人民群众日益增长的美好生活需要，除了大力发展经济，还要促进社会公平正义，让人民群众共同享有发展成果，以实现社会主义建设的根本目的。这就决定了全面深化改革的评价主体应该是、也只能是人民群众，以其美好生活需要是否得到满足、其全面的获得感幸福感安全感是否增强为标准。

党的十八大以来，以习近平同志为核心的党中央根据新的时代特征和中国所处的新的历史方位，在科学分析改革开放以来中国社会发生深刻变化以及所呈现出来的新情况新问题新特征的基础上，继续推进经济发展和经济体制改革，并针对新的社会主要矛盾，全面深化改革，推动社会全面进步。党的十九大提出分两步走实现第二个百年奋斗目标即建成社会主义现代化强国的战略安排，习近平同志在庆祝中国共产党成立一百周年大会上的讲话中指出，经过全党全国各族人民持续奋斗，我们实现了第一个百年奋斗目标，在中华大地上全面建成了小康社会，历史性地解决了绝对贫困问题，正在意气风发向着全面建成社会主义现代化强国的第二个百年奋斗目标迈进。这是实现第二个一百年战略目标的基础和前提，也是解决当前社会主要矛盾的阶段性成果。

正如习近平同志所指出的那样："现在，已经到了扎实推动共同富裕的历史阶段。现在，我们正向第二个百年奋斗目标迈进。适应我国社会主要矛盾的变化，更好满足人民日益增长的美好生活需要，必须把促进全体人民共同富裕作为为人民谋幸福的着力点，不断夯实党长期执政基础。高质量发展需要高素质劳动者，只有促进共同富裕，提高城乡居民收入，提升人力资本，才能提高全要素生产率，夯实高质量发展的动力基础。当前，全球收入不平等问题突出，一些国家贫富分化，中产阶层塌陷，导致社会撕裂、政治极化、民粹主义泛滥，教训十分

---

① 习近平：《扎实推动共同富裕》，载于《求是》2021年第20期。

深刻！我国必须坚决防止两极分化，促进共同富裕，实现社会和谐安定。"①

中国特色社会主义的新时代，处于新的历史方位，全面深化改革是解决新的社会主要矛盾、发展和完善社会主义制度、不断满足广大人民群众对美好生活向往的根本途径，也是之后一个相当长历史阶段当中党的重要任务和目标。党的十九大明确指出，"我国社会主要矛盾的变化是关系全局的历史性变化，对党和国家工作提出了许多新要求。"② 一方面，要求继续坚持以经济建设为中心，继续推动经济增长，为人的全面发展和社会全面进步打好物质基础；另一方面，要求全面深化改革，大力提升发展质量和效益，更好满足人民群众不同层次、不同方面日益增长的需要，着力解决"不平衡不充分的发展"问题，积极回应人民群众的根本利益关切和美好生活期待。

第二节　社会主义建设规律问题：怎样坚持和发展中国特色社会主义

什么是社会主义、怎样建设社会主义，是对社会主义建设规律认识的两个根本性问题，贯穿于社会主义由空想到科学、由理论到实践的全过程。党的十八大以来，以习近平同志为核心的党中央坚持以马克思主义为指导，密切联系中国实际，不断深化对中国特色社会主义一系列根本性问题的思考，作出了明确而科学的回答："中国特色社会主义是社会主义而不是其他什么主义"③；"中国特色社会主义不是从天上掉下来的，而是在改革开放 40 年的伟大实践中得来的，是在中华人民共和国成立 70 年的持续探索中得来的，是在我们党领导人民进行伟大社会革命 97 年的实践中得来的，是在近代以来中华民族由衰到盛 170 多年的历史进程中得来的，是对中华文明 5000 多年的传承发展中得来的，是党和人民历经千辛万苦、付出各种代价取得的宝贵成果。"④ 中国特色社会主义进入新时代，我们要继续深化研究、深刻回答"坚持和发展什么样的中国特色社会主义、怎样坚持和发展中国特色社会主义"的问题。

---

① 习近平：《扎实推动共同富裕》，载于《求是》2021 年第 20 期。
② 习近平：《决胜全面建成小康社会 夺取新时代中国特色社会主义伟大胜利——在中国共产党第十九次全国代表大会上的报告》，载于《人民日报》2017 年 10 月 28 日。
③ 《习近平谈治国理政》（第 1 卷），外文出版社 2018 年版，第 22 页。
④ 《习近平谈治国理政》（第 3 卷），外文出版社 2020 年版，第 70 页。

一、中国特色社会主义需要彰显社会主义底色

正确认识中国特色社会主义建设规律，首先就要回答坚持和发展什么样的中国特色社会主义。这一问题的基本内涵是，中国特色社会主义是怎样的？其本质如何？对此，习近平明确指出："中国特色社会主义，是科学社会主义理论逻辑和中国社会发展历史逻辑的辩证统一，是根植于中国大地、反映中国人民意愿、适应中国和时代发展进步要求的科学社会主义。"[①] 因此，中国特色社会主义，就其本质来说，就是科学社会主义在当代中国的实践和发展，既坚持了科学社会主义的基本原则，又具有鲜明的"中国特色"；从理论渊源上说，科学社会主义是"源"，中国特色社会主义是"流"，是科学社会主义在中国发展的新形态。当代中国，坚持和发展的就是这样的中国特色社会主义。

科学社会主义有其基本原则。马克思恩格斯以"资本"为批判对象，立足于对社会基本矛盾运动的分析，在对"空想社会主义"扬弃的基础上，着眼于无产阶级革命，提出了科学社会主义理论。科学社会主义揭示了资本主义灭亡和社会主义胜利同样不可避免这一必然规律，以及人类社会最终走向共产主义的必然趋势。科学社会主义的基本原则，主要着眼于人类社会发展的一般规律，而没有也无法给出明确而具体的描述。对此，马克思恩格斯在《共产党宣言》1872 年德文版序言中明确指出："这些原理的实际运用，正如《宣言》中所说的，随时随地都要以当时的历史条件为转移。"[②] 关于科学社会主义的基本原则，理论界的看法并不完全一致，但对其基本精神的理解是相同的：坚持历史唯物主义，坚持共产主义，坚持无产阶级政党领导，坚持解放和发展生产力，坚持代表最广大人民的根本利益，坚持与社会化大生产相联系、以公有制和按劳分配为基础，坚持人民当家作主，坚持发展和完善社会主义制度。[③]

最根本的是，中国特色社会主义坚持科学社会主义两大理论基石：唯物史观和剩余价值学说。唯物史观是中国特色社会主义的价值依据和动力来源，唯物史观的生产力与生产关系理论、经济基础与上层建筑理论是我们及时调整生产力与生产关系的不协调、打破阻碍生产力发展的桎梏和藩篱的理论基础。剩余价值理论使我们能够自觉克服资本主义生产的内在矛盾，正确把握生产与分配各环节、各要素之间的相互关系，更加重视劳动在价值创造中的重要作用，促进价值创造

---

① 《习近平谈治国理政》（第 1 卷），外文出版社 2018 年版，第 21 页。

② 《马克思恩格斯文集》（第 2 卷），人民出版社 2009 年版，第 5 页。

③ 杨煌：《坚持和发展中国特色社会主义——学习习近平同志关于中国特色社会主义的重要论述》，载于《中国特色社会主义研究》2015 年第 6 期。

和财富分配之间的公平公正。

中国特色社会主义坚持共产主义最高理想和中国特色社会主义共同理想的统一。共产主义理想是建立在人类社会发展规律的基础之上，实现共产主义是无产阶级的最终奋斗目标，也是中国共产党成立时就确定的远大理想。习近平指出："要牢记我们党从成立起就把为共产主义、社会主义而奋斗确定为自己的纲领，坚定共产主义远大理想和中国特色社会主义共同理想。"① 当前，建设中国特色社会主义就是为共产主义远大理想而奋斗，要求"把共产主义远大理想同中国特色社会主义共同理想统一起来、同我们正在做的事情统一起来。"②

中国特色社会主义遵循科学社会主义理论"两个必然"的社会发展规律。马克思恩格斯创立科学社会主义理论时，对社会主义的实现条件和途径进行了深入研究和系统阐述，认为社会主义代替资本主义是历史必然，其基本途径是无产阶级革命，无产阶级只有建立代表自己阶级利益的先进政党，才能最终完成其自身解放和人类解放的历史使命。中国特色社会主义遵循科学社会主义基本原则和社会发展规律的重要体现，就是始终坚持中国共产党的领导，中国特色社会主义伟大事业就是以中国共产党的领导为核心。

中国特色社会主义既全面坚持了科学社会主义的基本原则，也在自身独特的历史发展情境中有所侧重地形成了自己的若干重要经验。

其一，始终坚持以马克思主义及其中国化理论为指导。社会主义自产生以来，就思想纷呈，流派众多，目标各异。而中国特色社会主义与其他各种社会主义思潮的根本区别，就在于其理论源头是马克思主义，同时又是马克思主义科学社会主义原则与中国社会发展实际和时代特征相结合的产物。也就是说，中国特色社会主义，一方面源于马克思主义科学社会主义，坚持马克思主义的基本立场、观点和方法，以马克思主义为指导；另一方面源于当代中国社会发展实际和中国国家建设和治理实践，是科学社会主义的中国化，坚持以马克思主义中国化理论为指导，特别是马克思主义中国化最新理论成果。

中国特色社会主义的这一本质属性，决定其首要"特色"就是以马克思主义及其中国化理论为指导。违背科学社会主义基本原则，放弃马克思主义理论指导，中国特色社会主义就丧失其本质属性，滑向别的主义；而固守马克思主义经典作家的具体结论，必然滑向教条主义。恩格斯曾强调指出："马克思的整个世界观不是教义，而是方法。它提供的不是现成的教条，而是进一步研究的出发点和供这种研究使用的方法。"③

① 习近平：《在庆祝中国共产党成立 95 周年大会上的讲话》，载于《人民日报》2016 年 7 月 2 日。
② 习近平：《在纪念马克思诞辰 200 周年大会上的讲话》，载于《人民日报》2018 年 5 月 5 日。
③ 《马克思恩格斯文集》（第 10 卷），人民出版社 2009 年版，第 691 页。

马克思主义是一个开放发展的理论体系，它并没有也不可能为全世界无产阶级提供明确现成的方案，只是指明方向，提供立场、观点和方法。任何违背这一点的做法都会走向失败。中国特色社会主义之所以能够取得胜利并日益彰显活力，就在于既坚持马克思主义基本原理，又在马克思主义中国化理论指导下，立足中国国情和时代发展，不断创新，逐渐走出一条既符合科学社会主义基本原则，又符合中国国情和时代特征的中国特色社会主义道路。

其二，始终坚持中国共产党的全面领导。中国共产党的领导是中国特色社会主义最本质的特征和最大优势。那么，"有中国特色社会主义的'特'在哪里呢？除去中国的社会经济文化特点和建设社会主义采取的具体政策外，很重要的一点，就是我们有一个久经考验的马克思主义的党的领导。"① 无论从理论还是从实践来看，中国共产党都是带领和团结全国各族人民坚持和发展中国特色社会主义事业的核心力量。

中国的革命、建设和改革的历史一再证明，办好中国事情，关键在党。一百年来，我们取得的一切成就，是中国共产党人、中国人民、中华民族团结奋斗的结果。一百年前，中国共产党的先驱们创建了中国共产党，形成了坚持真理、坚守理想，践行初心、担当使命，不怕牺牲、英勇斗争，对党忠诚、不负人民的伟大建党精神，这是中国共产党的精神之源。中国共产党具有巨大的思想优势、政治优势和组织优势，有信心有能力随时准备应对重大挑战，抵御重大风险，克服重大阻力，解决重大问题。

特别是在新时代，党团结带领中国人民又踏上了实现第二个百年奋斗目标新的赶考之路，以习近平同志为核心的党中央把握时代大势，应对实践挑战，回应人民要求，树立和贯彻创新、协调、绿色、开放、共享的新发展理念，统筹推进"五位一体"总体布局和协调推进"四个全面"战略布局，加强顶层设计和战略布局，增强发展的整体性、协同性——这一切工作当中所贯穿着的枢纽环节就是中国共产党，"读懂今天的中国，必须读懂中国共产党"②。第二个百年奋斗新征程上仍然存在可以预料和难以预料的各种风险挑战，我们必须继续坚持和加强党的全面领导，不断推进中国特色社会主义行稳致远。

其三，始终立足于社会主义初级阶段。根据马克思主义基本原理，社会存在决定社会意识，必然要求我们的理论和政策的立足点和出发点就是我国国情和国家建设实际，社会主义初级阶段理论就是中国特色社会主义理论的重要根据和事实基础。1978年，邓小平指出："我们党的十三大要阐述中国社会主义

① 《宋平论党的建设文选》，中央文献出版社2000年版，第389页。
② 习近平：《给北京大学的留学生们的回信》，载于《人民日报》2021年6月23日。

是处在一个什么阶段，就是处在初级阶段，是初级阶段的社会主义。社会主义本身是共产主义的初级阶段，而我们中国又处在社会主义的初级阶段，就是不发达的阶段。一切都要从这个实际出发，根据这个实际来制订规划。"① 因而，以邓小平同志为主要代表的中国共产党人具体擘画出了中国发展的"三步走"的战略构想。

经过改革开放 40 多年的发展，我国在各方面取得了重大进展，社会主义现代化建设迈上新台阶，全面建成小康社会的第二步目标到党的十九大召开前夕已经即将实现。因而，党的十九大深刻分析了新时代中国所处的发展阶段和发展水平，在明确了现阶段任务的基础上，继承原来的"三步走"发展战略，提出在胜利完成第一个百年奋斗目标之后，分阶段完成第二个百年奋斗目标。

特别是当我们在党的十九大后如期胜利实现第一个百年奋斗目标、开启全面建设社会主义现代化国家新征程的新历史语境下，以习近平同志为核心的党中央更进一步提出了"我国社会主义从初级阶段向更高阶段迈进"的深刻命题，在更加宏大的辩证视角判明了"社会主义初级阶段不是一个静态、一成不变、停滞不前的阶段，也不是一个自发、被动、不用费多大气力自然而然就可以跨过的阶段，而是一个动态、积极有为、始终洋溢着蓬勃生机活力的过程，是一个阶梯式递进、不断发展进步、日益接近质的飞跃的量的积累和发展变化的过程"②。可以说，社会主义初级阶段这个实践和理论的基点也在中国特色社会主义的坚持发展进程当中获得了深化和更新。

二、中国特色社会主义需要坚持中国特色道路

在"坚持和发展什么样的中国特色社会主义""怎样坚持和发展中国特色社会主义"两个问题之间，合乎逻辑地内含着另一个更加基础性的问题：为什么要坚持和发展中国特色社会主义？习近平指出："一个国家实行什么样的主义，关键要看这个主义能否解决这个国家面临的历史性课题。历史和现实都告诉我们，只有社会主义才能救中国，只有中国特色社会主义才能发展中国，这是历史的结论、人民的选择。"③ 道出了中国之所以走上中国特色社会主义之路的历史和现实原因。

中国特色社会主义是中国历史发展的必然结论，是近代以来中国人民解决国

① 《邓小平文选》（第 3 卷），人民出版社 1993 年版，第 252 页。
② 习近平：《把握新发展阶段，贯彻新发展理念，构建新发展格局》，载于《求是》2021 年第 9 期。
③ 《习近平谈治国理政》（第 1 卷），外文出版社 2018 年版，第 22 页。

家面临的历史性课题的必然结果。近代以来中国社会发展最重要的主题，就是实现国家现代化和中华民族的伟大复兴，这是几代中国人的共同夙愿。自鸦片战争以来，中国国门被迫打开，中国被动地从古代社会被推入近代社会。西方列强为了获得在华利益，发动了一系列侵略战争。对于中国来说，这些战争的重要结果是，经济上外来的资本主义工商业破坏了中国原有的以农业为主的生产方式和自给自足的经济结构，政治上一系列不平等条件破坏了中国的国家主权和领土完整，两方面协同作用使得中国在西方列强的进逼下一步步沦为半殖民地半封建社会，长期遭受西方的压迫、掠夺和剥削。

中国人民当然不甘心被压迫和被奴役的命运，实现国家富强、民族复兴于是成为几代中国人的共同夙愿。为挽救民族危亡，许多仁人志士前赴后继，进行了各种各样的尝试和探索。在认识到全面落后的情况下，中国人民选择向西方学习。为了达到"师夷长技以制夷"的目的，近代以来，中国人先后开展过洋务运动、戊戌变法、辛亥革命、新文化运动，从技术、制度、文化，全方位向西方学习。但是，无论是西方发达的技术，还是其先进的制度和文化理念，都未能改变中国落后挨打的局面，未能赢得国家独立、民族自强。

但是，中国人民是聪明和智慧的，善于从失败中吸取教训、总结经验，继续寻找出路。先进的中国人在向西方学习的失败中逐渐认识到，国家的强盛从来都不可能通过简单地模仿他人而实现，每个国家的国情都不同，中国人民需要先进的理论，也需要借鉴他人的成功经验，但更需要一条适合中国国情的现代化道路。当中国人民正困惑于欧美资本主义现代化道路何以不能拯救中国的时候，俄国革命给我们提供了一条全新的路径选择。在苏俄和共产国际的帮助下，中国共产党诞生了，从此中国走上了以俄为师、以社会主义为目标的现代化道路。

中国的现代化道路从来就不平坦。从中国共产党领导新民主主义革命开始，道路就十分曲折。中国共产党一成立就面临十分复杂而险恶的环境，对于既弱小又缺乏革命经验、马克思主义水平也不高的幼年的中国共产党来说，免不了犯各种错误，如冒险主义、经验主义、教条主义等错误，这些都导致中国革命遭受挫折。这些都让以毛泽东同志为主要代表的中国共产党人意识到，正确地开展革命需要正确的理论指导，并从本国的具体国情出发。

经过多年的艰苦求索，中国共产党人终于找到了通往革命胜利的正确道路，那就是：中国革命必须以社会主义为目标，必须在马克思列宁主义的指导下、在中国共产党的领导下、密切联系中国国情进行；中国没有经历资本主义发展，没有资产阶级议会道路可走，中国人民没有表达诉求的和平途径，只有走暴力革命道路；近代中国是农业为主的半殖民地半封建国家，城市工人力量弱小，农民是新民主主义革命的主要力量；中国的反动力量则主要集中在城市，敌人在农村的力量相对薄弱，中国革命要走农村包围城市的道路。先进的中国共产党人把马列主义同中国实际紧密结合，开辟出一条指导中国走向社会主义的新路。这是一条有中国特色的革命道路。

中国革命的成功，就是因为走出了一条适合自己国情的革命道路；同样，今天成就的取得也有赖于成功开辟了一条中国特色社会主义改革和建设之路。中国共产党领导人民取得新民主主义革命成功以后，建立了新中国，国民经济经过短暂恢复，开始向社会主义过渡，中国共产党人于1956年在中国建立了社会主义制度。面对国家一穷二白的面貌、百废待兴的局面，如何才能使国家富强、人民富裕，一个新的历史课题摆在了党和人民面前。

如何成功地把我国建设成为一个真正的社会主义国家，我们同样没有经验，仍需向榜样学习。苏联的社会主义道路和全新的现代化模式，在很短的时期内就使其成为可以与美国相抗衡的社会主义工业强国，其所取得的巨大成就，以及对中国的平等态度和无私援助，都对我们产生了极大的吸引力。于是，我们选择了苏式现代化道路和社会主义建设模式，其最突出的特点，就是高度集中计划和重点发展重工业。苏联的社会主义模式确有其优势，使我们国家在几乎没有任何工业基础（特别是重工业）的情况下，也在很短的时间内就建立起比较完整的工业体系和国民经济体系，为后来的现代化建设和经济体制改革奠定了重要的物质基础。

但是，苏式现代化道路和社会主义建设模式也给我们带来了严重问题。长期高度集中的计划经济，试图计划一切，其实超越了现实可能；过于强调优先发展重工业，与人民衣食住行息息相关的工业生产没有得到应有发展，使得国家的工业化建设和人民生活脱节，国民经济得不到均衡发展，人民生活长期得不到改善，人民的积极性和创造性得不到充分发挥，经济逐渐失去活力，社会主义现代化和国家富强、民族振兴一直难以实现。苏共二十大以后，苏联工业化道路的问题逐渐暴露出来，我们党也开始意识到简单模仿苏联社会主义模式可能存在的问题，开始独立自主地探索适合中国国情的社会主义建设道路。

党的十一届三中全会是重要里程碑。这次会议在对过去国内外社会主义建设经验教训全面总结的基础上，坚持马克思主义基本原理，把党和国家的工作重心转移到经济建设上来，同时实行改革开放。在党的十二大上，邓小平提出"把马克思主义的普遍真理同我国的具体实际结合起来，走自己的道路，建设有中国特色的社会主义。"[1] 此后，党不断探索，提出社会主义初级阶段理论，确立社会主义初级阶段的基本路线，正确认识了中国特色社会主义建设规律，成功开创

54

---

[1]《邓小平文选》（第3卷），人民出版社1993年版，第3页。

了中国特色社会主义道路，用实践回答了"什么是社会主义、怎样建设社会主义"的问题。

无论搞革命、搞建设还是搞改革，道路都是根本问题。与此相关的是，中国改革开放前的传统社会主义建设模式走过很大弯路、遭遇过严重挫折，而改革开放后的中国特色社会主义建设则相当成功。于是有人提出，中国特色社会主义与此前的传统社会主义是完全不同的，二者相互否定。这无疑是对历史的人为割裂，容易滑向历史虚无主义，十分危险和有害。割裂历史，就会导致或固守社会主义建设探索时期的理论和政策，否定改革，僵化拘泥；或把改革视为否定过去，完全脱离传统的对社会主义的理解和已有的社会主义建设经验，就会偏离社会主义道路，就会改旗易帜。实质上，这些认识都是没能厘清中国特色社会主义的历史渊源，其结果当然也就无法引领中国特色社会主义走向未来。

中国特色社会主义不是凭空从天上掉下来的，也不是从别处移植过来的，而是经过改革开放前后两个历史时期艰辛探索得来的。正确的认识是，中国的社会主义建设，分为改革开放前和改革开放后两个历史时期，这两个时期既相互联系又有重大区别，但本质上都是中国共产党领导中国人民进行社会主义建设的实践探索。不能全盘否定改革开放前的社会主义探索和建设成果，没有改革开放前的探索和成果，就没有改革开放的基础和前提；也不能因为发展中存在的问题而否定改革开放，改革开放是对社会主义原则和前一时期党的社会主义探索成果的坚持和发展，是中国特色社会主义制度的自我完善。我们要清楚地认识到，中国特色社会主义道路的开创是改革开放的直接成果，但也是以此前二十多年社会主义建设成就为基础。割裂历史不是正确的认识方法，更不能推动中国前进。

回顾中国特色社会主义的形成和发展之路可知，中国特色社会主义是科学社会主义理论逻辑和社会主义在中国发展的历史逻辑以及中国改革开放和社会主义建设实践逻辑的辩证统一，既是历史的结论，也是人民的选择。"鞋子合不合脚，自己穿了才知道"[1]；道路走得怎么样，最终要用事实来说话、由人民来评判。中国特色社会主义建设和改革发展的实践证明，我们用几十年的时间走完了发达国家几百年走过的现代化历程，我国的综合国力和国际地位、人民的生活水平都实现了前所未有的提升，使许多不可能成为了可能，"我们比历史上任何时期都更接近、更有信心和能力实现中华民族伟大复兴的目标。"[2] 历史和事实都一再证明，中国特色社会主义是科学社会主义在中国的继承和发展，是马克思主义与中国国情和时代特征紧密结合的辉煌成果。

---

[1] 《习近平谈治国理政》（第 1 卷），外文出版社 2018 年版，第 273 页。

[2] 习近平：《决胜全面建成小康社会 夺取新时代中国特色社会主义伟大胜利——在中国共产党第十九次全国代表大会上的报告》，载于《人民日报》2017 年 10 月 28 日。

此外，中国特色社会主义不仅立足于中国社会发展的历史和改革与建设的实际，也扎根于中国的文化传统，有着深厚的中国传统文化的根基和底蕴。中华民族创造了辉煌的人类文明，在中华大地上形成了源远流长、博大精深的中华优秀传统文化。中华文化是世界唯一同根同文且以国家形式持续至今的伟大文明，五千多年的文化传承是中华民族的魂与根。中华文化显现着中华民族独特的精神标识，积淀着中华民族的精神追求，是中华民族生生不息、发展壮大的丰厚滋养，中国特色社会主义正是深植于积淀深厚、绵延久远、蕴含着丰富的哲学思想和人文精神的中华文明之中。正如习近平同志所指出的，"数千年来，中华民族走着一条不同于其他国家和民族的文明发展道路。我们开辟了中国特色社会主义道路不是偶然的，是我国历史传承和文化传统决定的。"①

三、中国特色社会主义的大文章需要新时代续写

中国特色社会主义进入新时代，新时代的中国，要实现第二个百年奋斗目标，实现中华民族的伟大复兴，这一伟大目标的胜利实现依赖于如何坚持和发展中国特色社会主义这一问题的根本解决。党的十八大以来，以习近平同志为核心的党中央不断进行理论探索，对改革开放以来中国特色社会主义建设和改革实践进行经验总结和理论概括，形成了习近平新时代中国特色社会主义思想，很好地回答了怎样坚持和发展中国特色社会主义的问题，这是对中国特色社会主义建设规律认识的深化。新时代，我们要做好坚持和发展中国特色社会主义这篇大文章。

第一，坚持和发展中国特色社会主义，就要坚持和发展科学社会主义。因为中国特色社会主义是科学社会主义在当代中国的继承和发展，是科学社会主义基本原理与当代中国国情相结合的产物，因此，在当代中国，坚持和发展中国特色社会主义就是坚持和发展科学社会主义。坚持科学社会主义，就要坚持科学社会主义的基本原则，违背了科学社会主义基本原则就是偏离了社会主义的基本方向。同时，基本原则是抽象的，没有具体的时空条件，不针对特定国情和时情，因此，我们在坚持科学社会主义基本原则的同时，还必须将其与当代中国实际紧密结合，把坚持科学社会主义同发展科学社会主义统一起来，以中国化的马克思主义尤其是当代中国的马克思主义即习近平新时代中国特色社会主义思想为指导，积极推进实践基础上的理论创新，不断丰富和发展中国特色社会主义，把中国特色社会主义伟大事业不断推向前进。唯如此，才能真正坚持和发展中国特色

① 《习近平关于协调推进"四个全面"战略布局论述摘编》，中央文献出版社2015年版，第84页。

社会主义。

第二，坚持和发展中国特色社会主义，就要坚持和加强中国共产党的全面领导。马克思主义理论指导、中国共产党的领导、中国特色社会主义是紧密联系在一起的。一方面，中国特色社会主义和中国共产党的领导地位都是马克思主义理论的产物，没有马克思主义就没有中国共产党，没有社会主义新中国，也就没有中国特色社会主义；另一方面，中国特色社会主义是科学社会主义在当代中国的实践和发展，而科学社会主义是马克思主义的重要组成部分，是马克思主义的结论和归宿，当代中国，科学社会主义实践和发展的主体就是中国共产党及其领导下的中国人民，因此，没有中国共产党及其领导，中国特色社会主义不可能创设，更谈不上坚持和发展。

党的十九大报告指出，"党政军民学，东西南北中，党是领导一切的。"① 这既是对党的全面领导的历史事实的概括，也是对当前党领导一切的政治要求。正是因为有了中国共产党的坚强领导，中国革命的面貌才焕然一新，才使中国革命从旧民主主义转向新民主主义，最终取得反帝反封建的胜利，建立了新中国，使中国的现代化发展才有了最基本的前提和基础；也正是有了中国共产党的坚强领导，才能使中国从失误和挫折中走出来，走上改革开放的社会主义现代化建设道路，使国家富强、民族复兴的实现有了可靠的保障。

长期以来，中国共产党一直是中国"领导一切"的力量。一个基本的结论就是，没有中国共产党的领导，就没有中国革命的胜利，也没有中国改革和建设的成功。事实上，在中国，任何重大事业要想获得成功，没有中国共产党的坚强领导都是不可能的。因此，坚持和发展中国特色社会主义，必须全面提高党治国理政的能力，"提高党把方向、谋大局、定政策、促改革的能力和定力，确保党始终总揽全局、协调各方。"②

第三，坚持和发展中国特色社会主义，就要坚持和完善中国特色社会主义制度。中国特色社会主义制度是当代中国发展进步的根本制度保障，有其显著优势。党的十九届四中全会把中国特色社会主义制度和治理体系的显著优势概括为十三个方面，坚持中国特色社会主义，就是要坚持和发挥其显著制度优势。坚持中国特色社会主义的同时也要发展中国特色社会主义，因为任何社会制度只有随着时代的发展而发展才有生命力，这就需要不断改革。就中国特色社会主义来说，只有改革才能坚持之，也只有改革才能发展之。对此，我们党有高度自觉，完善和发展中国特色社会主义制度始终是中国改革的目标，党的十八届三中全会

---

①② 习近平：《决胜全面建成小康社会 夺取新时代中国特色社会主义伟大胜利——在中国共产党第十九次全国代表大会上的报告》，载于《人民日报》2017 年 10 月 28 日。

更是把全面深化改革的总目标确定为完善和发展中国特色社会主义制度，推进国家治理体系和治理能力现代化。这一总目标的确定，说明中国特色社会主义制度还不够完善，治理体系的现代化水平还不是很高，需要通过全面深化改革加以完善、加强和提高，通过全面深化改革构建起系统完备、科学规范、运行有效的中国特色社会主义制度体系，达到全面推进国家治理体系现代化的目标，以充分发挥其制度优势，使其更有活力和生命力。

第四，坚持和发展中国特色社会主义，就要始终坚持人民至上的根本价值取向。人民至上既是党的性质和宗旨的集中体现，也是中国特色社会主义制度的本质规定。正因为中国特色社会主义制度有此价值指向，所以才获得广大人民群众的坚定支持和衷心拥护。中国特色社会主义的根本出发点和落脚点就是实现好维护好广大人民群众的根本利益，中国特色社会主义的全部使命就是为人民群众谋幸福、增福祉。彰显人民主体地位、代表和保障人民根本利益、反映人民基本诉求是中国特色社会主义最为核心的关切。在新时代，坚持人民至上，就要从新的社会主要矛盾出发，不断满足人民群众日益增长的幸福生活需要。坚持人民至上，就要坚持人民利益至上。人民性是马克思主义最鲜明的理论品格，人民性的集中体现就是人民至上性，而人民至上性的具体体现就是人民利益至上。

中国特色社会主义作为马克思主义在当代中国的实践和发展，人民性自然也是中国特色社会主义的根本价值所在。就当前中国来说，就要让人民群众共享改革发展的成果，不断满足其日益增长的美好生活需要；就要有计划、有步骤地扩大改革成果共享主体，切实让改革成果惠及全体人民。坚持人民至上，就要尊重人民主体地位，就要相信人民、依靠人民。为此，就要把群众路线贯穿于中国特色社会主义建设的全过程，不断激发和凝聚人民群众这一推动社会发展之最活跃、最革命的原动力，充分发挥人民群众参与的积极性、主动性、创造性；就要密切联系群众，在感情上亲近群众，在行动上贴近群众，虚心向群众学习，听取群众意见，了解群众要求，集中群众智慧，让群众真正参与到中国特色社会主义建设和发展实践中来。

第五，坚持和发展中国特色社会主义，就要坚定"四个自信"。中国特色社会主义的成功实践，使全党和全国人民极大增强了道路自信、理论自信、制度自信、文化自信，极大增强了对中国特色社会主义的坚定信念。习近平提出："当今世界，要说哪个政党、哪个国家、哪个民族能够自信的话，那中国共产党、中华人民共和国、中华民族是最有理由自信的。"① 没有对中国特色社会主义的坚定信念，坚持和发展中国特色社会主义就是不可能的。因此，党中央提出"四个

---

① 《习近平谈治国理政》（第 2 卷），外文出版社 2017 年版，第 36 页。

自信"，强调"中国特色社会主义道路是实现社会主义现代化的必由之路，是创造人民美好生活的必由之路"。

中国特色社会主义理论体系是指导党和人民沿着中国特色社会主义道路实现中华民族伟大复兴的正确理论，是立于时代前沿、与时俱进的科学理论。我们坚信，中国特色社会主义制度是当代中国发展进步的根本制度保障，是具有鲜明中国特色、明显制度优势、强大自我完善能力的先进制度。[①] 坚定"四个自信"是坚持和发展中国特色社会主义的重要前提，我们必须坚信，中国特色社会主义是我国实现国家富强、民族复兴的必由之路、先进理论、科学制度和强大精神力量。在新的历史条件下，坚定"四个自信"，就要毫不动摇地坚持党的基本理论、基本路线、基本纲领、基本经验、基本要求，在坚持中发展，为中国特色社会主义伟大事业开辟广阔的前景。

习近平同志指出："坚持和发展中国特色社会主义是一篇大文章，邓小平同志为它确定了基本思路和基本原则，以江泽民同志为主要代表的中国共产党人、以胡锦涛同志为主要代表的中国共产党人在这篇大文章上都写下了精彩的篇章。现在，我们这一代共产党人的任务，就是继续把这篇大文章写下去。"[②] 这就要求我们党深刻把握中国特色社会主义建设规律，领导人民全面深化改革，全面推进社会主义现代化国家建设，按照党的十九大提出的基本方略，不断开创中国特色社会主义建设新局面，不断夺取中国特色社会主义事业新胜利，在新的历史条件下书写出坚持和发展中国特色社会主义更加辉煌的新篇章！

第三节　共产党执政规律问题：怎样加强党的长期执政能力建设

正如习近平同志在庆祝建党 100 周年大会上的讲话中指出的那样，"办好中国的事情，关键在党。中华民族近代以来 180 多年的历史、中国共产党成立以来100 年的历史、中华人民共和国成立以来 70 多年的历史都充分证明，没有中国共产党，就没有新中国，就没有中华民族伟大复兴。历史和人民选择了中国共产党。中国共产党领导是中国特色社会主义最本质的特征，是中国特色社会主义制度的最大优势，是党和国家的根本所在、命脉所在，是全国各族人民的利益所

---

① 《习近平谈治国理政》（第 2 卷），外文出版社 2017 年版，第 36 页。
② 习近平：《关于坚持和发展中国特色社会主义的几个问题》，载于《求是》2019 年第 7 期。

系、命运所系。"① 因此在进入新时代以来，以习近平同志为核心的党中央为了坚持和加强党的全面领导，为了维护好"党和国家的根本所在、命脉所在"，"以加强党的长期执政能力建设、先进性和纯洁性建设为主线"② 进行了全局性的统筹和系统性的谋划，在以党的政治建设为统领深入推进党的各项建设，这不仅逐步形成了新时代党建工作新格局，而且也为在新时代求解共产党执政规律问题开启了认识的新境界。

一、中国共产党需要牢记初心使命、勇于自我革命

习近平同志指出："我们党作为百年大党，如何永葆先进性和纯洁性、永葆青春活力，如何永远得到人民拥护和支持，如何实现长期执政，是我们必须回答好、解决好的一个根本性问题。"③ 建党百年的历史告诉我们，"新的征程上，我们必须坚持党的全面领导，不断完善党的领导，增强'四个意识'、坚定'四个自信'、做到'两个维护'，牢记'国之大者'，不断提高党科学执政、民主执政、依法执政水平，充分发挥党总揽全局、协调各方的领导核心作用。"④习近平新时代中国特色社会主义思想的重要内容之一，即从怎样加强党的长期执政能力建设出发，全面系统地给出了解决以上问题的答案。

要确保党的长期执政，必须使党牢记初心使命，不断加强自身建设；而加强党的建设就必须敢于自我革命，强大的政党都是在自我革命中锻造出来的。巩固党的执政地位需要进行自我革命，党的本质和宗旨决定其有这样的勇气，因为作为以马克思主义为指导思想的无产阶级政党，与其他政党的最本质区别就是"他们没有任何同整个无产阶级的利益不同的利益"⑤，始终是无产阶级和最广大人民群众利益的代表者，为了人类的解放事业愿意献出一切，因此，对于中国共产党人来说，"难道还有什么不适合人民需要的思想、观点、意见、办法，舍不得丢掉的吗？难道我们还欢迎任何政治的灰尘、政治的微生物来玷污我们的清洁的面貌和侵蚀我们的健全的肌体吗？"⑥ 正如习近平同志所指出的，"回顾党的历史，我们党总是在推动社会革命的同时，勇于推动自我革命，始终坚持真理、修正错误，敢于正视问题、克服缺点，勇于刮骨疗毒、去腐生肌。正因为我们党始

---

①④ 习近平：《在庆祝中国共产党成立100周年大会上的讲话》，载于《人民日报》2021年7月2日。

② 习近平：《决胜全面建成小康社会 夺取新时代中国特色社会主义伟大胜利——在中国共产党第十九次全国代表大会上的报告》，载于《人民日报》2017年10月28日。

③ 《习近平谈治国理政》（第3卷），外文出版社2020年版，第529页。

⑤ 《马克思恩格斯文集》（第2卷），人民出版社2009年版，第44页。

⑥ 《毛泽东选集》（第3卷），人民出版社1991年版，第1097页。

终坚持这样做，才能够在危难之际绝处逢生、失误之后拨乱反正，成为永远打不倒、压不垮的马克思主义政党。"①

中国共产党的初心和使命是建立在马克思主义科学理论基础之上的。马克思、恩格斯在《共产党宣言》中庄严宣告："过去的一切运动都是少数人的，或者为少数人谋利益的运动。无产阶级的运动是绝大多数人的，为绝大多数人谋利益的独立的运动。"② 也就是说，作为马克思主义政党，中国共产党除了国家民族利益、除了人民群众利益，没有自己的特殊利益，也就可以做到没有私心私利。大公无私的政党是无所畏惧的。同时，马克思主义政党是负有历史使命的党，不仅没有私心私利，而且具有为了所有人的自由全面发展、为了全人类的解放、为了共产主义的实现而努力奋斗的精神和理想。当然，这样的远大理想的实现不是一蹴而就的，有一个量变积累的过程，需要全党长期奋斗。实现共产主义还有很长的路要走，需要几代人、十几代人甚至几十代人的接续努力。

初心和使命是我们党克服困难、不断前进的不竭动力，也是我们能够跳出历史周期率的关键。回顾我们党的奋斗史，"为什么我们党在那么弱小的情况下能够逐步发展壮大起来，在腥风血雨中能够一次次绝境重生，在攻坚克难中能够不断从胜利走向胜利，根本原因就在于不管是处于顺境还是逆境，我们党始终坚守为中国人民谋幸福、为中华民族谋复兴这个初心使命，义无反顾向着这个目标前进，从而赢得了人民衷心拥护和坚定支持。"③ 正是因为我们党始终坚守初心和使命，才能在艰难困苦中永葆革命斗志，也才能一直获得人民的支持和拥护，从而克服一个个艰难险阻，取得一个又一个胜利，也使得我们没有陷入历史周期率的魔咒。

马克思主义政党是有远大理想的政党，肩负着全人类最后解放的历史使命，尽管中国共产党领导中国人民已经取得了新民主主义革命、社会主义建设和改革的重大胜利，使人类社会向共产主义理想又迈进了一步，但是，毕竟共产主义的最终实现、人类社会的彻底解放、人的全面自由发展仍需要包括中国共产党人在内的全世界马克思主义政党和劳动人民持续不断地努力奋斗，中国共产党仍要牢记初心使命，同时还要勇于自我革命，唯此，才能获得人民的持久支持和拥护，中国共产党人也才能走得更远。正如习近平同志所指出的，"要始终得到人民拥护和支持，书写中华民族千秋伟业，必须始终牢记初心和使命，坚决清除一切弱化党的先进性、损害党的纯洁性的因素，坚决割除一切滋生在党的肌体上的毒

---

① 《习近平谈治国理政》（第 3 卷），外文出版社 2020 年版，第 541 页。
② 《马克思恩格斯文集》（第 2 卷），人民出版社 2009 年版，第 42 页。
③ 《习近平谈治国理政》（第 3 卷），外文出版社 2020 年版，第 530 页。

瘤，坚决防范一切违背初心和使命、动摇党的根基的危险。"① 面对新的世情国情党情，面对前所未有的考验和挑战，"做到不忘初心、牢记使命，并不是一件容易的事情，必须有强烈的自我革命精神。"②

勇于自我革命，持续推进自我革命，对于长期执政的中国共产党来说越来越具有严峻性、艰巨性和迫切性。社会主义进入新时代，不是国内外形势与环境就变得更加友好了，矛盾和风险变得更少了，也不是改革发展可以缓一缓、歇歇脚了，而是世界风云变幻更无常了，改革发展稳定的任务更艰巨了，矛盾风险挑战更多了，对我们党治国理政的考验当然也就更大了。而由于长期执政，"各种弱化党的先进性、损害党的纯洁性的因素无时不有，各种违背初心和使命、动摇党的根基的危险无处不在，如果不严加防范、及时整治，久而久之，必将积重难返，小问题就会变成大问题、小管涌就会沦为大塌方，甚至可能酿成全局性、颠覆性的灾难。"③这必然要求我们要勇于自我革命，健康党的肌体，以便能应对各种风险挑战，继续"坚持以伟大自我革命引领伟大社会革命"④，领导全国人民实现两个百年奋斗目标，实现中华民族伟大复兴的光荣梦想。

勇于自我革命，首先就要能够继续保持谦虚、谨慎、不骄、不躁和艰苦奋斗的作风。在中国新民主主义革命即将取得胜利和新中国成立前夕，毛泽东在党的七届二中全会上就严肃告诫全党："中国的革命是伟大的，但革命以后的路程更长，工作更伟大，更艰苦。这一点现在就必须向党内讲明白，务必使同志们继续地保持谦虚、谨慎、不骄、不躁的作风，务必使同志们继续保持艰苦奋斗的作风。"⑤ 这一严肃告诫今天依然适用，因为今天我们也取得了社会主义改革和建设的伟大胜利，第一个百年奋斗目标已经实现，正在迈向第二个百年奋斗目标。此时，一些骄傲和急躁情绪潜滋暗长，有人在喝彩声、赞扬声中逐渐丧失了革命精神和斗志，逐渐陷入安于现状、不思进取、贪图享乐的状态，而忘记了"船到中流浪更急、人到半山路更陡"⑥的警示。这既不利于党的初心和使命的践行，也不利于政权的巩固。我们必须牢记，"我们党作为世界第一大党，没有什么外力能够打倒我们，能够打倒我们的只有我们自己。"⑦ "越是长期执政，越不能丢掉马克思主义政党的本色，越不能忘记党的初心使命，越不能丧失自我革命精神。"⑧ 这就要求我们有正视问题的勇气和刀刃向内的自觉，不断

---

① 《习近平谈治国理政》（第 3 卷），外文出版社 2020 年版，第 537 页。
②③⑥⑦ 《习近平谈治国理政》（第 3 卷），外文出版社 2020 年版，第 531 页。
④ 《习近平谈治国理政》（第 3 卷），外文出版社 2020 年版，第 546 页。
⑤ 《毛泽东选集》（第 4 卷），人民出版社 1991 年版，第 1438～1439 页。
⑧ 《习近平谈治国理政》（第 3 卷），外文出版社 2020 年版，第 529 页。

推进自我革命，好在"我们有批评和自我批评这个马克思列宁主义的武器。我们能够去掉不良作风，保持优良作风。"①

勇于自我革命，就要坚持问题导向，有正视问题的自觉和刀刃向内的勇气。习近平同志指出，"严重的问题不是存在问题，而是不愿不敢直面问题、不想不去解决问题。"②"不忘初心、牢记使命，说到底是要解决党内存在的违背初心和使命的各种问题，关键是要有正视问题的自觉和刀刃向内的勇气。"③"要坚持问题导向，真刀真枪解决问题。讳疾忌医、有病不治，本来可以医好的病症就会拖成不治之症。从实际情况看，党内存在的各种突出问题表现多样，我们要全面查找、全面发力。"④为查找问题、解决问题，党的"不忘初心、牢记使命"主题教育就列出了"可能动摇党的根基、阻碍党的事业""必须以彻底的自我革命精神加以解决"⑤的 8 个方面突出问题，要求全党对照问题自我净化、自我完善、自我革新、自我提高；要求对"顽症""下猛药"，对"肿瘤""动刀子"。同时把"施药动刀的治病之法"和"固本培元的强身之举"相结合，既要在"自我净化上下功夫"，也要在"自我完善上下功夫"，在"过滤杂质、清除毒素、割除毒瘤，不断纯洁党的队伍，保证党的肌体健康"⑥的同时，"坚持补短板、强弱项、固根本，防源头、治苗头、打露头，堵塞制度漏洞，健全监督机制，提升党的长期执政能力。"⑦同时要求处理好四个关系：坚持加强党的集中统一领导和解决党内问题相统一；坚持守正和创新相统一；坚持严管和厚爱相统一；坚持组织推动和个人主动相统一。⑧

牢记初心使命，推进自我革命，还要多听群众意见，接受人民监督。以民为天，这既是由马克思主义政党的宗旨决定的，也是由人民群众的历史作用决定的，群众的眼睛是雪亮的，"对党内的一些突出问题，人民群众往往看得很清楚"⑨。在群众面前，党员、干部是很难隐藏自己的，其初心有没有改变，使命有没有牢记，是瞒不了群众的，群众最切实地知道自己的正当利益和美好生活需要有没有得到满足，相关的党员和干部有没有全心全意为自己服务。因此，习近平同志提出，"党员、干部初心变没变、使命记得牢不牢，要由群众来评价、由实践来检验。我们不能关起门来搞自我革命，而要多听听人民群众意见，自觉接受人民群众监督。"⑩人民监督、评价和检验具有充分的理据性和明证性，毛泽东在延安同黄炎培的"窑洞对"当中针对如何跳出"历史周期率"的问题，

---

① 《毛泽东选集》（第 4 卷），人民出版社 1991 年版，第 1439 页。
②③ 《习近平谈治国理政》（第 3 卷），外文出版社 2020 年版，第 532 页。
④⑤⑨⑩ 《习近平谈治国理政》（第 3 卷），外文出版社 2020 年版，第 533 页。
⑥⑦ 《习近平谈治国理政》（第 3 卷），外文出版社 2020 年版，第 534 页。
⑧ 《习近平谈治国理政》（第 3 卷），外文出版社 2020 年版，第 534～535 页。

指出出路就在于要让人民起来监督，习近平同志强调"时代是出卷人，我们是答卷人，人民是阅卷人"①，强调"江山就是人民，人民就是江山，打江山、守江山，守的是人民的心"②，中国共产党以高度的自觉牢记初心使命、推进自我革命，这最终是与人民监督内在统一的，共同构成了跳出"历史周期率"的车之两轮、鸟之两翼。

二、中国共产党需要以政治建设为统领加强自身建设

党的十九大报告明确指出，党的政治建设是党的根本性建设，首要任务就是要"保证全党服从中央，坚持党中央权威和集中统一领导"③，不仅突出了新时代党的政治建设在党的建设中的重要地位，也明确指出了党的政治建设的内容与要求，即要以党的政治建设为统领，全面推进党的思想建设、组织建设、作风建设、纪律建设，把制度建设贯穿其中。党的政治建设的提出，反映了以习近平同志为核心的党中央对共产党执政规律的新认识，也体现了新时代加强党的建设的新要求，指明了推进党的建设的新方向。必须正确理解、准确把握、全面推进党的政治建设。

第一，是认清形势，突出党的政治建设首要任务。在新的历史方位上推进党的建设新的伟大工程，既要认识到任务的艰巨性、紧迫性、长期性，也要凝神聚力，突出重点，抓住关键。在认清新时代我们党所面临的新形势、肩负的新使命的基础上，理解党的政治建设的重要性，增强党的政治建设的自觉性和坚定性。

一方面，要从新时代新形势的高度认识党的政治建设的重要性。随着改革开放的深入推进，现代化建设的全面开展，世界局势的风起云涌，党面临的"四大考验""四大危险"更加突出，复杂的环境、严峻的形势要求我们党必须进一步加强中央权威和集中统一领导，以增强驾驭风险的能力。同时，党内思想不纯、组织不纯、作风不纯等突出问题尚未得到根本解决，个人主义、分散主义、自由主义、本位主义、好人主义、宗派主义、圈子文化、码头文化、搞两面派、做两面人等不健康、不正常现象仍不同程度、不同形式地存在着。只有保证少数服从多数、个人服从组织、下级服从上级、全党服从中央，坚持党中央权威和集中统一领导，才能净化党内政治生态，消解离心力，增强凝聚力。

① 习近平：《以时不我待只争朝夕的精神投入工作 开创新时代中国特色社会主义事业新局面》，载于《人民日报》2018年1月6日。
② 习近平：《在庆祝中国共产党成立100周年大会上的讲话》，载于《人民日报》2021年7月2日。
③ 《习近平谈治国理政》（第3卷），外文出版社2020年版，第48页。

另一方面，要从党肩负的新的历史使命出发，认识党的政治建设的紧迫性。当前我国正处于"两个一百年"奋斗目标的历史交汇期，推进伟大事业、进行伟大斗争、实现伟大梦想离不开党的建设这一伟大工程的推进。党的十八大以来，在以习近平同志为核心的党中央领导下，我们能够解决许多长期想解决而没有解决的难题，办成许多过去想办而没有办成的大事，推动党和国家事业发生历史性变革，取得全方位、开创性的历史性成就。面对新时代新形势新任务新要求，面对国内外瞬息万变的政治形势以及各种风险挑战，我们必须澄清模糊认识、廓清思想迷雾，明白突出强调党的政治建设不是无的放矢，更不是搞个人崇拜，而是在直面现实、坚持问题导向的基础上全面从严治党、建设伟大工程的根本举措。惟有突出政治建设的重要地位，进一步将政治纪律、政治规矩挺在前面，才能增强"四个意识"强化"四个服从"，确保全党服从中央，维护党中央权威和集中统一领导，使党的路线方针政策落到实处。

第二，是明确目标，把握党的政治建设主线。党的十九大报告指出，新时代党的建设的主线是"加强党的长期执政能力建设、先进性和纯洁性建设"①。党的政治建设必须围绕这条主线进行，通过政治建设不断提高党的领导水平和执政能力，全面增强执政本领；使党的理论和路线方针政策顺应时代潮流和社会发展要求，反映最广大人民的利益和愿望；使党的各级组织和全体党员不忘初心、牢记使命，永远奋斗，从而成为中国特色社会主义的坚强领导核心。

首先，要把握好新时代党的执政能力建设。党的执政能力就是"党提出和运用正确的理论、路线、方针、政策和策略，领导制定和实施宪法和法律，采取科学的领导制度和领导方式，动员和组织人民依法管理国家和社会事务、经济和文化事业，有效治党治国治军，建设社会主义现代化国家的本领。"② 党的自身建设始终是推进党的执政能力建设的重点，而政治建设也应围绕党的执政能力建设谋篇布局。在保证全党服从中央的过程中结合新时代党面临的风险和挑战，抓住执政能力建设的关键和核心推进党的政治建设，切实增强党的政治领导本领、学习本领、改革创新本领、科学发展本领、依法执政本领、群众工作本领、狠抓落实本领、驾驭风险本领，不断以政治建设带动、提高、增强党的政治领导力、思想引领力、群众组织力、社会号召力。

其次，要凸显出马克思主义政党的先进性和纯洁性。百年来，中国共产党之所以能够实现中华民族从"站起来""富起来"到"强起来"的伟大飞跃，根本原因就是我们党不仅是先进的、更是纯洁的。能够始终坚持人民立场，真正做到

① 习近平：《决胜全面建成小康社会 夺取新时代中国特色社会主义伟大胜利——在中国共产党第十九次全国代表大会上的报告》，载于《人民日报》2017年10月28日。
② 《中共中央关于加强党的执政能力建设的决定》，载于《人民日报》2004年9月27日。

"以人民忧乐为忧乐，以人民甘苦为甘苦，牢固树立以人民为中心的发展思想，始终怀着强烈的忧民、爱民、为民、惠民之心，察民情、接地气，倾听群众呼声，反映群众诉求。"[1] 人民立场是马克思主义政党的根本政治立场，加强党的政治建设，就要在保证全党服从中央，坚持党中央权威和集中统一领导的同时，牢记党的宗旨，坚持用党的创新理论武装头脑，解决好世界观、人生观、价值观这个"总开关"问题，不断破除"心中贼"，增强党的自我净化、自我完善、自我革新、自我提高的能力，使政治建设的效果在党的先进性和纯洁性上体现出来，永葆共产党人的政治本色。

再次，牢牢抓住党内政治生活这一关键环节，净化党的政治生态。党内政治生态是党内政治生活的集中体现。风清气正的党内政治生态既是党的政治建设的前提和基础，同时也是党的政治建设的目标和追求。党的十八大以来，中央颁布了《关于新形势下党内政治生活若干准则》《中国共产党党内监督条例》等规范性文件，不仅为党内政治生活的开展明确了制度标准，同时也为净化党内政治生态、深入推进全面从严治党提供了基本依据。针对"党的队伍发生的重大变化和党群关系出现的新情况新问题"[2]，我们必须坚持民主集中制，增强党内政治生活的政治性、时代性、原则性、战斗性，使全党在政治立场、政治方向、政治原则、政治道路上同党中央保持高度一致，不断提高政治觉悟。

第三，是整体推进，发挥党的政治建设统领作用。党的执政地位决定党的政治建设不能"为了建设而建设"，必须与国家建设相结合。1949 年 3 月 5 日，毛泽东在党的七届二中全会上讲话指出："夺取全国胜利，这只是万里长征走完了第一步。"[3] 党在执政之后的国家建设，也就是党领导人民所进行的社会主义建设才是中国共产党人更为艰巨的任务。因而在全面执政以后，党的政治建设的要求必然开始向国家政权建设领域拓展。[4] 这就表明党的政治建设不仅是党的自身建设的一个重要领域，更是坚持和加强党的全面领导、有效推动国家建设的有效抓手。基于此，新时代党的政治建设必须克服狭隘倾向，积极拓展领域，既要充分认识党的政治建设是党的根本性建设，加强顶层设计，也要做到"两个统筹兼顾"，在整体推进社会革命和自我革命中充分发挥政治建设的统领作用，努力将党的政治建设有机融入党的治国理政全过程。

一方面，政治建设要与"四个伟大"统筹兼顾，将党的政治建设与党所领导

---

① 《习近平谈治国理政》（第 2 卷），人民出版社 2017 年版，第 189 页。
② 《习近平谈治国理政》（第 2 卷），人民出版社 2017 年版，第 180 页。
③ 《毛泽东选集》（第 4 卷），人民出版社 1991 年版，第 1438 页。
④ 刘红凛：《党的政治建设的精神内核与实践进路》，载于《中共中央党校（国家行政学院）学报》2020 年第 3 期。

的伟大事业、进行的伟大斗争、实现的伟大梦想结合起来，发挥出党的建设在"四个伟大"中的决定性作用。要理直气壮、旗帜鲜明讲政治，在统筹协调"四个伟大"中牢牢抓住党的政治建设这一根本性建设，既要在伟大工程中坚持中央权威和集中统一领导，也要在伟大斗争、伟大事业、伟大梦想中加强中央权威和集中统一领导。这不仅是党保持政治定力，带领人民有效应对重大挑战、抵御重大风险、克服重大阻力、解决重大矛盾的内在要求，也是马克思主义政党根本性质和宗旨的进一步体现。惟有在四个伟大中坚持党中央权威和集中统一领导才能凝聚起同心共筑中国梦的磅礴力量。

另一方面，政治建设要与党内其他建设统筹兼顾，综合布局党的建设各个方面，在整体规划中推进党的政治建设，发挥政治建设的统领作用。作为马克思主义执政党，政治性是其最基本的属性。无论是党的思想建设、组织建设，还是作风建设、纪律建设，亦或是制度建设，都必须明确政治方向、站稳政治立场、突出政治标准。现实地看，党的建设是为党的使命任务服务的，这也就内在地决定了党的各项建设不是互不关联的，而是具有高度的内在关联性。因此，必须紧紧围绕党的政治建设这一根本，统筹安排党的思想建设、组织建设、作风建设、纪律建设、制度建设，既要以政治建设为全面加强党的建设指方定向，也要以此来检验党的各个建设的最终效果，实现政治建设与各方面建设的有机协调。

此外，还要处理好党的政治建设与制度建设之间的关系，将制度建设贯穿于党的政治建设各方面全过程，及时将党的政治建设成果以制度的形式巩固下来。制度建设虽表征为主观设计的法规、条文，但其内容则是对客观现实规律的反映。换言之，制度的形式是主观的，而其内容是客观的。只有符合客观现实规律的制度安排才能够发挥出其规范、约束功能，实现其预设的治理效果。任何脱离实际的制度设计不仅是无效的，更是有害的。以政治建设推动制度建设，以制度建设巩固政治建设，一方面是明确党内法规制度建设的政治立场、政治方向，使制度建设更好地服务于党的政治建设；另一方面则是发挥出党的政治建设的外部效应，以党的集中统一领导确保党的制度建设的系统性、耦合性和相容性，提升党的制度建设的质量和水平。要"坚持依规治党，建立健全以党的政治建设为统领，全面推进党的各方面建设的体制机制"[1]。实现二者在党的建设中的有机统一，既促进党的政治建设的规范化，又突出党的制度建设的政治性。

打铁必须自身硬。以党的政治建设为统领深入推进党的各方面建设，是马克思主义政党建设的内在要求，也是中国共产党有效解决新时代社会主要矛盾

---

[1] 《中共中央关于坚持和完善中国特色社会主义制度 推进国家治理体系和治理能力现代化若干重大问题的决定》，载于《人民日报》2019 年 11 月 6 日。

的关键举措。作为伟大事业的坚强领导，中国共产党在推进党的政治建设过程中，唯有正确认识所面临的执政形势、紧紧围绕执政能力建设、先进性和纯洁性建设这一主线，牢牢抓住党的政治建设这一根本性建设来推进伟大工程，才能切实解决好党的建设中存在的薄弱环节，把党自身建设好、建设强，以推进全面从严治党深入开展。

三、中国共产党需要领导中国人民继续推进伟大斗争

事物的发展都是在矛盾运动中实现的。有矛盾就会有斗争。斗争是化解矛盾、解决问题的基本途径。矛盾的普遍性规定了斗争的必要性。习近平同志在党的十九大报告中指出，"中国共产党是敢于斗争、敢于胜利的伟大政党。"① 勇于斗争、敢于斗争、善于斗争，既是中国共产党固有的品格，也是其基本的精神底色，更是其推动社会发展进步的重要方式，关系着新形势下党要管党、全面从严治党的有效推进，关系着现阶段党的执政能力建设和先进性、纯洁性建设的实际成效，关系着新时代中华民族伟大复兴中国梦的如期实现。也正基于此，2019年9月3日，习近平同志在中央党校（国家行政学院）中青年干部培训班开班式上从实现中华民族伟大复兴的高度出发，紧紧围绕广大干部尤其是年轻干部岗位职务，明确提出要"培养和保持顽强的斗争精神、坚韧的斗争意志、高超的斗争本领"②。如何切实有效提高领导干部的斗争本领，保证新时代伟大斗争取得胜利，成为当前我们亟需解决的重大现实问题。

第一，是增强斗争意识，敢于斗争。恩格斯指出，"外部世界对人的影响表现在人的头脑中，反映在人的头脑中，成为感觉、思想、动机、意志，总之，成为'理想的意图'，并且以这种形态变成'理想的力量'。"③ 斗争作为一项革命性实践活动，离不开斗争意识。这就要求我们首先从思想上重视斗争，克服"任何贪图享受、消极懈怠、回避矛盾的思想"④。

首先，正确认识社会的发展进步是在斗争中实现的。社会是在矛盾运动中实现发展的，有矛盾就会有斗争。不存在没有矛盾的社会，也不存在没有斗争的矛盾，矛盾的普遍性、复杂性决定了斗争的广泛性、激烈性。但是，是否斗争、何时斗争、如何斗争，不取决于实践主体的主观意愿，而取决于客观事物自身的发展规律。否定斗争，妥协退让是错误的；人为制造斗争，毫无原则、立场地开展

---

① 《习近平谈治国理政》（第 3 卷），外文出版社 2020 年版，第 54 页。
② 《习近平谈治国理政》（第 3 卷），外文出版社 2020 年版，第 228 页。
③ 《马克思恩格斯文集》（第 4 卷），人民出版社 2009 年版，第 285 ~ 286 页。
④ 《习近平谈治国理政》（第 3 卷），外文出版社 2020 年版，第 12 页。

斗争，也是有害的。中国特色社会主义进入新时代，我国社会主要矛盾已经转化为人民日益增长的美好生活需要和不平衡不充分的发展之间的矛盾，需要我们继续发扬斗争精神，提高斗争意识，着力解决好发展不平衡不充分问题，更好满足人民在经济、政治、文化、社会、生态等方面日益增长的需要，不断推动人的全面发展，社会全面进步。

其次，正确认识党和国家事业发展成就是在斗争中取得的。中国共产党、中华人民共和国、改革开放、新时代中国特色社会主义都是在斗争中诞生、斗争中发展、斗争中壮大的。在革命年代，中国共产党领导人民通过武装斗争夺取了民主革命的胜利，建立了中华人民共和国，使饱受剥削和压迫之苦的中国人民站了起来；在社会主义建设和改革年代，中国共产党带领中国人民勇于斗争、开拓进取，逐步探索出一条符合国情的中国特色社会主义发展道路，使长期贫穷落后的中国人民富了起来；中国特色社会主义进入新时代，以习近平同志为核心的党中央将人民放在心中最高位置，以"我将无我"的精神继续带领人民展开了具有许多新的历史特点的伟大斗争，社会各领域、各方面建设都取得了巨大成就，使中国人民向强起来迈出了坚定步伐。斗争既是解开中国发展奇迹的"密码"，也是回答中国共产党为什么能的"钥匙"。

再次，正确认识新时代党的使命任务的实现仍需继续斗争。中国历史成就的取得靠的是不懈斗争，未来美好蓝图的实现同样也离不开伟大斗争。新时代党肩负着实现中华民族伟大复兴的使命任务。实现中华民族伟大复兴是中华民族近代以来最伟大的梦想，伟大梦想的实现离不开伟大斗争。当前，我们正处在实现"两个一百年"战略目标的历史交汇期，改革发展稳定任务艰巨，在这"滚石上山"的关键时刻更需要顽强斗争，"行百里者半九十"，决不能半途而废。中华民族伟大复兴，绝不是轻轻松松、敲锣打鼓就能实现的。全党必须准备付出更为艰巨、更为艰苦的努力，要有"敢叫日月换新天"的英雄气概，不断提高斗争意识和敢于斗争的精神。

第二，是提高斗争能力，勇于斗争。斗争能力是在斗争实践中长期锻炼得来的。因此，"领导干部要经受严格的思想淬炼、政治历练、实践锻炼，在复杂严峻的斗争中经风雨、见世面、壮筋骨，真正锻造成为烈火真金。"[1]

加强思想淬炼，以理论上的自觉确保斗争上的坚决。理论是行动的先导，没有革命的理论就不会有革命的行动。虽然思想认识相对于社会实践活动处于被决定地位，但这并不意味着思想观念就是消极被动的，相反，思想观念是推动和延缓社会发展的现实力量。中国特色社会主义是科学社会主义理论在中国的实践与

---

[1] 《习近平谈治国理政》（第3卷），外文出版社2020年版，第227页。

发展，既坚持了科学社会主义基本原则又具有中国特色。因此，开展伟大斗争，首先要思想上树立政治意识、大局观念。全面系统学习马克思主义理论，牢固树立理论自信，是"坚决反对一切削弱、歪曲、否定党的领导和我国社会主义制度的言行"①的基本前提。只有理论上清醒才能保证政治上坚定、行动上坚决。当下，就是要以"不忘初心、牢记使命"主题教育开展为依托，学懂弄通做实党的创新理论，牢牢掌握马克思主义的立场观点方法，树立"四个意识"，坚定"四个自信"，不断筑牢勇于斗争的思想根基。

加强政治历练，以政治上的觉悟确保斗争上的彻底。对于马克思主义政党来说，政治就是为人民服务，带领人民最终实现每个人的自由而全面的发展。一切为了群众、一切依靠群众，从群众中来、到群众中去，始终是我们党的生命线和必须坚持的工作路线。也正基于此，习近平多次强调人心是最大的政治，民心就是政治。因此，政治历练离不开为人民服务的社会实践活动。能否在错综复杂的现实社会中站稳人民立场，做到心中有党、心中有民、心中有责、心中有戒，是政治历练的关键。关键要在大是大非面前不糊涂，政治立场和政治原则坚定，政治方向明确，紧密团结在以习近平同志为核心的党中央周围，积极拥护党的路线方针政策，敢于坚决防止和反对个人主义、分散主义、自由主义、本位主义、好人主义；敢于坚决防止和反对宗派主义、圈子文化、码头文化；敢于坚决和反对搞两面派、做两面人。坚决维护习近平同志在党中央和全党的核心地位；坚决维护党中央权威和集中统一领导，不断夯实勇于斗争的政治保障。

加强实践锻炼，以综合能力的提升确保斗争上的胜利。任何能力的获得和提升都是在实践中实现的，既是对现实经验全面总结，也是对客观规律有效运用。无论是环境适应能力，还是环境改造能力，都要在实践中锻炼，因为认识世界与认识自己是统一的。人在改造环境的同时，也改造着自身，提升自己的综合能力。因而综合能力的提升离不开实践锻炼。这就要求党员领导干部主动投身到各种斗争中去，敢于挑大梁、担重任、接硬活，在矛盾突出面前敢于迎难而上不回避，在危机困难面前挺身而出不退缩，在歪风邪气面前敢于亮剑不动摇，亦即"要坚持在重大斗争中磨砺，越是困难大、矛盾多的地方，越是形势严峻、情况复杂的时候，越能练胆魄、磨意志、长才干。"② 始终以主体素质的不断提升保障勇于斗争的成效，确保党的领导干部始终做到召之即来、来之能战、战之必胜。

第三，是注重策略方法，善于斗争。我们党历来重视政策和策略，早在革命战争时期，毛泽东就提出了"政策和策略是我党我军的生命"③的著名论断。新

---

① 《习近平谈治国理政》（第3卷），外文出版社2020年版，第12页。
② 《习近平谈治国理政》（第3卷），外文出版社2020年版，第227页。
③ 《毛泽东文集》（第5卷），人民出版社1996年版，第83页。

时代，习近平同样重视策略方法对于伟大斗争的重要意义，明确提出"斗争是一门艺术，要善于斗争"①。

善于斗争，就要明确斗争方向，分清轻重缓急，做到"风雨不动安如山"。中国共产党的斗争历来是有原则、有方向的。习近平同志指出，"我们讲的斗争，不是为了斗争而斗争，也不是为了一己私利而斗争，而是为了实现人民对美好生活的向往、实现中华民族伟大复兴知重负重、苦干实干、攻坚克难。"② 当前，要实现最广大人民群众的根本利益就要坚持中国共产党领导和中国特色社会主义制度不动摇，既要避免走封闭僵化的老路，又要警惕走改旗易帜的邪路，坚持通过中国特色社会主义道路实现中华民族伟大复兴的中国梦。这就要求，凡是危害中国共产党领导和中国特色社会主义制度，危害我国主权、安全、发展等核心利益和重大原则，危害我国人民根本利益，以及危害"两个百年"奋斗目标和中华民族伟大复兴的各种言行、风险和挑战，都必须坚决斗争，并取得斗争胜利。

善于斗争，就要坚持问题导向，突出斗争重点，做到"乱云飞渡仍从容"③。斗争离不开问题。问题是时代的声音，解决问题就是对时代呼声的回应，但如何回应和解决时代提出的问题是对执政党的重大挑战。当前，时代提出的最大的问题就是在中国全面实现现代化、建设社会主义伟大强国、实现中华民族伟大复兴的中国梦。我们党已确立了回应时代呼声的大政方针和战略策略。但是，中国社会经过40多年的改革开放，已进入各种风险挑战不断积累甚至集中暴露的危险区、深水区，各类问题错综复杂、相互关联，牵一发而动全身，如何抓住关键，做到一子落而满盘活，始终是关系斗争全局的关键。这就要求保持战略定力和科学预判能力，找准风险点、矛盾区，抓重点，破难点，从容化解潜在风险，稳步推进国家战略目标的胜利实现。

善于斗争，就要讲求斗争艺术，学会审时度势，做到"不畏浮云遮望眼"④。一方面，要坚持统筹协调，善于从整体上把握各个领域的斗争。既要坚持增强忧患意识和保持战略定力相统一，又要坚持战略预判和战略决断相统一，还要坚持斗争过程与斗争实效相统一；另一方面，合理选择斗争方式，灵活运用各种斗争方法。要抓主要矛盾和矛盾的主要方面，坚持有理有利有节；原则上寸步不让，策略上灵活机动，掌握好斗争的时、效、度；还要善于根据形势变化的需要，调整斗争策略；要团结一切可以团结的力量，调动一切积极因素，在斗争中争取团

---

① 《习近平谈治国理政》（第3卷），外文出版社2020年版，第227页。

② 习近平：《在"不忘初心、牢记使命"主题教育总结大会上的讲话》，载于《人民日报》2020年1月9日。

③ 《习近平关于全面从严治党论述摘编》，中央文献出版社2016年版，第88页。

④ 习近平：《出席第三届核安全峰会并访问欧洲四国和联合国教科文组织总部、欧盟总部时的演讲》，人民出版社2014年版，第22页。

结，在斗争中谋求合作，在斗争中争取共赢。

回顾党的百年历史，无论是革命、建设还是改革，都是唯敢于斗争者进，唯善于斗争者强。新时代美好蓝图已经绘就，接下来就是顽强奋斗。作为新时代的党员领导干部，唯有树立斗争意识，提高斗争本领，敢于斗争、勇于斗争、善于斗争，才能在这个伟大时代肩负起伟大责任，不断将中国特色社会主义伟大事业推向前进。

第四节　人类社会发展规律问题：怎样构建人类命运共同体

党的十九大报告指出，"中国共产党是为中国人民谋幸福的政党，也是为人类进步事业而奋斗的政党。"[①] 党的十九大系统总结和阐述以习近平同志为主要代表的中国共产党人的理论创新成果，立足于对中国问题的求解，但绝不仅仅限于关注中国问题，而是有着更加深远的人类视角。纵观人类历史进程，人类社会是一个不断从简单到复杂、从低级到高级进化发展的过程。正确认识和全面把握人类社会发展规律，推动人类社会不断向前发展始终是我们党的重要任务和使命。党的十八大以来，以习近平同志为核心的党中央高瞻远瞩，坚持统筹国内国际两个大局，积极呼吁构建"人类命运共同体"，"建设持久和平、普遍安全、共同繁荣、开放包容、清洁美丽的世界"[②]。这一理念主张表明我们党在求解人类社会发展规律方面的认识深化，内在地契合了我国日益走近世界舞台中央、不断为人类作出更大贡献的新时代特点。党的十九大后，以习近平同志为核心的党中央更是作出了世界正处于"百年未有之大变局"的科学判断，尤其是面对新冠肺炎疫情等突发的重大事件对国际关系和国际格局产生的深刻影响，进一步展现出了中国在新时代的国际担当，"人类命运共同体"理念在当今世界的必要性得到了更加充分的证明，也为习近平新时代中国特色社会主义思想的发展深化提出了更高层次的呼唤。

一、人类社会发展需要树立命运共同体意识

马克思主义认为，"历史活动是群众的活动，随着历史活动的深入，必将是

---

① 习近平：《决胜全面建成小康社会 夺取新时代中国特色社会主义伟大胜利——在中国共产党第十九次全国代表大会上的报告》，载于《人民日报》2017年10月28日。
② 《习近平谈治国理政》（第3卷），外文出版社2020年版，第46页。

群众队伍的扩大"①。随着社会的向前发展，人与人的关系也逐步复杂化、全面化、普遍化，进而形成当前世界"你中有我，我中有你"的命运共同体。正因此，习近平在党的十九大报告中明确指出："没有哪个国家能够独自应对人类面临的各种挑战，也没有哪个国家能够退回到自我封闭的孤岛。"② 因此，积极顺应历史发展潮流，树立人类命运共同体理念成为当前推动人类社会发展的客观要求。

第一，辩证看待当今世界大势。在人与人的联系日益紧密、日益普遍的当今世界，任何国家要实现自身发展，都要认清这一形势，主动应对，积极作为。正如习近平同志所指出的，"一个国家要发展繁荣，必须把握和顺应世界发展大势，反之必然会被历史抛弃。"③ 随着新一轮科技革命的发展，世界金融危机的冲击，第三世界的兴起，特别是疫情的影响，当今世界正在发生深刻而复杂的变化。

一方面，世界多极化、经济全球化、社会信息化、文化多样化深入发展。自东欧剧变、苏联解体，两极对峙的格局不复存在，美国成为世界上唯一的超级大国，但随着欧盟、中国、日本、印度、俄罗斯、巴西等地区和国家的兴起，世界多极化趋势显著，美国想独霸世界也变得越来越不可能。"比如金砖国家2011年其经济规模超过欧盟，2016年其经济规模非常接近美国，金砖经济是16.8万亿美元，美国是18.7万亿美元，呈现全球经济多极格局局面。"④ 与此同时，伴随着国家间综合实力竞争的加剧，无论是发达国家还是发展中国家均将发展视为头等大事。为在国际贸易中获得更多利益，各国资本、技术、人才、资源在全世界到处安家落户，彼此之间经济联系日益紧密，经济全球化深入发展。尤其是近年来信息科技、网络技术飞速发展，全球互联互动，广大发展中国家迅速接入，与发达国家之间的数字鸿沟不断缩小，新的全球价值链与国际分工体系逐步形成。这不仅意味着全球化进程进入到新的阶段，而且也预示着世界格局的变革与挑战。西方发达国家主导的全球化将成为历史，共商共建共享将成为世界发展的未来。

另一方面，世界局势的不稳定性与不确定性日益突出。当今世界，经济增长乏力，贫富分化日益严重，地区热点此起彼伏；"霸权主义、强权政治依然存在，保护主义、单边主义不断抬头，战乱恐袭、饥荒疫情此伏彼现，传统安全和非传统安全问题复杂交织。"⑤ 首先，随着两极格局瓦解，之前被遮蔽的民族矛盾、

———————

① 《马克思恩格斯文集》（第1卷），人民出版社2009年版，第287页。

② 《习近平谈治国理政》（第3卷），外文出版社2020年版，第46页。

③ 《习近平谈治国理政》（第1卷），外文出版社2018年版，第266页。

④ 权衡：《"百年未有之大变局"：表现、机理与中国之战略应对》，载于《科学社会主义》2019年第3期。

⑤ 习近平：《携手共命运同心促发展》，载于《人民日报》2018年9月4日。

种族矛盾、宗教矛盾、地区冲突逐步显现，日益成为影响地区稳定乃至全球发展的重要问题。无论是影响全球的金融危机，还是波及欧洲的难民潮，或是朝核问题，都日益成为影响全球发展的重要因素。其次，新一轮贸易保护主义、"逆全球化"思潮正在影响着世界政治经济格局的新变化。尤其是自 2008 年金融危机以来，"逆全球化"暗流涌动，不稳定不确定因素显著增多。从英国"脱欧"到美国"退群""砌墙"，国际局势越发严峻复杂。虽然这并不能阻挡全球化深度发展的历史潮流，但也预示着全球化正遭遇波折。需要指出的是，虽然当今世界局势日益复杂多变，但和平与发展的时代主题没有变，求和平、谋发展、促合作仍是各国人民的强烈愿望。唯有紧跟时代步伐，摆脱冷战思维、突破零和博弈的思维框架才能同舟共济，促进共同发展。

第二，正确认识人类发展规律。尽管当前世界局势波谲云诡，但这并不否定人类社会发展的规律性，历史唯物主义揭示的基于社会基本矛盾的"两个必然"以及标示着人的自由而全面发展的共产主义的最终实现的社会发展规律并未改变。马克思主义经典作家充分肯定社会历史发展的内在规律，明确指出这一历史规律表现为"许多"人愿望的"合力"："无论历史的结局如何，人们总是通过每一个人追求他自己的、自觉预期的目的来创造他们的历史，而这许多按不同方向活动的愿望及其对外部世界的各种各样作用的合力，就是历史。"[①] 当今世界之所以进入大变革、大调整时期，就是各国根据自己的愿望追求和实现自身利益的结果。2013 年 3 月 23 日，习近平在莫斯科国际关系学院的演讲中提出："各国和各国人民应该共同享受发展成果。每个国家在谋求自身发展的同时，要积极促进其他各国共同发展。"[②] 因此，正确认识世界各国的发展利益便成为正确认识人类发展规律、顺应历史发展潮流的关键。这就要求：

坚持以马克思主义为指导看待当代资本主义发展变化。当今世界各国的发展现状尽管与马克思生活的资本主义时代相比发生了很大变化，但从本质上看，世界仍处于"资本主义时代"。也就是说，"尽管我们所处的时代同马克思所处的时代相比发生了巨大而深刻的变化，但从世界社会主义 500 年的大视野来看，我们依然处在马克思主义所指明的历史时代。"[③] 换言之，马克思主义的资本主义批判理论并未过时，仍是指导我们全面认识、深度剖析当代资本主义的指导思想。以此观之，资本主义国家所主导的世界政治经济格局本质上仍服务于其资本增值，资本主义国家所主导的国际秩序给世界带来的不是普遍繁荣、持久和平，而是逐步走向两极分化，世界时刻面临着霸权主义和强权政治。与此同时，随着

---

① 《马克思恩格斯文集》（第 4 卷），人民出版社 2009 年版，第 302 页。
② 《习近平谈治国理政》（第 1 卷），外文出版社 2018 年版，第 273 页。
③ 《习近平谈治国理政》（第 2 卷），外文出版社 2017 年版，第 66 页。

经济全球化的深入推进，以及随之相伴的国际分工的深化，加之恐怖主义、气候变化等重大全球性问题不断加重，亟需世界各国协力合作，共同面对，世界各国完全有必要也有可能形成休戚与共的命运共同体，因为"在经济全球化时代，各国安全相互联系、彼此影响。没有一个国家能凭借一己之力谋求自身绝对安全，也没有一个国家可以从别国动荡中收获稳定。"[①] 这就预示着资本主义所主导的国际秩序必然会有所调整。但是，只要我们仍处在"资本主义时代"，这种调整就是有限度的。因此，必须树立持久战思想，以马克思主义为指导，不断深化对资本主义发展规律的认识。

第三，正确理解人类发展规律与其表现形式之间的关系。根据马克思主义科学社会主义理论，在社会基本矛盾运动推动下，"资产阶级的灭亡和无产阶级的胜利是同样不可避免的。"[②] 以此逻辑，当今世界虽仍处于"资本主义时代"，但随着社会生产力的不断发展，必将进入每个人自由而全面发展的共产主义社会（首先是其初级阶段社会主义社会）。换言之，虽然和平与发展仍是当今时代的主题，但社会主义必然取代资本主义的历史总趋势不会改变，更不会逆转。这是马克思从现实的人出发对人类社会发展规律的揭示，我们对此必须有坚定信心。与此同时，我们还必须注意，每个国家通往共产主义的具体道路是不同的。关于这一点，马克思当时就根据现实情况设想社会主义革命能够在大多数文明国家同时取得胜利；之后，列宁遵循资本主义经济政治发展不平衡规律，创造性地提出"社会主义可能首先在少数甚至在单独一个资本主义国家内获得胜利"[③] 的新理论。根据马克思主义经典作家对社会发展规律的认识，尽管不同发展阶段，各国向社会主义过渡的方式不尽相同，但总趋势不会改变。当前，中国特色社会主义进入新时代，由于其不仅"是解决中国问题的独特方案，是从中国国情出发的中国智慧，具有独特的中国价值，更体现的是人类共同价值，解决的是人类共同难题，为世界繁荣发展做出了突出贡献，为广大发展中国家走向现代化提供了新的路径选择，具有普遍的世界意义。"[④] 所以，必须高度重视中国特色社会主义的世界意义，准确把握中国智慧和中国方案在全球治理体系变革中的地位和作用。既要在国际社会中承担起与国际地位相应的责任义务，又要尊重各国人民自主选择。我们要创新中国话语、讲好中国故事，在向世界展示中国发展成就的同时，将中国和平发展、合作共赢的理念传播出去，以期与更多国家和地区一道共同推

---

① 《习近平谈治国理政》（第 2 卷），外文出版社 2017 年版，第 523 页。
② 《马克思恩格斯文集》（第 2 卷），人民出版社 2009 年版，第 43 页。
③ 《列宁全集》（第 26 卷），人民出版社 2017 年版，第 367 页。
④ 徐家林、张茜：《中国特色社会主义的独特价值与世界意义》，载于《国外社会科学》2020 年第 1 期。

动人类社会发展进步。

这就要求全面认识新时代中国特色社会主义的历史方位及其与世界发展的关系。党的十八大以来，随着我国各方面历史性成就的取得，社会基本矛盾的转化，中国特色社会主义进入新时代。这一新的历史方位是中国人民勠力同心、接续努力、奋力实现中华民族伟大复兴中国梦的时代，也是中国人民为人类发展进步不断贡献中国智慧和中国方案的时代。党的十九大报告明确提出，新时代不仅"迎来了实现中华民族伟大复兴的光明前景"，而且"意味着科学社会主义在二十一世纪的中国焕发出强大生机活力，在世界上高高举起了中国特色社会主义伟大旗帜；意味着中国特色社会主义道路、理论、制度、文化不断发展，拓展了发展中国家走向现代化的途径，给世界上那些既希望加快发展又希望保持自身独立性的国家和民族提供了全新选择，为解决人类问题贡献了中国智慧和中国方案。"① 这表明中国特色社会主义进入新时代无论是对于科学社会主义，还是对于世界各国和民族均具有重要意义。因此，在我国日益走向世界舞台的中央的过程中，必须量力而行，尽力而为，始终做"世界和平的建设者、全球发展的贡献者、国际秩序的维护者，支持扩大发展中国家在国际事务中的代表性和发言权，支持补强全球治理体系中的南方短板，支持汇聚南南合作的力量，推动全球治理体系更加平衡地反映大多数国家特别是发展中国家的意愿和利益。"②

"人类社会发展的历史证明，无论会遇到什么样的曲折，历史都是按照自己的规律向前发展，没有任何力量能够阻挡历史前进的车轮。"③ 世界潮流滚滚向前，唯顺应民心者胜、遵循规律者强。面对世界百年未有之大变局，我们既不能被乱花迷眼，也不能被浮云遮眼，始终不忘初心、牢记使命，端起历史规律的望远镜去细心观察，把握大势，正确分析世界形势变化，超越文明冲突、冷战思维、零和博弈，不因现实困难而放弃梦想、不因理想遥远而放弃追求，因势而变，积极构建人类命运共同体，努力走出一条和衷共济、合作共赢的新道路。

二、人类社会发展需要构建新型国际关系

顾名思义，国际社会就是国家间的互动关系。国际关系不仅是影响国际社会的关键所在，更是左右世界局势的重要力量。因此，我们必须"要处理好国际关系，增强国家间的战略互信，开创全方位、多层次、宽领域的对外关系，避免发

---

① 习近平：《决胜全面建成小康社会 夺取新时代中国特色社会主义伟大胜利——在中国共产党第十九次全国代表大会上的报告》，载于《人民日报》2017 年 10 月 28 日。
② 习近平：《携手共命运同心促发展》，载于《人民日报》2018 年 9 月 4 日。
③ 《习近平谈治国理政》（第 1 卷），外文出版社 2018 年版，第 273 页。

生战略误判。"① 党的十八大以来，以习近平同志为核心的党中央为维护和延长我国发展的重要战略机遇期，确保"两个一百年"奋斗目标如期实现，紧紧围绕和平发展、民族复兴这条主线，坚持"两个统筹"②，明确提出应建立以合作共赢为核心的新型国际关系。合作共赢既是当今各国人民的共同期待，也是世界朝着和平发展目标迈进的现实途径。合作共赢概念不仅丰富了和平发展的战略思想，也通过实践与不同国家构建形成了新型国家关系。

第一，推动构建新型大国关系。大国关系不仅关乎世界人民的幸福安康，也关乎国际社会的和平发展。随着经济全球化迅速发展和各国同舟共济的需求加强，合作共赢已成为各国对外工作的理性选择。尤其是在这个风云变幻的时代，更加凸显了构建新型大国关系的重要性。人类在突如其来的灾难面前（如新冠疫情），以邻为壑、转嫁危机，不仅于事无补，而且还有可能错过最佳时机，带来无可挽回的损失。习近平同志指出："面对错综复杂的国际安全威胁，单打独斗不行，迷信武力更不行，合作安全、集体安全、共同安全才是解决问题的正确选择。"③ 正是基于这样的认识，中国走出了一条不同于历史上大国冲突对抗的新路。

首先是中美关系。中美关系的重要性不言而喻。从国际政治看，中美两国都是联合国安理会常任理事国，对国际事务都有重要的话语权；从世界经济来看，美国是世界上第一大经济体；中国仅次于美国，位列第二，且是世界第一贸易大国，与世界多个国家有着紧密的经贸合作，特别是 2008 年金融危机之后，面对世界经济恢复乏力的现状，中国稳中向好的经济发展已成为世界经济发展的新引擎。正基于此，习近平明确指出："中美两国合作好了，就可以做世界稳定的压舱石、世界和平的助推器。"④ 目前，虽然美国现任政府大搞单边主义，重回冷战思维，恶意打压中国，不断制造摩擦，中美关系呈现"自由落体式下坠"，成为构建新型中美关系的严重障碍。但中美之间毕竟经过了 40 多年的合作，两国关系不能说没有合作基础。因此，中美两国都要从大处着眼、登高望远，摒弃冷战思维，顺应全球化发展潮流，继续加强多领域合作，深化全方位利益交融格局，并通过高级别对话机制，加强意见交换、战略沟通、共识达成，有效管控分歧，避免"新冷战"，共同维护世界和平、稳定、繁荣。

其次是中俄关系。俄罗斯是我国友好邻邦，也是我国必须处理好的重要大国关系。无论从历史还是从现实来看，俄罗斯（苏联）对我国都有重要影响。特别是经过双方 20 多年的不懈努力，中俄已建立起全面战略协作伙伴关系，充分照

---

① 徐家林：《世界发展新趋势与中国国际战略新目标》，载于《国外社会科学》2018 年第 1 期。
② 《习近平谈治国理政》（第 2 卷），外文出版社 2017 年版，第 441 页。
③ 《习近平谈治国理政》（第 1 卷），外文出版社 2018 年版，第 273 ~ 274 页。
④ 《习近平谈治国理政》（第 1 卷），外文出版社 2018 年版，第 279 页。

顾了双方的利益和关切，也给两国人民带来了实实在在的好处。从当前国家发展战略来看，中俄两国都处于民族复兴的重要时期。俄罗斯明确提出到 2020 年人均国内生产总值达到或接近发达国家水平，这与我国党的十九大制定的国家发展蓝图具有诸多契合之处，因此，在处理两国关系时必须面向未来、着眼长远。一方面，做好战略对接。积极推动两国合作从能源投资逐步向基础设施、高技术、金融等领域拓展，深入开展边境地区合作，厚植共同利益，不断提高务实合作的质量和水平；另一方面，做好人文交流。构建新型国家关系虽然是政府行为，但也离不开人民群众的参与和支持，因为"国之交在于民相亲。人民的深厚友谊是国家关系发展的力量源泉。"① 通过互办中俄青年友好交流年、国家年、语言年、旅游年增进两国人民友谊，以民间友好往来厚植两国合作共赢发展的民意基础。

再次是中欧关系。当前欧盟虽遭受英国脱欧的冲击，但这并没有动摇欧盟作为国际社会重要一极的地位。欧盟在作为世界发达国家最为集中的区域性联盟，在当今世界发展中发挥着重要作用。因此，协调处理好中欧关系，不仅关系我国发展的国际环境，更关系当今世界的和平与发展。习近平同志指出："中国和欧洲虽然远隔万里，但都生活在同一个时间、同一个空间之内，生活息息相关。"② 当前，中欧都处于发展的关键时期，面对前所未有的机遇和挑战，中国必须积极支持欧洲一体化，通过中欧全面战略伙伴关系构建共同打造"和平、增长、改革、文明"③ 四座桥梁，加强全方位合作。同时，加强务实合作，以全面落实中欧合作 2020 战略规划深入推进双方各领域合作项目，不断推动互利共赢的中欧全面战略伙伴关系取得更大发展④，努力在合作共赢中构建起新型大国关系。

第二，做好周边外交工作。如果说大国关系是决定我国发展外部环境的关键，那么周边关系则是直接影响我国发展的重要变量。从地缘政治来看，我国邻国众多，与中国陆地相邻的国家有 15 个，同中国隔海相望的国家有 6 个，其中新疆维吾尔自治区邻国最多，达 8 个。加之与外国相邻省份多为少数民族聚居区，这就更加凸显了周边外交工作的重要。能否处理好与周边国家的关系直接关系我国经济发展与政治社会稳定。中国特色社会主义进入新时代，以习近平同志为核心的党中央高度重视与周边国家关系，在 2014 年 11 月 28 日的中央外事工作会议上，习近平同志明确提出要"切实抓好周边外交，打造周边命运共同体，秉持亲诚惠容的周边外交理念，坚持与邻为善、以邻为伴，坚持睦邻、安邻、富邻，深化同周边国家的互利合作和互联互通。"⑤ 这一重要论述为我国周边外交

① 《习近平谈治国理政》（第 1 卷），外文出版社 2018 年版，第 276 页。
②③ 《习近平谈治国理政》（第 1 卷），外文出版社 2018 年版，第 282 页。
④ 《习近平谈治国理政》（第 2 卷），外文出版社 2017 年版，第 455 页。
⑤ 《习近平谈治国理政》（第 2 卷），外文出版社 2017 年版，第 444 页。

指明了方向，明确了新时代做好周边外交的着力点。

一方面，树立亲、诚、惠、容的周边外交理念。外交理念是外交工作的先导，只有树立正确的外交理念才能够通过正确的外交政策和策略为我国实现"两个一百年"奋斗目标营造良好的周边环境。从历史上看，无论是张骞出使西域，还是郑和下西洋，或是新中国成立以后我们提出"和平共处"五项原则，都表明坚持睦邻友好、共同发展历来都是中华民族与周边国家的相处之道。新时代，以习近平同志为核心的党中央一面着眼于中华民族伟大复兴中国梦的实现，一面着眼于把我国发展经验、发展成果更多惠及周边国家，从战略高度制定周边外交的基本方针，即坚持与邻为善、以邻为伴，坚持睦邻、安邻、富邻，突出亲、诚、惠、容的理念，既讲平等、重感情，常见面、多走动，使周边国家对我们更友善、更亲近、更认同、更支持，也支持、帮助周边国家经济社会发展，本着互惠互利原则同周边国家开展合作，积极欢迎周边国家搭乘中国经济社会发展的顺风车，深入推进我国与周边地区共同发展繁荣。

另一方面，以"丝绸之路经济带"厚植各方利益基础。从当前我国周边国家发展现状来看，除日本外，基本都是发展中国家，因此，相比于其他地区，东亚及东南亚各国对和平与发展的期盼更高。这就启示我们，在处理周边国家关系时要善于透过现象看本质，深入了解矛盾冲突背后的利益根源，使其明确我国周边外交政策，增加互信，共同发展。为此，要创新对外宣传话语与方式，向周边国家讲解、阐释好我国发展战略与外交政策，让其明白中国的发展对其不是威胁，而是机会。同时，要从实际出发，利用各国的比较优势，紧紧围绕"一带一路"建设打通加强中国与周边国家的"政策沟通、设施联通、贸易畅通、资金融通、民心相通"①，深入开展互利合作。此外，积极参与亚洲一体化进程，通过亚太经合组织、亚洲相互协作与信任措施会议、亚洲博鳌论坛等区域性组织和论坛，传播中国声音、表达中国意愿，既加强周边国家对中国的了解，也借此深入推进我国的对外开放发展。

第三，加强与发展中国家团结合作。中国与广大发展中国家不仅有相似的历史遭遇，而且还有共同的发展任务。尤其是一大批新兴市场国家和发展中国家走上发展的快车道，不仅开辟了与发达资本主义国家现代化相异的道路，而且也有力推动了国际力量对比继续朝着有利于世界和平的方向发展。所以，面对百年未有之大变局，习近平同志指出："广大发展中国家是我国在国际事务中的天然同盟军，要坚持正确义利观，做好同发展中国家团结合作的大文章。"②党的十九

---

① 《习近平谈治国理政》（第 2 卷），外文出版社 2017 年版，第 503 页。

② 习近平：《坚持以新时代中国特色社会主义外交思想为指导 努力开创中国特色大国外交新局面》，载于《人民日报》2018 年 6 月 24 日。

大也明确指出"我国是世界上最大的发展中国家的国际地位没有变"[①],表明了我国在世界格局中所处的历史方位,为当前外交工作明确了方向。

首先,中非关系。同非洲国家建立良好的合作关系历来是我国对外工作的重点。20世纪五六十年代,为深入推进反帝反殖、争取民族独立和解放,毛泽东、周恩来等领导人就同非洲老一辈政治家建立了良好合作关系。今天,我国虽日益走近世界舞台的中央,但发展同非洲国家的团结合作关系的外交政策没有变。习近平同志指出:"我们始终把发展同非洲国家的团结合作作为中国对外政策的重要基础,这一点绝不会因为中国自身发展和国际地位提高而发生变化。"[②] 当前,发展中非关系关键是既要珍惜中非传统友谊,尊重非洲各国发展模式选择,也要高度关切彼此利益关切,将中国对非洲的投资合作落实好,实施好"非洲跨国际区域基础设施建设合作伙伴关系",更要加强中非人民的友好往来,增进中非人民的相互了解和友谊,厚植中非友好事业的社会基础。

其次,中拉关系。党的十八大以来,我们党日益重视发展与"拉美"的关系。习近平同志在2012~2016年四年之中三次访问拉美,行程覆盖十个国家。相应地,中拉政治、经贸关系也进入了发展快车道。特别是2014年中国—拉美和加勒比共同体论坛的召开,标志着中拉整体合作进入了新阶段。这就需要以"拉美命运共同体"的构建为契机全面加强中拉合作。在政治上,坚持真诚友好,在涉及彼此核心利益和重大关切问题上继续相互理解、支持;在经济上,彼此要抓住双方经济发展方式带来的机遇,积极实施战略对接,深化务实合作;在人文上,加强文明对话和交流,既要积极为拉美国家治理贡献中国方案、中国智慧又要助力拉美国家提升自主发展能力。[③]

再次,中阿关系。中国与阿拉伯国家关系历来是我国外交关系的重要组成部分。自2004年9月中阿合作论坛首届部长级会议确立中阿"平等、全面合作的新型伙伴关系"以来,中阿之间不仅建立起普遍的发展合作关系,而且也取得了丰硕的发展成果。党的十八大以来,随着党和国家对"一带一路"建设的深入推进,中阿关系也进入了发展的快车道。2018年7月10日,中阿合作论坛第八届部长级会议在北京召开,习近平同志着眼于新时代中阿战略伙伴关系的积极构建,明确指出:"中方愿同阿方加强战略和行动对接,携手推进'一带一路'建设,共同做中东和平稳定的维护者、公平正义的捍卫者、共同发展的推动者、互

---

① 《习近平谈治国理政》(第3卷),外文出版社2020年版,第10页。
② 《习近平谈治国理政》(第1卷),外文出版社2018年版,第306页。
③ 谢文泽:《百年未有之大变局中的中拉关系》,载于《人民论坛》2020年第2期。

学互鉴的好朋友，努力打造中阿命运共同体，为推动构建人类命运共同体作出贡献。"① 面对当前中东安全局势依然脆弱，阿拉伯国家转型面临诸多困难的现状，我们必须以《中国对阿拉伯国家政策文件》为行动指南，准确研判形势，既要理解阿拉伯国家在转型过程中对自身价值的内在追求，也要主动引领，凝聚共识，做好顶层设计，在全面构建"1＋2＋3"合作格局②中携手推进新时代中阿战略伙伴关系。

三、人类社会发展需要促进共同发展

时代主题所说的"时代"并不是任意一个历史阶段，而是综合反映人类社会发展进程的一个全局性概念，即列宁所说的"大的历史时代"。而时代主题就是由该"历史时代"基本矛盾所决定的、具有全局性和战略性的问题。时代主题不是固定不变的，取决于世界上代表矛盾各方的力量对比、相互关系的变化。譬如二十世纪中叶时代主题就由革命和战争向和平与发展转变。但是，总体上说，和平与发展仍是当今时代主题。2017 年习近平在党的十九大报告中明确指出："世界正处于大发展大变革大调整时期，和平与发展仍然是时代主题。"③ 因此，围绕时代主题促进共同发展不仅是推动人类社会发展的重要抓手，更是构建人类命运共同体的关键内容。这就要求：

第一，认清世界形势，顺应时代潮流。如前文所述，当今世界正处于大发展大变革大调整时期。一方面，世界多极化、经济全球化、社会信息化、文化多样化深入发展；另一方面，世界面临的不稳定性与不确定性突出，世界经济增长乏力，贫富分化日益严重，地区热点此起彼伏，单边主义、霸权主义、恐怖主义、网络安全、重大传染疾病、气候变化等各种传统和非传统安全威胁持续蔓延。面对这样复杂的国际局势，我们要始终坚持登高望远，认清形势，顺应潮流，推进人类文明进步。以正确分析形势变化为前提，超越文明冲突、冷战思维、零和博弈观念，因势而变，顺应国际关系民主化的时代潮流，积极构建新型国家关系。在此基础上，顺势而为，尊重各国差异，明确各自利益关切，协调各国发展进程。无论是协定的签订、项目的实施，还是资源的开发、产业和金融等领域合作的开展，始终严格遵循国际法，按照亲、诚、惠、容理念和与邻为善、以邻为伴方针，从各国实际发展需求出发，通过协商对话，凝聚发展合作共识。当前虽然

---

① 习近平：《携手推进新时代中阿战略伙伴关系》，载于《人民日报》2018 年 7 月 11 日。
② 《习近平谈治国理政》（第 1 卷），外文出版社 2018 年版，第 317 页。
③ 《习近平谈治国理政》（第 3 卷），外文出版社 2020 年版，第 45 页。

霸权主义和强权政治依然存在，各种传统和非传统安全威胁不断涌现，单边主义、贸易保护主义、逆全球化思潮不断出现，文明冲突、文明优越等论调也不时泛起，但宇宙只有一个地球，人类共有一个家园。"地球村"的世界格局决定了在你中有我、我中有你的命运共同体中没有哪个国家能够独自应对人类面临的各种挑战，也没有哪个国家能够退回到自我封闭的孤岛。在利益交融、命运与共的大趋势下，各国唯有正确认识当前所面临的国际或地区挑战，积极维护安全稳定大环境，主动适应合作共赢大趋势，加强合作，实现优势互补，才能够顺应时代潮流，抓住历史机遇，做出正确选择，推动构建人类命运共同体，开创人类美好未来。

第二，开放包容和谐，凝聚合作共识。海纳百川，有容乃大。人类命运共同体作为世界发展的必然趋势，其构建离不开不同文明的交流互鉴，也离不开不同国家间的团结合作。上海合作组织（以下简称"上合组织"）就是一个成功案例。上合组织的成功实践告诉人们，意识形态不同、发展水平各异的国家完全可以纳入共同合作框架，成为维护世界和地区安全、促进共同发展、完善全球治理的重要力量。上合组织之所以能够成功，其关键就在于它始终坚持"和合"理念，在尊重和照顾各国合理关切的基础上凝聚合作共识、汇聚发展力量。一是保持开放的姿态，积极吸收新鲜血液，壮大自身发展。上合组织自成立以来，不仅通过启动接收程序成功地将巴基斯坦、印度接收为成员国，实现了自成立以来的首次扩员，还同积极申请加入本组织的国家签署了上海合作组织对话伙伴关系备忘录，形成了目前拥有8个成员国，4个观察成员国、6个对话伙伴关系国的综合性区域合作组织。二是不断凝聚团结互信强大力量。成员国团结是上海合作组织发展壮大的根本保障和独特优势，也是各方一点一滴积累互信得来的宝贵成果。上合组织自成立以来，各成员国不仅签订了上海合作组织成员国长期睦邻友好合作条约、青岛宣言等文件，始终通过换位思考增进相互理解，通过求同存异促进和睦团结，而且还积极推进立法机构、政党、司法等领域交流合作，为各方进行政策沟通提供渠道，在交流中增进互信、达成共识、凝聚力量。因此，在经济全球化不断发展的当今世界，要想实现共同发展，有效应对来自各方面的危机与挑战，各国必须在兼顾彼此核心利益和重大关切的基础上，加强交流沟通，包容互鉴、取长补短。不仅要秉承开放、融通、互利、共赢的合作观，还要树立共同、综合、合作、可持续的新安全观，恪守尊重主权、独立和领土完整、互不干涉内政等国际关系基本准则，加快建立健全高层沟通协调机制，坚持通过沟通增进理解，避免战略误判，在加强各国彼此之间的政治互信、维护国家安全的基础上，汇集起推进人类命运共同体发展的建设性力量。

第三，抓住主要矛盾，回应人民期盼。事物的性质是由主要矛盾的主要方面决定的。新时代构建人类命运共同体，关键要在维护本地区安全稳定的基础上，顺应时代潮流，契合和平与发展时代主题，回应各国人民的重大关切，积极推进国际合作，加强国际团结，维护世界和平，推动共同发展。首先，始终以维护世界和本地区安全稳定为己任。没有安全稳定，发展无从谈起。安全稳定的环境是开展互利合作、实现共同发展繁荣的必要条件。尤其是面对地区宗教极端主义沉渣泛起、毒品制贩难以遏制以及"恐毒合流"突出现象，不仅建立了地区反恐机构，成立了应对安全威胁和挑战的综合中心，而且还不断赋予其新的职能，完善其执法安全合作体系。其次，尊重各国人民共同愿望，顺应地区一体化和经济全球化的时代潮流，努力扩展合作领域，深化民间交流。一方面，深入开展全方位、立体化、多层次的交流合作，深化共同利益，巩固各国发展繁荣的物质基础。另一方面，深化和拓展文化、教育、卫生、旅游、体育、媒体等各领域交流合作，不断拉紧人文交流合作的共同纽带，夯实民意基础和社会基础。鉴于当今世界发展大势，在构建人类命运共同体的过程中必须抓住关键问题，紧扣时代主题，统筹全局发展，回应人民期盼。既要奉行双赢、多赢、共赢理念，积极推进大国协调和合作，深化同周边国家关系，加强同发展中和欠发达国家团结合作，构建起对话不对抗、结伴不结盟的伙伴关系；也要正确认识彼此之间的差异与不同，认清文明没有高下、优劣之分，只有特色、地域之别，在交流互鉴中增进人民友谊，满足世界各国人民多元需求；更要积极引导经济全球化健康发展，建设开放、包容、普惠、平衡、共赢的经济全球化，在维护世界和平稳定的同时不断厚植人类命运共同体的利益基础。

第四，打造发展引擎，实现共同发展。共同发展繁荣作为当今世界区域一体化和经济全球化的内在要求和必然趋势，不仅是世界各国人民走向和平合作的原初动力，也是构建人类命运共同体的关键举措。一方面，立足各国发展实际，着力发展务实合作。譬如上海合作组织，从最初开发银行的成立，到《上海合作组织成员国政府间国际道路运输便利化协定》的实施，再到《2017 至 2021 年上海合作组织进一步推动项目合作的措施清单》的签订，既着眼于交通、物流、贸易、投资、金融、能源、粮食等各方面的通力合作，也着力于本地区统一经贸、投资、物流空间的全面构筑，不仅推动了本地区各国经济社会的协同发展，也解决了发展不平衡带来的问题，缩小了发展差距，促进了共同繁荣。另一方面，积极发挥各国际组织的平台作用，深挖合作潜力，厚植利益根基。在照顾各方利益和关切的基础上，大力推进各国发展战略对接，推动在贸易和投资领域开展更广泛和更高层次合作，以不断交融的利益共同体推进人类命运共同体建设。再一方面，积极扩大对外交往，主动参与全球治理。各区域性组织不仅关注自身内部发展，也积极同联合国及其相关机构、独联体、欧亚经济共同体、集安组织等国际和地区组织合作，主动参与全球治理，为推动化解热点问题、谋求共同发展贡献上合力量与上合方案。因而，在推动构建人类命运共同体的过程中也必须大力提倡创新、协调、绿色、开放、共享的发展观，以经济治理为抓手，以平等为基础、以开放为导向、以合作为动力，以"一带一路"建设为契机，不断打造各国共同繁荣发展的强劲引擎，为世界各国共同发展提供更多的"便车""顺风车"。在此基础上，坚持共商共建共享的全球治理观，积极推动全球治理体系变革，在维护联合国宪章宗旨和原则为核心的国际秩序和国际体系的基础上，使全球治理体系更加平衡地反映大多数国家特别是广大发展中国家的意愿和利益，扭转以西方为主导的难以为继的国际治理体系，弥补治理赤字，推动各国携手建设人类命运共同体。

在这个人们对未来既寄予期待又感到困惑、充满不确定性的当今世界，习近平深刻指出，"世界经济发展面临的难题，没有哪一个国家能独自解决。各国应该坚持人类优先的理念，而不应把一己之利凌驾于人类利益之上。"[①] 各国唯有始终坚持登高望远、开放包容，紧紧围绕和平与发展的时代主题，走和平发展道路，才能弄清我们从哪里来、现在在哪里、将到哪里去这一人类最基本问题，顺应时代发展潮流，回应人民期盼，在建设持久和平、普遍安全、共同繁荣、开放包容、清洁美丽的世界的过程中共同推进构建人类命运共同体的伟大进程。

---

① 《习近平谈治国理政》（第3卷），外文出版社2020年版，第209页。

第二章

习近平新时代中国特色社会
主义思想的目标定位

针对着一系列重大问题，习近平新时代中国特色社会主义思想给出了如何加以破解的总览性思考和回答，而这也就相应地为以习近平同志为核心的党中央治国理政和全国人民不懈奋斗提供了明确的前行目标。针对时代主题问题，习近平新时代中国特色社会主义思想擘画了在全面建成小康社会的基础上，分两步走在本世纪中叶建成富强民主文明和谐美丽的社会主义现代化强国的宏伟路线图。针对社会主义建设规律问题，习近平新时代中国特色社会主义思想既坚持科学社会主义基本原则、又作出了富有新时代中国特色的原创性贡献。针对共产党执政规律问题，习近平新时代中国特色社会主义思想统领党的建设新的伟大工程，赓续了党"不忘初心、牢记使命"的红色基因并在新时代焕发出新的活力。针对人类社会发展规律问题，习近平新时代中国特色社会主义思想提供了构建"人类命运共同体"的中国智慧和中国方案，成为引领时代潮流和人类前进方向的鲜明旗帜。

第一节 回答时代之问：擘画中华民族
伟大复兴的中国梦图景

习近平新时代中国特色社会主义思想阐明了在新时代如何坚持和发展好中国

85

特色社会主义、如何迈向中华民族伟大复兴的光辉前景，这就是对时代之问的最根本回答，这也是对中华民族伟大复兴近代以来无数中华儿女夙愿的告慰。近代以来，"中华民族向何处去"的历史之问的唯一答案就是实现中华民族伟大复兴，而在中国特色社会主义的新时代，以习近平同志为核心的党中央用中国梦的科学概念对此作出了最科学也最形象的表达——"现在，大家都在讨论中国梦，我以为，实现中华民族伟大复兴，就是中华民族近代以来最伟大的梦想。"① ——切实抓住了历史和当代的衔接线索，深刻回答了当代中国时代方位的来源、坐标与前景。

一、"站起来、富起来、强起来"科学总结了时代变迁走势

认识世界和改造世界是马克思主义的两大历史任务，共产党人在完成"认识世界"和"改造世界"任务的过程中遵照客观历史，将马克思主义同中国的特殊实际相结合，产生了一系列的马克思主义中国化理论及实践成果。党的十九大报告中十分形象生动而又十分科学严谨地归纳指出，中国特色社会主义进入新时代，意味着近代以来久经磨难的中华民族迎来了从站起来、富起来到强起来的伟大飞跃。站起来、富起来、强起来是新中国发展的阶段性实践主题，也为划分马克思主义中国化进程提供了另一种视角。马克思主义中国化是以这三个阶段发展目标为中心而铺陈的，结合马克思主义中国化几次历史性飞跃相关理论，大致划分为：

第一阶段（1918～1949 年）马克思主义中国化完成了第一次历史性飞跃，中华民族站起来了；

第二阶段（1949～2012 年）马克思主义中国化新的飞跃经历从孕育到突破，中华民族富起来了；

第三阶段（2012 年至今）中国的社会主义建设进入了新时代，马克思主义中国化再次实现了新飞跃，中华民族正在强起来的道路上阔步前行。

第一阶段为 1918 年至 1949 年新中国成立。学界普遍认同 1918 年李大钊《再论问题与主义》的发表作为马克思主义中国化的起点，至此中国共产党开始将"舶来"的马克思主义普遍真理同当时的特殊国情相结合。这一阶段马克思主义中国化的理论成果为毛泽东思想，是党在民主革命和社会主义建设初期所积累的实践经验的理论总结和归纳，包含了社会生产发展的很多方面，主要解答了如何革命、如何取得革命胜利、如何实现革命到建设的转换等革命理论问题。实践成果是中华民族完成了新民主主义革命，实现了国家的独立统一，确立了社会主义

---

① 《习近平谈治国理政》（第 1 卷），外文出版社 2018 版，第 36 页。

道路，完成了由新民主主义向社会主义的过渡。毛泽东思想实现了马克思主义中国化的第一次历史性飞跃，表明了党对革命理论与实践关系的认识有了质的提高。

第二阶段为 1949 年到 2012 年党的十八大召开之前，这其中包含了 1978 年这一重大的历史节点。中国共产党人在新中国成立后的前 30 年实现了社会的稳定和初步发展，在曲折前进中积累了经验，也接受了教训，孕育着巨大转折。1978 年改革开放实行，建设中国特色的社会主义征程开启，在接下来的时间里生产力飞速进步。这一时期社会主义建设主题转换为发展，新中国实现了从站起来向富起来的转变。这一阶段马克思主义中国化的主要理论成果是中国特色社会主义理论体系，是马克思主义同生产力发展需求更好的结合。邓小平理论冲破社会主义和市场经济的理论藩篱，开启了马克思主义中国化新的飞跃，之后几代党的领导人不断丰富了中国特色社会主义理论体系。邓小平理论、"三个代表"重要思想和科学发展观，这些都是马克思主义与时代和实践结合的理论成果，是发展中国特色社会主义必须长期坚持的指导思想。第二阶段的实践成果显著，自我完善和发展了社会主义，生产力得到极大的发展，人民物质生活丰富，实现现代化的脚步逐步加快，特别是经济飞速发展，我国成了世界第二大经济体，新中国富起来了。

第三阶段始于党的十八大召开，这一阶段与之前的发展阶段既一脉相承，又有很大不同——党和国家事业发展从指导思想、理念思路、方针政策、体制机制、根本保证到社会主要矛盾、社会环境、外部条件等各方面都发生了巨大变化，发展水平、发展要求更高，呈现出新的时代特征。第三阶段体现了新时代的新发展，我们从站起来、富起来开始走向强起来。党立足于新时期的我国的主要社会矛盾已经发生变化的具体实践，实现了理论的新飞跃，形成了习近平新时代中国特色社会主义思想，党的十九大将习近平新时代中国特色社会主义思想写进党章，确立为党新的指导思想。习近平新时代中国特色社会主义思想是党和人民集体智慧的凝结，向世界传递了中国理念，为全球发展提供了中国方案，在马克思主义中国化进程中具有开创性意义和鲜明时代特色，开辟了马克思主义中国化新境界。

习近平新时代中国特色社会主义思想是中国特色社会主义理论体系的重要组成部分，但它不是简单的直线顺延，而是包含巨大转折的延续。党的十九大总结了党的十八大以来的伟大成果，同时宣布了我国的主要矛盾的转变，已经由人民日益增长的物质文化需求同落后的生产力之间的矛盾转变为人民日益增长的美好生活需要和不平衡不充分的发展之间的矛盾。我国处于并将长期处于社会主义初级阶段的基本国情没有变，但我国主要矛盾的转变揭示我们当前所处社会阶段的变化，中国特色社会主义建设已经进入了新时代。依照党的十九大中社会主要矛盾变化的判断，可以说第三阶段不是单纯的量的变化，而有部分质变，中国特色社会主义整体建设已经在前两个阶段的历史成就上实现了"量"的积累，开始有"质"的升华。相应地，习近平新时代中国特色社会主义思想也就是在中国特色社会主义理论体系实现马克思主义中国化飞跃的过程中的一次阶段性提升、一次部分性质变，最终形成了马克思主义中国化历史上的最新飞跃，开辟了马克思主义新境界、中国特色社会主义新境界、治国理政新境界、管党治党新境界，使马克思主义中国化达到了一个新的起点。

二、"中国梦"科学概括了贯彻各个时代的不变价值遵循

中华民族几千年来就有追梦、逐梦、筑梦的优良传统，尤其在近代中国表现更为强烈。近代以来，中华民族饱受列强侵略，中国人民遭受一次又一次欺凌，饱受艰辛和苦难，一代又一代中国人民为了摆脱被动挨打的局面，进行了艰难求索。回顾中华民族的昨天，立足今天，展望明天，熔铸于百余年中国波澜壮阔、沧桑巨变的历史图景，镌刻于几代人为民族复兴奋斗的艰辛历程，发人深省、催人奋进。尤其是1921年中国共产党的成立，开始担负起中国新民主主义革命的领导任务，领导中国人民进行了北伐战争、土地革命、抗日战争、解放战争、社会主义革命、社会主义建设、改革开放等一系列伟大斗争、伟大工程、伟大事业、伟大梦想。党的十八大以来，以习近平同志为核心的党中央提出"两个一百年"奋斗目标和实现中华民族伟大复兴的中国梦的伟大构想，为新时代坚持和发展中国特色社会主义指明了方向，提供了深刻的价值遵循。习近平同志指出："中国梦的本质是国家富强、民族振兴、人民幸福。"① 中国梦是国家情怀、民族情怀、人民情怀相统一的梦。习近平对中国梦内涵的诠释深刻指出了中华民族伟大复兴的方向和标志，从国家、民族、人民三个层面上阐明了在推进中国特色社会主义建设时的价值遵循。

在国家层面，国家富强，是指我国综合国力进一步增强，中国特色社会主义事业进一步发展和完善。经济更加发达，科技创新在经济发展中的驱动力更加强劲，政治更加民主，文化更加繁荣，社会更加和谐，生态更加美好。由于清政府的闭关锁国，中国在近代开始逐渐落后于西方，随着新航路的开辟，世界市场连成一个整体，在西方帝国主义的资本扩张下，中国由于器物、思想、文化的落后和僵化，沦为被动挨打的局面，一步步走上半殖民地半封建社会。连续的战火、割地赔款，致使国家财政入不敷出，政治腐败，科技落后，文化腐朽，社会动荡

---

① 《习近平谈治国理政》（第1卷），外文出版社2018版，第56页。

不安。因此，实现国家富强是每一个中华儿女的夙愿。在探索救国的道路上，一代又一代中国进步人士进行了艰苦努力，进行过多次尝试，一直没有找到适合国情的救国方案。直到中国共产党的成立，开始担负起救国救民的历史使命，一代又一代中国共产党人坚持以马克思主义为指导，与中国实际国情相结合，不断回答各个时代中国的现实问题，把落后挨打的旧中国解放出来，建立了新中国，特别是通过改革开放，建立了社会主义市场经济体制，社会主义民主得到不断发展，社会主义文化建设不断进步，社会建设不断健全，生态环境更加宜居。特别是中国特色社会主义进入新时代，在习近平新时代中国特色社会主义思想的指导下，我国日益走上世界舞台的中央，综合国力和国际地位得到很大提升，经济、政治、文化、社会、生态"五位一体"总体布局不断完善，"四个全面"战略布局得到严格贯彻实施，实现了从"站起来"到"富起来"再到"强起来"的伟大飞跃，国家富强的价值遵循内涵得到不断丰富和发展。习近平同志指出："'四个全面'战略布局，既有战略目标，也有战略举措，每一个'全面'都具有重大战略意义，是我们党在新形势下治国理政的总方略，是事关党和国家长远发展的总战略。"[①] 可以说，当今时代的中国与旧社会中国发生了翻天覆地的历史性巨变，中国也必将在"强起来"的道路上越走越远。

在民族层面，民族振兴，就是通过自身的不断发展与强大，继承并创造中华民族的优秀文化以及先进的文明成果，进而使中华民族再次处于世界领先的地位，再次以高昂的姿态屹立于世界民族之林。并且，中华民族的振兴也会更好地造福世界人民，共创世界美好的未来。习近平同志指出："中国共产党从人民中走来、依靠人民发展壮大，历来有着深厚的人民情怀，不仅对中国人民有着深厚情怀，而且对世界各国人民有着深厚情怀，不仅愿意为中国人民造福，也愿意为世界各国人民造福。"[②] 中华民族在中国古代创造了灿烂的文明和文化，在农业、科技、数学、文化、天文历法等各个方面曾长期领先于世界，中国的"四大发明"深刻影响了世界历史的进程，中国的瓷器、茶叶、丝绸等得到了世界各国人民的普遍赞誉，只是在近代由于多种原因落后了。所以，振兴民族是近代以来中华民族最伟大的梦想。只有创造过辉煌的民族，才懂得复兴的意义；只有经历过苦难的民族，才对复兴有如此深切的渴望。经过鸦片战争以来 180 年的持续奋斗，中华民族伟大复兴展现出光明的前景。深藏于中国人民心中的民族复兴梦想，就要梦想成真。习近平同志指出："今天，社会主义中国巍然屹立在世界东方，没有任何力量能够撼动我们伟大祖国的地位，没有任何力量能够阻挡中国人

---

① 《习近平谈治国理政》（第 2 卷），外文出版社 2017 版，第 27 页。
② 《习近平谈治国理政》（第 3 卷），外文出版社 2020 版，第 437 页。

民和中华民族的前进步伐。"① 习近平新时代中国特色社会主义思想深刻回答了新时代中华民族向何处去的问题，对中华民族伟大复兴做出了整体规划和时间路线图，使得民族振兴的价值遵循得到不断丰富和发展，以中国梦的形象表达充分彰显了中华民族的伟大梦想精神。

在人民层面，人民幸福，就是人民权利保障更加充分、人人得享共同发展，生活在伟大祖国和伟大时代的中国人民，共同享有人生出彩的机会，共同享有梦想成真的机会，共同享有同祖国和时代一起成长和进步的机会。中国几千年的封建社会当中，人民受到封建制度、礼教的压迫束缚，加上近代以来，中国长期受列强侵略，人民饱受战争苦难，流离失所，十分渴望过上安居乐业的幸福生活。中国共产党成立后，紧紧依靠人民群众，发动人民群众，倾听人民的呼声，坚持走"从群众中来到群众中去"的群众路线，不断发展生产和发展经济，不断改善人民生活，及时根据社会主要矛盾的变化，调整经济结构，经过近百年的努力，中国人民的生活水平得到很大提高，人民的平均寿命也得到了空前提高，人民各项权利得到更好的保障，不断促进人的全面发展。习近平新时代中国特色社会主义思想坚持以人民为中心，坚持人民主体地位，深刻分析了新时代社会主要矛盾的转变，积极回应新时代人民对美好生活的向往，特别是通过精准扶贫和精准脱贫，一大批贫困人口实现了脱贫，在全面建成小康社会的伟大征程上取得了历史性成就。习近平同志指出："以前，我们要解决'有没有'的问题，现在则要解决'好不好'的问题。我们要着力提升发展质量和效益，更好满足人民多方面日益增长的需要，更好促进人的全面发展、全体人民共同富裕。"② 作为习近平新时代中国特色社会主义思想的重要内容，中国梦归根结底是人民的梦，人民是中国梦的主体，是中国梦的创造者和享有者。在习近平新时代中国特色社会主义思想的指引下，人民幸福的价值遵循得到不断丰富和发展。

三、"中国梦"科学规定了未来新征程中的根本构成要素

中华民族伟大复兴势不可挡，正如习近平同志指出的："现在，我们比历史上任何时期都更接近中华民族伟大复兴的目标，比历史上任何时期都更有信心、有能力实现这个目标。"③ 实现中华民族伟大复兴是历史必然性事件，这是中国

---

① 《习近平谈治国理政》（第3卷），外文出版社2020版，第79页。
② 《习近平谈治国理政》（第3卷），外文出版社2020版，第133页。
③ 《习近平谈治国理政》（第1卷），外文出版社2018版，第35~36页。

共产党的历史使命使然。中国共产党领导中国人民已经从近代落后挨打局面走出来了，实现了从"站起来"到"富起来"再到"强起来"的伟大飞跃，如今的中国正不断走向世界舞台的中央，包括"一带一路"倡议和构建人类命运共同体等中国方案得到国际社会的普遍认可和积极参与。特别是到了我国实现全面建成小康社会的第一个百年奋斗目标，开启全面建设社会主义现代化强国第二个百年奋斗目标的新征程的节点上，更是为实现中华民族伟大复兴增进了高度和厚度、丰富了思维导向内涵。"实现中国梦必须走中国道路、弘扬中国精神、凝聚中国力量。"① 中国梦是国家的梦、民族的梦，也是每一个中国人的梦。这就从国家、民族和人民三个层面为我们党团结带领人民继续把中国特色社会主义事业推向前进，为实现中华民族伟大复兴的中国梦在高度和厚度上提供了思维导向。

在国家层面，实现中国梦必须走中国道路，这就是中国特色社会主义道路。没有正确的道路，再美好的愿景、再伟大的梦想，都不能实现。近代以来的中国，面临列强的屡次侵略，进步的先贤们为了探索切实可行的救国方案，进行了无数次艰难求索，付出了巨大牺牲，然而都没有找到符合中国国情的救国道路。洋务运动、太平天国运动、义和团运动、戊戌变法、清末预备立宪、辛亥革命等虽然推动了近代中国的历史进步，但是都没有从根本上解决中国积贫积弱的时代难题，没有把中国的劳苦大众解放出来。直到中国共产党的成立，才从根本上为解决中国革命的领导权问题创造了前提，也为取得中国革命的胜利提供了坚实的群众基础，更为跳出缠绕中国几千年的历史周期律找到了答案。习近平同志指出："我们要相信，中国特色社会主义道路是实现现代化的必由之路，是指引中国人民创造自己美好生活的必由之路。"② 习近平新时代中国特色社会主义思想继承和发展了马克思列宁主义、毛泽东思想、邓小平理论、"三个代表"重要思想和科学发展观，接续回答了新时代中国特色社会主义道路前进征程上在理论和实践方面的一系列重大问题，对实现我国社会主义现代化，全面推进我国经济建设、政治建设、文化建设、社会建设、生态建设以及其他各方面建设都做了具体而深刻的回答，为实现中华民族伟大复兴的中国梦在国家层面从高度和厚度上提供了思维导向。

在民族层面，实现中国梦必须弘扬中国精神，这就是以爱国主义为核心的民族精神和以改革创新为核心的时代精神，伟大的梦想，需要伟大的精神作支撑。中华民族是崇尚精神的民族，是伟大的民族，五千年的中华文明孕育了灿烂的文化和中华民族精神，爱国主义精神是中华民族精神的核心范畴，支撑着无数中华

---

① 习近平：《在文艺工作座谈会上的讲话》，载于《人民日报》2015 年 10 月 15 日。
② 《习近平谈治国理政》（第 2 卷），外文出版社 2017 版，第 51 页。

儿女在创造中华民族伟大事业的征程上前赴后继。同时，中华民族也是善于创造的民族，五千年来，中华民族创造了许多先进文明成果，深刻影响了世界历史的发展进程，正是这种善于创造的精神，使得中华民族在近代以前长期领先于世界，屹立于世界民族之林。由于清政府奉行闭关锁国的僵化政策，中华民族的创新精神受到很大障碍，特别是在科学技术方面落后于西方，沦为被动挨打的局面。在这种局面之下，具有强烈爱国情怀的先进人士前赴后继为救亡图存抛头颅洒热血，在中华民族发展史上谱写了一篇篇可歌可泣的壮烈史诗。

特别是在中国共产党成立之后，中国共产党始终发扬爱国主义精神，不断改革创新，以中华民族的先锋队身份团结带领中国人民在中国革命、建设和改革的各个历史时期，涌现了红船精神、井冈山精神、长征精神、抗战精神、延安精神、西柏坡精神、红旗渠精神、雷锋精神、"两弹一星"精神、改革开放精神、载人航天精神、抗击非典精神、九八抗洪精神、奥运精神、抗震救灾精神、女排精神、抗击新冠肺炎疫情精神等以爱国主义为核心的民族精神和以改革创新为核心的时代精神，铸就了中华民族不朽的精神丰碑。习近平同志指出："人无精神则不立，国无精神则不强。精神是一个民族赖以长久生存的灵魂，唯有在精神上达到一定高度，这个民族才能在历史的洪流中屹立不倒、奋勇向前。"[①] "我们要建设的社会主义现代化强国，不仅要在物质上强，更要在精神上强。精神上强，才是更持久、更深沉、更有力量的。"[②] 习近平新时代中国特色社会主义思想深刻把握了新时代爱国主义的基本要求，对弘扬和践行社会主义核心价值观提出了一系列举措，在改革上提出了创新驱动发展战略，为实现中华民族伟大复兴的中国梦在民族层面从高度和厚度上提供了思维导向。

在人民层面，实现中国梦必须凝聚中国力量，这就是全国各族人民大团结的力量。之所以有这样的深刻认识，就是因为从无数历史经验和教训中得来的。中国古人就说过"水能载舟，亦能覆舟""民贵君轻"的名言，中国历史也一次次以鲜明的事实向世人证明了这一历史规律。中国共产党接过历史的接力棒之后，就坚持以马克思主义为指导，坚持走群众路线，始终把人民最关心、最直接、最现实的利益问题摆在执政的首位，不断回应人民的呼声和时代的呼唤，创新为人民服务的形式，为人民的生存和发展建立了不朽功勋。中国共产党坚持人民是历史的创造者，人民是真正的英雄，在中国革命、建设和改革的各个历史时期，紧紧依靠人民群众，不断扩大爱国统一战线，汇聚起一股推动历史不断前进的巨大力量。

---

① 《习近平谈治国理政》（第 2 卷），外文出版社 2017 版，第 47~48 页。
② 《习近平谈治国理政》（第 3 卷），外文出版社 2020 版，第 337 页。

党的十八大以来，以习近平同志为核心的党中央，坚持以人民为中心的发展思想，始终把人民放在心中最高位置，把人民作为党执政的最大底气，把人民对美好生活的向往作为奋斗目标，尊重人民主体地位和首创精神，始终保持同人民群众的血肉联系，凝聚起众志成城的磅礴力量，依靠人民创造历史伟业。习近平同志指出："只要我们深深扎根人民、紧紧依靠人民，就可以获得无穷的力量，风雨无阻，奋勇向前。"① 这是尊重历史规律的必然选择，是中国共产党人初心使命的自觉担当。例如在 2020 年以来新冠肺炎疫情暴发的挑战面前，中国坚持以习近平新时代中国特色社会主义思想为指导，坚持把人民的生命健康放在第一位，充分发扬"一方有难，八方支援"的优良传统，中华民族众志成城、团结一致，在最短的时间内控制住了疫情的蔓延，这是走在复兴路上中华民族空前团结的最好例证。

正如习近平同志所指出的那样："中国要飞得高、跑得快，就得汇集和激发近 14 亿人民的磅礴力量。"② "人心是最大的政治，共识是奋进的动力。实现'两个一百年'奋斗目标、实现中华民族伟大复兴的中国梦，需要汇聚全民族的智慧和力量，需要广泛凝聚共识、不断增进团结。"③ 习近平新时代中国特色社会主义思想对人民地位的高度重视，是对马克思主义及其中国化理论成果的继承和发展，为实现中华民族伟大复兴的中国梦在人民层面从高度和厚度上提供了思维导向。

四、完成第二个百年奋斗目标是新时代筑梦事业的主基调

中华民族伟大复兴的历程实际上是一个求得民族独立和人民解放、实现国家繁荣富强和人民共同富裕的奋斗过程，是一个把马克思主义普遍真理同中国具体实际相结合，由走资本主义的路，到走苏联的路，再到走自己的路的探索过程。在这个过程中，中国共产党的成立、中华人民共和国的成立构成了中华民族追梦历史的关键节点，使得这个伟大的梦想一步步变为现实。党的十八大描绘了全面建成小康社会、加快推进社会主义现代化的宏伟蓝图，向中国人民发出了向实现"两个一百年"奋斗目标进军的时代号召。"两个一百年"奋斗目标有其深刻的历史根源，这个目标沉淀了中华民族集体记忆的屈辱和苦难，也彰显了中国共产党带领全国人民走向全面小康、带领国家走向民族伟大复兴的坚定意志和决心。

---

① 《习近平谈治国理政》（第 3 卷），外文出版社 2020 版，第 67 页。
② 《习近平谈治国理政》（第 3 卷），外文出版社 2020 版，第 323 页。
③ 《习近平谈治国理政》（第 3 卷），外文出版社 2020 版，第 326 页。

党的十九大报告在对决胜全面建成小康社会作出部署的同时，明确了从 2020 年到本世纪中叶分两步走全面建设社会主义现代化国家的新目标。全面建设社会主义现代化国家，承载着近代以来中国人民实现中华民族伟大复兴的夙愿和梦想。

实现中华民族伟大复兴的中国梦，与"两个一百年"奋斗目标具有内在的一致性。一方面，中国梦是"两个一百年"奋斗目标的外在表现，把个人、家庭、民族和国家紧密地联系在一起。另一方面，"两个一百年"奋斗目标又是中华民族伟大复兴中国梦的具体和现实的内容。中国梦强大的激励功能有利于帮助广大民众形成奋起直追的积极心态，使其在推动经济建设、政治建设、文化建设、社会建设和生态文明建设"五位一体"总体布局中逐步实现全面建成小康社会、全面建成富强民主文明和谐美丽的社会主义现代化强国的任务，实现"两个一百年"奋斗目标。实现中华民族伟大复兴是一项光荣而艰巨的事业，需要我们付出艰苦努力，用实干托起中国梦。"两个一百年"奋斗目标描绘的是全面建成小康社会和建成富强民主文明和谐美丽的社会主义现代化强国的伟大构想，是对中国共产党和全国各族人民近百年来接续探索、伟大实践的凝练和提升，更是对实现中华民族伟大复兴中国梦的士气提振。因此，"两个一百年"奋斗目标的实现是中华民族伟大复兴中国梦实现的基础，而中华民族伟大复兴中国梦的实现是确定"两个百年"奋斗目标的前提和引领。

奋力完成"两个百年"的宏伟奋斗目标，就是中国共产党人当前的历史使命。习近平同志指出："现在，我们比历史上任何时期都更接近中华民族伟大复兴的目标，比历史上任何时期都更有信心、有能力实现这个目标"[①]。当着中华民族在"两个百年"交接的节点上实现全面建成小康社会、实现"由大到强"的历史性转变，就尤其需要牢牢把握根本方向不动摇，根据中国的实际情况，使路径选择具有合理性、可行性和可操作性。

党的十八大以来，以习近平同志为核心的党中央推出的多项改革方案和持续深入的改革，解放和发展了中国生产力。今天，国家经济建设、政治建设、文化建设、社会建设和生态文明建设"五位一体"总体布局，在日新月异地发展，建设新成就不断涌现。全面建设社会主义现代化国家、全面深化改革、全面依法治国和全面从严治党，正在大踏步向前迈进。供给侧结构性改革、转变发展方式、优化经济结构、转换增长动力，正处于关键转变环节。积极扩大内需、实施区域协调发展战略、实施乡村振兴战略，开始全面步入正轨。党的十九大布局的防范

[①] 习近平：《承前启后继往开来朝着中华民族伟大复兴目标奋勇前进》，载于《人民日报》2012 年 11 月 30 日。

化解重大风险、精准脱贫、污染防治三大攻坚战如火如荼地展开。进入新时代，经济建设、转变发展方式和科技创新同步推进，各条战线捷报频传。高铁、高水平路桥技术、航天航空、大发动机、远程特高压输变电、大数据等各方面科技创新、核心技术创新，各大科学研究新成果，经过新中国成立 70 多年以来积累，尤其是改革开放 40 多年发展，眼见要呈现"井喷"状态。科学研究的大量新突破，科技创新与核心技术研发的"井喷式"发展，不但极大地促进了新时代工业化、信息化、城镇化和农业现代化发展，也极大地提振了中国人民的信心。中国人民正站在发展的新起点上，满怀信心地跟着中国共产党全力投入全面建成小康社会的决战，迎接全面建设社会主义现代化国家的开启。

伟大的事业必须有坚强的党来领导。中国共产党之所以能够从最初几十个人的小党发展成为今天拥有 9 000 多万名党员的大党，成为中华民族的领路人、中国特色社会主义事业的坚强领导核心，关键在于我们党始终保持着自身的先进性，这是"中国特色社会主义最本质的特征和中国特色社会主义制度的最大优势"。大道至简，唯正是本。从以习近平同志为核心的党中央铁腕治吏、打铁成钢的一系列从严治党举措中，我们看到了一个全世界最大政党"破藩篱、去顽疾、立规矩、建制度、正风气"的勇气，看到了中国共产党在推进全面从严治党过程中不断淬炼成钢的信心。全面从严治党，就是要全党同志一道，"坚持党要管党"，"不断增强党自我净化、自我完善、自我革新、自我提高的能力"，"以反腐败永远在路上的坚韧和执着"，"坚持无禁区、全覆盖、零容忍"，"强化不敢腐的震慑，扎牢不能腐的笼子，增强不想腐的自觉"，通过不懈努力形成不敢腐、不能腐、不想腐的局面，以党风带动政风和社会风气的不断好转。无论什么时候，党的建设一刻都不能放松，要始终保持党的纯洁性和先进性。

道路关乎党的命脉，关乎国家前途、民族命运、人民幸福。中国道路的形成是在长期的历史发展过程中，经过比较与选择之后作出的符合中国基本国情、符合历史发展规律、符合人民群众意愿的决策。它既是中国共产党成立 100 多年以来发展历史的积淀，也是近代以来中国先进分子追求国家富强、民族振兴、人民幸福的伟大梦想的凝练与提升。中国梦归根结底是为了实现共产主义远大理想，而在中国实现共产主义理想必须坚持中国道路。中国道路的确立立足于社会主义初级阶段的基本国情，立足于对在生产力相对落后和发展不平衡不充分条件下搞社会主义建设特殊性的充分考量。中国道路坚持一切从实际出发，解放思想、实事求是，完成了对经典马克思主义理论关于社会主义建设模式的突破性发展，契合了中国的具体实际，为社会主义事业在中国的发展规划了合理的路径。可以说，中国道路的正确选择，在某种程度上是对改革开放前 30 年历史经验的科学总结。正是在中国道路的正确指引下，中国经济建设取得了举世瞩目的成就，综合国力稳步提升、人民生活水平不断提高，创造了一系列的中国奇迹，从而在国际共产主义运动与社会主义运动处于低谷的情况下，成功捍卫了社会主义与共产主义理论。因此，实现中国梦必须从我国社会主义初级阶段的基本国情出发，必须通过走中国道路以不断夯实共产主义的物质基础，最终实现共产主义理想。

弘扬中国精神，这就是以爱国主义为核心的民族精神，以改革创新为核心的时代精神。一个民族，没有振奋的精神和高尚的品格，不可能自立于世界民族之林。"中国精神"是五千年华夏文明的血脉流淌在中国人心中的生生不息的爱。特别是近代，在穿越血与火的洗礼后，"中国精神"更是成为了旧、新民主主义革命、社会主义建设及实现中华民族伟大复兴的力量之源。实现中国梦必须弘扬中国精神。这就是以爱国主义为核心的民族精神，以改革创新为核心的时代精神。这种精神是凝心聚力的兴国之魂、强国之魄。爱国主义始终是把中华民族坚强团结在一起的精神力量，改革创新始终是鞭策我们在改革开放中与时俱进的精神力量。全国各族人民一定要弘扬伟大的民族精神和时代精神，不断增强团结一心的精神纽带、自强不息的精神动力，永远朝气蓬勃迈向未来。

实现中国梦必须凝聚中国力量，这就是中国各族人民大团结的力量。中国力量是包括中国共产党广大党员在内的全国各族人民的力量。中国共产党是实现中国梦的核心领导力量，全国各族人民是实现中国梦的主体力量。唯物史观认为，人民群众是历史的创造者，是社会物质财富和精神财富的创造者，是创造世界历史的动力，也是推动社会进步和发展的决定力量。中国梦为了谁？实现中国梦必须依靠谁？这是事关中国梦能否实现的核心问题。习近平对此明确指出："中国梦归根到底是人民的梦，必须紧紧依靠人民来实现，必须不断为人民造福。"[1]为实现中国梦，凝聚中国力量的关键，就是在中国共产党的领导下，充分调动广大党员和人民群众的积极性、主动性和创造性，最大限度团结一切可以团结的力量。只要全国各族人民心往一处想，劲往一处使，万众一心，众志成城，14 亿人的智慧和力量就能汇集成不可战胜的磅礴力量，托举起伟大的中国梦。在中国共产党的坚强领导下，始终坚持中国道路，弘扬中国精神，凝聚中国力量，开启全面建设社会主义现代化国家新征程。

---

① 习近平：《在第十二届全国人民代表大会第一次会议上的讲话》，载于《人民日报》2018 年 3 月 18 日。

第二节　回答社会主义之问：探索科学社会主义的"中国方案"

　　习近平新时代中国特色社会主义思想结合新时代中国特色社会主义发展的实践，全面分析了当今世界的时代特点和中国特色社会主义进入新时代的时代背景，科学把握中国特色社会主义与共产主义的内在联系，深刻揭示中国特色社会主义的本质内涵，科学回答新时代坚持和发展中国特色社会主义的基本问题，从实践和理论的结合上丰富和发展了科学社会主义理论，形成了科学社会主义理论的最新成果，极大地推动了科学社会主义在当今时代的原创性发展。

一、新时代中国特色社会主义是 21 世纪科学社会主义

　　1848 年，以《共产党宣言》发表为标志，马克思、恩格斯把空想社会主义思想发展为科学社会主义，创立了科学社会主义理论，这是马克思主义发展史和社会主义思想史上具有划时代意义的重大事件。尔后，随着马克思和恩格斯唯物史观和剩余价值学说的不断完善，科学社会主义理论被引入世界无产阶级革命的实践，并使之在实践中不断深化和丰富。

　　随着十月革命一声炮响，世界上第一个社会主义国家诞生。列宁在领导十月革命和苏联社会主义建设的过程中，创立了一国或数国首先胜利论、帝国主义论等，在苏联建设社会主义的过程中斯大林继承并发展了列宁的社会主义理论学说，对科学社会主义作出了系统阐发，对苏联社会主义建设经验进行了理论总结，创造性提出一国可以建成社会主义的理论、社会主义工业化和农业集体化的理论等科学社会主义理论的创新成果。

　　毛泽东同志、邓小平同志、江泽民同志、胡锦涛同志等在领导中国社会主义革命、建设和改革的过程中，根据中国国情，不断探索经济文化相对落后国家如何建设和发展社会主义的问题，逐步开辟和发展了中国特色社会主义道路，中国特色社会主义就是科学社会主义的普遍真理在中国的具体实现道路。党的十八大以来，以习近平同志为核心的党中央在团结带领中国人民步入新时代，在进行社会主义建设的过程中，创立了习近平新时代中国特色社会主义思想。从实践和理论的结合上丰富和发展了科学社会主义理论，形成科学社会主义理论的最新成

97

果，极大地推动了科学社会主义在当今时代的原创性发展。

习近平新时代中国特色社会主义思想对科学社会主义理论的创新，全面分析中国特色社会主义新时代的科学内涵、科学把握当今世界时代特点的基础上形成的原创性观点。习近平同志从马克思主义历史唯物主义基本原理出发，采用科学的世界观和方法论，全面分析了当今世界特别是 21 世纪以来的世界政治经济状况，科学地把握新时代中国特色社会主义的深刻内涵和基本要求，为科学社会主义理论在当代发展创造基础和条件。

首先，当今时代仍然是社会主义与资本主义并存的时代。人类还没有摆脱资本主义社会形态占统治地位的历史事实，资本主义的基本矛盾依然存在并不断地引发持久性的经济危机，这种经济危机还随着时代的变化呈现出许多新的特征。这是科学社会主义在当今时代发展的现实基础。

早在 19 世纪 40 年代，马克思、恩格斯就明确指出，人类社会已经进入"资产阶级时代"。生产社会化同资本主义的私人占有之间的矛盾构成资产阶级时代的基本矛盾，这个基本矛盾决定了资产阶级同无产阶级的斗争、社会主义同资本主义两种制度、两种意识形态斗争的必然性。马克思、恩格斯明确指出，"资产阶级的灭亡和无产阶级的胜利是同样不可避免的"。依此，马克思、恩格斯、列宁、毛泽东、邓小平等根据不同历史时期的时代特征和现实基础，创新并发展了科学社会主义理论。

进入 21 世纪，世界格局和全球治理体系发生了重大改变，呈现出一系列新的时代特征。中国的发展离不开世界，也离不开对国际局势和时代主题的科学认识。习近平同志指出，世界正处于大发展大变革大调整时期，和平与发展仍然是时代主题。一是随着世界多极化、经济全球化、社会信息化、文化多样化的深入发展，全球各国间的交往日益增多，联系愈加紧密，国际治理体系和国际治理秩序发生快速变革，国际间各种力量的较量此起彼伏，特别是，随着新冠疫情的世界性蔓延，美国正在破坏冷战后的世界秩序，但和平与发展的世界大势不可逆转。二是面对新冠疫情，当今世界面临的不稳定性和不确定性风险增加，世界经济增长的动能严重不足，不同国家和地区之间的贫富分化日益严重，保护主义、单边主义思潮抬头，局部地区频繁发生战争和动荡，恐怖主义、网络安全等非传统安全问题凸显。

特别是自 2008 年以来，资本主义金融危机和经济危机爆发，世界发生深刻的变化。西方国家之间内部、西方国家同新兴国家、西方国家同广大发展中国家之间的矛盾不断深化，霸权主义、单边主义和强权政治受到抵制，世界和平发展出现新生力量。正如习近平同志所指出的："从国际金融危机看，许多西方国家经济持续低迷、两极分化加剧、社会矛盾加深，说明资本主义固有的生产社会化和生产资料私人占有之间的矛盾依然存在，但表现形式、存在特点有所不同。"①
这就是说，马克思、恩格斯从历史唯物主义的视角对资本主义必然灭亡、社会主义必然胜利的预言没有过时。这是科学社会主义在21世纪能够得到坚持和发展的根本依据所在。

其次，明确中国特色社会主义进入新时代，为科学社会主义在21世纪走向繁荣带来了新的生机和活力。1978年以来，中国人民在中国共产党的带领下，确定了中国特色社会主义道路，并坚定不移地沿着这条道路不断前进。我国的综合国力跃居世界前列，国际地位大幅提升，中国的面貌焕然一新，中华民族正以崭新姿态屹立于世界的东方。在科学社会主义发展史上，中国特色社会主义进入新时代具有极其重要的意义，它意味着科学社会主义在21世纪的中国焕发出强大的生机活力，意味着中国在世界上高高举起了科学社会主义的伟大旗帜。

中国特色社会主义进入新时代，我国的社会主要矛盾已经转化为人民日益增长的美好生活需要和不平衡不充分的发展之间的矛盾。新矛盾的转化，为我们提出了更高的要求。我们必须在发展的基础上，着重解决好发展不平衡不充分的问题，在质量发展和效益提升上下大力气，以便更好满足人民日益增长的美好生活需要，推动人的全面发展和社会的全面进步。为此，党的十九大提出了一系列经济、政治、文化、社会、生态文明以及党的建设等各个方面的重大部署，这些重大部署必将提振全国各族人民发展社会主义的信心，也必将为其他社会主义国家的发展提供经验借鉴和智慧参考，为科学社会主义在新时代的发展注入新的生机和活力。

我们在学习和掌握习近平新时代中国特色社会主义思想时，必须深刻理解这一新思想是深刻阐明了中国特色社会主义同科学社会主义的内在联系，是为科学社会主义理论的创新和发展作出了原创性的贡献。一方面，习近平新时代中国特色社会主义思想原创性地阐述了中国特色社会主义与共产主义的有机联系，提出中国特色社会主义的逻辑前提和理论依据是共产主义，共产主义的当代现实体现和实践形态是中国特色社会主义。

马克思、恩格斯在《共产党宣言》中，通过对形形色色社会主义的批判、对空想社会主义理论的批判，创立了科学社会主义理论即共产主义学说。马克思、恩格斯看来，科学社会主义与共产主义是同义语，即恩格斯后来所说的"现代社会主义"。在分析中国特色社会主义同共产主义之间逻辑关系时，习近平同志多次强调，坚定理想信念是共产党人精神上的"钙"，必须牢固坚持共产主义远大理想。"我们干事业不能忘本忘祖、忘记初心。我们共产党人的本，就是对马克思

---

① 习近平：《在哲学社会科学工作座谈会上的讲话》，载于《人民日报》2016年5月19日。

主义的信仰，对中国特色社会主义和共产主义的信念，对党和人民的忠诚。"① 不论走到什么地方、遇到什么问题，我们都不能丢掉信仰、不能忘记信念。

对于共产主义理想，习近平同志提出："我们党以马克思主义为立党之本，以实现共产主义为最高理想，以全心全意为人民服务为根本宗旨，这就是共产党人的本。没有了这些，就是无本之木。我们整个道路、理论、制度的逻辑关系就在这里。……改革开放以来，我们党带领全国各族人民开创和发展中国特色社会主义道路、中国特色社会主义理论体系、中国特色社会主义制度，都源于这个理想信念。"② 在这里，他特别强调："我们依据共产主义和社会主义理想确立了中国特色社会主义道路、理论、制度，这样整个逻辑才成立。如果前提都不要了，就完全变成了实用主义。"③ 共产主义远大理想是我们正在做的中国特色社会主义事业的本源和依据，我们绝不能割裂中国特色社会主义与共产主义的关系，必须鲜明地反对恶意曲解、故意割裂二者关系的思想。

另一方面，习近平新时代中国特色社会主义思想原创性地阐述了中国特色社会主义的本质是社会主义而不是其他什么主义，强调中国特色社会主义坚持和发展了科学社会主义基本原则，是科学社会主义在当今时代最鲜活的体现。习近平同志在丰富和发展中国特色社会主义理论方面作出的重大贡献之一，就是深刻揭示和准确把握中国特色社会主义的本质内涵，解决了思想界关于中国特色社会主义性质的长期争论，创新和发展科学社会主义理论。

党的十八大以后，习近平同志对中国特色社会主义的本质内涵进行了深刻而系统的阐述。他说，改革开放新时期开创的中国特色社会主义是中国共产党带领中国人民在长期的社会主义实践中取得的根本成就，这个伟大成就的取得离不开我们党长期奋斗，离不开党的几代中央领导集体团结带领全党全国人民的接力探索，这就明确揭示了中国特色社会主义的根本依据。他明确指出了中国特色社会主义的本质内涵是社会主义而不是其他什么主义，强调科学社会主义基本原则不能丢，丢了就不是社会主义。他认为，中国特色社会主义发展的逻辑前提是科学社会主义理论逻辑和中国社会发展历史逻辑的辩证统一，是根植于中国大地、反映中国人民意愿、适应中国和时代发展进步要求的科学社会主义，做出中国特色社会主义是社会主义发展的最新阶段的科学论断。

这一系列的论述，阐明了中国特色社会主义同科学社会主义的内在关联，为科学社会主义理论添加了现时代的原创性内容。新时代中国特色社会主义理论，第一次比较系统地初步回答了经济文化比较落后的国家如何建设社会主义、如何

① 《习近平关于全面从严治党论述摘编》，中央文献出版社 2016 年版，第 65 页。
② 《习近平关于全面从严治党论述摘编》，中央文献出版社 2016 年版，第 62 页。
③ 《习近平总书记重要讲话文章选编》，中央文献出版社、党建读物出版社 2016 年版，第 133 页。

巩固和发展社会主义的基本问题，继承和发展了马克思主义，成为 21 世纪的马克思主义。中国特色社会主义既坚持了科学社会主义的基本原则，又具有鲜明实践特色、理论特色、民族特色、时代特色。

二、中国特色社会主义提升了科学社会主义的内涵活力

回顾中国特色社会主义的百年实践，中国走过了不平凡的探索之路，发生了翻天覆地的变化，并且创造了世界瞩目的伟大成就。这是一部中国特色社会主义从理论到实践、从理想到现实的奋斗史，它的发生、发展和转化有其历史逻辑和理论逻辑；这也是一部世界社会主义思想 500 年与中华文明 5000 年历史的相互塑造、相互建构、相互激荡的有机结合史，它的实践探索和完善发展有着深厚的历史根基和强大的社会动力。百年中国人民的伟大实践，改变了世界社会主义运动的格局，为推进世界社会主义运动作出了贡献。

从 1840 年鸦片战争到 1949 年中华人民共和国成立，"中国向何处去"成为当时中国人最关切、最根本的时代之问。中国人民为反抗列强侵略，争取民族独立，进行着英勇的斗争，开始了救亡图存的探索。起初，一部分先进的中国人开始向西方学习，探索救国救民的道路，主张在中国发展资本主义，特别是 19 世纪末，康有为、梁启超等资产阶级维新派为了挽救民族危亡，发展资本主义，进行了维新变法运动。辛亥革命推翻了清王朝的统治，结束了中国两千多年的君主专制制度，开创了完全意义上的近代民族民主革命。新文化运动冲击了封建主义的思想、道德和文化，开启了思想解放的闸门。1919 年 5 月爆发的五四运动标志着中国新民主主义革命的开端。在这个运动中，中国无产阶级开始登上政治舞台。

1921 年，中国共产党诞生了，中国革命的面貌从此焕然一新。第一次国共合作推动了国民革命运动的高涨。国共合作破裂后，中国共产党为反抗国民党统治，进行工农武装革命，开始了中国革命道路的艰难探索。1931 年，日本帝国主义发动九一八事变，中华民族陷入空前的民族危机，在全国掀起了抗日救亡运动。1937 年，日本帝国主义发动"七七事变"，从此开始了中华民族的全面抗战。经过十四年浴血奋战，中国人民终于第一次取得了近代以来反侵略战争的彻底胜利。抗日战争胜利后，国民党政府在美帝国主义支持下悍然发动了内战，中国面临着两种命运、两个前途的决战。中国共产党领导中国人民进行了三年多的解放战争，推翻了国民党在中国大陆的统治，取得了新民主主义革命的伟大胜利。1949 年，第一届中国人民政治协商会议召开，标志着中国人民民主革命的伟大胜利，当年十月，中华人民共和国宣告成立，标志着中国共产党领导新民主主义革命的胜利，标志着旧中国半殖民地半封建社会的终结，标志着人民当家作

主的新型国家政权的建立，标志着中国人民从此站起来了。

刚刚成立的新中国，面对帝国主义的全面封锁，在中国共产党的领导下，先后开展三个伟大斗争，即镇压反革命、土地改革、抗美援朝，并相继采取一系列重大举措，如没收官僚资本、"三反""五反"运动、恢复国民经济等，巩固了中国新生的人民政权，为社会主义建设进行了必要准备。1953年，党和政府提出"一化三改"的过渡时期总路线，1956年完成对农业、手工业和资本主义工商业的社会主义改造，中国人民真正走上了社会主义道路。随着三大改造和第一个五年计划的完成，新中国开启了社会主义建设探索的10年之路，取得了建设的巨大成就，也出现了冒进和反右斗争扩大化等问题。

1978年12月，党的十一届三中全会胜利召开，中国迈开了改革开放的历史性脚步，对外开放成为中国的一项基本国策和社会主义事业发展的强大动力。1982年，党的十二大提出"建设有中国特色的社会主义"，党的十三大提出的社会主义初级阶段理论和"三步走"发展战略，1992年邓小平发表南方谈话，进一步科学概括了社会主义本质，党的十四大确立了社会主义市场经济的经济体制，指引了中国社会主义未来发展道路。相应地，改革开放越来越沿着正确的道路全面展开，我国经济、政治、文化、社会、人民生活发生了空前深刻的变化。

2013年以来，中国的改革事业进入"深水区"，中国进入全面深化改革新时期。改革开放是中国共产党在社会主义初级阶段基本路线的两个基本点之一。1978～2017年，我国国内生产总值增长33.5倍，年均增长9.5%，远高于世界经济同期年均2.9%的增速，[1] 经济规模从1978年居世界第11位到2010年跃居世界第2位，[2] 中国人民从温饱迈向全面小康。实行改革开放和建设中国特色社会主义，中华民族实现了从站起来到富起来的飞跃。这是继辛亥革命、新中国成立之后，中华民族伟大复兴历程中新的里程碑。

三、中国特色社会主义在新时代进一步展示出制度优势

在党的十九大报告中，习近平同志指出我们经过长期努力，中国特色社会主义进入了新时代。这就意味着中华民族迎来了从站起来、富起来到强起来的伟大飞跃，意味着中国特色社会主义进入新时代。党的十八大以来，以习近平同志为

---

[1] 国家统计局：《波澜壮阔四十载民族复兴展新篇——改革开放40年经济社会发展成就系列报告之一》，https：//www.stats.gov.cn/zt_18555/ztfx/ggkf40n/202302/t20230209_1902581.html.

[2] 国家统计局：《国际地位显著提高国际影响力明显增强——改革开放40年经济社会发展成就系列报告之十九》，https：//www.stats.gov.cn/zt_18555/ztfx/ggkf40n/202302/t20230209_1902599.html.

核心的党中央团结带领全党全国各族人民，全面审视国际国内新形势、新特点，通过总结社会主义建设的实践、展望人类的未来，深刻回答了新时代坚持和发展什么样的中国特色社会主义、怎样坚持和发展中国特色社会主义这个重大时代课题，形成了习近平新时代中国特色社会主义思想，坚持统筹推进"五位一体"总体布局、协调推进"四个全面"战略布局，推动党和国家各项事业取得历史性成就、发生历史性变革。

党的十八大以来，我们解决了许多长期想解决而没有解决的难题，办成了许多过去想办而没有办成的大事。2018 年，我国经济总量达 90 万亿元，人均国内生产总值折合约 9 900 美元，[①] 位居中等收入国家前列。我国城镇化率接近 60%，而世界上中等收入国家的平均水平是 52%。[②] 我国农村贫困人口从 2012 年底的 9 899 万人减少到 2019 年底的 551 万人，贫困发生率从 10.2% 下降到 0.6%，[③] 同时形成了世界上规模最大的中等收入群体。在创新型国家建设中，我国取得丰硕成果，如天宫、蛟龙、天眼、悟空、墨子、大飞机等重大科技成果相继问世。对世界经济增长贡献率在 30% 以上，对外贸易、对外投资、外汇储备稳居世界前列，[④] 中国对世界的影响力日益增强。

按照创新、协调、绿色、开放、共享的新发展理念，经济发展质量和效益不断提升。"创新"理念是对社会主义"发展动力规律"的新认识。早在 2013 年在天津考察时，习近平同志就强调，"科技创新是提高社会生产力和综合国力的战略支撑，必须摆在发展全局的核心位置"[⑤]，同年 11 月在湖南考察时，他也明确指出，"我国经济发展要突破瓶颈、解决深层次矛盾和问题，根本出路在于创新，关键是要靠科技力量。"[⑥] 在 2015 年他又强调指出，"创新是引领发展的第一动力，抓创新就是抓发展，谋创新就是谋未来"[⑦]。

"协调"理念是对社会主义"发展战略规律"的新认识。站在新的历史起点，我国要在保持发展的基础上着力解决"不协调"的问题。事实上，协调发展本身就是社会主义社会发展的题中之义。它强调区域、城乡协调发展，"决不能

---

①② 习近平：《关于全面建成小康社会补短板问题》，《求是》2020 年第 11 期。

③ 习近平：《在决战决胜脱贫攻坚座谈会上的讲话》，载于《人民日报》2020 年 3 月 7 日。

④ 习近平：《决胜全面建成小康社会夺取新时代中国特色社会主义伟大胜利——在中国共产党第十九次全国代表大会上的报告》，《人民日报》2017 年 10 月 28 日。

⑤ 《习近平在天津考察时强调：稳中求进推动经济发展持续努力保障改善民生》，载于《人民日报》2013 年 5 月 16 日。

⑥ 《习近平在湖南考察时强调：深化改革开放推进创新驱动实现全年经济社会发展目标》，载于《人民日报》2013 年 11 月 6 日。

⑦ 《习近平总书记同出席全国两会人大代表、政协委员共商国是纪实》，载于《人民日报》2015 年 3 月 15 日。

让困难地区和困难群众掉队"①"小康不小康，关键看老乡"②；它强调物质文明和精神文明协调发展，强调"实现我们的发展目标，不仅要在物质上强大起来，而且要在精神上强大起来"③ 等等。

"绿色"理念是对社会主义"发展质量规律"的新认识，正如习近平同志所说，绿色发展就是"再也不能简单以国内生产总值增长率来论英雄了"④ "我们既要绿水青山，也要金山银山。宁要绿水青山，不要金山银山，而且绿水青山就是金山银山"⑤。这一"绿色"发展理念，深化了对于实现社会主义永续发展作用的理解。

"开放"理念是对社会主义"发展策略规律"的新认识，它是更高水平、更全布局、更广领域的开放，必须奉行互利共赢的开放发展战略，建立开放型经济体制，发展更高层次的开放型经济，积极参与全球经济治理，成为全球治理的塑造者，提高我国在全球经济治理中的话语权，构建广泛的利益共同体。

"共享"理念是对社会主义"发展目的规律"的新认识。这种"共享"理念是在生产力发展水平比较高的基础上经济增长取得辉煌成就基础上的"共享"，这不仅深化了对"共享"与社会主义本质内在联系的理解，也是对中国特色社会主义"发展目的规律"的新认识。

在新时代中国特色社会主义建设的过程中，我们始终坚持以人民为中心的发展思想。以人民为中心的发展思想明确了发展的根本目的是为了人民，将人民是否真正得到实惠、人民生活是否真正得到改善、人民权益是否真正得到保障作为检验发展成效的根本标准。坚持以人民为中心的发展思想，是中国特色社会主义现代化建设必须遵循的价值原则，它体现了中国共产党的性质和宗旨，是社会主义的本质要求。坚持以人民为中心的发展思想是社会主义的价值追求和目标追求。

习近平同志对落实以人民为中心的发展思想从四个方面提出要求。即要坚持人民主体地位，顺应人民群众对美好生活的向往，不断实现好、维护好、发展好最广大人民根本利益，做到发展为了人民、发展依靠人民、发展成果由人民共享；要通过深化改革、创新驱动，提高经济发展质量和效益，生产出更多更好的物质精神产品，不断满足人民日益增长的物质文化需要；要全面调动人的积极性、主动性、创造性，为各行业各方面的劳动者、企业家、创新人才、各级干部

① 《习近平同中央党校县委书记研修班学员座谈》，载于《人民日报》2015 年 1 月 13 日。
② 《习近平在海南考察：加快国际旅游岛建设谱写美丽中国海南篇》，载于《人民日报》2013 年 4 月 11 日。
③ 习近平：《在同全国劳动模范代表座谈时的讲话》，载于《人民日报》2013 年 4 月 29 日。
④ 习近平：《建设宏大高素质干部队伍确保党始终成为坚强领导核心》，载于《人民日报》2013 年 6 月 30 日。
⑤ 《习近平在哈萨克斯坦纳扎尔巴耶夫大学发表重要演讲》，载于《人民日报》2013 年 9 月 8 日。

创造发挥作用的舞台和环境；要坚持社会主义基本经济制度和分配制度，调整收入分配格局，完善以税收、社会保障、转移支付等为主要手段的再分配调节机制，维护社会公平正义，解决好收入差距问题，使发展成果更多更公平惠及全体人民。

可以说，与当今世界其他各个局部包括西方的"乱象"相比，中国之"治"是异常显著和值得珍视的，而这种"治"的根源是中国特色社会主义，科学社会主义在 21 世纪的中国焕发出强大生机活力，我们以自己的巨大治理绩效在世界上高高举起了中国特色社会主义伟大旗帜。正如习近平同志指出的那样："最近一段时间以来，世界最主要的特点就是一个'乱'字，而这个趋势看来会延续下去。这次应对新冠肺炎疫情全球大流行，各国的领导力和制度优越性如何，高下立判。时与势在我们一边，这是我们定力和底气所在，也是我们的决心和信心所在。"① 中国特色社会主义的伟大实践，必将对世界社会主义运动格局产生深远影响。

四、中国在新时代形成了科学社会主义的重大原创性内容

习近平新时代中国特色社会主义思想通过系统阐述新时代坚持和发展中国特色社会主义的基本问题、基本方略、战略安排，相应地也就形成了科学社会主义理论成果和重大部署方面的原创性内容。

首先，习近平新时代中国特色社会主义思想是阐述了新时代坚持和发展中国特色社会主义的基本问题。从科学社会主义传入中国，时至今日，中国特色社会主义进入新时代，新时代坚持和发展什么样的中国特色社会主义、怎样坚持和发展中国特色社会主义，成为我们迫切需要回答的重要时代课题，对此，习近平同志在党的十九大报告中用"八个明确"作出了准确而简洁的回答。"八个明确"回答了如何坚持社会主义、如何发展社会主义，"八个明确"也是对党之前提出基本理论的继承与发展。

在党的基本理论上，"八个明确"有两方面的新发展。第一个是明确中国特色社会主义事业总体布局是"五位一体"，战略布局是"四个全面"，这是对中国特色社会主义顶层设计的完善。党的十八大提出了"五位一体"总体布局，其核心点在于"总体"二字，表明在中国特色社会主义不同建设阶段有整体的规划与布局。第二个是明确全面推进依法治国的总目标，"四个全面"中只有全面推进依法治国被单独列出，具有非常重要的意义，说明我们党对治理国家的规律有了更深认知，我国有十四亿多人口，法治是中国共产党治国的必然要求，我国在发展过程中凸显的一系列问题的解决策略也必须是法治。

---

① 习近平：《把握新发展阶段，贯彻新发展理念，构建新发展格局》，载于《求是》2021 年第 9 期。

"八个明确"深刻体现中国特色社会主义的本质的各项规定，系统回答了新时代坚持和发展中国特色社会主义的总目标、总任务、总体布局、战略布局和发展方向、发展方式、发展动力、战略步骤、外部条件、政治保证等一系列重大的基本问题，构成了习近平新时代中国特色社会主义思想的核心内涵，形成了一个逻辑严密、内涵丰富、系统完整的科学理论体系，深化了科学社会主义的基本原则，丰富了科学社会主义的理论。

科学社会主义的基本原理是指马克思恩格斯提出的社会主义建设的基本准则和指导方针。根据马克思和恩格斯的相关论述，我们可以把科学社会主义基本原则大致概括为六个方面。第一是促进人的自由全面发展；第二是促进社会生产力的发展；第三是为广大人民群众谋利益；第四是实行生产资料公有制；第五是实行按劳分配；第六是实行计划经济。对于这些科学社会主义基本原则，我们不能每条都照搬，这样就会犯类似于教条主义的错误，会对社会主义建设造成极大的风险。应该采取科学的态度来对待马克思恩格斯所提出的科学社会主义基本原则。

在中国特色社会主义实践中，党中央与时俱进，不拘泥于书中的教条，对于那些不符合时代和实践的原则加以修正，使科学社会主义基本原则随着实践和时代的发展而不断丰富和发展。中国特色社会主义在建设过程中，经常会有一些人对其有错误的认识与言论，针对这些错误的认识言论，以习近平同志为核心的党中央在坚持科学社会主义的前提下，对中国特色社会主义发展的历史进程，中国特色社会主义的本质属性，中国特色社会主义与科学社会主义的关系等重大理论问题作出了回答。

习近平同志对于中国特色社会主义本质内涵的阐述，既表明了中国共产党人依旧高举社会主义大旗，坚定不移走中国特色社会主义道路，又对中国特色社会主义的作了历史定性。2013年1月5日，习近平同志在中央委员会新进委员学习贯彻党的十八大精神研讨班上，把社会主义五百年运动发展的曲折历史划分为六个阶段，从思想源头和实践历程上回答了走中国特色社会主义道路的历史必然性。共产党人的毕生追求是坚定共产主义信念；增强中国特色社会主义道路自信、理论自信、制度自信和文化自信；认真学习马克思主义经典作家的著作，掌握科学社会主义基本原理，把握中国特色社会主义的"源头"，增强党员党性修养；在勇于实践、锐意进取中有所发现、有所创新、有所前进。习近平同志一系列关于社会主义五百年的六个阶段划分、坚定理想信念与"四个自信"等新思想，表明中国共产党人不忘初心，始终在发展建设中坚持科学社会主义基本原则，这也在新时代深化了科学社会主义基本原则。

其次，习近平新时代中国特色社会主义思想系统阐述了新时代坚持和发展中国特色社会主义的基本方略。科学社会主义不光是一种理论思想，也要在改造世界的实践中展开，从而在理论与实践相统一中获得鲜活生命力。中国特色社会主义是科学社会主义当代形态，并且处于不断发展的过程中，要推进中国特色社会主义的发展就要制定科学的发展方略。习近平同志在党的十九大报告中系统阐述了新时代坚持和发展中国特色社会主义的基本方略，即"十四个坚持"。这一基本方略丰富和发展科学社会主义在当代的行动纲领和政策部署，其呈现出理论性与实践性的同时并存的特点，此外，还有一定的领导性、全局性以及原则性，对于新时期下中国特色社会主义的发展发挥着重要的指导作用，同时对于实践有一定的针对性。

站在理论来源的角度上，这一基本方略是对之前的理论思想进行的概括，主要包括党的十五大"党在社会主义初级阶段的基本纲领"，党的十六大"党领导人民建设中国特色社会主义必须坚持的基本经验"以及党的十八大"夺取中国特色社会主义新胜利必须牢牢把握的基本要求"三部分内容，并在此基础上进行了创新。从其本质的角度而言，这一基本方略是对党成立之后的这些年的发展、执政经验以及改革开放取得成就的全方位总结，特别是对党的十八大以来中国的发展取得经验的总结。"十四个坚持"基本方略不仅仅是中国特色社会主义在新时代发展所要遵循的理论方针，也是习近平新时代中国特色社会主义思想内容的重要组成。从在习近平新时代中国特色社会主义思想中所占据的地位来说，这一基本方略是处在思想理论以及具体的发展政策之间的，不仅仅体现出了科学社会主义思想的基本原则以及观点，而且对于发展中国特色社会主义的具体实践发挥着重要的指导作用。

"十四个坚持"的基本方略前三个坚持是纵向推进，后面十一个坚持是横向铺开，经济、政治、法治、科学技术、文化、教育、民生、民族、宗教、社会、生态文明、国家安全、国防和军队、"一国两制"和祖国统一、统一战线、外交、党建等方面，深入贯彻党对一切工作的领导、以人民为中心的发展思想和全面深化改革。"十四个坚持"的核心是新时代怎样坚持和发展中国特色社会主义，从坚持党对一切工作的领导开始布局，以坚持全面从严治党压轴，以确保所有的战略部署和战略实施都必须在党的领导下，依托"五位一体"总体布局和"四个全面"战略布局实施。"五位一体"总体布局包括中国特色社会主义经济、政治、文化、社会、生态文明等五个方面，也是我国社会主义现代化建设展开的五个方向。

"四个全面"战略布局则是新时代中国特色社会主义的总方略和总抓手。"五位一体"总体布局和"四个全面"战略布局共同回答怎样制定并遵循科学的战略部署，将新时代中国特色社会主义事业推向新高度。三个层次共同构成逻辑严密的整体。其中，第一层次处于统领地位，以确保"十四个坚持"始终坚持正确的前进方向；第二层次是主体所在，是"十四个坚持"的重点所在和主要举措；第三层次是重要条件，是"十四个坚持"的战略依托。三者在结构上有序排列、环环相扣、相互贯通，缺一不可，共同构成了新时代中国特色社会主义的基本方略，涵盖了社会主义在当代的行动纲领与政策部署。

再次，系统阐述了新时代坚持和发展中国特色社会主义的战略安排。中国特色社会主义共同理想，是共产主义远大理想和共产主义运动在当代的具体体现。实现共产主义远大理想，要和一定历史条件下国家具体的国情和社会条件相结合，在不同的发展阶段，把共产主义远大理想转化为具体的阶段性目标。改革开放以后，我们党在社会主义建设过程中提出了社会主义现代化建设"三步走"的战略安排；在解决人民温饱问题、人民生活总体上达到小康水平这两个目标提前实现之后，又提出了"两步走"战略，党的十九大报告指出，从当时到2020年，是全面建成小康社会决胜期；从2020年到2035年，基本实现社会主义现代化；从2035年到本世纪中叶，把我国建成富强民主文明和谐美丽的社会主义现代化强国。因此在当代中国，共产主义远大理想阶段性的具体实践表现为中国特色社会主义共同理想。共产主义远大理想在一代代共产党人坚持努力的探索下，有了具体的时代实践。中国特色社会主义共同理想，是中国共产党带领全国各族人民在革命、建设和改革过程中，把共产主义远大理想与中国各个时期具体国情相结合的产物，也是当代中国共产主义运动的具体表现。

"两步走"这一战略安排，把共产主义远大理想、科学社会主义基本原则、建设富强民主文明和谐美丽的社会主义现代化强国的奋斗目标辩证统一起来。"两步走"战略安排也是在新时代，中国共产党和中国人民实现奋斗目标的行动纲领，其具体战略规划必将在推进新时代中国特色社会主义伟大事业的同时，为21世纪科学社会主义的蓬勃发展注入新的生机和活力。

科学社会主义绝不仅仅是停留在理论状态的思想建构，而是始终在改造世界的实践中展开、不断获得鲜活生命力的理论与实践的统一体。作为科学社会主义当代形态的中国特色社会主义始终处于发展着的实践当中，而推进中国特色社会主义的发展就要全面规划社会主义现代化强国建设的战略安排，把科学社会主义最新理论成果贯彻到发展实践当中。

科学社会主义有明确的目标指向，就是要指导全世界的工人阶级和最广大人民群众，朝着共产主义的远大理想奋力前进。马克思主义者是理想主义和现实主义的统一论者，总是善于在坚持最高纲领的前提下制定和实现最低纲领，通过实现一个一个最低纲领逐步实现最高纲领的目标。

习近平同志多次强调，中国特色社会主义是最高纲领和最低纲领的统一，中国共产党在社会主义初级阶段的基本纲领，就是要把中国建设成为富强民主文明和谐美丽的社会主义现代化强国。这个纲领虽然是从我国正处于并将长期处于社会主义初级阶段的基本国情出发，但也没有脱离党的最高理想。我们既不能耽于空想、空喊口号，也不能丢掉理想、迷失方向，要以强大的战略定力抵制抛弃社会主义的各种错误主张，纠正超越阶段的错误观念，集中精力办好自己的事情，不断壮大综合国力，不断改善我们人民的生活，不断在做好当下事情的过程中向最终目标奋力前进。

正是基于这样的思考，我们党根据习近平新时代中国特色社会主义思想，对决胜全面建成小康社会、基本实现社会主义现代化、全面建成社会主义现代化强国作出了全面的战略安排。从党的十九大到 2020 年，是全面建成小康社会的决胜期，要如期实现得到人民认可、经得起历史检验的小康社会。在此基础上，我国将开始启动全面建设社会主义现代化强国的新征程：第一个阶段，即从 2020 年到 2035 年，基本实现社会主义现代化；第二个阶段，即从 2035 年到 21 世纪中叶，把我国建设成为富强民主文明和谐美丽的社会主义现代化强国。

这个战略安排，把共产主义远大理想、科学社会主义基本原则、建设富强民主文明和谐美丽的社会主义现代化强国的奋斗目标辩证统一起来，把党的基本理论、基本路线和基本方略具体化为新时代坚持和发展中国特色社会主义的战略规划，形成引领当代中国共产党和中国人民实现奋斗目标的行动纲领，必将在推进新时代中国特色社会主义伟大事业的同时，为科学社会主义在 21 世纪的蓬勃发展带来新的生机活力。

第三节　回答共产党之问：打造"不忘初心、牢记使命"的中国共产党

习近平新时代中国特色社会主义思想站在"两个一百年"交接的历史节点上，为中国共产党在充分继承百年成就、百年经验、百年精神的基础上向人民、向历史交出新的答卷，提出了"不忘初心、牢记使命"的庄严命题。中国共产党人牢记初心使命，坚定理想信念，践行党的宗旨，永远保持同人民群众的血肉联系，始终同人民想在一起、干在一起，风雨同舟、同甘共苦，为实现人民对美好生活的向往不懈努力，这是中国共产党成功的"密码"，也是习近平新时代中国特色社会主义思想为破解共产党执政规律问题所提出的根本指引。

一、中国共产党有力肩负民族复兴的历史重任

习近平同志在参观《复兴之路》展览时，回顾了近代以来中国人民为实现民族复兴走过的历史进程，用"雄关漫道真如铁""人间正道是沧桑""长风破浪

会有时"三句诗生动地概括了中华民族的昨天、今天和明天，给人们以奋进的激情和力量。如何从历史维度，正确把握中华民族走向伟大复兴的历史进程，从而进一步增强为实现中国梦而奋斗的自觉性、坚定性以及自信心、自豪感，是解决人类问题的中国智慧。

1840 年以来，中华民族经历了世所罕见的灾难。第一次鸦片战争、第二次鸦片战争、中法战争、甲午战争、八国联军侵华战争等，中国均以失败而告终，而且越败越惨，祖国山河支离破碎，民不聊生。随着《南京条约》《北京条约》《马关条约》《辛丑条约》等数以百计的不平等条约的签订，国家主权不断沦丧，领土被西方列强瓜分豆剖、蚕食鲸吞，旧中国无尽的财富被强盗掠夺，广大中国人民生活在水深火热的苦难之中，致使爱国志士发出"四万万人齐下泪，天涯何处是神州"的悲愤呐喊。

面对亡国灭种的危机，实现民族复兴成为当时全体中国人民最为急切的共同梦想。第一次鸦片战争后，林则徐、魏源等爱国志士开眼看世界，倡导"师夷长技以制夷"，开始了对国家前途、民族命运的早期探索。这一探索，试图寻求技术救国之路，但却以失败而告终。第二次鸦片战争后，曾国藩、李鸿章、左宗棠、张之洞等主张"中体西用"，发起并推动"自强""求富"的洋务运动，但是，甲午战争失败和《马关条约》的签订又一次"撕碎"了他们的梦想。甲午战争以后，康有为、梁启超等推动维新变法，试图寻求制度报国之路，但最后落得戊戌六君子喋血菜市口的悲惨境遇。1894 年，孙中山在檀香山创建兴中会，首先喊出了"振兴中华"的口号。1911 年辛亥革命爆发，打开了中华民族发展进步的闸门。但是，袁世凯的复辟和北洋军阀的混战使得这次具有比较完整意义上的资产阶级民主革命——辛亥革命最终还是归于失败。辛亥革命后的一段时期，中国涌现出数以百计的党派，但是他们都未能提出正确的纲领和主张，未能承担起挽救民族危亡、促进民族进步的历史责任。

1921 年，中国发生了"开天辟地"的大事变，中国共产党成立了，自此，近代以来中国人民的反帝反封建斗争有了新的坚强领导力量。在大革命时期，中国共产党党员积极投身北伐战争，广泛开展工农运动，不断扩大党的影响，宣传党的主张。1927 年，国民党反动派背叛革命，向共产党人和革命群众举起了罪恶的屠刀。但是，中国共产党人没有被屠刀所吓倒，更没有忘记中国共产党的初心和使命，毅然独立承担起领导中国革命的重任。随着"八一南昌起义"枪声的打响和井冈山革命根据地的建立，中国共产党带领中国人民找到了一条以社会主义为方向的崭新的新民主主义革命道路，为实现国家进步和民族振兴奠定基础。

抗日战争全面爆发后，中国社会的主要矛盾转化为日本帝国主义与中华民族的矛盾。在国难当头的危急时刻，中国共产党主动提出并积极促成了国共两党的第二次合作，组织建立了最广泛的抗日民族统一战线。经过长达八年的浴血奋战，中国人民夺取了抗日战争的伟大胜利。抗日战争的胜利，鼓舞了中国人民的士气和信心，这也是鸦片战争以来中国人民第一次取得完全胜利的反侵略战争和民族解放战争，它大大促进了中华民族的觉醒，促使中华民族达到了空前团结，它成为中华民族重新奋起的转折点，中国共产党在抗日战争中发挥的中流砥柱作用将载入中华民族伟大复兴的光辉史册。抗战胜利后，全国人民希望国家富强、民族复兴的愿望更加强烈。中国共产党又领导中国人民进行了四年艰苦的解放战争，建立起人民民主专政的新中国，从此，中国人民站起来了，中华民族的复兴站在了一个新的历史起点之上。

新中国成立后，党的第一代中央领导集体，带领全党全国各族人民完成了新民主主义革命，并在此基础上进行了社会主义改造，初步确立了社会主义基本制度，成功实现了中国历史上最深刻最伟大的社会变革，为当代中国发展和进步奠定了根本的政治前提和制度基础。党的十一届三中全会以后，以邓小平为主要代表的中国共产党人，带领全党全国各族人民深刻总结我国社会主义建设经验，借鉴世界其他社会主义国家建设的历史经验，果断作出停止"以阶级斗争为纲"的口号，把党和国家工作中心转移到经济建设上来，实行改革开放，成功开创了中国特色社会主义。

面对世界社会主义遭受严重挫折的严峻形势，以江泽民同志为主要代表的中国共产党人带领全党全国各族人民坚持党的基本理论、基本路线，坚决捍卫中国特色社会主义，全面开创改革开放的新局面，推进党的建设新的伟大工程，成功地把中国特色社会主义推向二十一世纪。进入新世纪，以胡锦涛同志为主要代表的中国共产党人，在全面建设小康社会进程中推进实践创新、理论创新、制度创新，提出科学发展观，强调坚持以人为本、全面协调可持续发展，提出构建社会主义和谐社会、加快生态文明建设，在新的历史起点上坚持和发展了中国特色社会主义。

因此，中国特色社会主义道路的探索，历久弥坚。中国特色社会主义，是经过几代中国共产党人一以贯之、接力探索形成发展起来的。改革开放以来，经过40多年的建设和发展，我国的经济实力、科技实力和社会生产力迈上了新台阶，人民生活水平、居民收入水平迈上了新台阶，综合国力、国际竞争力、国际影响力迈上了新台阶。我们创造了多个世界之最：同期世界上大国最快的经济增长速度、最快的对外贸易增长速度、最快的外汇储备增长速度、最快且人数最多的脱贫致富速度、最大规模的社会保障体系，而且实现了一系列重大工程建设、重大活动举办、伟大制度创设。这一切都充分彰显了中国特色社会主义的巨大优越性和强大生命力，为中华民族伟大复兴奠定了坚实基础。

中国特色社会主义道路，是实现中华民族伟大复兴唯一正确的道路。道路关乎党的命脉，关乎国家前途、民族命运、人民幸福。实践已经证明，当代中国发展进步的根本方向就是走中国特色社会主义道路，只有中国特色社会主义才能发展中国。中国特色社会主义道路具有深厚的历史渊源和广泛的现实基础，是实现中华民族复兴的必由之路。

正如习近平同志提出："全党同志必须牢记，道路决定命运，找到一条正确的道路多么不容易，我们必须坚定不移走下去。"[①] 历史的镜鉴告诉我们，中国既不能走封闭僵化的老路，也不能走改旗易帜的邪路，而必须要毫不动摇地走中国特色社会主义道路。从民族复兴的历史维度看，中国共产党带领中国人民独立自主地对中国革命、建设和改革道路的探索，实现了中华民族从站起来、富起来到强起来的伟大飞跃，为世界上需要摆脱贫穷落后、走向繁荣富强的各国提供了最生动借鉴。

二、中国共产党有力统筹社会革命和自我革命

习近平同志指出："科学社会主义在中国的成功，对马克思主义、科学社会主义的意义，对世界社会主义的意义，是十分重大的。"[②] 中国共产党人以科学社会主义关于社会发展规律和党的历史作用的基本观点立场要求自己，统筹推进伟大社会革命和党的自我革命。新时代中国特色社会主义在坚持了科学社会主义基本原则的同时，又根据中国国情和时代特点，在理论和实践中有所创新，充分彰显了科学社会主义的时代价值，成功地将科学社会主义推向一个新的阶段。

首先，习近平新时代中国特色社会主义思想开启科学社会主义发展的新阶段。社会主义诞生至今已有五百多年的历史，社会主义在人类历史长河中奔流不息，社会主义的发展既有成功也有失意，在曲折中寻求方向。自20世纪80年代末苏联解体、东欧剧变，世界社会主义发展遭遇严重挫折。西方反社会主义势力日益猖獗，甚至有人宣称资本主义制度会"终结人类历史"。但是，10年、20年、30年……过去了，中国特色社会主义不仅大旗未倒，反而焕发出强大生机活力，奏响了科学社会主义在曲折中奋起的壮丽凯歌。中国特色社会主义进入新时代标志着科学社会主义发展到了一个新阶段。中国特色社会主义在新时代扎根中国有着悠久实践革命的土地，开辟了科学社会主义发展新境界，社会主义在世界的吸引力和影响力迅速增强，为世界社会主义注入新的活力。

[①] 习近平：《承前启后继往开来朝着中华民族伟大复兴目标奋勇前进》，载于《人民日报》2012年11月30日。

[②] 习近平：《以时不我待只争朝夕的精神投入工作 开创新时代中国特色社会主义事业新局面》，载于《人民日报》2018年1月6日。

中国特色社会主义进入新时代，这不是一个简单概念的转变，也不是凭空产生的结论，而是中国经济社会发展到一定阶段所发生的必然历史飞跃。党的十八大以来，党和国家领导人始终将马克思主义基本原理同新时代中国具体实际结合起来，带领全国各族人民进行四个伟大工程建设，推动党和国家事业全方位的发展，经历了深刻而根本的历史性变革，取得了历史性的成就，中华民族开始从富起来到强起来，实现了跨越式的发展。

纵观我国的发展样态，经济持续健康发展，经济发展进入新常态，中国成为世界经济增长最主要动力之一。中国特色社会主义民主政治建设不断推进，实现党的领导、人民当家作主、依法治国三者有机统一，保证人民当家作主的权利。可以说，中国向世界展示出了新的繁华盛世气象，中国人民向世界展示出了充满东方魅力的自信，中华民族向世界展示出了实现伟大复兴的灿烂光明前景。毫无疑问，这些都说明了中国特色社会主义在走一条畅通的康庄大道，只有继续坚持和发展中国特色社会主义才能实现中华民族伟大复兴。

其次，习近平新时代中国特色社会主义思想提出了中国共产党人进行理论创新的新要求。习近平新时代中国特色社会主义思想总结了新时代我们党关于理论创新的基本经验，进一步推动理论创新和实践创新。进入新时代，中国共产党坚持理论自信与理论自强相统一，结合对马克思主义的坚持与发展，不断增强战略力量，始终让理论创新往正确的方向前进。中国共产党的理论自信体现在坚持马克思主义的根本指导地位。我们中国共产党的理论自强突出在坚持不懈推进马克思主义中国化时代化大众化。坚持目标创新与路径创新有机统一。

新时代我们党理论创新的一个鲜明特征就是，不仅要齐心协力有一致的远大科学目标，又要脚踏实地用可行务实的路径去实现具体目标。实现中国梦就要引领理论创新，中国梦是我们党的重大理论创新，中国梦的提出使党的理论创新有了目标指引，升华了党的执政理念，高度体现了中国共产党的历史责任担当和伟大使命追求，党的理论创新目标更加清晰明确、指向更加集中聚焦。我们党不仅描绘了中国梦美好的远景蓝图，更是把理想目标蓝图转化为具体的路线图、未来的发展图，提出了从寻梦到追梦、筑梦和圆梦的清晰路径。

坚持理论创新与实践创新有机统一，也就在学以致用中提升理论创新境界。实践是理论的源泉，理论是实践的先导。理论创新对客观规律的揭示越深刻，对实践活动的指导作用就越强大。虽然时代在不断发生变化，实践经验也在发展，中国共产党仍然在新时代发扬理论联系实际的优良传统，以总结经验来深化认识，实现理论创新和实践创新的良性互动，开辟马克思主义理论创新和实践创新新境界。

再次，习近平新时代中国特色社会主义思想提出中国共产党人实践创新能力的新标准。在发展的新时期，中国马克思主义执政党建设工作是从八个方面进行的，这八个方面将党建的总布局切实落到实践中，将其细化成为具体的工作要求以及能力提高要求。

第一方面是强调政治建设的首要地位。这也是新时代党建目标的创新之处。政治建设是党建内容中比较重要的一项，决定着党员队伍建设的发展方向问题。政治建设工作最重要的任务就是保证党中央在党组织中的领导地位，维护党中央的权威以及其统一领导的地位。

第二方面是将习近平新时代中国特色社会主义思想作为党组织的指导思想，从中可以发现党建在思想建设方面的创新。该项建设工作最重要的任务就是坚定全党的理论信念。

第三方面是要建设一支更加专业、素质更高的干部队伍。这一要求是对于干部队伍建设进行的创新。在干部队伍建设这项工作中，必须始终坚持党对干部的管理，将为干部设立的标准切实落实到实践中，在党的管理下，将优秀的干部人才聚集到一起，加快人才强国的进程。

第四方面是坚持对基层组织建设的重视。这也是在新时期党建工作的创新之一。在基层组织的建设工作中，尤其突出了基层党组织在为人民群众提供服务的同时要时刻关注自身的政治功能。必须将建设重点放在提升基层党组织的组织能力上，更加凸显其政治功能，更好地做到宣传党的相关思想，贯彻执行党的决定，领导并且团结人民群众，为发展奠定群众基础。

第五方面是要坚持正风肃纪。这一项工作是在作风以及纪律两个方面进行的创新。主要强调了以人民为中心，赢得群众的拥护。

第六方面是取得反腐败斗争的胜利。该项工作也是党建工作的创新之处。突出了反腐败斗争必须要在党组织内全面进行，坚决打击一切腐败行为，有效地预防了利益集团在党组织内部的出现。同时加大了反腐败斗争的力度，同时推进反腐败立法进程，运用法律的权威性防止党员出现腐败行为，维护党组织内部清正廉明的良好风气。

第七方面是不断健全与完善监督体系。这一项工作将习近平同志作出的"把权力关进制度笼子"的论断以及全面从严治党的具体实践情况二者相结合，并在此基础上进行的展开阐述。

第八方面是全面提升党的执政能力以及学习能力。根据党的建设目标，我们必须要求党员提升自己的学习能力，建设学习型政党。通过理论指导，在实践活动中不断提升党内领导的工作能力，坚持创新能力的培养，提升党员的法治思维以及辩证思维，底线思维和战略思维，将党对一切工作的领导地位切实落到实践中。

在新时代的背景下，中国共产党在其自身建设的工作中作出的一系列创新，做到了将理论与实践结合，不断完善制度，这些发展都确定了党是在新时期推进中国特色社会主义事业发展的强大领导核心，并且要一直坚持党对一切工作的领导，将其视为中华民族伟大复兴，国家兴旺的主心骨。

三、中国共产党有力担当中国之治的领导核心

长期以来，西方国家依靠其强大的硬实力和软实力，宣称自由资本主义发展模式才是人类社会唯一正确的发展路径，并强迫其他国家照搬照抄这一模式。历史上，很多发展中国家曾经是西方国家的殖民地，道路与制度都是受宗主国支配和强加，它们没有自己的选择权。即便有的国家通过民族解放运动推翻殖民统治，建立了自己的制度和领导力量，但西方国家仍然不断变换各种手段来推翻其政权，如支持和煽动相关国家的内部势力发动以西方政治制度为理想目标的"颜色革命"，进行单方面的所谓"制裁"，乃至直接进行军事入侵，剥夺了这些国家对于自身道路和制度的自主权、选择权，使得这些发展中国家政局动荡不安、社会经济停滞甚至是倒退、百姓生活失序。由此可见，西方国家的发展模式并不符合这些国家的国情，它不但没能使这些国家取得发展进步，反而给其带来了混乱和灾难。

同样，苏联僵化的社会主义模式也给社会主义国家的发展留下了深刻的教训。苏联社会主义模式是人类历史上第一个以马克思主义理论为指导、由无产阶级政党领导的社会主义模式。这种模式对于苏联这个特定国家在特定时期发挥了积极作用，但是苏联社会主义模式也凸显了一些弊端，如对内高度集中的计划经济体制、高度集权的行政命令体制，导致集中力量办大事反而成了严重的官僚主义、主观主义的代名词。包括是在对外关系上，苏联共产党也把这种僵化领导方式投射出去，不顾其他国家的国情，以老子党、领导党自居，到处指手画脚、发号施令，形成了干涉其他国家的共产党的粗暴作风。第二次世界大战后，苏联的大党主义、大国沙文主义变本加厉，实际上要求新生的各个社会主义国家照搬照抄苏联模式，对不遵从其意志的国家，苏联则施以孤立、打压、干涉，严重束缚了社会主义国家的活力，也极大削弱了国际共产主义运动的道义优势。

与苏联形成鲜明对比的，是中国特色社会主义道路给中国带来了经济的高速发展，为中国带来了稳定的社会秩序和人民安居乐业，这是因为中国大胆突破了关于社会主义社会形态的教条主义理解和制度设计的条条框框，在坚持了共产党的领导这一制度内核的前提下全面激活了社会的发展活力。特别是在全球新冠肺炎疫情蔓延、世界经济增长乏力的背景下，中国在医药技术等各项"硬件"条件并不占优的情况下，发挥了一个全心全意为人民服务的党全面领导、全国上下集

115

中力量办大事、充分发挥基层治理和社会守望相助的根本制度优势，较好地控制了新冠疫情，并使经济逐步复苏。这种种的表现，都使得中国的制度方案越来越受到国际社会的关注，越来越受到世界的广泛认同。

从制度维度看，中国人民是在对中国前途命运的多种主义和多重方案的反复比较、选择和较量中，从历史和现实中得出结论，只有社会主义才能救中国，只有中国特色社会主义才能发展中国，只有中国共产党的领导才能确保中国的航船行稳致远。从中国自身而言，我们所探索的中国道路，符合社会主义初级阶段的最大实际，既坚持科学社会主义的基本原则，又适应中国独特的历史命运、符合独特的基本国情、继承独特的文化传统。中国道路经历了社会主义发展中的低谷，顶住了资本主义的强大压力，在风云激荡的世界大变局中艰难开辟与前行，我们因而也就必须坚持继续在中国共产党的领导下，在这个最根本制度基点之上，既不走封闭僵化的老路，也不走改旗易帜的邪路，对中国特色社会主义的道路、理论、制度、文化，对中国特色社会主义的各项发展方略，对中国特色社会主义治理体系和治理能力，进行不断的完善和探索。

中国特色社会主义制度以党的领导为核心，具有集中力量办大事的明显优势。人民代表大会制度赋予人民真正行使国家权力的根本制度保障，中国人民在党的领导下，通过以人民代表大会制度为基础的全过程人民民主，实现了国家领导层依法有序更替，全体人民依法管理国家事务和社会事务、管理经济和文化事业，人民群众畅通表达利益要求，社会各方面有效参与国家政治生活，国家决策实现科学化、民主化，各方面人才通过公平竞争进入国家领导和管理体系，执政党依照宪法法律规定实现对国家事务的领导，权力运用得到有效制约和监督。

同时，中国共产党领导的多党合作和政治协商制度，中国共产党与各民主党派"长期共存、互相监督、肝胆相照、荣辱与共"，这样的制度安排，既保证中国共产党的领导核心地位，也确保了广泛多层的参政议政和协商民主，保证不同社会阶层和利益诉求广泛持续深入参与政治生活有序建构。中国共产党领导下的民族区域自治制度，坚持中国特色的正确道路，维护国家统一，保障少数民族管理本民族事务的权利，建立了平等、团结、互助、和谐的民族关系，建立了和睦的宗教关系，形成安定团结的政治局面。

而在许多实行资产阶级形式民主的国家里，出现了因追求形式上的放权而导致的中央政府软弱无力，出现了因追求形式上的唯选票决定而带给人民的片刻民主，即人民在选举时有权而事后无权的"民主假象"。特别是在相当多发展中国家照抄照搬欧美发达资本主义国家实行的多党制，带来了"水土不服"而导致的党争互斗、政局动荡、人走政息、国家治理效能低下等一系列的问题，甚至带来族群撕裂纷争甚至内战。中国特色社会主义制度的优势与实践，为发展中国家提供了经验与借鉴，根据近代以来中国人民长期奋斗的历史逻辑、实践逻辑和理论逻辑，中国特色社会主义制度为发展中国家建构良好的社会制度、实现良好的治理，提高国家治理体系和治理能力现代化，树立了制度建设的典范。而这其中最关键的就是需要如同习近平同志所指出的那样，"读懂中国共产党"①，由此正确总结中国的制度经验，为世界其他国家和人民提供有力指引和借鉴。

四、中国共产党有力宣示天下为公的道义引领

正如习近平同志在 2018 年会见联合国秘书长古特雷斯时所公开宣示的那样，"我们所做的一切都是为人民谋幸福，为民族谋复兴，为世界谋大同"②，"为世界谋"是和中国共产党的初心使命内在同构的。中国共产党始终以世界眼光关注人类前途命运，秉持着大道之行、天下为公的高尚情怀，从人类发展大潮流、世界变化大格局、中国发展大历史正确认识和处理同外部世界的关系，坚持开放、不搞封闭，坚持互利共赢、不搞零和博弈，坚持主持公道、伸张正义，站在历史正确的一边，站在人类进步的一边。中国共产党始终坚信，只要我们坚持和平发展道路，既通过维护世界和平发展自己，又通过自身发展维护世界和平，同世界上一切进步力量携手前进，不依附别人，不掠夺别人，永远不称霸，就一定能够不断为人类文明进步贡献智慧和力量，同世界各国人民一道，推动历史车轮向着光明的前途前进。

人类历史的车轮滚滚向前，但世界上并没有放之四海而皆准的发展模式，也没有一成不变的发展道路。西方在走向现代化的道路上，率先在工业革命、科技革命上发力，最先完成了现代化任务，最先享受到现代化成果，最先在探索走向现代化道路上形成自己的发展模式。这种发展模式抢占了世界发展的先机和优势，西方国家通过建立殖民体系大肆掠夺他国财富，从而走上快速崛起之路。而正如党的十九大报告所指出的，中国特色社会主义进入新时代，意味着中国特色社会主义道路、理论、制度、文化不断发展，拓展了发展中国家走向现代化的途径，给世界上那些既希望加快发展又希望保持自身独立性的国家和民族提供了全新选择，为解决人类问题贡献了中国智慧和中国方案。

中国特色社会主义道路，从根本上是依靠全国人民的力量，始终坚守我国独特历史文化传统，始终坚持以经济建设为中心，紧紧围绕实现中华民族伟大复兴的中国梦，统筹推进"五位一体"总体布局和协调推进"四个全面"战略布局，

---

① 习近平：《给北京大学的留学生们的回信》，载于《人民日报》2021 年 6 月 23 日。
② 《习近平会见联合国秘书长古特雷斯》，载于《人民日报》2018 年 4 月 9 日。

不断解放和发展生产力，激发并形成强大的发展潜力和竞争力，最终形成了适应时代要求和自己国情的发展模式，走出了一条中国特色社会主义道路，为发展中国家建设现代化提供了另一条选择路径。

中国特色社会主义道路的世界性意义在于，它改变了长期占主导地位和垄断话语权的西方现代化模式，打破了一系列的传统认知模式，如把全球化等同于西方化、把现代化等同于西方化等。它也向国际社会证明，通往现代化并非只有一条路，西方的发展模式并非实现现代化的唯一选择。中国以和平的方式发展、以文明的姿态崛起开辟的现代化光明大道是未来世界发展的优先选项，意味着人类有望迎来一个消除霸权、共同繁荣的人类命运共同体新时代，意味着发展中国家立足本国实际独立探索形成自己的道路和模式，同样能够实现国家现代化。

包括在对外关系上，中国面对目前世界呈现出大发展大变革的变化，习近平同志坚持以马克思主义为指导，站在大局的角度看待世界以及中国的发展，运用创新思维提出了建设人类命运共同体思想，这不仅是对国家之间外交关系和经贸往来的设计构想，也包含着对世界范围内道义制高点的争夺和话语权的辨析。在当今世界上某些大国推行霸权主义、强权政治的背景下，人类命运共同体理念可以使一些新兴国家更加积极主动地参与国际规则的制定、权力格局的变化以及调整工作中，站在公正的角度上阐述自己的诉求以及观点，提高发展中国家、新兴国家争取国家话语权的意识，推动国际秩序的更好发展。人类命运共同体理念实际上是主张在意识形态、社会制度、发展水平都不同的国家求同存异，相互包容发展。

习近平同志指出："什么样的国际秩序和全球治理体系对世界好、对世界各国人民好，要由各国人民商量，不能由一家说了算，不能由少数人说了算。"① 而中国共产党人所代表、所叙述、所倡导的历史路径和文明形态，就是要贡献这样一种供世界各国人民审视、比较、借鉴的方案，启示人类整体进步的新型发展。当今国际社会发展面临着诸多挑战，例如全球恐怖主义蔓延、难民迁徙问题、局部战乱不断、世界贫富悬殊、环境重度污染等，这些问题尚未找到行之有效的解决办法。中国倡导构建人类命运共同体，中国发挥中国之"治"和中国之"制"的示范引领作用，则为解决这些人类共同面临问题提供了符合各国各方根本利益的中国智慧。这种中国式的文明智慧作为一种全新的选择跳出了资本主义体系，昭示着人类对于和平发展的共同期盼有了切实可行的进路。

---

① 习近平：《在庆祝中国共产党成立 95 周年大会上的讲话》，载于《人民日报》2016 年 7 月 2 日。

第四节　回答人类之问：贡献中华文明关于"人类命运共同体"的智慧

习近平新时代中国特色社会主义思想从人类历史整体发展进程的高度，以宏大的全球视野和战略思维，为解决当代世界重大问题——包括当今人类处于什么样的时代，这个时代的本质和阶段性特征是什么，这个时代世界的基本格局是怎样的，如何解决人类在这个时代所面临的生死存亡问题，等等——提出了一系列饱含中国智慧的思想观点和行动方案，在构建"人类命运共同体"的旗帜下，提供了引领人类进步潮流的根本目标导向。

一、共产主义事业与人类共同体建设内在同构

"共同体"概念在马克思恩格斯文本中多有提及，主要以家庭、氏族、部落、社会、国家等形式存在。在《论犹太人问题》中，马克思首次使用"共同体"概念："在政治国家真正形成的地方，人不仅在思想中，在意识中，而且在现实中都过着双重的生活——天国的生活和尘世的生活。前一种是政治共同体中的生活，在这个共同体中，人把自己看作社会存在物。"[1] 在《德意志意识形态》中，马克思恩格斯对"共同体"概念进行了较为全面的阐述。在他们看来，资产阶级国家是一种"虚幻的共同体""冒充的共同体"，因为其存在着不合理的、异化的现实状况。马克思和恩格斯认为，"真正的共同体"是告别资本主义"虚幻的共同体""冒充的共同体"之后出现的新型共同体形态[2]。

马克思和恩格斯指出，全世界无产者应该团结起来，面对共同的阶级敌人，这就体现出，无产阶级的国际性，他们的敌人也是具有国际性的，他们的解放条件也必然是国际性的。因此，他们所要建立的这样的共同体，它不是某一个单个国家可以单独实现的，走向共产主义必然是覆盖全人类的国际性的或世界性的宏伟事业。正如恩格斯直到晚年还坚持指出的那样，"无论是法国人、德国人，还是英国人，都不能单独赢得消灭资本主义的光荣""无产阶级的解放只能是国际

---

① 《马克思恩格斯文集》（第 1 卷），人民出版社 2009 年版，第 30 页。
② 《马克思恩格斯文集》（第 1 卷），人民出版社 2009 年版，第 571 页。

的事业"①。综上所述，要实现"真正的共同体"，全世界无产阶级必须联合起来，首先建立基于共同理想追求的国际共产主义事业共同体。

1847年6月，马克思、恩格斯参加创建共产主义者同盟。这一同盟的诞生标志着国际共产主义运动的兴起，同盟明确地将自身目标设定为"推翻资产阶级，建立无产阶级统治，消灭旧的以阶级对立为基础的资产阶级社会和建立没有阶级、没有私有制的新社会"②。该组织是世界上第一个共产主义性质的国际性组织。1848年革命后，随着欧洲资本主义的快速发展，资本主义需要到世界市场中掠夺原材料，需要不断开拓更大的世界市场，随着资本主义世界市场逐步形成，资本主义各国间联系越来越具有国际性质。与此同时，全世界无产阶级遭受的压迫也日益加剧，各国无产阶级认识到，"忽视在各国工人间应当存在的兄弟团结，忽视那应该鼓励他们在解放斗争中坚定地并肩作战的兄弟团结，就会使他们受到惩罚，——使他们分散的努力遭到共同的失败"③。世界无产阶级追求共同的利益，并且他们有着共同的敌人——资产阶级，无产阶级必须联合起来，团结去对抗资产阶级的联合，正是这种国际主义的意识存在，1864年第一国际应运而生。

第一国际是国际工人运动和马克思主义相结合的产物，是无产阶级政党性质的国际组织。第一国际以夺取政权作为"工人阶级的伟大使命"，以工人阶级的解放和全人类解放为目标，呼吁全世界无产者联合起来，其目的是要"把欧美整个战斗的工人阶级联合成一支大军"④。它的纲领和章程以及活动准则以新的科学的世界观作为理论基础。在第一国际存在的12年间，相继召开了9次重大会议、393次总委员会会议，积极支持和领导各国工人争取阶级权益的斗争，支持被压迫民族的解放斗争和各国民主运动。列宁对第一国际的活动作出了高度的评价，认为第一国际奠定了工人国际组织的基础，使工人做好向资本进行革命进攻的准备，为国际无产阶级争取社会主义的斗争创造了条件。

第一国际不仅把欧洲、美国以及部分拉丁美洲国家的大部分工人和先进的革命知识分子吸引到自己方面来，而且还把国际的思想传播到其他大陆——大洋洲（澳大利亚）、亚洲（印度）和非洲（阿尔及利亚）等地，并诞生了巴黎公社这一"精神产儿"。巴黎公社失败和第一国际解散后，经过短暂的低潮，19世纪70年代末80年代初，欧洲的工人运动重新高涨起来。随着工人运动在欧美广大地区的蓬勃发展和社会主义政党的纷纷建立，此时工人运动大大超出了第一国际时

---

① 《马克思恩格斯全集》（第39卷），人民出版社1974年版，第87页。
② 《马克思恩格斯文集》（第4卷），人民出版社2009年版，第236页。
③ 《马克思恩格斯文集》（第3卷），人民出版社2009年版，第14页。
④ 《马克思恩格斯文集》（第2卷），人民出版社2009年版，第20页。

期的范围，扩展到世界各地。加强各国无产阶级之间的联系和团结，协调行动以反对共同的敌人，成为客观的历史要求。与此同时，这一时期成立的各国社会党、社会民主党、工党等并不是像共产主义者同盟那样的共产主义政党，大多是社会主义政党。在巴黎公社革命失败之后特别是第一国际解散之后，无产阶级政党的主要任务是进行议会内和议会外的合法斗争。

1889 年建立了第二国际。它是各国工人阶级社会主义政党的国际联合组织。它将政治思想十分复杂的各种工人组织联合在"国际"的统一旗帜下，并力求在统一的国际工人组织内部，通过马克思主义对各种错误思潮的批判，使整个国际工人运动统一到马克思主义的旗帜下，从而促进运动的发展。它适应了当时的历史条件和革命任务，采取了比较松散的组织形式。第二国际的建立重新在全世界工人阶级面前树起一座革命的灯塔，在国际范围内各国工人运动又走向团结和统一。在传播和发展马克思主义的科学社会主义方面，第二国际做了大量工作，使国际社会主义运动和工人运动达到了空前的规模，取得了公认的辉煌成就。

第一国际时期世界上只有一个社会主义政党即 1869 年建立的德国社会民主工党，拥有 1 万多名党员。1889 年第二国际建立时，世界上也仅有 15 个社会主义工人政党。到 1914 年，第二国际已是 30 个社会主义政党的国际联合组织，共拥有 300 多万党员。五一国际劳动节、三八国际妇女节与《国际歌》是第二国际留给世界社会主义运动和全世界劳动人民的宝贵精神遗产。这一时期被认为是世界工人运动发展史上一段黄金时期。

1917 年，俄国十月革命胜利，苏联成为人类历史上第一次建立的社会主义国家。俄国推翻了资本主义"虚幻的共同体"，社会主义实现由理论到实践的历史性飞跃，第一个社会主义国家的建立标志着马克思共同体理想的第一次开创性实践的成功，证实了马克思共同体思想的科学性，有力地推动了人类迈向"真正的共同体"的历史进程。在苏联社会主义实践的鼓舞和引导下，一大批国家走上了社会主义道路，世界上一度形成了足以抗衡资本主义世界体系的社会主义阵营。

作为世界上第一个社会主义国家，苏联着眼于最终实现"真正的共同体"，结合俄国的社会现实进行了大胆的探索。苏联的诞生标志着社会主义从理想到现实、从理论到实践的伟大飞跃，也是人类建立"真正的共同体"的理想社会的大胆实践。俄国人民在列宁和布尔什维克党的领导下，通过武装斗争打碎旧的资产阶级国家机器，建立了无产阶级专政的苏维埃制度。1936 年 11 月，新宪法的颁布标志着社会主义制度在苏联基本建成。新宪法明确规定苏联是社会主义国家，它的经济基础是生产资料社会主义公有制，实行各尽所能、按劳分配的原则；它的政权组织是各级劳动者代表的苏维埃。斯大林曾自豪地宣布："我们苏联社会

121

已经做到在基本上实现了社会主义，建立了社会主义制度，即实现了马克思主义者又称共产主义第一阶段或低级阶段的制度。"①

苏联建立社会主义性质的经济、政治、文化、教育等制度，在人类历史上第一次建立了社会主义国家，使马克思的"真正的共同体"理想从理论开始逐步变为活生生的现实，并让"真正的共同体"理想向现实转化有了制度性保障。苏联共产党领导人民在后来的社会主义实践中，充分发挥社会主义经济、政治、文化制度的强大优势，开启了世界历史上从未有过的新的现代化模式，即有别于资本主义的社会主义现代化发展模式，并一度取得举世瞩目的伟大成就。苏联社会主义制度的建立和发展，也影响了周边其他国家和民族的革命和发展，逐渐建立起社会主义阵营，开辟了人类发展的新纪元。

在马克思看来，要建立"真正的共同体"就必须让人民成为共同体的主人，使共同体成为人民的共同体。资本主义"虚幻的共同体"之所以是虚幻的存在，根本原因是广大人民的个体利益得不到保障，个体失去了发展自由个性的机会，个体的人不是共同体的主人。十月革命胜利后，从战时共产主义政策、新经济政策到几个五年计划的实施，苏联在马克思列宁主义指引下，彻底告别了沙俄资本主义旧时代，逐步走上了社会主义新征程，致力于让人民成为社会的主人。苏联社会主义制度的建立，在经济方面，它建立起公有制和计划经济，在社会方面，它实行普遍就业和社会保障，实现了普及教育和免费医疗，体现出对劳动者的尊重和对社会公平的关注等，这些都是确保苏联从本质上就不同于资本主义国家的"虚幻的共同体"。过去人类历史上的社会变革，都是新的剥削阶级统治者取得政权，都是一种剥削制度代替另一种剥削制度，劳动者被剥削被压迫的命运从未得到根本改变。但苏联的社会主义制度却从根本上消灭了剥削阶级和剥削制度，结束了人剥削人、人压迫人的资本主义旧时代，让占俄国人口绝大多数的工人和农民第一次摆脱被奴役被剥削地位。人民被确定为国家的主人。在俄国历史上第一次实现了社会公正、平等的原则，实现了俄国历史上最为深刻的社会变革。

1917 年的十月革命胜利冲破了世界资本主义共同体体系，作为世界上第一个社会主义国家，苏联的诞生打破了资本主义共同体一统天下的局面，开启了资本主义共同体和社会主义共同体并存、斗争与合作的人类历史发展新阶段，开创了通向社会主义共同体的世界历史发展新道路。1919 年，共产国际（第三国际）成立，它作为国际共产主义运动的总司令部，号召很多国家组建共产党，推动了世界社会主义运动的兴起。它统一领导各国共产党，鼓舞世界无产阶级革命进入

---

① 《斯大林选集》（下卷），人民出版社 1979 年版，第 499 页。

了波澜壮阔的崭新时代。社会主义作为一种崭新的社会形态和社会制度登上历史舞台，共产国际是国际共产主义运动史上影响深远的"世界共产党"组织，它引领着人类社会的发展方向。共产国际创建时，正式以"共产党"命名的政党只有13个；到共产国际解散时，全世界已有68个共产党。这一数据体现出共产国际在其发展时期，对国际共产主义运动产生了巨大的影响，共产国际揭开了各国共产主义运动的新序幕。正是在苏联社会主义成就的巨大鼓舞下，在苏联的帮助和支持下，一些东欧和亚洲国家以苏联模式为榜样，通过革命建立了无产阶级政权，推行国有化和计划经济，并走上了社会主义道路。

第二次世界大战结束后，美国著名战略理论家布热津斯基曾坦言，"1917年以来主要限制在原沙俄帝国版图的共产主义制度开始了突飞猛进的扩张。……在第二次世界大战结束后的10年中，已有10多亿人生活在共产主义制度下。整个欧亚大陆几乎都成了共产主义的天下，……也许仅仅由于美国向世界上很多地区投入了大量金钱和军事力量，才使共产主义暂时止步"[①]。20世纪40至60年代，社会主义从一国变为多国，到20世纪80年代中期，各国共产党最兴盛时，全世界100多个国家中共有200多个共产党，党员总数为8 000多万（包括中共4 000多万）。世界上一度形成了以苏联为首的社会主义阵营，并与以美国为首的资本主义阵营分庭抗礼，极大地改变了世界力量对比和世界政治格局。

自马克思共同体思想诞生以来，国际共产主义运动的蓬勃发展、苏联社会主义取得巨大成功、第二次世界大战结束后社会主义阵营的形成，一度让社会主义者对进入"真正的共同体"社会产生无限的向往和憧憬，并催生出奔向共产主义的高昂热情。许多新获得民族解放的国家都"最初从苏联的经验中寻求灵感，并把苏联的经验当作仿效的样板，……在50年代和60年代，许多第三世界国家赞颂苏联模式是实现现代化和社会正义的最佳最快的途径"[②]。然而，探索通向理想社会的道路是一项前无古人的实践，其过程不可能一帆风顺，必然充满艰辛和曲折。

20世纪30年代，斯大林制订了第一、第二个五年计划，以"超速赶超"的经济发展战略追求大大高于资本主义的经济增长速度。当工业的增长速度赶上和超过主要资本主义国家后，斯大林又提出了"在最近10~15年内在经济上也超过他们"。1936年，苏联宣布实现了马克思所设想的共产主义社会第一阶段。1946年，斯大林在还提出一国可以建成共产主义。20世纪50年代后，苏联开始

---

① ［美］布热津斯基：《大失败——二十世纪共产主义的兴亡》，军事科学院外国军事研究部译，军事科学出版社1989年版，第10页。

② ［美］布热津斯基：《大失败——二十世纪共产主义的兴亡》，军事科学院外国军事研究部译，军事科学出版社1989年版，第11页。

实施大型共产主义建设工程。1957 年，赫鲁晓夫在庆祝十月革命四十周年大会上提出通过和平竞赛在十五年内"赶上并且超过美国"的目标。1959 年，赫鲁晓夫在苏共二十一大上提出苏联进入全面建设共产主义时期，并且认为社会主义各国将大致同时进入共产主义，1961 年，苏共二十二大又提出苏联在 20 年内建成共产主义的目标。

整个 20 世纪是在伟大的俄国无产阶级革命的旗帜下走过的，社会主义革命的推动力是国际性的，苏联社会主义国家和整个世界而言所完成的事业是创造性的，在世界历史上首次创造了社会体系。苏联解体这一事件的发生，对于一些资产阶级学者，如美国学者弗朗西斯·福山等的历史观有很大影响。无论福山本人是否承认，他得出"历史已经终结"的结论，显然与这一事件的发生有直接关系。然而，这一事件对于福山等人似乎又是一个"突发事件"，这导致他们的认识因为没有充足的资料而显得缺乏现实感和历史感。随着相关资料的不断披露和后续效应的不断显露，人们越来越能够冷静而客观地认识这一事件了。

从露骨的神秘论者到公开的帝国主义的辩护者，他们或秘密地或公开地为资本主义服务。他们运用大量的狡猾诡计，把社会意识向世界荒诞的论断引导。一些人认为是俄国十月革命的"终结""社会主义的终结""共产主义作为世界文化背景死亡了、消失了"，这些都体现了"历史的终结"。以"历史的终结"，掩盖"帝国主义的终结"。然而，革命没有死亡，她还活在劳动人民的意识中，对社会主义的兴趣依然在增长，尤其是近年来资本主义社会中的各种矛盾的凸显，各种社会机制的失灵引发社会与学者们的深思。

世界文明从资本主义发展阶段向社会主义发展阶段的过渡，是不可避免的。苏联的失败是从资本主义向社会主义过渡的历史进程中，社会主义经历的挫折一幕，但是这并不表示社会主义的终结。十月革命的胜利奠定了这一进程的实践开端，在全世界范围内开辟了通往这一进程的道路。从日益加快的资本主义自我否定的进程和全球整个生活的社会化进程来看，伟大的十月社会主义革命并没有失败，历史并未终结。

二、中国力量正推动人类世界走向新型治理体系

当今世界，全球化与逆全球化浪潮相互交织碰撞，既给全球社会带来巨大风险，也给全球治理造成巨大挑战。全球治理体系概念作为一种国际社会的治理活动实际上早在几百年前就已开始。威斯特伐利亚体系是近代史上第一个体现国际秩序意味的体系。1618～1648 年 30 年战争后形成的威斯特伐利亚体系，确立了国家主权至上、国家间平等的国际关系基本准则，成为现代国际秩序的雏形和开

端。威斯特伐利亚体系的特点在于，以国际会议的方式解决国际争端，有效地解决了欧洲国家的领土划分、赔款、宗教等极其复杂的问题。威斯特伐利亚体系的影响仍能在今天全球治理中体现，例如以会议商议、外交沟通等和平方式解决国际争端的主要模式等。

维也纳体系是欧洲国家建立的第二大治理体系。维也纳体系的存在是短暂的，原因在于，它维护的是腐朽的封建统治，反对正处于萌芽状态的、代表当时先进生产力的资本主义，它的性质是多重的，它违背了历史发展的潮流，因此注定是失败的。与此同时，维也纳体系是在战胜国宰割战败国和弱小民族国家基础上形成的统治秩序，体现了大国的强权政治。另外，对于国际秩序而言，维也纳体系也有进步之处。它探索了"欧洲协调"机制，使欧洲出现了以协调来维持欧洲和平的可能性。国际协调也是今天化解矛盾、防止冲突、避免战争、维持正常国际秩序的重要方式。

凡尔赛—华盛顿体系是人类社会建立的第三个治理体系。凡尔赛—华盛顿体系与威斯特伐利亚体系、维也纳体系的最大不同，是突破了欧洲地域，扩大到美洲、亚洲和非洲，真正具有了世界性特点。凡尔赛—华盛顿体系建立了国际联盟，对国际秩序进行了严格的规范，体现了它的进步性。但凡尔赛—华盛顿体系有着致命的缺陷，它体现了战争前后各大国实力对比的变化，打上了大国强权的烙印，是战胜国对战败国"遗产"的分赃，更是宗主国对殖民地半殖民地人民的奴役。凡尔赛—华盛顿体系是新冲突的祸根，随着新秩序的日趋瓦解和新危机的到来，终将无法避免地引起冲突的再次爆发。

雅尔塔体系是人类社会建立起来的第四个治理体系。相比凡尔赛—华盛顿体系，反法西斯的正义性决定了雅尔塔体系的进步性。雅尔塔体系提倡和平、民主原则，提出致力于全人类发展的和平、安全、自由和普遍幸福。它将不同社会制度国家的和平共处纳入国际关系体系；建立了新的协调国际争端、维护世界和平的机构，即联合国。然而，雅尔塔体系毕竟是美国、英国、苏联三国相互妥协的产物，具有牺牲他国正当权益、按照各自实力划分范围、共同主宰世界的大国强权色彩。第二次世界大战后，雅尔塔体系很快将世界分裂为分别以美国、苏联为首的两大阵营，导致全球进入冷战状态。

通过四个具有代表性的全球治理体系的历史发展过程可以了解到，每一种国际秩序的建立都经历了漫长的嬗变过程。全球治理体系从无到有、从单一领域向多个领域、从聚焦区域向覆盖全球转变的过程，每个历史阶段都不可避免地被打上时代的烙印，但其总体趋势越来越体现人类文明所追求、向往的通约价值。

随着事物的不断发展，新生力量不断涌现，伴随着新生代的出现，世界主要力量格局逐渐发生变化。旧权力格局孕育和形成的是旧秩序，旧秩序适应和服务的是旧权力格局，当新生力量发展到一定程度，必然会深刻地感受到旧秩序的羁绊和束缚，从而要求打破旧秩序，建立一种新的平衡。因此，全球治理体系变革的根本动力在于世界主要力量格局的对比发生了重大变化。这种力量格局的改变必然带来治理体系的变革，体现了全球治理体系演变的客观规律。

面对全球治理危机与西方国家的逆全球化思潮，中国提出构建人类命运共同体，体现了治理全球的大智慧和大方案。人类命运共同体着眼于世界和平发展、合作共赢的大局，超越国家、民族、地域和意识形态的界限，顺应了时代发展的潮流，表达了中国对于世界秩序的美好愿望和追求，体现出中国积极参与全球治理体系建设的天下情怀和大国担当。作为全球治理的大智慧和大方案，人类命运共同体将为破解全球治理困境、实现全球善治提供充满希望和想象力的选择。

在中国的传统文化中，世界是一个家国、天下与天命有机结合、紧密相连的统一整体，中国自古以来强调"天下为公""天下大同"的政治理想，追求"以和为贵""协和万邦"的和谐精神，主张"和而不同""和衷共济"的交往原则，提倡"亲仁善邻""仁者爱人""兼济天下"的博爱情怀。在这样的中国优秀历史传统文化的熏陶下，人类命运共同体被赋予了优秀的价值基因和丰厚的思想资源，人类命运共同体根植于中华民族积淀深厚、内涵广博的传统文化之中，具有鲜明的中华文化特性。

"构建人类命运共同体"是对外关系上的伟大构想，这是马克思主义世界历史思想与新时代伟大实践结合的最新成果，是马克思这一思想在中国的一次新的重大发展。任何国家处理对外关系的思维逻辑和行为方式都根源于其历史文化传统。中华优秀传统文化增加了人类命运共同体的理论厚度和理论韧度，而人类命运共同体在传承中国传统文化精髓的基础上创造性地赋予其时代内涵和时代品格，展现出卓越的东方智慧和独特魅力，使得中国在向世界贡献这一中国方案时彰显出文化自觉和文化自信。

人类命运共同体在具有中国传统文化基本特质的同时，包容和兼顾了不同多元文化的价值理论，契合和反映了全人类共同的价值追求，因而具有世界特征。在经济全球化的今天，各民族国家在经济上呈现同质化的同时，文化价值领域却呈现出异质性。例如，西方国家强行推广其所谓的"普世价值"，就致使全球性和民族性的矛盾在文化价值领域日趋激烈。价值共识是主体间形成协同性集体行动的基础，也是构建人类命运共同体的必要前提。所谓价值不过是利益和需求的一种观念反映或文化表达，共同价值正是基于人类共同利益而产生的一种价值诉求。

同时，在世界经济方面，经济全球化时代人类生存上的依存性和利益的交互性本来是人类共同价值的现实基础，但进入 21 世纪以来，世界面临的不稳定性、不确定性突出，世界经济增长动能不足，贫富分化日益严重，地区热点问题此起彼伏，重大传染性疾病、恐怖主义、网络安全、气候变化等非传统安全威胁持续蔓延，人类面临许多共同挑战。面对越来越多的共同挑战，光靠一个国家是无法解决的，为了使人类获得永续的生存和发展，就需要有一种超越民族、国家和意识形态界限的共同的价值认同和文化想象。

人类命运共同体凝练了全人类的共同价值——和平、发展、公平、正义、民主、自由，反映了近代以来人类孜孜以求的共同目标——维护世界和平、实现共同繁荣。站在人类共同利益的角度，以共同责任为保障，以共同发展为目标，尊重文明多样性，兼顾不同国家和民族利益的价值理念，引导世界各国形成宽容、联合、合作的价值理念，打通了不同社会制度和意识形态之间价值理念上的隔阂，契合和反映了新全球化时代各国人民求和平、谋发展、促合作的共同愿望和诉求。人类命运共同体通过倡导共同价值，达成一种基于利益共生、情感共鸣、权利共享和责任共担的伦理精神和共同体意识，并通过共商共建共享共赢的原则构筑起共同体的团结协作和集体行动，促进人类的整体和谐发展。

按照马克思的逻辑，共同体的发展要经历从传统的共同体→"虚幻的共同体"→"真正的共同体"的历史过程。在资本主义"虚幻的共同体"依然在场的历史语境中，人类命运共同体既要解决由资本逻辑主导的全球化所带来的全球现代性危机，尽力限制和规避其弊端，同时，又承载着构建"真正的共同体"的历史使命，其最终的价值指向就是在"真正的共同体"，即"自由人联合体"中实现"每个人的全面而自由的发展"与全人类的彻底解放，使共产主义事业成为"世界历史性"的存在。人类命运共同体是破解由资本逻辑产生的全球现代性危机、实现每个人自由和全面发展的必由之路，在新全球化时代为人类社会发展和全球治理勾画出新的图景。

人类命运共同体准确地把握了时代的特点和历史发展的趋势，在历史转向真正世界历史的全球化时代，普遍意义上的资本逻辑主导和泛化的世界历史已经得以形成。人类命运共同体不仅指向当下，更指向未来，不仅是对新全球化时代人类所遭遇的生存危机的理性反思，更是以高瞻远瞩的全球观和世界历史的整体观指明了人类社会的发展方向，展现出对人类未来发展终极指向的深度关切，标志着中国在引领全球治理过程中的理论自觉和理论自信。

三、中国发展正帮助人类世界走出经济危机困境

随着第四次新工业革命的出现，科技现代化的不断发展，全球化从速度、规模、系统等诸多方面加速升级，逐渐成型的全球化 4.0 给人类社会带来深刻影

127

响。全球化促进了生产要素在全球范围内的自由流动，实现最优配置，带动了经济迅速发展的同时，全球化的消极性也使得社会风险程度进一步加深，全球成为高度不确定的风险社会，环境污染、金融危机、恐怖主义、网络安全等重大问题严重困扰着世界，全球市场经济的无序竞争和盲目追求利润加剧了经济失衡。

不仅发达国家内部大资产阶级财团与广大的中产、底层民众的矛盾不断加深，另外，发达国家与广大发展中国家的矛盾也日益加深。由于现行的发达国家主导的全球化运行规则不利于广大发展中国家，耗能大、污染重的产业转移到发展中国家，加剧了全球性的环境问题，西方资本主义国家经济危机的爆发，会给市场经济体制薄弱的发展中国家带来严重的冲击。正因为这些全球风险的存在，在全球化的发展进程中才出现了与其相悖的逆全球化潮流，逆全球化思潮在今天尤其表现得更为突出。

在逆全球化暗流涌动的当下，国际经贸治理面临巨大挑战，具体表现为贸易摩擦不断、经济发展失序、政治对立丛生、安全问题频发等全球化困境与全球治理的失衡。全球经济在逆全球化影响下进入低速增长的困难时期。全球贸易在贸易保护、民粹主义等不稳定因素的影响下，增长远低于预期，贸易投资增速下降，世界经济增长乏力。

中国作为全球治理的重要参与者，始终坚持多边主义立场，主动承担国际责任，积极引导与推进全球治理体系变革。中国在国际论坛、国家会议等重要场合的积极表态与宣告，充分表明全球治理体系变革的重要性与迫切性，同时也彰显了中国推动国际经贸体系变革的信心与决心。

现行的国际经贸治理体系制度安排严重滞后。新兴经济体逐步崛起，新兴发展中国家与发达国家在全球化进程中的发展势头出现逆转，新兴经济体日益成为全球经济增长的核心力量，在全球经济治理中发挥积极作用，但新兴经济体在权力分配中的地位处于弱势，无法有效反映全球经济格局新变化，其所界定的权力分配格局已不合时宜，与其快速增长的经济实力越发不匹配。

2001 年中国加入世界贸易组织（WTO），使其逐步融入国际经贸规则制定中，成为国际经贸治理体系中的重要组成部分，中国拥有了国际经贸治理的参与权，并且影响力和话语权也日益提升。中国从被动适应国际经贸治理规则，发展到主动参与国际经贸治理规则制定，再到积极引领国际经贸治理发展方向。中国主动履行大国担当，肩负起全球化和开放型世界经济引导者的责任，积极引领国际经贸治理发展方向，在全球经济复苏和国际经贸治理方面做出了突出贡献。

中国坚定维护多边贸易体系建设，在坚决反对贸易保护主义的同时，主动扩大内需、优化升级贸易结构。中国主动顺应全球化发展新形势，深刻洞察国际格局新变化，积极呼吁倡导人类命运共同体，创造性地提出了一系列新理念、新倡议、新举措。

中国致力于构建人类命运共同体，倡导共商共建共享全球治理理念。"人类命运共同体"思想蕴意丰富，包含了相互联系的国际权力观、和谐共生的利益观、包容互鉴的文明观、合作共赢的发展观以及可持续的安全观等，是国际经贸治理体系变革的指导理念。

中国积极参与国际经济组织对话，加快国际经贸治理机制变革。现阶段，为全球经济治理提供大量机制化理念原则和规则制度的国际经济组织主要以国际货币基金组织（IMF）、世界银行和WTO为代表。为适应时代发展，国际经贸治理体系亟需调整，作为负责任的大国，中国应积极参与现有国际经济组织对话，加快国际经贸治理机制变革。

中国完善G20的治理功能，推动其转型为长效治理机制。中国应倡导和完善G20的治理功能，积极推动G20从危机应对向长效治理机制转型，以巩固其在国际经贸治理中的核心地位。

中国创新推进"一带一路"建设，分享中国开放发展红利。提升"一带一路"国际合作峰会建设水平，引导区域经济合作合理发展。在时机成熟的情况下，可以探索"一带一路"国际合作峰会在主要成员国轮值召开的可行性和操作路径，提升相关国家的参与度和认同感。加强国际合作峰会的机制化建设，实现峰会机制与国际经济组织之间的搭配协调，加快推进区域经济合作治理体系的构建，引导区域经济合作朝着普惠包容、公正合理、平等互惠的方向发展。

参与完善国际公共产品供给体系建设，提升国际影响力和话语权。国际公共产品供给不足是目前国际经贸治理困境之一，中国作为崛起中的新兴大国，应主动承担责任，积极参与完善国际公共产品供给体系建设，提升国际影响力和话语权。

引导国际经贸治理向数字化标准化绿色化方向发展，促使全球贸易深度融合。传统贸易方式在全球经济增长乏力的当下贡献度逐渐下降，数字化、标准化、绿色化发展成为国际经贸治理的新方向。以各种数字化投入为主体的经济作为一种新型生产要素，将革新现有国际贸易的方式与内容，未来中国应将数字贸易作为新一轮国际贸易规则制定的前沿性议题，在多边或全球贸易协定中增加并初步形成数字贸易规制。

四、中国方案正引领人类世界迈向更美好共同体样态

习近平新时代中国特色社会主义思想对科学社会主义理论的原创性贡献同这一新思想对人类命运共同体建设的引领作用密切相关，统一于为建设美好世界中

贡献中国智慧。党的十九大提出的中国特色社会主义为解决人类问题贡献了中国智慧和中国方案，实际上就是同习近平同志在庆祝中国共产党成立 95 周年大会上的讲话上提到的"为人类对更好社会制度的探索提供中国方案"相一致的。我们必须"牢牢占据推动人类社会进步、实现人类美好理想的道义制高点"①。中国目前是世界上最大的社会主义国家，依旧坚守在科学社会主义的阵营，并走出了一条独具本国特色的成功道路。这不但鼓舞了其他国家的共产党，也让国际共产主义运动走出低谷，这对于其他国家发展社会主义起到了示范的作用。中国已经为世界人民展示出另一条通往现代化道路的可行性。

首先，习近平新时代中国特色社会主义思想回答了世界社会主义发展为了谁、依靠谁的问题。世界社会主义如何发展，这是社会主义国家探索和思考的问题，也是全球关注和讨论的问题。中国要为人类作出更大贡献，首先要为世界社会主义发展作出更大贡献。中国特色社会主义进入新时代，为世界社会主义发展贡献了中国智慧、中国力量。比如，发展为了谁、依靠谁，这是世界社会主义发展必须明确的问题。习近平同志坚持人民是历史的创造者，是决定党和国家前途命运的根本力量，因此，中国特色社会主义事业始终是依靠人民和为了人民。在发展的过程中，要始终秉持着以人民为中心的发展思想，始终坚持人民群众当家做主的主体地位，坚持做到一切发展都是为了人民，并且要依靠人民的力量得以实现，所获得的发展成果也应该由人民群众共同享有。中国特色社会主义是在中国共产党的领导下，依靠人民群众的力量创立的，是党和人民共同的事业，其实质上是为了造福人类而进行的伟大事业。要在新时期获得发展必须坚持人民的中心地位，努力满足人民对于美好生活的需求，只有依靠人民群众的力量才能实现。

为什么人的问题，是一个根本的问题，原则的问题。人民群众的历史主体地位对于发展目标的确立起着关键性的作用。始终坚持以人为中心的思想必须做到发展的目的是为了人民，在实践中将人民群众对于未来生活的向往当作努力的方向，努力实现并维护人民群众的利益，"把增进人民福祉、促进人的全面发展、朝着共同富裕方向稳步前进作为经济发展的出发点和落脚点"②。人民群众是历史发展的主体，所以在推动历史发展的进程中发挥着重要的作用。坚持以人民为中心的发展思想就要做到了解并尊重人民群众的主体地位，注重人民的创新精神，激发其积极性与主动性，依靠人民的力量实现发展。

其次，习近平新时代中国特色社会主义思想明确了世界社会主义发展的动力问题。社会主义发展的动力从哪里来，这是世界社会主义发展不能回避的问题。

---

① 习近平：《在庆祝中国共产党成立 95 周年大会上的讲话》，载于《人民日报》2016 年 7 月 2 日。
② 习近平：《立足我国国情和我国发展实践发展当代中国马克思主义政治经济学》，载于《人民日报》2015 年 11 月 25 日。

改革是社会主义发展的动力。通过全面深化改革，消除体制机制障碍，化解社会矛盾，实现国家治理体系和治理能力现代化，这是中国特色社会主义发展的根本动力所在，对于世界社会主义发展具有指导意义。

全面深化改革消除体制机制障碍。随着时代发展和社会变革，社会主义国家在发展过程中，都会在一定程度上遭遇体制机制障碍，一些原本行之有效的体制机制将变得不合时宜，成为发展的羁绊。只有通过全面深化改革，才能消除体制机制弊端，获得新的发展动力。没有改革开放，就没有中国的发展进步。改革开放是发展中国、发展中国特色社会主义的根本动力所在。习近平同志指出："改革开放是当代中国发展进步的活力之源，是党和人民事业大踏步赶上时代的重要法宝。"[1] 对于世界社会主义的发展而言，要消除体制机制弊端，获得新的发展动力，唯有深化改革。

全面深化改革化解社会矛盾。改革开放往纵深发展，一般矛盾和深层次矛盾错综复杂，发展中的问题和发展后的问题交织叠加。只有通过全面深化改革才能解决中国经济社会发展面临的突出矛盾和问题，才能凝聚社会共识，激发社会活力，集聚发展力量。正如习近平同志所言，"改革开放中的矛盾只能用改革开放的办法来解决"。世界社会主义要解决发展中面临的矛盾和问题，除了深化改革别无他途。

全面深化改革实现国家治理现代化。国家治理体系和治理能力是一个国家制度执行能力的集中体现，为经济社会发展提供持续动力。党的十八届三中全会确立的全面深化改革的总目标是完善和发展中国特色社会主义制度，推进国家治理体系和治理能力现代化，以此提升国家治理的效率和水平，使中国经济社会发展获得新的增长动力。

再次，习近平新时代中国特色社会主义思想秉持了世界社会主义发展的理念问题。以何种发展理念推动实现经济社会更好发展，是世界社会主义必须直面的时代课题。创新、协调、绿色、开放、共享的新发展理念，既体现了中国特色社会主义发展的阶段性特征，又反映了经济社会发展的内在规律。党的十九大报告将坚持新发展理念作为新时代坚持和发展中国特色社会主义的基本方略之一，彰显了新发展理念的重要性。

"创新发展注重的是解决发展动力问题。"[2] 就现在的实践情况而言，我国的创新实力不够强，科技发展的水平不够高，还不足以为经济与社会的发展提供足够的支持，与发达国家相比，科技对于经济发展做出的贡献明显较低，这是我国

---

① 习近平：《增强改革的系统性整体性协同性做到改革不停顿开放不止步》，载于《人民日报》2012年12月12日。

② 习近平：《在党的十八届五中全会第二次全体会议上的讲话（节选）》，载于《求是》2016年第1期。

发展面临的主要问题之一。想要实现中国经济的快速又高质量发展，必须要将发展的重点放在提升创新能力上，通过不断创新的能力对经济发展过程中的质量、效率以及动力方面进行变革，以提高经济的竞争能力。从近代以来世界发展史尤其是我国改革开放成功实践经验中，可以得出要坚持创新发展的结论，这是中国应对发展环境变化、增强发展动力、把握发展主动权，更好引领新常态的根本之策。

我国一直为发展不协调的问题所困扰，主要体现在各区域之间，城市与乡村之间，经济发展与社会发展、经济发展与自然资源之间等的关系中。习近平同志一直强调必须要凭借深化改革这一方式来推进各项制度的完善与创新，实现生产关系以及生产力、上层建筑以及经济基础之间相适应，促进经济和社会在不同领域、不同方面更加协调的发展；坚持"五位一体"的布局，推进各方面的协调发展；推动"四个全面"的战略布局以及改革开放的步伐，推动现代化建设的脚步；运用更加有效的发展方式与措施，推进城乡各个区域之间的协调发展，等等。"绿色发展注重的是解决人与自然和谐问题。"[①] 人类发展活动必须尊重自然、顺应自然、保护自然，否则就会遭到大自然的报复，这个规律谁也无法抗拒。

要实现中国特色社会主义的全面发展必须进行改革开放。当代世界最显著的特征就是其开放性，每一个国家要不断发展，必须坚持对外开放。我国正处于社会主义的初级阶段，改革开放是我国的一项基本国策，同时也是党中央坚持的发展路线的重要组成部分。党的十八大召开后，以习近平同志为核心的党中央始终坚持推进深化改革的工作，不断扩大开放，致力于建设新型的开放经济体制，构建全面发展的开放新格局。习近平同志一直在强调对外开放的重要性，中国的发展必须是开放的发展，坚持扩大对外开放，构建全面的开放格局，提升开放能力以及水平，以此促进改革的进行，获取新的发展；只有坚定不移地实行对外开放，将中国的发展融入世界经济的发展中，才能促进中国经济的可持续发展。

最后，习近平新时代中国特色社会主义思想提供了世界社会主义发展道路经验。中国要想改变旧中国留下来的问题，我们既不能效仿西方大国通过对内剥削、对外侵略的方法，也不能效仿一些发展中国家不计后果的发展经济的策略，我们只能另寻他法，找到适合中国自己的发展道路。

中国特色社会主义道路是在中国共产党领导下，中国人民走出的一条适合中国发展国情的道路。这条道路是新中国成立以来，实行改革开放之后，从党领导人民进行的实践经验中概括总结出的适合我国发展的道路，可以在其中发现社会主义发展的客观规律。在现阶段的中国，没有其他的发展道路可以解决所面临的

---

① 习近平：《在党的十八届五中全会第二次全体会议上的讲话（节选）》，载于《求是》2016 年第 1 期。

问题。中国道路为世界发展作出了巨大的贡献。首先中国特色社会主义道路既坚持科学社会主义基本原则、又赋予其鲜明的中国特色，探索出了一种人类文明全新发展模式。其次中国特色社会主义道路为广大发展中国家树立了积极的榜样，那就是如何带领落后国家脱贫致富。

习近平新时代中国特色社会主义思想用实践证明了马克思主义并没有过时，马克思主义依然闪耀着科学的光芒，揭示了马克思发展的现实性，也为国际共产主义运动带来了新的生机和活力，成为 21 世纪科学社会主义运动的伟大旗帜。

第三章

习近平新时代中国特色社会主义思想的历史地位

党的十九大报告在提出了"习近平新时代中国特色社会主义思想"的科学概念、系统阐述了这一新思想的逻辑框架和丰富内容的同时，也相应地明确了这一新思想的历史定位：它是对马克思列宁主义、毛泽东思想、邓小平理论、"三个代表"重要思想、科学发展观的继承和发展，是马克思主义中国化最新成果，是党和人民实践经验和集体智慧的结晶，是中国特色社会主义理论体系的重要组成部分，是全党全国人民为实现中华民族伟大复兴而奋斗的行动指南，必须长期坚持并不断发展。同时，这一新思想还是新时代焕发科学社会主义强大生机活力、在世界上高举中国特色社会主义伟大旗帜的理论载体，是为世界人民发展提供路径选择、为解决人类问题贡献中国智慧和方案的话语担当。

在此基础上，《中共中央关于党的百年奋斗重大成就和历史经验的决议》进一步评价指出，习近平新时代中国特色社会主义思想"实现了马克思主义中国化新的飞跃"，将这一新思想在马克思主义发展史上的地位同毛泽东思想的飞跃、中国特色社会主义理论体系的飞跃相并列、相接续，凸显了这一新思想在中国特色社会主义理论体系既有成果基础之上所作出的重大创新，突出了其在马克思主义发展史上的重要地位。因此，我们今天学习、阐释和运用习近平新时代中国特色社会主义思想，必须准确认识这一新思想在中国和世界历史上的重要地位，从理论指导、实践遵循和价值引领等不同维度上给予充分的肯定和弘扬。

第一节　理论地位：在马克思主义发展史上开创了新阶段

　　习近平新时代中国特色社会主义思想作为一个马克思主义理论的时代呈现，其首要的地位就是理论性的地位，是在中国特色社会主义理论体系、在中国化马克思主义、在科学社会主义理论整体进程中的有机组成部分。当代中国马克思主义、21世纪马克思主义这两个概念科学界定了习近平新时代中国特色社会主义思想的理论地位，这一新思想已经并且必将在马克思主义发展史上书写出时代的辉煌篇章。

一、为中国特色社会主义理论体系作出了时代创新

　　党的十九大报告在论述习近平新时代中国特色社会主义思想的历史地位时，首先还是将之纳入"中国特色社会主义理论体系"的统一概念之下，将之作为整个理论体系中的重要组成部分，是关于这一新思想的历史地位的最直接、最切近界定，这是它得以前行乃至完成马克思主义中国化又一次新飞跃的母体所在。乃至于我们从"习近平新时代中国特色社会主义思想"这一经过科学提炼的概念提法中，首先就可以顾名思义把握住这一点，它毫无疑问地属于"中国特色社会主义"，是中国特色社会主义理论体系在"新时代"的最新成果，是这一理论体系整体进程中的最新阶段，与之前的各个阶段性成果具有一脉相承的联系。正如第一章当中所阐述的那样，马克思主义中国化的整个进程，中国特色社会主义理论体系各项成果的不断生成，都是遵循着鲜明的问题意识，针对时代阶段上的重大现实问题需要，而相应构建自身的理论架构、确定自身的理论内容。习近平新时代中国特色社会主义思想，正是针对"新时代"的问题，在马克思主义中国化的真理高度上呈现了最新版本的问题解决方案，这一新思想的架构和内容也都是由现实当中"新时代"所提出的"课题"所导引和规定了的。那么同样的，我们要认识和把握中国特色社会主义理论体系各项成果之间的相互关系和各项成果在理论体系总体中的坐标定位，也必然要结合它们所反映和回答的重大现实问题的相互关系、这些问题在中国总问题序列中的坐标定位，从问题的定位得出理论的定位。

　　中国特色社会主义理论体系此前之所以形成邓小平理论、"三个代表"重要思想、科学发展观的三个阶段性成果，是建基于各自当时的时代当中所要集中回

应的课题，一代代中国共产党人通过逐步澄清"什么是社会主义、怎样建设社会主义""建设什么样的党、怎样建设党""实现什么样的发展、怎样发展"这一系列的时代课题，也就相应搭建起了中国特色社会主义的理论体系，指导开辟了中国特色社会主义道路。而在新时代，习近平新时代中国特色社会主义思想通过明确回答"中国特色社会主义"是什么样、怎样坚持和发展的"时代之问"，在对"中国特色社会主义"本身的全面思考和谋划中，将邓小平理论、"三个代表"重要思想、科学发展观各自面临和回答的时代课题加以了统摄，以习近平同志为主要代表的中国共产党人在发展马克思主义的过程中，也遵循着马克思主义关于事物辩证运动的规律总结和方法论指引，将之前发展阶段上的成果以辩证的"扬弃"的方式纳入自身，作为自身理论体系的一个环节，在更加深入和综合的层次上回应了上述问题。由此，才搭建起了习近平新时代中国特色社会主义思想的理论架构，指引中国特色社会主义在新时代全面发展、行稳致远。习近平新时代中国特色社会主义思想的理论形态、理论结构、理论内容，既是体现了马克思主义中国化内在逻辑的历史连贯性，又在连贯当中酝酿着新的飞跃，把中国特色社会主义理论体系继续推向前进，是马克思主义发展的必然要求。

第一，关于"什么是社会主义，怎样建设社会主义"的问题。在毛泽东思想关于新民主主义革命和社会主义建设的科学理论指引下，中国确立了社会主义的基本制度，并对适合中国国情的、独立自主的社会主义经济社会建设事业进行了艰辛探索，初步突破了苏联社会主义模式的单一化、绝对化形态，为开创中国特色社会主义提供了宝贵经验、理论准备、物质基础。邓小平理论在之前探索积累的基础上，系统地形成了社会主义初级阶段论和社会主义本质论的原创性建构，具有决定性地突破了人们关于社会主义的教条主义理解和"姓资""姓社"的抽象争论，用三个"有利于"的科学标准生动、准确地刻画了社会主义的本质，将这种本质归纳为"解放生产力，发展生产力，消灭剥削，消除两极分化，最终实现共同富裕"，通过大力发展社会主义市场经济，极大地解放和发展了生产力，极大地提高了中国人民的生存和发展水平，使社会主义制度的优越性得到极大的释放。

而在历经了 70 多年的中华人民共和国国家建设与 40 多年改革开放伟大实践的接力探索积累之后，习近平新时代中国特色社会主义思想更是体现出了空前的自信与自觉，鲜明指出"在当代中国，坚持和发展中国特色社会主义，就是真正坚持社会主义"①，认为中国特色社会主义"特就特在其道路、理论体系、制度

---

① 习近平：《紧紧围绕坚持和发展中国特色社会主义 学习宣传贯彻党的十八大精神》，载于《人民日报》2012 年 11 月 19 日。

上，特就特在其实现途径、行动指南、根本保障的内在联系上"①。正是通过对社会主义在理论、实践和制度层面的系统全面的深化和阐明，新时代中国特色社会主义才造成了一种"不可逆转"②的历史运动趋势，既使得科学社会主义在 21 世纪的中国焕发出强大生机活力，又在世界上高高举起了中国特色社会主义伟大旗帜。中国特色社会主义为解决人类问题贡献了中国智慧和中国方案，实际上就是"为人类对更好社会制度的探索提供中国方案"③，既是对社会主义的最现实、最生动的推进，也支撑起了习近平新时代中国特色社会主义思想对社会主义最有力、最鲜活的理论表达。

第二，关于"建设什么样的党，怎样建设党"的问题。中国共产党从建党之初开始就一贯重视党的自身建设，特别是艰苦卓绝的革命战争年代注重从思想上和组织上两方面建党，一面不断加强共产主义的理想信念宗旨教育，一面认真贯彻和落实党的民主集中制组织原则，并多次开展党内整风运动，保持了党在思想上、政治上、行动上的集中统一和顽强战斗力。改革开放以来，中国特色社会主义也把党的建设内嵌于自身的历史发展当中。中国特色社会主义的开辟本身肇始于以邓小平同志为主要代表的中国共产党人实现了党的工作中心的转移，集中体现在邓小平理论指引之下党对社会主义初级阶段基本路线的科学表述。中国特色社会主义坚持党的领导、坚持党的基本路线一百年不动摇，这相应也就内在地就规定了中国特色社会主义自身的根本内容和根本性质。"三个代表"重要思想把"建设什么样的党，怎样建设党"作为自己的核心问题提出，是针对着中国特色社会主义在前进过程中，特别是在市场经济的高速发展中党的自身建设遭遇冲击的现实挑战，从而在理论上集中强调党要管党、从严治党，集中表述了党对自身在新时期性质定位和建设任务的规定，并指引中国共产党在新的历史条件下开展拒腐防变的严肃斗争。

而在历经了 70 多年的中华人民共和国国家建设与 40 多年改革开放伟大实践的接力探索积累之后，习近平新时代中国特色社会主义思想对加强党的全面领导、推进全面从严治党提出了更为明确的要求，推进党的自身建设的举措更为具体有效，大力推进了中国特色社会主义实践和理论体系中对"建设什么样的党，怎样建设党"问题求解。党的十八大以来，以习近平同志为核心的党中央领导全党全国人民解决了许多长期想解决而没有解决的难题、办成了许多过去想办而没有办成的大事，这里所谓的难题和大事当然有很多，但党内外、国内外都普遍承认其中最重大、最显著的方面之一，就是体现在党风廉政建设领域，新时代坚持

---

①②　习近平：《紧紧围绕坚持和发展中国特色社会主义　学习宣传贯彻党的十八大精神》，载于《人民日报》2012 年 11 月 19 日。

③　习近平：《在庆祝中国共产党成立 95 周年大会上的讲话》，载于《人民日报》2016 年 7 月 2 日。

"苍蝇""老虎"一起打,既抓住思想教育这个根本,又着力推进制度创新监督,发挥组织监督和群众监督的约束效应,使得"不敢腐""不能腐""不想腐"的政治氛围逐层递进。习近平新时代中国特色社会主义思想对于"建设什么样的党,怎样建设党"问题,在前人基础上形成了更加科学系统的思路和方法,从"伟大斗争"和党的"自我革命"的历史高度科学阐明党建工作的地位,从顶层设计和制度安排的战略高度全面加强了党的建设伟大工程的系统性、明确性和保障性,把组织斗争和思想教育都纳入了制度建设的常态化轨道,修改了党章,修改和新制定了其他一大批党规党纪,健全和加强了党开展伟大斗争的机制机构设置,极大增强了党的自我净化、自我完善的意识和效能,是关于党的建设问题的科学指南。

第三,关于"实现什么样的发展,怎样发展"的问题。中华人民共和国成立后,中国共产党领导中国人民自力更生艰苦奋斗,在西方帝国主义阵营的封堵和敌视之下捍卫了社会主义红色政权,又顶住了苏联大国沙文主义的干涉和威胁,初步建立了独立的、比较完整的国民经济体系,人民生活水平比中华人民共和国成立前有了较大提高。改革开放以来,中国特色社会主义明确提出"发展是硬道理""发展是党执政兴国的第一要务",以经济建设为中心,极大地解放和发展了社会生产力,极大地增强了中国经济实力和综合国力,也极大地提高了中国人民的整体富裕程度,不断回应着人民群众日益增长的物质文化需要。在此基础上,科学发展观的提出尤其是依托之前中国特色社会主义发展的成果和经验积累,针对之前几十年发展进程中由于客观条件的制约和主观认识的局限性而导致的一些问题,积极地、自觉地进行科学调节和匡正,特别是针对过去较为普遍存在的不惜以牺牲资源环境和人民群众切身利益为代价的短视性、粗放型发展方式。科学发展观强调要在发展中坚持"以人为本"的核心理念,把促进人的全面发展作为经济社会发展的根本目标和价值尺度,把实现好、维护好、发展好最广大人民的根本利益作为发展当中各项事业的根本出发点和落脚点,主张要实现全面、协调、可持续的发展,实现发展为了人民、发展依靠人民、发展成果由人民共享,指引中国特色社会主义在发展内涵、发展能效上实现了极大提升。

而在历经了70多年的中华人民共和国国家建设与40多年改革开放伟大实践的接力探索积累之后,习近平新时代中国特色社会主义思想以更大的历史担当、更远大的历史视野来看待和推进中国的发展问题,更加着力提高全社会的发展活力,特别是着力解决过去遭遇到、意识到但还没有解决好的发展问题,更加全面地提出了"创新、协调、绿色、开放、共享"的五大发展理念,既坚持以经济建设为中心不动摇,又"坚持用新发展理念统领发展全局,坚持把适应新常态、把握新常态、引领新常态作为贯穿发展全局和全过程的大逻辑"①,并最终以巨大的政治勇气和决断力,在党的十九大报告中科学地更新了对中国社会主要矛盾内容的判断,抓住当代中国发展"不平衡不充分"性特征,系统阐明了"以人民为中心"的发展思想,不断指引中国特色在新时代实现人的全面发展。更进一步说来,这一新思想还对人类发展给予了深切的理论关怀,习近平同志提出的"人类命运共同体"理念当中,从政治、安全、经济、文化、环境方面描绘的发展路线图同"创新、协调、绿色、开放、共享"五大发展理念具有内在的同构性,例如在经济上要谋求开放创新、包容互惠,文化上我们需要促进和而不同、兼收并蓄的交流氛围和交流机制,环境上人类应当携起手来共同构筑尊崇自然、绿色发展的生态体系等。这样,习近平新时代中国特色社会主义思想的发展观实际上呈现了一幅中国和人类发展的科学蓝图,是 21 世纪马克思主义关于人的自由全面发展的科学理论。

二、为中国共产党的理论创新进程开启了全新篇章

党的十九大报告关于"五个是"的判断除了对习近平新时代中国特色社会主义思想在中国特色社会主义理论体系内部的地位加以判明,还揭示着这一新思想所蕴含着的、正在逐步生成着的更加宏大历史尺度上的意义和地位。也就是说,这一新思想还并不止步于作为中国特色社会主义理论体系的组成部分,它还承接着中国共产党自成立以来理论创新进程的历史脉络,开启了为中国特色社会主义续写下一部新篇章的任务——也就是说,这一新思想具有着超出中国特色社会主义理论体系既有框架的生长性。之所以如此,同样源自实践本身的超越,新时代的时代问题具有对旧有时代问题的部分质变,促生了理论的部分质变。众所周知,我们党从十七大开始提出"中国特色社会主义理论体系"的科学概念,是把改革开放以来几代中央领导集体带领全党全国人民与时俱进、开拓创新而逐步地形成的几项重大理论创新成果纳入一个统一体系当中,将它们作为一个整体而定位成马克思主义中国化的第二次历史性飞跃,"中国特色社会主义理论体系"是作为一个整体而同"毛泽东思想"这第一次飞跃相并列的。这种理论的整体性,源自于、扎根于实践问题的整体性。如果我们深入考察中国特色社会主义理论体系的几大理论创新成果,考察他们各自形成自身理论的逻辑进程,则可以看到邓小平理论、"三个代表"重要思想、科学发展观这几大成果在引出和规定理论创新内容的逻辑起点上,即在理论所由出发的时代基本问题的内容上,带有鲜明

---

① 《习近平关于社会主义经济建设论述摘编》,中央文献出版社 2017 年版,第 13 页。

的层次性、顺序性。邓小平理论开创性、全局性地提出并回应了在中国建设社会主义、巩固和发展社会主义的基本问题，具有总览地位，而"三个代表"重要思想和科学发展观所围绕的"建设什么样的党、怎样建设党"和"新形势下实现什么样的发展、怎样发展"的问题，是在邓小平所揭示的总问题之下的具体工作领域和具体路径方式问题。直到中国特色社会主义进入新时代，习近平新时代中国特色社会主义思想所基于的时代基本问题才再一次呈现出了划时代性，也就相应地在理论形态上酝酿着马克思主义发展史上新的重大理论突破。

在中国特色社会主义理论体系当中，首先是邓小平针对人们长期以来关于"社会主义"的习惯思维，从根本上指出了关于"什么是社会主义，怎样建设社会主义"这一带有根本性质的问题，我们其实"没有完全搞清楚"①。以邓小平同志为主要代表的中国共产党人正是在这个根本的问题意识导引之下，带领全国人民开展了全面的思想解放和"摸着石头过河"式的渐进实践探索，从而最终根本性地纠正了我们原先关于社会主义的模糊认识和教条主义理解，指引我们系统地确立了关于社会主义初级阶段的基本国情判断，确立了党在社会主义初级阶段的基本路线，确立了以公有制为主体多种所有制共同发展和社会主义市场经济等内容的基本经济制度。从而，相比较于邓小平理论在中国特色社会主义事业和中国特色社会主义理论体系当中所带有的开端地位和破局使命，其后"三个代表"重要思想和科学发展观的渐次提出，就更加侧重于后续前进道路上的接力传承。也就是说，这之后两大成果是在上述中国特色社会主义的基本历史定位、基本前进方向、基本事业建制已然由邓小平理论所确立了的前提之下，以解决中国特色社会主义在后续阶段上的新型实践与理论问题为目标导向，是在实践当中对基本定位、方向、建制的深化拓展，是在之前总体设计、总体框架规定之下的继续完善。从而相应地表现在这之后两大成果的具体理论形态建构中，它们较之邓小平理论的问题意识而言，具有着必要的视角层次差异，是以回答实际发展进程当中的阶段性中心问题的回答为抓手，统摄当时那个发展阶段上其他各方面工作，作出详尽的理论说明、工作部署和制度安排。

而以习近平同志为主要代表的中国共产党人，站在改革开放以来中国特色社会主义事业接续工作的积累基础上，再一次站到了需要在理论上和实践上进行系统回应、全面创新的历史节点。从而习近平新时代中国特色社会主义思想顺应这个时代发展任务要求，按照邓小平理论关于"社会主义"是什么样、怎样坚持和发展的提问方式，再次提出了"中国特色社会主义"是什么样、怎样坚持和发展这一带有根本性质的问题。正是在全面吸纳中国特色社会主义既往成果并加以全

① 《邓小平文选》（第3卷），人民出版社1993年版，第137页。

面发展的辩证形态上，习近平新时代中国特色社会主义思想对于"坚持和发展什么样的中国特色社会主义、怎样坚持和发展中国特色社会主义"这一带有根本性质的问题作了系统的回应，也相应从"建设什么样的党、怎样建设党"的问题推进到"建设什么样的长期执政的马克思主义政党、怎样建设长期执政的马克思主义政党"的问题，从"实现什么样的发展、怎样发展"的问题推进到"建设什么样的社会主义现代化强国、怎样建设社会主义现代化强国"的问题，全面、有效地指导着中国特色社会主义建设新时代的伟大事业，实现了从中国特色社会主义理论体系自身当中所孕育出的突破性发展，实现了马克思主义中国化新的飞跃。按照马克思主义唯物辩证法关于事物发展的原理来说，我们可以把事物发展高级阶段上的成果作为理解之前阶段的"一把钥匙"[1]，习近平新时代中国特色社会主义思想对中国特色社会主义根本问题的回答，系统深化了党的基本理论，系统阐明了中国特色社会主义的基本方略，为全党全国人民提供了根本遵循，也就为理解中国特色社会主义理论体系之前各个阶段的成果提供了"一把钥匙"。作为"一把钥匙"，习近平新时代中国特色社会主义思想能够在邓小平理论、"三个代表"重要思想和科学发展观各自的时代问题上深刻继承这些成果的伟大贡献，并给出了自身进一步的原创性的理论建构。

只要我们把目光投向马克思主义中国化进程，投向这段更加宏大的整体性历史，那么新时代中国特色社会主义的历史定位，习近平新时代中国特色社会主义思想的理论地位，也就十分显然了。习近平新时代中国特色社会主义思想既扎根于党的十一届三中全会以来的改革开放和中国特色社会主义建设，更源自中华人民共和国成立以来的艰辛探索，源自中国共产党成立以来的风风雨雨。马克思主义中国化进程所秉承的最强韧的历史线索，就是中华民族生生不息自立自强、从过去走向未来逐步实现繁荣富强的绵延进程，中华文明上下五千年的辉煌灿烂及其对人类历史发展的伟大贡献，构成了中华民族伟大的历史记忆与自强不息的普遍品格，它支撑着我们的中华民族走过一次又一次的艰难险阻，并在近代的苦难当中寻找到马克思列宁主义的真理并使其中国化，获得自我的观照、解放和复兴。正是有着这样的一个伟大的历史内在逻辑，并在 1921 年中国共产党成立之时形成了现实性的历史原点，中国人在这个原点上作出了正确的选择，这才开启了中华民族从此走向复兴、走向社会主义强国的根本历史路径，如同习近平同志引用中国古语所说的那样，"其作始也简，其将毕也必巨"。在这段理论和实践风云激荡的历史进程当中，中国共产党不断推进马克思主义中国化，团结和带领中国人民经历了三个 30 年，在不同的历史阶段呈现出新民主主义革命、社会主义

---

[1] 《马克思恩格斯文集》（第 8 卷），人民出版社 2009 年版，第 29 页。

革命与建设、改革开放三大历史事业，终于迈进了新时代中国特色社会主义的伟大时代，进入第四个 30 年，即将进行"两个一百年"任务阶段的历史交接。

毛泽东思想在第一个 30 年间指引中国"站起来"，开启了第二个 30 年间社会主义事业的基本定向，邓小平理论、"三个代表"重要思想、科学发展观在第三个 30 年间接力前行指引中国"富起来"，而进入第四个 30 年，习近平新时代中国特色社会主义思想立足于前人的基础，正在带领中国不断"强起来"，开启中国特色社会主义历史进程的新篇章。中国特色社会主义是一个广博而深厚的理论－实践结合体，在新时代尤其需要不断地深化发展，因而我们也就只有把习近平新时代中国特色社会主义思想的逻辑步伐与中国特色社会主义新时代到社会主义现代化强国目标全面实现的未来动态阶段相结合，与 21 世纪科学社会主义在中国和世界的蓬勃发展进程相结合，才能不断深化习近平新时代中国特色社会主义思想的意义，丰富其理论内涵，续写马克思主义的新篇章，把中国化马克思主义的发展推向新阶段，把科学社会主义的发展推向新阶段。以习近平同志为主要代表的中国共产党人立足于时代潮流，中国共产党和时代、和人民继续携行，不断回答好时代之问、人民之问，建设好了新时代中国特色社会主义，也就必然能够发展好当代中国马克思主义、21 世纪马克思主义。从而，习近平新时代中国特色社会主义思想具有着成为继毛泽东思想和中国特色社会主义理论体系之后马克思主义中国化的又一飞跃性成果的必然潜质，必将在新时代的理论和实践进程中不断拓展其意义。

三、为科学社会主义的真理性事业提供了中国智慧

从这样来看，习近平新时代中国特色社会主义思想还有着更加宏大的历史视野，具有更加深远的历史意义。习近平新时代中国特色社会主义思想的创立至少在以下三方面的世界性议题上实现了突破，为当代科学社会主义的理论与实践新发展释放着巨大的思想力量，尽显世界意义，而这也标志着中国特色社会主义在经过 40 多年的改革开放，在社会主义初级阶段这一大前提下，将科学社会主义推向了新阶段。

其一，终结了西方自鸣得意的"历史终结论"，开辟了科学社会主义发展新境界。回顾东欧剧变和苏联解体所带来的国际社会主义运动低谷期，当时西方资产阶级思想家自得意满地鼓吹着历史已经终结，人类历史的发展将终结于资本主义的自由民主制度。而当中国作为世界上最大的社会主义国家高高举起社会主义的大旗，以四个自信的底气和姿态迈入了中国特色社会主义新时代，那么正如习近平同志所指出的，历史没有终结，也不可能被终结，新时代中国特色社会主

义的崛起在世界社会主义进程和人类文明进程中具有扭转乾坤的重大意义。

其二，突破了人们习以为常的"西方中心论"，为人类文明的发展提供了可供学习、借鉴的模式和选择。新时代中国特色社会主义的崛起和中国模式、中国道路的成功，突破了人们对于"西方中心论"的信仰，即突破了人们自工业革命以来几百年间逐步发展定型的把现代化及西化相绑定的惯性思维，破除了西方资本主义文明、西方资本主义现代化模式及发展路径是唯一和最优模式的现代迷信。新思想的创立为人类对更为美好社会制度的追求提供了中国方案。

其三，破解了当代世界困扰的"文明冲突论"，为人类勾画出美好的人类命运共同体的世界前景。西方资本主义所主宰下的现代世界建立在内在的矛盾、对立、冲突之上，也在思维模式中印刻上了二元对立的模式，以非此即彼的思维方式来看待人与人之间的关系、国与国之间的关系、民族与民族之间的关系、文明类型与文明类型之间的关系。"文明冲突论"由于预设了国际社会的种种矛盾冲突的前提，因而也只能以战争和对抗的方式来解决差异及其冲突，由此加剧了世界分立，加剧了各国对于全球秩序的悲观预期。而习近平新时代中国特色社会主义思想倡导构建人类命运共同体、人类利益共同体的国际主张，由此为建设一个和而不同的美好世界，贡献了中国的切实方案。

之所以有这样的世界性突破意义，正是以习近平同志为核心的党中央始终坚持以马克思列宁主义为指导，善于运用辩证唯物主义和历史唯物主义的方法作为行动指南，强调其作为"看家本领"的原初地位，同时又始终具有实事求是、开拓创新的伟大品格，立足当代中国和世界的伟大历史实践推动理论总结创新，形成了习近平新时代中国特色社会主义思想的完整脉络，并凸显出其深刻的思想特征、精神内涵。例如，习近平同志明确谈到了"社会主义500年"的历史尺度及其几大发展阶段的问题，包括明确了"社会主义500年"从肇始阶段的托马斯·莫尔的《乌托邦》和康帕内拉的《太阳城》等作品开始，就"都是时代的产物，都是思考和研究当时当地社会突出矛盾和问题的结果"①。

因此就习近平新时代中国特色社会主义思想回应"历史之问"的线索而言，我们除了首先要将习近平新时代中国特色社会主义思想放进40多年的改革开放之中，将其视为中国特色社会主义理论体系的组成部分、视为对中国特色社会主义的阶段总结和再出发，我们更要在如下几个重大的历史阶段当中审视习近平新时代中国特色社会主义思想，将其视为相应历史周期节点上的关键环节：

其一，要将其放入中华人民共和国成立70多年以来的历史发展进程当中，探究其对建设共产党领导下的经济富裕、政治民主、文化繁荣、社会公平、生态

---

① 习近平：《在哲学社会科学工作座谈会上的讲话》，载于《人民日报》2016年5月19日。

良好的社会主义现实国家形态所作的创新与贡献；

其二，要将其放入中国共产党成立以来100年的历史发展进程当中，探究其对建设牢记初心使命、组织坚强有力、服务和领导人民的先锋队党组织所作的创新与贡献；

其三，要将其放入《共产党宣言》以来的世界科学社会主义180年的历史发展进程当中，探究其对马克思主义剖析现存资本主义根本弊端、追求实现共产主义远大理想的创新与贡献；

其四，乃至要把它放进从莫尔的《乌托邦》以来500年的世界人民追求幸福与美好生活的历史发展进程当中，探究其对人类社会的发展规律和人的自由全面发展图景的创新与贡献。

总而言之，我们要深入细致地追溯习近平新时代中国特色社会主义思想的深厚历史渊源，在世界历史的进步潮流当中把握这一思想所实现的伟大创新与贡献。

习近平新时代中国特色社会主义思想通过应对世界范围内的问题而进一步发展自身，这并不是与中国特色社会主义"办好自己的事情"和"不当头"等宣示相脱节的，中国和世界两方面事业辩证统一的基础，就在于中国特色社会主义是社会主义而不是其他什么主义。由于社会主义这个核心规定性，中国特色社会主义既要立足于中国自身，又由于事物存在和发展的辩证法，内在地实现着对自身的超越，超出了"中国"的范畴而在自身发展当中蕴含着"世界"社会主义的积极因素。习近平同志在党的十八大后提出"最重要的，还是要集中精力办好自己的事情"，是要通过这个中心任务"不断建设对资本主义具有优越性的社会主义，不断为我们赢得主动、赢得优势、赢得未来打下更加坚实的基础"，而"两种社会制度长期合作和斗争"则还是处于"认真做好……各方面准备"的定位上①。而到了党的十九大召开前夕，习近平总书记提出"我们要赢得优势、赢得主动、赢得未来"的议题就必然要超出打基础、做准备的程度，也就是要自然而然地推导出"以更宽广的视野、更长远的眼光来思考把握未来发展面临的一系列重大问题"②。相应地，原先"以我们正在做的事情为中心"的原则，也就要向"把共产主义远大理想同……我们正在做的事情统一起来"进行切换③。

在党的十九大后新的一个阶段上，习近平同志更加明确地指向了"不断坚定

---

① 习近平：《关于坚持和发展中国特色社会主义的几个问题》，载于《求是》2019年第7期。

② 习近平：《深刻认识马克思主义时代意义和现实意义 继续推进马克思主义中国化时代化大众化》，载于《人民日报》2017年9月30日。

③ 习近平：《学习马克思主义基本理论是共产党人的必修课》，载于《求是》2019年第22期。

马克思主义信仰和共产主义理想"①。这说明马克思主义的世界历史性事业同中国特色社会主义"自己的事情"之间不可分割的辩证关系，中国既要从自己的基础出发为世界历史作贡献，又要由这种世界历史尺度来为我们中国范围内的事业确定方向和意义的尺度。毛泽东曾经特意化用古语批判过某些同志那里存在"言不及义，好行小惠，难矣哉"的错误倾向，"'言不及义'就是言不及社会主义"②，而以习近平同志为主要代表的中国共产党人在中国特色社会主义的新时代，更加积极、更加主动地揭示了社会主义的大义所在，习近平同志在会见联合国秘书长古特雷斯时，公开宣示了"我们所做的一切都是为人民谋幸福，为民族谋复兴，为世界谋大同"的命题③，把"为世界谋"的内容提升到了中国共产党人初心的重要性高度上，更加自觉和公开地担当起这一方面的使命。针对世界问题，习近平新时代中国特色社会主义思想给出了 21 世纪马克思主义的理论回应，用这一科学蓝图来推动科学社会主义在当代世界的复兴，给出了人类进步事业的方案指引，这样"我们正在做的事情"本身才能够不"难矣哉"，才能越走越宽广。

习近平新时代中国特色社会主义思想反映了中国特色社会主义对人类实现更美好生活的示范意义。习近平新时代中国特色社会主义思想从宽广的世界视野看问题，就会把中国特色社会主义建设"以人民为中心"的世界观和方法论外化为一种对人类未来命运的深切关怀，启示世界历史的发展不断趋向人的自由全面发展的彼岸。将习近平新时代中国特色社会主义思想的目标逻辑与人类社会追求更好生活、更好制度的共同历史方向相结合，可以呈现出国内和国际的一种空间整体性。习近平同志在纪念马克思 200 周年诞辰的讲话中辩证地叙述说，一方面马克思主义的初心就在于"为人类解放的崇高理想而不懈奋斗"，这成就了马克思本人的伟大人生，也构成了全世界一代代马克思主义者的伟大事业；另一方面，马克思和马克思主义者的使命又要落实到"为人民解放而奋斗"的具体事业形态当中，要"改变人民受剥削、受压迫的命运"，在近代中国来说就是要进一步落实到"争取民族独立、人民解放和实现国家富强、人民幸福"的事业形态当中④。而在今天，习近平新时代中国特色社会主义思想以最终实现人的自由与解放为最高目标，其具体的逻辑步伐就是既搞好我们"自己的事情"即中国特色社会主义的"四位一体"的发展，同时又具有世界普遍意义地生发出人民在不受剥削、不受压迫条件下繁荣和发展的可靠证明，为广大发展中国家提供新的发展

---

① 习近平：《在纪念马克思诞辰 200 周年大会上的讲话》，载于《人民日报》2018 年 5 月 5 日。
② 《毛泽东文集》（第 6 卷），人民出版社 1999 年版，第 320 页。
③ 《习近平会见联合国秘书长古特雷斯》，载于《人民日报》2018 年 4 月 9 日。
④ 习近平：《在纪念马克思诞辰 200 周年大会上的讲话》，载于《人民日报》2018 年 5 月 5 日。

价值导向，也对西方发达资本主义社会具有警醒和启示意义。

习近平新时代中国特色社会主义思想从宽广的世界视野看问题，就会把中国特色社会主义的经济跃升及其理论表达，把中国特色社会主义的治理绩效及其顶层设计，外化为一种对人类未来命运的具体引领。中国特色社会主义这种引领世界发展的维度，已经越来越多地为世界人民所认知和接受，中国几十年来持续走向繁荣富强的"奇迹"早就引发了世界普遍的关注，国际上有识之士的评价和经济学政治学等领域的相关理论研究早已层出不穷。特别是当中国特色社会主义在新时代不断走向深化，当世界面临日益严峻的危机和变局之际，中国道路必然会愈加呈现出其世界历史性的意义。例如我们可以发现，中国道路已经获得了当今世界许多左翼进步理论家和党派团体的关注，特别是获得了许多带有马克思主义倾向的个人和组织的关注，越来越多的当今国际左翼理论叙事当中开始纳入了中国故事，作为马克思主义在当代最为生动和有说服力素材例证，越来越多的当今国际左翼实践探索开始纳入了中国经验、中国元素，作为马克思主义在当代最为切近的榜样与引导。又如在 2018 年 5 月，在马克思诞生 200 周年的重要历史节点上，中国共产党在此前连续数年举办中共与世界政党高层对话会的基础之上，具有开创性地举行了中国共产党与世界各国共产党及左翼政党的研讨会议，明确树立起来了"21 世纪马克思主义与世界社会主义未来"的会议主题，共同开展对马克思诞辰 200 周年的专题纪念，吸引了来自全世界共 50 个国家的 75 个政党的领导人和代表来华参与。可见，中国为世界贡献出的智慧和力量不是空泛的，而是彰显着科学社会主义的底色和担当，不是一厢情愿和自我满足的，而是靠着这种具有明确规定性的智慧和力量来推动 21 世纪世界社会主义的扎实前进。

正如习近平同志所指出的那样："新中国成立以来特别是改革开放以来，中国发生了深刻的变革，置身这一历史巨变之中的中国人更有资格、更有能力揭示这其中所蕴含的历史经验和发展规律，为发展马克思主义做出中国的原创性贡献。"[①] 概而言之，正如同历史上支撑列宁对马克思主义"原创性贡献"的最大根据、最大底气在于俄国革命的胜利和苏联社会主义道路的开辟，中国之"变"给了中国共产党人总结出习近平新时代中国特色社会主义思想的"原创性贡献"的最大底气。那么同样地，"百年未有"尺度上的世界之"变"，也就必然推动我们把对马克思主义的"原创性贡献"提到一个全新高度。

在 19 世纪，马克思恩格斯抓住了"我们的时代，资产阶级时代"这个根本的时代属性[②]，抓住这个时代在经济领域中"资本 – 劳动"的根本对立，从理论

---

① 习近平：《深刻认识马克思主义时代意义和现实意义 继续推进马克思主义中国化时代化大众化》，载于《人民日报》2017 年 9 月 30 日。

② 《马克思恩格斯文集》（第 2 卷），人民出版社 2009 年版，第 32 页。

上揭示了资本主义社会的内在矛盾运动规律和自我否定趋势，指导通过无产阶级革命斗争和国际联合来实现共产主义样态的人类解放，从根本上规定了科学社会主义的基本内容。到 20 世纪，列宁主义之所以继承和发展了马克思主义，其总的根据就在于"列宁主义是帝国主义和无产阶级革命时代的马克思主义"①，列宁主义立足于这个时代当中资本主义所表现出的帝国主义世界体系，从理论上全面深刻回应了"战争与革命"的时代主题，指导通过世界各国无产者和被压迫民族联合起来反对帝国主义，特别是在俄国，列宁主义指引人们第一次真正把社会主义从科学理论变为了现实存在，深远地影响了科学社会主义的实践道路。在 21 世纪的今天，伴随着当今世界面临"百年未有之大变局"，由中国共产党人带领中国人民不断建成中国特色社会主义的现代化强国，不断展示出科学社会主义在当代的制度规定性和制度优越性，相应地在理论上不断呈现 21 世纪马克思主义的科学形态，这是习近平同志反复强调中国为世界提供中国智慧、中国方案的真谛所在。中国特色社会主义通过为世界发展提供科学社会主义的智慧和方案，这种 21 世纪马克思主义将和 19 世纪马克思恩格斯的思想、20 世纪列宁的思想一样，作为马克思主义、科学社会主义的历史篇章，写入世界历史的鸿篇巨制。

第二节　实践地位：为破解人类现代化的时代困境开辟了新道路

习近平新时代中国特色社会主义思想秉持着马克思主义的优秀品质，它和新时代中国发展和人类生存的根本性问题具有同构性，是对人类现代化发展新道路的能动理论反映和科学理论表达。

一、对新时代复杂问题结构作出了能动反映

上一节中提到，习近平新时代中国特色社会主义思想将"新时代"作为自己的核心关键词，新时代之宣布到来，又是以习近平新时代中国特色社会主义思想的提出作为一个重要的标志，习近平新时代中国特色社会主义思想与中国特色社会主义的新时代互为因果关系，这一新思想既是对中国特色社会主义既往历史进程的回顾总结和提炼升华，又是新时代得以显现的能动建构力量，由此形成了一

---

① 《斯大林选集》（上卷），人民出版社 1979 年版，第 185 页。

个时代发展的里程碑。新时代的到来，需要有新思想加以概括和总结，即概括和总结出当代中国社会主要矛盾的转化，概括和总结出中国特色社会主义全面建成小康社会和全面建设社会主义现代化国家的基本方略，达成具有理论自觉的把握。由此，习近平新时代中国特色社会主义思想成为了历史和逻辑两条线索上的交汇点，是作为开创新时代新的征程、新的创造的活力动因，新思想必将引领全党全国人民创造新的伟大业绩，成就一个伟大辉煌的新时代。

我们随着时代变迁所面临着的，是越来越多的"新情况新问题"，这是一个"复数"，对于这些纷繁复杂的实际，单从一般方法论层面承认理论需要作出回应不断创新，还不足以正确说明创新的具体内容。支撑马克思主义理论创新的更深一层逻辑还在于，要对这些实际有更加科学和精准的把握，面对情况和问题的诸多新特点，要找出最关键、最不可回避的"新"。例如习近平同志在中共中央召开的党外人士座谈会上指出，全面深化改革"要有强烈的问题意识，以重大问题为导向，抓住重大问题、关键问题进一步研究思考，找出答案，着力推动解决我国发展面临的一系列突出问题。"① 这一方法论原则不仅适用于全面深化改革，也对马克思主义和中国特色社会主义的整体事业具有普遍意义。进一步追溯看，2013 年初，习近平同志在学习贯彻党的十八大精神研讨班上的讲话中即明确宣告了这一原则，他在这一届党中央领导集体履新之始就定下了工作定调，要"坚持以我们正在做的事情为中心"，要继续把坚持和发展中国特色社会主义"这篇大文章写下去"，这可以说是"现在""我们这一代共产党人的任务"②。既然是以"正在做的事情"为中心进行续写，其创新就要遵循着最大程度延续、最小程度差异的方式。因而针对党的十八大关于"三个没有变"的基本定性判断，党的十九大只进行了最为精准、最小幅度、最无法回避的调整，只从中国社会主要矛盾的一个"变"上立论，以此划分出了新时代，新时代是中国特色社会主义的新时代而不是别的什么新时代，新思想的核心要旨就是回应我们的事情当中、中国的论域当中这一核心问题的"变"和"新"。

把"新情况新问题"的"多"还原为"一"，这作为党的十八大到十九大的五年间进行理论创新并最终提炼形成习近平新时代中国特色社会主义思想的关键一步，也是今天我们思考这一新思想进一步的生长空间时一个重要的指针。习近平同志在党的十九大前也曾提到过"我们正在做的事情"之外的其他一些"新情况新问题"。例如习近平同志曾谈道："世界格局正处在加快演变的历史进

---

① 《习近平关于全面深化改革论述摘编》，中央文献出版社 2014 年版，第 38 页。
② 习近平：《关于坚持和发展中国特色社会主义的几个问题》，载于《求是》2019 年第 7 期。

程之中，产生了大量深刻复杂的现实问题，提出了大量亟待回答的理论课题。"①
"'孔子登东山而小鲁，登泰山而小天下'。面对世界大发展大变革大调整的新形势，为更好推进人类文明进步事业，我们必须登高望远，正确认识和把握世界大势和时代潮流。"② 党的十九大上所进行的阶段性创新，我们是立足于"我们正在做的事情"，集中针对中国社会的主要矛盾改变进行回答，是在这个"纲"之下设立关于人类命运共同体相关问题的"目"，其理论定位是从属于中国的外交工作方略、服务于中国自身的发展。

　　而到了党的十九大之后，随着中国特色社会主义自身的全面和长远布局已经得到详尽阐明和规划，对世界范围的实际问题加以科学深入的理论思考和回应就凸显出了重要性和必要性。例如，习近平同志在学习贯彻党的十九大精神研讨班开班式上发表的重要讲话当中，就宣示新一届中央要"从历史和现实相贯通、国际和国内相关联、理论和实际相结合的宽广视角，对一些重大理论和实践问题进行思考和把握"③，这种对本届中央领导集体任务的提法就与党的十八大后有所不同，对拓展思考问题的范围作出了明确要求。又如，党的十九届二中全会指出习近平新时代中国特色社会主义思想是当代中国马克思主义、21 世纪马克思主义，这两个术语本身是党的十八大后已经多次被使用过了的，但在这里我们党更新了这两个概念的内涵所指。习近平新时代中国特色社会主义思想是 21 世纪马克思主义，这就实现了论域和尺度的一个重大飞跃，因为如果说当代中国马克思主义还主要只是谈论这一新思想在马克思主义中国化进程中的地位，还只是在中国自身的范围中进行审视和衡量的，那么"21 世纪"的修饰语显然已经是从世界历史尺度、从世界范围马克思主义的整体进程来进行评判的。所以在这个意义上，在理论上精准判断并回应世界范围内的"大量深刻复杂"问题，就是对 21 世纪当代世界的马克思主义的应有考验，是习近平新时代中国特色社会主义思想继续发展所亟待回应的一个实际问题板块。

　　当时依托于考察学习世界马克思主义思潮分析批判资本主义的理论成果，习近平同志科学地总结出了这些思潮当中很多人"一个很重要的特点"，这十分有助于我们探索自己的一套科学叙事体系。当代世界马克思主义思潮，一个很重要的特点就是"他们中很多人对资本主义结构性矛盾以及生产方式矛盾、阶级矛盾、社会矛盾等进行了批判性揭示，对资本主义危机、资本主义演进过程、资本

---

　　① 习近平：《深刻认识马克思主义时代意义和现实意义 继续推进马克思主义中国化时代化大众化》，载于《人民日报》2017 年 9 月 30 日。

　　② 习近平：《弘扬"上海精神"构建命运共同体——在上海合作组织成员国元首理事会第十八次会议上的讲话》，载于《人民日报》2018 年 6 月 11 日。

　　③ 习近平：《以时不我待只争朝夕的精神投入工作 开创新时代中国特色社会主义事业新局面》，载于《人民日报》2018 年 1 月 6 日。

主义新形态及本质进行了深入分析。这些观点有助于我们正确认识资本主义发展趋势和命运，准确把握当代资本主义新变化新特征，加深对当代资本主义变化趋势的理解。"①——简言之，方向就是看问题时注重"大"和"新"。所谓大，就是大在资本主义的矛盾、危机、演进、形态等整体和宏观层面的存在方式上，相应地，我们要对此进行全面深刻的分析，而不只是开展一些经院式、学究式的概念思辨或抽象演绎。所谓新，就是新在当代资本主义的新变化新特征，相应我们也要作出新的批判，而不是简单地重复或者套用马克思主义既往的一些经典理论和做法。概而言之，我们今天就不能是简单停留在说资本主义本性没有改变、矛盾不可克服、必然走向灭亡的抽象判断层次，而是应当从"大"和"新"的角度给出对 21 世纪资本主义的核心判断，最终完成对这个问题从"多"到"一"的还原，据此作出 21 世纪马克思主义关于人类进步事业的现实道路指引。正如同列宁在 20 世纪初针对当时的世界问题清晰归纳出了帝国主义五条特征、从中抓住垄断性的最核心症结一样，21 世纪马克思主义理所应得出这种高度的系统性叙事，它也的确给出了这样的理论叙事。

二、为人类现代化发展确证了新的路径选择

纵观人类现代化进程，从英国工业革命到法国大革命，从普鲁士主导下的德国模式到日本明治维新后的军国主义道路，从苏联在一国范围内建设社会主义到中国独立自主开辟出中国特色社会主义道路，世界各国近现代以来的历史中，既有属于自然的历史进程而发生的现代化，也有被社会历史浪潮卷入现代化乃至被强制现代化的。到第二次世界大战后，老牌帝国主义的全球殖民体系瓦解，更多的民族和国家破除了西方资本主义列强殖民的直接束缚，有了选择现代化道路的机会。

在近代，欧美少数西方国家率先完成了现代化，并建立了资本主义的全球体系，第二次世界大战后催生出的一系列新兴的发展中国家，它们开始推进现代化建设不能不是受西方现代化模式主导，由于过多的模仿依赖而缺乏自主创新，几乎都落入了继发式现代化所特有的困局。类似地，第二次世界大战后在东欧等国新形成的社会主义阵营范围内，也在苏联现代化模式指导和驱使下推进社会主义现代化，但是，由于同样没有独立自主而依赖现代化输入，最终也难逃继发式现代化的困局，尤其是东欧剧变、苏联解体后，它们的现代化进程不是中断、倒

---

① 习近平：《深刻认识马克思主义时代意义和现实意义 继续推进马克思主义中国化时代化大众化》，载于《人民日报》2017 年 9 月 30 日。

退，就是沦为西方发达资本主义的新附庸。这就告诉广大发展中国家，推动现代化的路径选择至关重要，引进式现代化最终必须与本国国情相结合，并有所创新。

中国式现代化建设正是因为摆脱了对西方现代化的迷信、摆脱了对苏联现代化模式的照搬，才得以超越继发式现代化的困局。从新中国成立开始，特别是在党的十一届三中全会拉开改革开放序幕之后，中国稳步发展、赶超前进，在GDP指标上一步一步地超过了俄罗斯、意大利、法国、英国、德国、日本，到2010年已经成为继美国之后的世界第二大经济体。再到党的十八大以来中国特色社会主义昂首阔步迈进新时代，并在党的十九大上系统擘画了全面建设富强民主文明和谐民主美丽的社会主义现代化强国的路线图。可以说，中国已经真正走出了一条中国特色社会主义的现代化道路，这条道路可以为当今众多的发展中国家拓展了发展现代化的路径。

以往世界各国在现代化建设与发展中，无论具体有何不同，但总体上还是可以归为社会主义现代化与资本主义现代化之分，并且这种区分曾经几乎可以对应到市场经济与计划经济之别。我们要真正理解中国现代化道路异军突起的世界历史意义，可以首先做一比较，透视西方现代化道路的形成及其利弊，分析苏联现代化模式的问世及其优劣，并进而探讨第二次世界大战后广大新兴发展中国家或者模仿西方资本主义道路，或者照搬苏联模式的经验和教训。最终，我们可以揭示新中国成立之后中国共产党人探索社会主义现代化道路的经验与规律，并提炼出中国真正成功地开辟出有别于西方资本主义和苏联模式的现代化进路的关键所在，提炼出中国为世界各国人民尤其是发展中国家提供了现代化途径的新选择深刻原因所在，尤其是昭示它为发展中国家实现既能保持社会经济的快速发展又能保持独立自主的主要因素所在。

西方资本主义的现代化道路是人类所形成的第一条的现代化道路。近代英国以蒸汽机广泛应用为标志的工业革命和新航路开辟所逐步形成的资本主义全球市场相结合，开启了人类现代化的先河。由于这种先发的现代化进程带来了生产力的迅速提高，带来了社会财富呈几何级数的增长，对人类社会生活的方方面面产生了无法比拟的巨大影响。因其发源于英国，兴盛于西方，因而也就在世界不同国家的人们心目中造成了一种先入之见，现代化即西方化，现代化是同西方资本主义的经济制度、政治体制、思想文化、生活方式相绑定的，一而二、二而一。这种偏见经过了三个多世纪的历史沉淀，成了当今世界人们根深蒂固的惯性思维倾向。西方资本主义世界的现代化道路确实在很大的程度上提高了劳动生产力，加速了科学技术的发展及其应用，创造了巨大的财富，奠定了西方之为发达世界的现实基础，客观上也极大推动了人类的文明进步。

　　然而，这一现代化发展道路与其经济社会发展成就相伴随的，也有着不可忽视的一系列灾难性后果，总概起来说有以下四个方面。其一，它造成了人与自然、人与社会、人与人甚至于人与自己相互的对立；其二，率先以这种模式完成了现代化进程的国家，无论是在其实现现代化的过程中，还是在其后续的发展中，往往表现出以牺牲他国的利益，以牺牲弱小国家的利益为前提和代价，而具有了一种排他性的发展；其三，由于其现代化的核心理念和实现方式，以及在这种理念和方式下，人们所形成的人们的思维定式和生存方式，最终导致这种现代化的难以可持续发展；其四，西方现代化道路由于夸大了市场机制的功能和作用，凸显了市场的无形之手，最后导致了市场失灵，带来种种可怕的结果。一次又一次资本主义的经济危机，就是市场失灵的一个注脚。总而言之，这种西方的现代化模式留给人们的，不光是有辉煌灿烂的文明创造，也有太多的苦难和教训。因此，当后发国家、发展中国家在进行自身现代化建设过程当中，尤其是选择现代化道路的过程中，应充分认清西方现代化道路的利与弊，尤其是要破除西方现代化的迷信。现代化不只是西方现代化，还有其他的选择。

　　苏联开辟了社会主义现代化的先河。在第一次世界大战后的废墟上，社会主义的俄国及其后的苏联拔地而起。新生的苏维埃政权为了突破帝国主义的封锁包围、为了寻找最终战胜资本主义的道路，充分发挥社会主义制度能够集中力量办大事的优越性，在短短的二三十年当中初步地建成了社会主义的现代化，成为世界上超级强国，不仅迅速地增强了国家实力，也在相当程度上提高了人民群众的物质文化生活水平，并有效地支援了其他国家进行社会主义革命。然而，随着苏联的解体，这条现代化道路终究没有实现初心，给人们留下了沉痛的教训和深刻的反思。从苏联解体至今近30年的时间沉淀，我们现在回过头来看苏联现代化，其弊端主要在于：一是高度的国家集中，并主要倚重于军事化、官僚化的管理和强制命令，而未能从根本上实现劳动者的社会主义主人翁地位；二是采取单一的公有制形式，未能尊重经济规律，排斥市场因素而缺乏优化配置资源的机制与能力，未能有效地把政府的有形之手和无形之手有机地结合在一起；三是以牺牲农业、牺牲农民的利益为代价来发展工业，牺牲轻工业来发展重工业，长期以往最终形成了一个跛脚的巨人，未能从根本上改善和提高人民群众的物质文化生活水平，未能从根本上调动劳动者的积极性。尤为关键的是，苏联面对问题，未能从思想观念、体制机制、生产发展的内生动力等方面进行科学深入的分析，先是因循守旧小修小补，后又选择了错误改革方向自乱阵脚，最后导致社会主义事业的葬送和现代化本身的大倒退。

　　而在1945年第二次世界大战结束以后，人类迎来了宝贵而又短暂的相对和平时期，现当代发展中国家的现代化重要地带包括东北亚、东南亚和南亚等新兴独立国家的工业化崛起，拉丁美洲如阿根廷、巴西、秘鲁、智利等的试图摆脱原先依附性发展路径的探索，中东西亚和北非伊斯兰世界的世俗化进步努力，等等。这些国家其现代化主要是充分利用各种地缘优势，通过有计划的学习引进、技术改造，试图获得短时期高速度跳跃式经济发展，同时也带动广泛的社会变革，适应现代世界的发展进程。这些发展中国家的现代化，不是一个自然的社会演变过程，因此，与发达国家早先的现代化进程相比较，由于发展中国家的现代化是高速度、全方位的急剧变革，各种目标如经济增长与民生发展、社会公平与稳定、民主与法制建设等，相互之间往往不相兼容，甚至潜在地孕育了各种社会矛盾，最终在取得现代化建设的初步繁荣和成果之外，留下了太多的遗憾、问题、危机，许多国家甚至因而终止了现代化进程，陷入了动荡、混乱和倒退。

在苏联现代化模式指导和影响下，前东欧国家也在 40 余年中基本取得了社会主义现代化建设的巨大成就，特别是当时的捷克斯洛伐克、民主德国等国，已经将其国家工业技术水平和各项经济发展指标初步建设达到了先进水平。然而，东欧国家从现代化之初就埋下了经济政治问题的根源，其主要原因是在于"一边倒"地、毫无保留地选择了苏联现代化模式，有一些甚至是被迫走上了苏联的现代化道路，而没有根据本国历史传统与实际情况加以结合改造。由于缺乏独立自主的选择，其对现代化的目标、路径、步骤和动力，也就缺乏科学设计和稳妥布置，最终随着东欧剧变、苏联解体，原有的现代化基础随之分崩离析。具体说来，其一，当时整个东欧地区诸国既然在自身社会制度的选择和现代化途径的选择上缺乏国家独立性和自主权，其维持和发展深化这种选择的动力也就不足。其二，每一个国家在现代化建设进程中因为服从于苏联高度集中的统一指挥，因此造成了产业结构畸形发展，国民经济布局失衡，没有真正迸发出现代化活力。其三，由于经济生产的单一化，导致了人民群众物质和文化生活的单一化，总体物质文化不够丰富（这也是导致东欧演变社会主义阵营瓦解的经济文化因素）。

总而言之，纵览西方现代化模式和苏联现代化模式的推广，尽管有其有理、有利的一面，也不乏成功的局部案例，但最终却由于现代化的提供者、学习者双方在理念、做法上的偏颇，终究留下太多的遗憾和败笔。广大发展中国家现代化失败的经验教训令人深思，发展中国家要如何选择现代化路径，要如何寻找到适合本国、本民族、本地区可持续发展的现代化道路？每一个国家选择什么现代化路径，设定什么样的现代化目标和步骤，获取什么样的现代化动力，由于各国的历史传统和现实条件不尽相同，很难有统一的标准，然而今天的世界已经成为地球村，由于全球化的现实态势，使得各国在选择现代化的路径上也可以形成一些共识。其一，只有一个具有主权的国家，拥有独立自主的政府和人民，对现代化有自身的理解，才能达成现代化发展的主体和动力；其二，任何一个国家和民族所选择的现代化必须要符合本国利益，能够不断提高本国人民物质文化生活水平，满足人民群众需求，并提高本国生产力；其三，在其现代化进程中应具有克服各种困难不断获取内生动力的机制，使其现代化能经得住各种危机挑战和考验，而具有持续性；其四，任何一个国家和民族的现代化放在人类历史进程中，放在全球范围内，必须是不以损害其他民族利益为代价，必须要秉承互利互惠共赢的机制，不在客观上引发他国的抵制乃至对抗。

正是在这一背景下，中国现代化成功之路，为世界各国人民尤其是发展中国家提供了现代化途径的新选择，为发展中国家实现既能保持社会经济的快速发展又能保持独立自主，提供了极为有益的启示。中国的现代化立足于本国国情，探索出了一条符合本国特色的途径。中国的现代化遵循现代化发展的内在规律，既要积极学习引进国外先进的生产力要素和生产管理体制，批判吸收国外有益的治理经验和价值观念因素，又要以我为主，发展出内生的经济、政治、文化、社会、生态制度体系。中国的现代化回应人民群众的现实需要和发展诉求，把现代化发展和人的发展结合起来，坚持以人民为中心的发展，实现了现代化历史进程和人的发展进程的辩证统一和相互促进。

当然，中国特色社会主义虽然在既往的现代化建设历程中已经取得了令世人瞩目的成就，但与此同时中国作为后发国家，其现代化进程不可避免地是要带有缺点和短板，特别是在追赶西方发达国家的过程中，不可避免会被迫对接和适应西方资本主义所主导下的当代世界经济秩序和社会建制。例如，中国除了采纳西方先进的现代化大工业生产力，也不得不包括采纳西方市场经济的基本社会建制，更不得不在相当大的时空范围内启用资本的元素和原则。因而，中国在现代化的深入展开过程中，也逐步积累了许多具体的经济社会问题，包括在资本逻辑的渗透影响下，贫富的两极分化严重，自然生态环境恶化，人们的生存状态也表现出一定程度上类似西方资本主义社会中的"单向度"特性等。对此，中国特色社会主义首先当然不会简单地、片面地否定现代性，不会是持有现代性"原罪"论之类的看法，中国特色社会主义是始终坚持着现代化的发展目标和前进道路的。但中国特色社会主义也绝不是对现代性加以片面的肯定，并不是用一些"发展代价论"和"阵痛"论之类提法来抹杀或者无视现代性的消极面。中国特色社会主义的基本立场和实践取向，就是要对现代性加以"治疗"，批判和超越资本主义的现代化道路，真正的批判和切实的超越就在于开辟出另一种现代化的实现方式，另一套现代性的价值观念，另一套现代社会的制度安排。我们结合着现代性及其困境问题在中国从征兆、预判逐步转变为现实的状况，借鉴吸收着国外马克思主义的现代性批判的成果，积极地寻找出现代化进程中这些负面效应的真实原因，并且想方设法消除这些原因，使负面效应降到最低限度，这个消除的必由之路，无疑就是社会主义，就是走中国特色社会主义的现代化道路。

党的十九大报告科学地评估了中国特色社会主义现代化建设进程的阶段性成绩和不足，用"不平衡、不充分"的精辟概括科学诊断了我们现代性发展事业目前所处的样态，用"站起来""富起来"到"强起来"的形象归纳科学规划了我们现代性发展事业正在经历的深刻转变，相应的这种转变在理论上的表现，就是习近平新时代中国特色社会主义思想对中国特色社会主义理论体系的既有成果的发展创新。如果说我们在中国特色社会主义过去一路走来的过程中是致力于"富起来"，我们当时关注的重点是千方百计实现现代性，包括借鉴和利用资本的元素和原则来帮助我们发展现代性，那么我们在中国特色社会主义新时代的进程中，就要致力于"强起来"，我们的重点就必然应当转变为超越现代性、超越资本。对于新时代新任务，习近平新时代中国特色社会主义思想已经给出了一套中国自己的方案，中国要贯彻创新、协调、绿色、开放、共享的发展理念，要实施经济、政治、文化、社会、生态文明五位一体的现代化建设治理体系和格局。可以说，这是一条以缩小贫富差距、实现共同富裕为价值取向的现代化之路，坚持以人民为中心的发展思想，始终着眼于改善民生和促进人的全面发展，同时这也是一条尊重规律的科学发展、可持续发展、包容性发展的现代化之路，实现了生产发展、生活富裕、生态良好高度统一。

我们可以从中国化马克思主义统筹国际国内大局的空间整体性出发，把握新时代中国特色社会主义的空间交互。新时代中国特色社会主义所蕴含的最广阔的空间整体视野，就是中国在当前全球体系中的交互发展格局和能动战略布局。首先，中国要梳理好中国共产党作为中国的执政党如何设定一国范围内治国理政的空间坐标的问题，中国共产党要统揽全局协调各方，要统摄党政军民学、东西南北中，就需要有机地链接好中国共产党的领导之下国家、社会与个人之间的有机统一关系，各司其职，充分发挥出以党为基准的坐标体系的定向、定位、协调功能。进而，中国是要有效地协调好中国与世界的地域空间关系，我们要下好国内国际的"一盘棋"，用这种眼光把握中国与世界的地域空间，要注重中国与世界双向的联动反应、辐射效应，既要看到世界经济、政治、文化、军事、外交等形势的变化给国内所造成的种种影响，更要看到我们国内五位一体治国理政的实践和做法对我们外交格局、友邻关系的影响，当今中国的一举一动都给世界各国带来联动辐射。并且，从新时代中国特色社会主义的空间坐标来看，要跳出中国仅仅作为直接当事方的狭隘国际事务范围，要使中国屹立于世界民族之林，中国就要参与、协调、处理全球范围内发展中国家与发达国家之间的各种关系，尤其是利益关系。我们在扎实推进新时代中国特色社会主义的过程中，应当积极以中国经验、中国力量，帮助全球治理摆脱现有的失序、失灵、失效困境，有效抵制消解各种各样的"逆全球化"思潮和举动,积极引领全球化发展的正确方向,构建全球治理的新体系、新秩序,为人类文明的发展做出中国新的应有贡献。此外,中国还要推动和引领科学社会主义的发展,既要立足自身坚定不移建设好、发展好新时代中国特色社会主义,又要用中国智慧和中国方案即中国特色社会主义的伟大智慧和方案,示范世界各国发展的更好制度样态,为21世纪科学社会主义的蓬勃发展,为国际共产主义运动从低谷中走出来并逐步地走上健康发展的道路,提供我们应有的帮助。

习近平新时代中国特色社会主义思想更从世界范围的宏观视野看问题,秉持"以人民为中心"的世界观和方法论,体现出来一种对人类未来命运的深切关怀,倡导构建人类命运共同体,并提出中国人民有能力和信心为世界人民对美好社会制度的追求提供中国方案,要以中国方案来为构建人类更美好生活做出贡献。就人类命运共同体而言,习近平新时代中国特色社会主义思想继承和发展了马克思主义关于"历史"发展为"世界历史"的理论,它正是站在世界历史的高度审视当今世界发展趋势和面临的重大难题,审时度势地提出了有效的应对和解决思路的方案,中国同世界各国人民一起努力把世界建设得更加美好。马克思恩格斯生动描绘了兴起于西方的资本主义扩张到整个世界的过程,即"各民族的原始封闭状态由于日益完善的生产方式、交往以及因交往而自然形成的不同民族之间的分工消灭得越是彻底,历史也就越是成为世界历史"①。在当前的实然层面,我们还是处于由西方资本主义主导的全球体系之下,这样也就必然随着这一资本主义性质体系的内在矛盾而遭遇危机,对此,习近平新时代中国特色社会主义思想强调我们在其中的应对方略。中国坚持和平发展道路,坚持独立自主的和平外交政策,坚持互利共赢的开放战略,不断拓展同世界各国的合作,积极推动"一带一路"倡议并设立"亚投行"等机构,为世界经济的发展提供了切实有效的公共平台、公共服务、公共产品,中国更是积极地参与国际经济贸易、金融、文化等领域政策方案的制定与实施,推进全球治理的新秩序、新规则的生成,在更多领域、更高层面上实现合作共赢和发展。

就中国方案而言,习近平新时代中国特色社会主义思想实际上赋予了中国方案三个既相互联系又相互递进的不同层面具体内涵。(1)中国要以中国方案解决当前重大的世界经济难题,要为世界经济复苏提供强大的动力。中国努力实现从中国制造到中国创造的升级发展和"引进来、走出去"战略,反对贸易保护主义,努力消除贸易壁垒,为世界经济的发展和繁荣贡献中国元素。(2)中国要在当前世界"逆全球化""反全球化"喧嚣一时的浪潮中勇于担当。中国方案要勇

---

① 《马克思恩格斯文集》(第1卷),人民出版社2009年版,第540~541页。

于应对一系列干扰破坏全球治理体系、秩序及格局的消极因素，推动全球化的正确发展方向，还世界人民一个和平友好合作共赢的发展环境，也为中国的进一步改革开放创造良好的世界环境。（3）中国要在苏东剧变之后国际社会主义运动较长一段的低谷之后，在世界上高高地举起中国特色社会主义的大旗，让科学社会主义再次呈现出现实性，并重新点燃世界人民对不同于资本主义的"另一种可能""另一条道路"的希望和向往。尤其是中国方案把中华民族伟大复兴的中国梦与世界梦紧密地联系在一起，并以中国方案解决世界人民为更为美好的社会制度的追求提供新的路径选择和样板，在当代新的社会历史条件下，再一次有力地推进了关于社会主义的"世界革命"与"一国首先胜利"之间张力的重大的理论和实践难题的求解，中国既不"输出革命"，又以和平交往形态当中的制度示范和路径引领的方式促进人类进步。

三、持续推进中国道路的伟大社会革命事业

我们可以从中国化马克思主义推进伟大社会革命的实践整体性出发，把握新时代中国特色社会主义的实践斗争。新时代中国特色社会主义所进行的最关键的实践事业内容，就是党领导人民所进行的伟大社会革命，正如习近平同志所指出的，"新时代中国特色社会主义是我们党领导人民进行伟大社会革命的成果，也是我们党领导人民进行伟大社会革命的继续"①。中国人民在近代以来可歌可泣的自救求索进程中，特别是借助十月革命一声炮响给我们送来的马克思列宁主义，借助于中国共产党人的理论和实践创新，把客观历史条件和主体自觉行动融汇成了中国化马克思主义指导下的伟大社会革命。中国共产党领导人民的"伟大社会革命"，就是要使得马克思列宁主义的普遍真理中国化，用中国化的马克思主义指引中国人民走社会主义道路，从而实现民族独立、国家富强和人民幸福。以毛泽东同志为主要代表的中国共产党人领导人民进行的民族解放运动和新型的资产阶级民主革命，使得中国彻底摆脱了西方列强的侵略瓜分并打破了自身沉重的封建枷锁，进而在中华人民共和国成立后的"前三十年"不间断地推进社会主义的伟大社会革命，在艰辛探索当中走出了中国特色社会主义的新路。以邓小平同志为主要代表的中国共产党人领导人民进行的改革开放是中国的"第二次革命"，这第二次伟大社会革命在共和国"后三十年"一以贯之的接力探索中，统一于解放生产力并推动解放人的社会关系和思想的伟大实践，以一种活的、流变

---

① 习近平：《以时不我待只争朝夕的精神投入工作 开创新时代中国特色社会主义事业新局面》，载于《人民日报》2018 年 1 月 6 日。

的形态，内嵌于中国特色社会主义的道路、制度和理论体系。今天，以习近平同志为核心的党中央领导中国人民进入中国特色社会主义的新时代，对"中国特色社会主义"本身进行了阶段总结与继续开拓，对"改革"进程本身进行了自我革新与全面深化。实现中华民族复兴的伟大梦想继承了近代以来中国人民追求国家富强的一贯主旨，党的建设新的伟大工程继承了"第一次革命"以来中国共产党人勇做先锋带头的核心作用，中国特色社会主义的伟大事业继承了"第二次革命"以来党和人民开辟中国道路的根本贡献，有许多新的历史特点的伟大斗争则昭示了以习近平同志为核心的党中央正在带领人民开展"第三次革命"的新时代进程。

除了在纵向的历史潮流当中代表前进方向并制定相应的系统理论形态，习近平新时代中国特色社会主义思想还在当代世界的共时层面上，坚持"以人民为中心"的理论内核，全面统摄了中国特色社会主义各方面的工作。正如党的十九大报告所说："坚持以人民为中心。人民是历史的创造者，是决定党和国家前途命运的根本力量。必须坚持人民主体地位，坚持立党为公、执政为民，践行全心全意为人民服务的根本宗旨，把党的群众路线贯彻到治国理政全部活动之中，把人民对美好生活的向往作为奋斗目标，依靠人民创造历史伟业。人民是历史的创造者，是决定党和国家前途命运的根本力量。必须坚持人民主体地位，坚持立党为公、执政为民，践行全心全意为人民服务的根本宗旨，把党的群众路线贯彻到治国理政全部活动之中，把人民对美好生活的向往作为奋斗目标，依靠人民创造历史伟业。"① 在这个叙述结构当中，习近平新时代中国特色社会主义思想是继承了历史唯物主义关于人民群众在历史当中作用的根本世界观原理，发扬了我们党一贯以来的群众路线的精髓要义，深刻阐明了历史、人民和党的辩证统一关系，将之统一于中国特色社会主义的实践伟业当中。

我们前面当中述及习近平新时代中国特色社会主义思想是要回应"坚持和发展什么样的中国特色社会主义、怎样坚持和发展中国特色社会主义"的历史之问，而这其中的一个关键点就是要讲清楚"为谁而改革、如何推进改革"的问题，贯彻"以人民为中心"的思想正是改革的题中应有之义。改革要触动乃至突破经济社会体制各个方面诸多群体的既有利益格局，也唯有触动和突破才能真正使得生产力发展摆脱束缚，在社会财富的源泉充分涌流的基础上带动社会各方面事业的全面发展进步。但改革既然已经积累了 40 多年的经验，改革所采用的必要触动和突破也就可以而且应当更准、更稳、更好，特别是当着中国特色社会主义的改革之路在新时代所面临形势更为复杂、推进更为艰难，一方面我们需要全

---

① 习近平：《决胜全面建成小康社会 夺取新时代中国特色社会主义伟大胜利——在中国共产党第十九次全国代表大会上的报告》，载于《人民日报》2017 年 10 月 28 日。

面深化改革，另一方面又尤其需要注重促进社会发展和维护公平正义。习近平新时代中国特色社会主义思想指引下的全面深化改革，鲜明的特点在于改革的立场、态度和方式方法，在于改革的主体、动力和长效机制。这种立场就是站在人民的立场，这种主体就是以人民为主体，是以人民对美好生活的向往来定义我们改革发展的工作内容，也是以人民的利益得到满足特别是人民群众有获得感、幸福感、安全感等来作为检验我们工作的成败得失的标准。正由此，新时代才尤其在反腐败、环境保护、社会保障、精准扶贫等事关人民切身利益和切身感知的方面获得了突破性的进展。也正由此，新时代才尤其体现改革的整体性、系统性、协同性，既注重摸着石头过河脚踏实地又注重顶层设计，注重对改革绩效和综合效应的评价。

2018 年 1 月 5 日，习近平同志在学习贯彻党的十九大精神研讨班开班式上的讲话当中提到："新时代中国特色社会主义是我们党领导人民进行伟大社会革命的成果，也是我们党领导人民进行伟大社会革命的继续，必须一以贯之进行下去。"① 此后，2 月，习近平同志在春节团拜会的讲话，3 月在十三届人大一次会议闭幕会的讲话等场合，又面向全国人民数次提及了"社会革命"概念。在习近平同志的一系列讲话文本当中，存在一个"进行具有许多新的历史特点的伟大斗争"——"将革命进行到底"——"党领导人民进行伟大社会革命的继续"的三部曲逻辑进程。

习近平总书记在十八大之后举行的政治局第一次集体学习时的讲话开始，就多次强调了"进行具有许多新的历史特点的伟大斗争"，引发了众多的关注和解读，"伟大斗争"提法的传播推广历程，可以说与今天"伟大社会革命"的经历颇有类似之处。而有研究者在阐释当中，非常敏锐地看出这一重要论断的措辞表述是有着马克思主义的历史"典故"的，它的出典就是毛泽东1962 年在扩大的中央工作会议上的讲话②。毛泽东讲话指出："从现在起，五十年内外到一百年内外，是世界上社会制度彻底变化的伟大时代，是一个翻天覆地的时代，是过去任何一个历史时代都不能比拟的。处在这样一个时代，我们必须准备进行同过去时代的斗争形式有着许多不同特点的伟大的斗争。为了这个事业，我们必须把

① 习近平：《以时不我待只争朝夕的精神投入工作 开创新时代中国特色社会主义事业新局面》，载于《人民日报》2018 年 1 月 6 日。

② 参阅张荣臣：《必须准备进行具有许多新的历史特点的伟大斗争——中国共产党对中国特色社会主义的探索和启示》，载于《中共天津市委党校学报》2014 年第 1 期；蔡永生：《"进行具有许多新的历史特点的伟大斗争"学习思考》，载于《毛泽东邓小平理论研究》2017 年第 6 期；李作言：《"伟大斗争"是怎样演进的》，载于《解放日报》2017 年 11 月 21 日；王跃：《从新时代党的历史使命认识新历史特点的伟大斗争》，载于《华东师范大学学报（哲学社会科学版）》2018 年第 3 期；王立胜：《深刻把握"1·5"讲话关于社会革命的内涵及其意义》，载于《世界社会主义研究》2018 年第 3 期。

马克思列宁主义的普遍真理同中国社会主义建设的具体实际、并且同今后世界革命的具体实际，尽可能好一些地结合起来，从实践中一步一步地认识斗争的客观规律。"①

"进行具有许多新的历史特点的伟大斗争"提法，可以说是对毛泽东"进行同过去时代的斗争形式有着许多不同特点的伟大的斗争"提法的重述。因为毛泽东固然作为白话文巨匠，极大地影响了现当代国人的语言风格，例如单纯的"伟大斗争"表述已经深入日常生活，但加上关于历史特点等的一长串修饰语，则具有某种特异性。上引几位研究者依照个人观感所进行的追溯认定本身已经可以部分地证明这一点（限于本书见闻，有此观感的论者显然还不止这些），而我们在此还可以通过一些统计数据来佐证。在中国知网上通过"特点的"＋"伟大斗争"关键词，对之前年份当中（1994～2017年）的期刊全文进行检索，可以得到如下粗略的命中结果：2017（550）；2016（359）；2015（183）；2014（116）；2013（96）；2012（41）；2011（56）；2010（38）；2009（54）；2008（32）；2007（25）；2006（28）；2005（33）；2004（35）；2003（32）；2002（28）；2001（42）；2000（29）；1999（39）；1998（31）；1997（20）；1996（29）；1995（29）；1994（24）

当然，这其中部分结果本身并不是"特点的"直接修饰"伟大斗争"，只是全文中恰好同时有两组关键词的，这里未加剔除。但是，从总体趋势上，我们显然已经能看到，加上新的历史特点等修饰语的"伟大斗争"提法。2013年12月，习近平同志在纪念毛泽东诞辰120周年的座谈会上再次提及"我们正在进行具有许多新的历史特点的伟大斗争"，并随之宣示了"增强党要管党、从严治党的自觉，提高党的执政能力和领导水平，增强党自我净化、自我完善、自我革新、自我提高能力"的任务举措②。而我们知道，习近平同志在2018年重提"社会革命"的各种场合，也一贯同时强调了党的"自我革命"问题，党领导中国人民继续进行"社会革命"和党进行"自我革命"之间具有内在的相互依托关系。

2016年12月30日，习近平同志在全国政协新年茶话会上的讲话中指出："68年前的今天，正当解放战争即将取得全面胜利、新中国即将建立之际，毛泽东同志发表新年献词，号召全党全国人民不怕任何困难，团结一致，将革命进行到底。

一个时代有一个时代的主题，一代人有一代人的使命。新长征路上，每一个

---

① 《毛泽东文集》（第8卷），人民出版社1999年版，第302页。
② 习近平：《在纪念毛泽东同志诞辰120周年座谈会上的讲话》，载于《人民日报》2013年12月27日。

中国人都是主角、都有一份责任。让我们大力弘扬愚公移山精神，大力弘扬将革命进行到底精神，在中国和世界进步的历史潮流中，坚定不移把我们的事业不断推向前进，直至光辉的彼岸。"①

第三节　价值地位：为提升人类文明的全面发展内涵呈现了新样态

习近平新时代中国特色社会主义思想的科学真理是科学性和价值性的统一，牢牢占据推动人类社会进步、实现人类美好理想的道义制高点，将之具体化为中国特色社会主义新时代的全方位建设，给出了马克思主义关于人的自由全面发展的生动图景，为中华民族伟大复兴的事业注入了引领世界发展进步、提升人类生存境界的重要维度。

一、建构经济赶超趋于完成后的"强国"内涵

新思想奏响了新时代新的历史脉动的强音，它既是伟大的中华文明几千年文明发展生生不息的历史回响，又是鸦片战争以来的中华民族近代不屈抗争的力量绵延，更是中华民族迈向伟大复兴局面的前进号角。所以，新时代伟大的历史脉动，既有中华民族历经灿烂辉煌、衰落危机又重新振奋的普遍历史神韵，又凝聚着中国化马克思主义指引中国持续走向繁荣富强的鲜活的整体历史活力，是我们展望前途、开拓进取的坚实起点。

第一，从时间整体性来看，就是要将习近平新时代中国特色社会主义思想的生成逻辑与中华民族伟大复兴的中国梦的绵延历史步伐相结合。习近平新时代中国特色社会主义思想的第一要务，是为实现中华民族伟大复兴的中国梦提供行动指南，站在新时代从"站起来""富起来"到"强起来"的历史节点，实现"两个一百年"的伟大交接。中国首先还是要办好自己的事情，解决好自身的问题，面对世界经济复苏乏力、局部冲突和动荡频发、全球性问题加剧的外部环境，面对我国经济发展进入新常态而面临的一系列重大而又深刻的变革，我们迫切需要在中国之"治"的实践成果基础上，不断推进中国特色社会主义事业，坚持稳中求进、迎难而上、开拓进取，不断推进自我革命和社会革命。习近平新时代中国

---

① 习近平：《在全国政协新年茶话会上的讲话》，载于《人民日报》2016年12月31日。

特色社会主义思想根本的目的指向，就是要通过治国理政的实践来全面建设社会主义现代化强国。无论是从实现第一个百年奋斗目标全面建成小康社会还是从最终实现第二个百年奋斗目标即实现中华民族伟大复兴中国梦，既要靠埋头苦干实干兴邦的机体躯干，又必须要有一个伟大的行动指南作为内在灵魂，党的十九大的胜利召开，习近平新时代中国特色社会主义思想应运而生，使得全党全国人民对于前路有了这样一盏指路明灯。习近平新时代中国特色社会主义思想既有其思想理论的深厚历史渊源，又是顺应了我们伟大时代变革的现实需要和人民对美好生活向往的需要，是以习近平同志为核心的党中央对中国所作出的思想贡献和理论贡献，也是统一全党和全国各族人民思想凝心聚气的重要的载体。这一重大思想创新，就是用以指导我们实现两个一百年目标的伟大的行动指南，特别是使得我们对于在 2035 年基本建成社会主义现代化强国，对于到 2050 年完全实现建设富强、民主、文明、和谐、美丽的社会主义现代化强国这一系列战略部署，思路更加清晰，步伐更加坚定，具有了必胜的信念和明确的前进路线图。

第二，从空间整体性来看，就是要将习近平新时代中国特色社会主义思想的目标逻辑与人类社会追求更好生活、更好制度的共同历史方向相结合。从世界历史发展的角度来看，习近平新时代中国特色社会主义思想根本的目的同时还要指向同各国人民一道努力构建人类命运共同体，把世界建设得更加美好。习近平新时代中国特色社会主义思想的精神实质是以人民为中心，回应人民对美好生活的追求，在新时代不忘初心继续前进，引领全党全国人民扎实建设中国特色社会主义，这其中也内在地从逻辑上蕴含着可以推广到构筑人类命运共同体，推进世界历史的发展进步，不断趋向人的自由全面发展的彼岸。习近平同志在纪念马克思200 周年诞辰的讲话中辩证地叙述说，一方面马克思主义的初心就在于"为人类解放的崇高理想而不懈奋斗"，这成就了马克思本人的伟大人生，也构成了全世界一代代马克思主义者的伟大事业，而另一方面马克思和马克思主义者的使命又要落实到"为人民解放而奋斗"的具体革命形态当中，要"改变人民受剥削、受压迫的命运"，在近代中国还要进一步落实到"争取民族独立、人民解放和实现国家富强、人民幸福"的历史任务当中[①]。所以，习近平新时代中国特色社会主义思想以最终实现人类的自由与解放为最高目标，其具体的逻辑步伐就是通过搞好我们自身的中国特色社会主义的四位一体的发展，为世界人民的共同繁荣和发展贡献中国经验、中国智慧、中国方案和中国力量，要为广大发展中国家提供新的现代化选择路径，也对西方发达资本主义社会具有启示和警醒意义。

---

① 习近平：《在纪念马克思诞辰200 周年大会上的讲话》，载于《人民日报》2018 年 5 月 5 日。

第三，从实践整体性来看，就是要将习近平新时代中国特色社会主义思想的任务逻辑与伟大斗争、伟大社会革命的深刻历史内容相结合。习近平新时代中国特色社会主义思想是面对着世界之"乱"的外部环境，从系统完整的理论形态上反映中国之"治"，以科学的理论阐述描绘出中国方案的基本内容，并呈现出中国方案的系统优越性和实践成长性。中国特色社会主义之"治"不是天朝上国式的关起门来的"富家翁"，也不是照抄照搬西方发达国家的"模范生"，中国是在时代前进浪潮的推动下，以自己的开拓奋进超越了前述两种状态，这种时代趋势"强迫"着我们从近代以来就不断地走向社会主义、建设社会主义、发展社会主义，而在今天，时代趋势就是督促着我们坚持和发展中国特色社会主义，展现新时代中国特色社会主义的社会进步和人民幸福的现实优越图景。这种图景，就是在时代主题问题上明确回答新时代社会主要矛盾的转化，就是在社会主义建设规律问题上明确回答如何坚持和发展中国特色社会主义，就是在共产党执政规律问题上明确回答如何坚持党领导一切和全面从严治党，就是在人类社会发展规律问题上，明确回答如何建设人类命运共同体和建设更美好生活、更美好制度。

习近平新时代中国特色社会主义思想这一基本任务架构，立足中国社会新的主要矛盾形式和内容，确保改革与稳定、创新与守成相统一，为全球问题提供了"参考答案"式的导引，推进了发展与和平、斗争与和谐相统一。中国方案它有两个向度，一个是由内向外、输出传播中国的力量、中国的经验、中国的智慧、中国的文化，为世界各国提供中国的帮助和样板；另一个是由外而内，在这种输出和传播的过程中，不断地获得自我观照、自我修正和自我提高、自我修复的参照物、坐标和平台。从黑格尔关于世界历史民族、世界历史个人的概念到马克思的世界历史理论，其间有一条重要的线索，也就是想要发掘人类历史在塑造它自身各种各样文明形态的过程中，它需要有伟大的历史人物（个体和群体）来做世界历史的载体或者说代言人，黑格尔唯心主义属意于普鲁士或拿破仑等，马克思的世界历史理论则是立足于"人类社会或社会的人类"[①] 来作为实现世界历史的真正主体，要追求逐步实现自由人的联合体这一科学的共产主义远景目标。今天，伴随着中华民族走在中国特色社会主义的道路上而"强起来"，就是要把我们这种道路的优越性推己及人、惠及世界各国人民，所以这是世界人民所需要的中国方案，也是中国方案的真谛所在，由此中国方案会改变世界的格局，推进世界历史新的进步。

在中国特色社会主义的富强道路上，我们始终牢记马克思主义对共产主义的

---

① 《马克思恩格斯文集》（第 1 卷），人民出版社 2009 年版，第 502 页。

远大理想，坚守新中国所建立的党和国家的一整基本制度体系，并将其视为改革所依据的原则、出发点、归宿和应当持守的底线，将改革视为社会主义的自我完善和发展。中国道路与苏联东欧等国错误的改革方向并最终走向剧变的道路，具有着根本的不同。中国道路植根于它自身的历史情境，实现着自身富起来强起来的本质性要求。中国道路所始终坚持社会主义的基本导向和基本原则理想不是抽象的和空洞的，"社会主义的原则，第一是发展生产力，第二是共同富裕"①。社会主义的这一基本原则理想同时也是当代中国改革和发展道路所遵循的基本导向原则。所以，解放生产力、发展生产力，是同消除剥削、消除两极分化、最终达到共同富裕在一道，构成了社会主义的本质。这种社会主义本质的科学界定，当然也就为中国特色社会主义给出了基本导向和基本原则，这具体地归结为十三大时所提炼的"以经济建设为中心，坚持四项基本原则，坚持改革开放"的社会主义初级阶段基本路线，按照邓小平的目标设计，"基本路线要管一百年，动摇不得"，直到21世纪中叶，达到中等发达国家水平，基本实现现代化。

对于社会主义初级阶段而言，我们一方面有着阶段上的初级性，这是受中国的经济社会发展水平所制约的，就如马克思在《资本论》第一卷序言当中那个著名的预言所说，这种"自然的发展阶段"，"既不能跳过也不能用法令取消"②，"工业较发达的国家向工业较不发达的国家所显示的，只是后者未来的景象"③，社会主义的规定性也只是如马克思所启示的那样"缩短和减轻分娩的痛苦"④。而今天，党的十九大向我们正式确认，中国特色社会主义已经进入了"新时代"，如果只作直观的形式逻辑的判断，那么新时代中国特色社会主义也还没有超出"社会主义初级阶段"，党的十九大报告也明确指出"社会主义初级阶段的国情没有变"。但从历史运动发展的辩证法角度来看，新时代也就意味着社会主义初级阶段进入了更高水平的时期，进入了后半段，在这一意义上它同前半段相比也已经有了一些改变。而且，社会主义初级阶段的后半段的目标，实际上也已经调整了，超出了"社会主义初级阶段"理论的原初设定。

特别是党的十八大以来，随着第一个百年奋斗目标趋于实现，以习近平同志为核心的党中央，根据国内外形势和我国发展条件的变化，牢牢把握我国发展的阶段性特征，对中国发展和中华民族伟大复兴的目标和战略进行了调整，充实和完善，这集中体现在党的十九大报告对于本世纪中叶建成社会主义现代化强国的目标所作出的进一步阐述。首先，是把原来计划到新中国成立100年实现的目标，即基本实现社会主义现代化，提前到2035年实现；在此基础上，又提出了

① 《邓小平文选》（第3卷），人民出版社1993年版，第172页。
②④ 《马克思恩格斯文集》（第5卷），人民出版社2009年版，第10页。
③ 《马克思恩格斯文集》（第5卷），人民出版社2009年版，第8页。

更高的发展目标，即在基本实现现代化的基础上，到本世纪中叶，把我国建设成为富强民主文明和谐美丽的社会主义现代化强国。其次，对"两阶段"发展目标进行了细化，进一步明确了到 2035 年基本实现社会主义现代化的具体目标："我国经济实力、科技实力将大幅跃升，跻身创新型国家前列；人民平等参与、平等发展权利得到充分保障，法治国家、法治政府、法治社会基本建成，各方面制度更加完善，国家治理体系和治理能力现代化基本实现；社会文明程度达到新的高度，国家文化软实力显著增强，中华文化影响更加广泛深入；人民生活更为宽裕，中等收入群体比例明显提高，城乡区域发展差距和居民生活水平差距显著缩小，基本公共服务均等化基本实现，全体人民共同富裕迈出坚实步伐；现代社会治理格局基本形成，社会充满活力又和谐有序；生态环境根本好转，美丽中国目标基本实现。"① 这些目标全面涵盖了经济、政治、文化、社会、生态等方面，是对原先的第二个百年奋斗目标的细化、充实和提升。

进而，是对 2050 年社会主义现代化强国的基本内涵的界定："我国物质文明、政治文明、精神文明、社会文明、生态文明将全面提升，实现国家治理体系和治理能力现代化，成为综合国力和国际影响力领先的国家，全体人民共同富裕基本实现，我国人民将享有更加幸福安康的生活，中华民族将以更加昂扬的姿态屹立于世界民族之林。"② 提出建成社会主义现代化强国的目标，虽然与原来的第二个百年奋斗目标——建成社会主义现代化国家——只有一字之差，但其中却凸显了中华民族迎来从富起来到强起来的时代主题，体现了以习近平同志为核心的党中央在目标设定和战略筹划上的与时俱进。这样的"强国"目标，相对于原来邓小平的目标水平，实际上就已经超过了"初级阶段"标准，我们完全可以合乎逻辑地断言，这是社会主义的某种"新阶段"，至少是对这种新阶段的最初开启，这正是"我国社会主义从初级阶段向更高阶段迈进"③ 的深刻性所在。而这同时也就昭示说，我们在"强起来"的新时代事业过程中，将愈来愈没有发达国家既成的"未来的景象"显示给我们、供我们作为对照赶超目标了，我们本身要在这个强国的定位下发挥出领先的国际影响力——我们在"照着讲"之后，愈来愈需要"接着讲"了。当然，"接着讲"并不是随便讲，而是说明我们在经历了现代化赶超发展过程之后，愈来愈切合马克思主义的共产主义图景的原本规划了，我们要在马克思主义的根本指导下，推进科学共产主义的中国化、时代化，建构人的美好生活和自由全面发展样态，建构社会主义新的制度形态和示范样板。

---

① ② 习近平：《决胜全面建成小康社会 夺取新时代中国特色社会主义伟大胜利——在中国共产党第十九次全国代表大会上的报告》，载于《人民日报》2017 年 10 月 28 日。

③ 习近平：《论把握新发展阶段，贯彻新发展理念，构建新发展格局》，载于《求是》2021 年第 9 期。

二、提高人的美好生活和自由全面发展水平

上一节中我们提到，习近平同志在评点国外马克思主义思潮时指出，这当中很多人"一个很重要的特点"就是深入到了"对资本主义危机、资本主义演进过程、资本主义新形态及本质进行了深入分析"①。例如西方生态马克思主义者在探讨当今西方生态危机的根源时，正是紧紧揪住资本的增殖原则对人的生活方式的塑形与侵蚀，从而使他们对生态危机背后的资本整体危机的批判通达了事物本质性的那一度。生态马克思主义者高兹把资本的增殖原则以及由这一原则所带来的过量生产和过度消费现象，通俗地表述为"越多越好"。高兹指出，在前资本主义的传统社会中，人们在劳动和生产中所遵循的原则是"够了就行"（enough is enough），人们在自己的一小块土地上耕耘所获得的东西，完全是用于满足自己的家庭、牲畜的需要。在高兹看来，问题的关键在于对"足够"（enough）这一范畴的理解，在那个前资本主义时代，"'足够的'范畴并不是一个经济的范畴，它是一个文化的和存在论的范畴。说'够了就行'是指使用更多的东西未必就能提供更好的服务，更多并不是更好。诚如英国人所言：'知足常乐'（enough is as good as a feast）"②。

而一进入资本主义社会，生产主要是为了交换，为了换取利润带来资本增殖，那么这种生产必然是越多越好，于是就突破了原来的"够了就行"的原则，而开始崇尚"越多越好"（the more the better）的原则。高兹说道："替代'够了就行'这种体验，提出了一种用以衡量工作成效的客观的标准，即利润的尺度。从而成功不再是一种个人评价的事情，也不是一个'生活品质'的问题，而是主要看所挣的钱和所积累的财富的多少。量化的方法确立了一种确信无疑的标准和等级森严的尺度，这种标准和尺度现在已用不到由任何权威、任何规范、任何价值观念来确认。效率就是标准，并且通过这一标准来衡量一个人的水平与效能：更多要比更少好，钱挣得更多的人要比钱挣得少的人好。"③

资本主义社会以经济矛盾为核心枢纽的内在对抗机制，就这样渗透侵蚀着整个人类社会生活的方方面面，使得在社会财富巨大增长的同时，人的生活却不是愈来愈走向美好。特别是20世纪后半叶以来，整个世界的生活方式开始趋同，大家都过着同一种生活，即以消费主义为根本定向的生活。时至今日，愈来愈多

---

① 习近平：《深刻认识马克思主义时代意义和现实意义 继续推进马克思主义中国化时代化大众化》，载于《人民日报》2017年9月30日。
② Andre Gorz, *Critique of Economic Reason*, London：Verso, 1989, p. 112.
③ Andre Gorz, *Critique of Economic Reason*, London：Verso, 1989, p. 113.

的人们终于领悟到，这样的生活并不是我们人真正所期望的生活，因为人这样生活表面上是很舒适安逸，其实却深层次地蕴含着人与他者、人与自身的全面紧张和痛苦。退一步说，即使这样的生活确实给人类带来了无穷的幸福，但这样的生活是消耗大量的资源、能源为前提的，我们已经快达到了地球生态容量的底线，从而我们也不可能再这样生活下去。总而言之，唯一的出路就在于改变目前人受到资本主义规定的全部的生活方式，创建一种人的新的存在状态。于是，人们又日益发现，马克思对资本主义的批判实际上也蕴含了对资本主义总体批判的理论生长点，马克思批判和改变资本主义生产方式，不是为了使在资本主义下的那种"人从属于物"的生活方式更好地实现，而是为了创建一种新的人的生活方式。马克思关于人的新的生活方式的理论、对人的意义世界的揭示正是我们当下创建新的人的存在状态的指路明灯。

马克思在批判现实基础上为人类描绘的未来共产主义蓝图，也已经是一个半世纪以前的事了，但人类走过了这一个半世纪的路程，最终还是发现，我们必须得沿着马克思指引的方向走。人类除了以共产主义为崇高目标前进之外"别无选择"。苏东社会主义垮台了，但这并不等于苏东社会主义所追求的那种社会主义、共产主义理想是错误的，我们就是要建立一种新的制度来实现当年苏东社会主义所没有也不可能实现的那种理想。环顾当今世界的一系列新情况新变化，无一不昭示着这一理想目标的必要性和真理性。例如从当代人类生产方式的基本发展水平来看，我们目前所进入的是一个互联网＋和大数据的时代，而无论是互联网还是大数据原则上都天生姓"公"，它们只有作为公共产品才能发挥真正的效用，它们不可能被一些人所垄断和占有。生产方式、生产资料的这一深刻变化，意味着它只有通过社会主义生产方式，才能找到自己最适当的运动形式，这只能表明实现共产主义的客观基础越来越增强了。世界大同是人类发展的总趋势，究竟谁能够代表人类发展的大道、正道，应当说越来越清楚地呈现在人们面前。

中国道路，就是这样的大道、正道的生动体现。中国特色社会主义落实劳动和资本的辩证平衡，为相当长一个历史阶段中人的发展奠定经济基础。中国是实行社会主义市场经济，既合理地利用资本因素和原则，而又不使劳动者充当纯粹受资本的雇佣和剥削对象。在可预见的一个历史时期，人类文明共同体式的和平发展样态，仍然还必须融入由资本原则所主导的全球经济体系，尤其是对于中国式的广大经济社会发展水平较低国家而言，尤其需要侧重强调解放和发展生产力，必须调动一切积极因素、让一切创造财富的源泉充分涌流，从而，必须让市场在资源配置中起决定性作用，并引导发挥资本的积极历史作用。但与此同时，社会主义的制度特征，又超越了纯粹资本主义条件下那种状态：劳动力同生产资料的完全分离、市场的自由竞争和产业后备军的存在，使得劳动力仅仅是以其

"价值"，即维持自身再生产的底线标准来被资本所购买。这种劳动力商品化的形式，是资本主义社会中"资本—劳动"对立的实现方式，是资本雇佣劳动、资本在购买劳动力的同时占有剩余价值的具体方法。而在社会主义市场经济条件下，企业经营和劳动就业的体制机制，尽管也有着市场交换、契约自由的一般形式，但是从根本上说，这首先是为了推动现代大生产的发展，对劳动力而言也有助于"劳动的变换、职能的更动和工人的全面流动性"①，是实现着劳动者的现代化生存方式的转型。因此，社会主义市场经济是实现对资本的有限制的超越、实现劳动的部分解放的基本形式。

在社会主义市场经济体制下，在劳动力和劳动岗位的动态平衡中，在劳动生产过程的扩大中，实现经济的良性增长同劳动者物质利益的满足和发展的有机统一。从经济的社会形态的基础性条件来说，只有依托于劳动岗位，人们才能获取谋生的必要手段，才能进而得以向更高层次发展，包括要在底线上达成第一点所说的防止使劳动力成为商品、防止劳动沦为资本的附属物，要使得市场经济的社会主义规定性和前进方向落到实处，也需要从劳动岗位和劳动者的平衡态势入手，改变资本主义条件下"资本—劳动"对立的局面。也就是说，社会主义需要改变资本主义为达成"自由"的劳动力"市场"所配备的基本前提：劳动人口的制度性过剩。对社会主义而言，应当从制度的内在目标和本质的高度，不断促进劳动力与劳动资料的充分结合，促进劳动者与适当的劳动岗位的充分匹配。社会主义市场经济出于经济效益的考量也需要淘汰落后产能、减少劳动岗位。但是，社会主义的制度属性就要求以劳动者的根本利益为本，切实保障劳动者在局部转换中的利益诉求，并且从社会主义的初级阶段的经济增长和生产力发展来说，不仅其根本任务在于满足人们的需要，就是其过程本身，也意味着劳动生产过程的不断扩大，需要不断吸纳劳动者的加入，包括劳动者随着产业的升级，转换其岗位、提升其能力。

中国特色社会主义超出经济的直接范围，落实着人的发展的全面制度安排。使得劳动者在匹配了相应的劳动岗位、获得了自身发展的基础条件之后，中国特色社会主义进而促使劳动任务、劳动过程与劳动者自身生命活动的积极发展相结合。在马克思主义看来，劳动生产力的发展，不仅仅是服务于经济产出、经济效益，不仅仅是着眼于劳动者个体在物质利益、着眼于劳动报酬和福利待遇的提升，更全面地说来，社会主义是使得人的整个的生命活动不断丰富，是人的主体能力的不断提升。劳动作为人的首要的生命活动，劳动岗位也就相应是人的生命活动的展现舞台，人们匹配了一定的舞台从事劳动，就是依托其上开展以劳动为

---

① 《马克思恩格斯文集》（第 5 卷），人民出版社 2009 年版，第 560 页。

基础的各项活动。在社会主义市场经济体制下，我们重构了社会的组织结构，但这并不意味着将企业作为单纯的经济经营实体、单纯的"此岸"，并不意味着它只是支付给劳动者货币报酬，让劳动者在其他场合、在"彼岸"自行发展其生命活动。社会主义即使在其初级阶段，仍然要注重在劳动的过程本身之中与劳动者的生命活动展现相结合。这种结合，包括使得劳动者的社会人格的养成和发展，例如其对劳动本身的幸福感和成就感培养，其科学知识技能的提升，其社会交往线索和"文明社交方式"① 的塑造等。

从整体制度样态来说，社会主义要以适当的公有制形式和社会治理体系，促进劳动者作为劳动过程、作为劳动的经济组织的主人翁地位。马克思主义认为，劳动的解放决定于生产力是否归人民所有，那么，这种人民的所有制的实现形式、实现程度，当然也就决定着劳动的解放的实现程度。在社会主义市场经济的逐步探索和发展当中，我们改变了计划经济时代单一的公有制经济成分，包括国有企业也脱离了计划体制下对国家机器的职能部门的机械从属，而转为主要从国有资产和资本的运营角度追求保值增值。在新的历史条件和体制机制下，劳动者的主人翁地位的实现，就需要经由更加复杂、间接和迂回的进路，除了公有制成分本身保持在国民经济中的领导主体地位，除了原先许多行之有效的劳动者在企业的微观层面的参与机制，仍然要根据具体情况加以改造和发扬，还要经由人民代表大会对经济社会发展规划的制定，引导经济运行和资本投向的宏观路径，还要经由政治的顶层设计和社会主义的法律体系等的制定，作为保障劳动者权益的基本制度保障。总而言之，社会主义在其动态发展当中要求宏观和微观层面的结合，从人民当家作主和劳动者直接参与的结合，发挥劳动者对劳动过程和劳动组织的主人翁地位。

更进一步地，社会主义要求不断促进劳动者之间的联合关系的形成，构成"社会化的人类"。中国由于本身的地域和人口规模广大，在国家内部各个组成成分之间，在经济资源、产业构成、发展水平上都有着极大的差异，这也相应带来了劳动者的相互区隔，形成复杂的利益本位和主体。如果在资本主义市场经济条件下，资本本身的逐利特性、规模效益和追求自由流动的内在冲动，无疑会相应地造成劳动者诸个体追随资本投向，具有无序竞争、盲目流动的自发冲动。因此，社会主义市场经济就要求宏观调控和统筹协调，这种调控，除了国家运用法律和政策手段、运用财政和公有资本的投资导向对企业运营的调控、使得发展成果的普遍性惠及，也需要相应地在劳动者的层面的组织手段。例如，社会主义市场经济仍然要求无产阶级政党在全局政治方向上集中统一领导，要求党的基层组

---

① 《马克思恩格斯文集》（第3卷），人民出版社2009年版，第258页。

织的战斗堡垒作用，其在经济组织之中和跨经济组织的凝聚作用，还要求在党领导下的工会等群众性团体的组织、协调和服务功能等。其中，既包括中国基于社会主义初级阶段而担负着替代资本主义完成历史使命，完成使"无产者组织成为阶级"① 的任务，又是社会主义向着新的文明社会形态的一般趋近任务，是对人成为"人类社会"或"社会化的人类"进程的探索，是对劳动者的"联合体"形式的探索。

放眼观察当今中国，不仅要看到这个拥有 14 亿人的大国是如何成为世界第二大经济体的，还要看到其如何力图将西方资本主义工业文明发展过程中司空见惯的那种破坏代价降到最低限度；不仅要看到中国如何努力把蛋糕做大，还要看到其千方百计使做大的蛋糕惠及所有人；不仅要看到中国如何注重经济发展，还要看到其如何注重民生的改善、维护社会的稳定、实现人的全面发展；不仅要看到中国如何强调经济建设，还要看到其如何强调政治、文化、社会和生态文明建设；不仅要看到中国如何在满足人的"市民社会"的物质需求，还要看到其如何通过社会主义来塑造"人类社会"或"社会化的人类"的一代新人。透过这些，就能深刻地领悟到在当今中国究竟发生了什么，就可以理解中国特色社会主义道路的真正内涵。中国特色社会主义道路，特别是它的新时代、新思想的最新前进方向，代表了对一种真正的美好生活，对真正属于人的生存状态的追求，是对正处于危机之中的西方资本主义文明支配下的人类存在方式的革命。

三、展示社会主义新的制度形态和示范样板

我们可以从中国化马克思主义一脉相承又与时俱进的理论整体性出发，把握新时代中国特色社会主义的逻辑架构，并且最终要求我们将关于时间整体性、空间整体性、实践整体性的理解统摄于理论整体性之中，把握习近平新时代中国特色社会主义思想的理论真谛。习近平新时代中国特色社会主义思想作为中国化马克思主义的最新理论成果，一方面它继承和延续了马克思主义有关人类社会发展的一般规律和最终目标；另一方面它立足于中国具体实际，立足于革命、建设和改革的实践，不断把中国特色社会主义推向全新阶段，是对马克思列宁主义有关人类解放理论和共产主义必然实现目标的中国化具体阐释，是对中国近代以来从独立到富强的历史事业的最新探索。马克思主义理论的核心要义和目标导向，是作为一种关于人类解放的理论，它把社会主义提升成为科学，科学地论证了共产主义社会为什么要实现、为什么可以实现的问题，从而指导无产阶级革命的具

---

① 《马克思恩格斯文集》（第 2 卷），人民出版社 2009 年版，第 40 页。

体实践，最终走向共产主义这一必然目标。习近平同志强调，"马克思主义就是我们党和人民事业不断发展的参天大树之根本，就是我们党和人民不断奋进的万里长河之泉源"①，作为中国化马克思主义最新理论成果的习近平新时代中国特色社会主义思想，继承了马克思列宁主义的人类解放论和共产主义目标论，并结合中国革命、建设、改革的实践，具体细化出阶段性目标和终极目标，其中，共产主义是终极的、最高的目标，它指导着阶段性、国别性目标的具体完成。因此，我们通过加强新时代中国特色社会主义思想的理论形态研究，呈现出习近平新时代中国特色社会主义思想完整的思想理论体系，不仅是完成中国特色社会主义理论体系的发展任务，更是完成中国共产党诞生以来所形成的社会主义革命、建设和改革的全部中国化马克思主义的整体总结任务，乃至是完成《共产党宣言》发表近180年以来一脉相承的世界科学社会主义理论与实践体系的整体提升任务。

中国特色社会主义所贯穿的一条主线，就是在坚持马克思主义、社会主义基本原则的前提下，在经济、政治、文化、社会、生态文明和党的建设等各领域展开全方位的改革，创新制度和体制机制建设，包括大胆吸收包括西方发达资本主义在内的一切人类文明优秀成果元素，在体制变革和制度变迁的意义上推动当代中国特色社会主义基本制度的巩固、自我完善和发展。正如邓小平所说的，当代中国的改革这一伟大历史进程作为"中国的第二次革命"②，"是社会主义制度的自我完善，在一定的范围内也发生了某种程度的革命性变革"，它标志着"我们已经开始找到了建设有中国特色的社会主义的路子"③。而新时代中国特色社会主义就是要沿着这条路子，在全面深化改革的动态进程当中，全面积淀形成中国特色社会主义的系统巩固成果和核心本质样态，习近平新时代中国特色社会主义思想就是要在全面解放思想的动态进程当中，全面统一中国特色社会主义建设各方的意志并理顺组织机制。所以在这个意义上，我们今天说高高举起中国特色社会主义伟大旗帜，不是停留在把中国特色社会主义当成一个符号式的存在加以接受和认同，而更是要像马克思当年说共产主义新社会"在自己的旗帜上写上：各尽所能，按需分配！"④ 一样，全面展现中国特色社会主义作为超越当下资本主义世界根本弊端、趋向共产主义远大理想的伟大社会革命旗帜，习近平新时代中国特色社会主义思想的历史定位既是当代中国马克思主义，更是21世纪马克思主义。

习近平新时代中国特色社会主义思想作为马克思主义普遍原理与中国实际的

---

① 习近平：《深刻认识马克思主义时代意义和现实意义 继续推进马克思主义中国化时代化大众化》，载于《人民日报》2017年9月30日。

② 《邓小平文选》（第3卷），人民出版社1993年版，第113页。

③ 《邓小平文选》（第3卷），人民出版社1993年版，第142页。

④ 《马克思恩格斯文集》（第3卷），人民出版社2009年版，第436页。

又一次结合，在新的历史条件下把马克思主义本土化、大众化、时代化，它是对马克思列宁主义、毛泽东思想、邓小平理论、"三个代表"重要思想和科学发展观的继承和发展，既是中国特色社会主义理论体系的重要组成部分，又是习近平新时代中国特色社会主义理论、道路、制度、文化的全面发展，在它身上展现了中国特色社会主义更加丰满的有活力的整体。习近平新时代中国特色社会主义思想概括与总结了中国特色社会主义，十分具有理论特色和创新性地归纳出了"中华民族伟大复兴的中国梦"的命题和生动理论形态，以此刻画了中华民族近代以来根本的发展目标和当下团结绝大多数中华儿女的最大公约数。习近平新时代中国特色社会主义思想秉承了中国共产党人为中国人民谋幸福、为中华民族谋复兴的初心和使命，既突出了实现中华民族伟大复兴中国梦这一根本任务的必然性和紧迫性，又通过具体的分析，厘定了中华民族伟大复兴中国梦的生动内容，赋予了民族复兴以国家强大和人民富裕、幸福、安康的全面内涵。并且，习近平新时代中国特色社会主义思想勾画出实现中华民族伟大复兴中国梦的途径和手段，以伟大梦想为枢纽，以此出发联系到了党带领人民进行具有许多新的历史特点的伟大斗争、党服务人民推进党的建设新的伟大工程、党和人民始终坚持和发展中国特色社会主义伟大事业。因此可以说，习近平新时代中国特色社会主义思想由此阐明了系统、完整、深刻的中华民族伟大复兴理论，并产生了巨大的凝聚力、号召力、影响力，成为团结亿万人民振兴中华民族的行动指南。从马克思主义整体性原则看，党的十九大的胜利召开迎来了中国特色社会主义的时间与空间有机结合、实践与理论进一步深入发展的美好未来，习近平新时代中国特色社会主义思想在这种结合和统一当中展现出生命活力，必将引领中华民族解决新矛盾而完成新使命新征程，不断推进中国特色社会主义的理论创新、实践创新、制度创新、文化创新等总体创新。

习近平新时代中国特色社会主义思想对社会主义的制度建构，特别是抓住了中国共产党这个制度最大特色和最大优势开展建构，把"以人民为中心"的思想具体落实到在新的历史条件下如何有效地坚持党的群众路线的问题上，通过不断深化党的群众路线的内涵，丰富党的群众路线思想内容，寻找实现党的群众路线的现实有效载体，细致推进了"以人民为中心"的思想路线和组织路线。党的十八大以来，在以习近平同志为核心的党中央领导下，我们在全面深化改革方面取得了突破性的进展，由此特别激发释放出了整个社会前所未有的巨大的发展活力。然而改革开放40多年来的正反两方面经验又深刻告诫我们，改革需要有一种良好的社会秩序和风气，这种良好社会秩序尤其维系于良好的党内秩序和风气，从而我们需要有全面从严治党作为重要的政治保证。所以同步地，我们党在十八大以来也拉开了全面从严治党的伟大序幕，其中首先是严厉打击和有效遏制腐败蔓延的势头，契合了全党全国人民的共同心声，进而又指导全党在监督执纪四种形态的推进方面取得了重要进展，全方位地进行了党内风气的整肃。习近平新时代中国特色社会主义思想既注重不断地加强和提高全体党员干部的思想道德修养，同时又将健全党内政治生活、营造良好的政治生态环境放到了前所未有的重要地步，形成了良好的全面从严治党态势。

在习近平新时代中国特色社会主义思想的指引下，中国共产党为了坚持党的立场宗旨和巩固党的执政基础，开展了富有创造性的工作，进行伟大的社会革命，扎实地推进党内新型斗争形式，例如党的十八大以来以党的群众路线教育实践活动、"两学一做"学习教育为代表的行动载体，又如以新制定的《关于新形势下党内政治生活的若干准则》《中国共产党党内监督条例》和两度修订的《中国共产党纪律处分条例》为代表的规则载体，特别是针对领导干部的"关键少数"，以习近平同志为核心的党中央提出了《中央八项规定》，并进而进行重大创制，确立了巡视制度、国家监察制度等。实践证明，这一系列践行全心全意为人民服务的根本宗旨、把党的群众路线贯彻到治国理政全部活动之中的新型斗争方式，帮助党有效地遏制了各种各样违背党的宗旨和群众路线的言论、行为及思想倾向，密切了党群关系、干群关系，使得党的群众路线的优良传统进一步发扬光大，党在革命性锻造中更加坚强，焕发出新的强大生机活力，为党和国家事业发展提供了坚强政治保证，中国特色社会主义事业的人民性得到了根本方向上的保障。

正是在这个党的革命性受到了锻造的激荡时刻，习近平新时代中国特色社会主义思想在中国特色社会主义逐步积累起来的自身特有体制和制度内涵基础上，对党的领导地位作了进一步自觉的、自信的、系统性的规定。早在第一届全国人民代表大会第一次会议上，毛泽东在大会开幕词中就提出了一个带有创制性的命题："领导我们事业的核心力量是中国共产党。指导我们思想的理论基础是马克思列宁主义。"[①] 在改革开放新时期，是否坚持马克思主义、坚持科学社会主义、坚持中国特色社会主义道路，核心保证也正在于中国共产党，正因此邓小平多次强调，坚持四项基本原则的核心是坚持党的领导[②]，又或者他是将党和社会主义共同加以强调，"四个坚持中最核心的是党的领导和社会主义"[③]。而习近平同志在新时代的一系列重要讲话当中进一步明确指出，党的领导是"中国

---

① 《毛泽东文集》（第 6 卷），人民出版社 1999 年版，第 350 页。
② 参见《邓小平文选》（第 2 卷），人民出版社 1994 年，第 266、342、358、391 页。
③ 《邓小平文选》（第 3 卷），人民出版社 1993 年版，第 324 页。

特色社会主义最本质的特征"①，这一政治宣示在此后多个重大场合被多次重申，特别是载入了党的十九大报告和十三届全国人大一次会议上通过的《宪法》修正案，成为了新时代中国特色社会主义对国体的科学规定。党的十九大报告当中指出，党政军民学，东西南北中，党是领导一切的，中国特色社会主义制度的最大优势是中国共产党领导，要坚持党对一切工作的领导，这一深刻思想指引着全国人民主观上自觉接受党的领导，只有经过一个"以人民为中心"的先锋队组织的领导，人民群众的历史主体地位才能得到切实保障和更好发挥。

同时，习近平新时代中国特色社会主义思想对党的领导作为制度本质的强调，也相应提出了完善坚持党的领导的体制机制的客观任务。就今后的任务来说，就是要进一步在中国共产党领导下形成一整套管理国家和社会的细致成熟的和行之有效的制度体系和运行机制，推进党领导人民实行依宪治国、依法治国、重大改革于法有据，推进中国特色社会主义制度的不断完善和发展。其中，尤为重要的是把握好了全面深化改革与全面从严治党的内在统一关系，使之相辅相成，统一于党领导人民建设社会主义现代化强国的进程。中国特色社会主义进入新时代，习近平新时代中国特色社会主义思想关于全面深化改革的深刻阐明，对什么是改革、为什么要改革、要改革什么、怎样搞好改革等一系列重大难题做出了系统的指引。同时，习近平新时代中国特色社会主义思想关于全面从严治党的深刻阐明，系统地指出了全面从严治党的目的、形式、内容、途径是什么以及如何长期有效地持续坚持全面从严治党，可以说极大地丰富了马克思主义的政党建设理论。两相配合，也就得出结论说必须以党的自我革命来推动党领导人民进行的伟大社会革命，把党建设成为始终走在时代前列、人民衷心拥护、勇于自我革命、经得起各种风浪考验、朝气蓬勃的马克思主义执政党。我们完全可以期待，当未来社会主义现代化目标基本达成之时，也就是中国在深化改革中成功构建起一整套党管理领导国家和社会的现代化制度体系之日，它会标志着中国智慧和中国方案的更加成熟和全面系统，并展现出对世界的示范力和吸引力。

既然中国特色社会主义最本质的特征、中国特色社会主义制度的最大优势是中国共产党的领导，那么党的领导的相关内容就应当首先详细加以展示和介绍。我们可以注意到，2018年6月栗战书同志在会见来华访问的尼泊尔总理、尼共（联合马列）主席奥利时，即专门介绍了中国道路"很重要的一条经验"是"全面加强党的领导，拥有一个坚强的领导核心"②。到2019年10月，习近平同志在访问尼泊尔期间，专门会见了尼泊尔共产党联合主席普拉昌达，习近平同志特别

① 习近平：《坚持从严治党落实管党治党责任把作风建设要求融入党的制度建设》，载于《人民日报》2014年7月1日。
② 《栗战书会见尼泊尔总理奥利》，载于《人民日报》2018年6月22日。

称赞了普拉昌达同奥利总理将原先各自所属的两派党组织联合组建尼泊尔共产党的"政治决断",并更加详细地介绍了中国共产党的"基本经验",包括"全面从严治党、加强执政党建设、巩固党的执政地位"①。又如,2018年由坦桑尼亚、南非等六国的左翼执政党联合建设的"尼雷尔领导力学院"在坦国举行奠基仪式,习近平同志专门致信祝贺并由中共中央对外联络部部长宋涛同志出席宣读,赞扬了六党对于加强党的自身建设、提高执政能力、为各自国家发展进步发挥积极作用的探索,表达了中共同各党加强交流和互学互鉴的愿望②。这六个党历史上曾受到苏联共产党和社会主义模式的很大帮助和影响,以习近平同志为主要代表的中国共产党人则以新时代的积极有为延续着同这些政党间"同志加兄弟"的"特殊友好关系"③。

这样一种积极作为的态度和方式,可以看作中国共产党人在尊重和平共处五项原则、尊重各国人民自主选择发展道路的基本前提下,言及社会主义、引导社会革命、担当21世纪马克思主义使命的现实抓手。2019年10月,在由中共中央对外联络部和求是杂志社联合举办的"习近平外交思想与新中国成立70年党的对外工作理论创新研讨会"上,中共中央对外联络部部长宋涛同志所发表的主旨讲话中系统提出了"在坚持独立自主的同时,拓展同各国交流互鉴;在巩固党的执政地位的同时,不断加强对国际社会的政治引领;在团结社会主义力量的同时,打造全球伙伴关系网络;在为中华民族谋复兴的同时,推动构建人类命运共同体;在捍卫党和国家利益的同时,促进各国合作共赢"的任务要求④,这五个"同时"可以说是具体落实了习近平同志对"把共产主义远大理想同……我们正在做的事情统一起来"的根本要求。今天习近平新时代中国特色社会主义思想超出中国特色社会主义的"自己的事情"的范畴而达成对中国与世界的联动观照,从而随着这两方面现实运动的不断发展突破,习近平新时代中国特色社会主义思想的鲜活机体将愈来愈进步,不断深化中国的社会主义进程,也同时不断延展世界马克思主义宏观发展道路的新里程碑。承载着这一神圣历史使命的习近平新时代中国特色社会主义思想,必将在马克思主义发展史上构成一个具有独特意义的历史阶段和枢纽环节。

---

① 《习近平会见尼泊尔共产党联合主席普拉昌达》,载于《人民日报》2019年10月14日。
② 《习近平向尼雷尔领导力学院奠基仪式致贺信》,载于《人民日报》2018年7月17日。
③ 《习近平同南非总统拉马福萨通电话》,载于《人民日报》2020年4月9日。
④ 《"习近平外交思想与新中国成立七十年党的对外工作理论创新研讨会"在京举行》,载于《人民日报》2019年10月26日。

习近平新时代中国特色社会主义思想的理论品格

理论品格代表着理论的鲜明的特点，是一个理论与其他理论相比的突出优越特质，是在一个理论的生成和发展进程中长期积累起来的、具有稳定性的品质和内涵。习近平新时代中国特色社会主义思想作为当代中国马克思主义、二十一世纪马克思主义，作为中华文化和中国精神的时代精华，其必然具有其区别于人类思想史上其他理论成果、区别于其他时空背景和价值立场上其他政党指导思想的鲜明的理论品格。习近平新时代中国特色社会主义思想的理论品格是中国共产党对马克思主义内在理论品格的继承和发扬，是新时代中国特色社会主义实践发展内涵和品质的理论性呈现，也是我们学习把握和研究阐释这一新思想的重要维度。

第一节　实践导向：为新时代事业提供直接导引

习近平新时代中国特色社会主义思想具有坚持实践导向的鲜明理论品格。坚持实践导向本身就是马克思主义的鲜明理论品格，更是马克思主义中国化理论发展进程中长期坚持的优良传统，是一系列中国化马克思主义理论得以生成的基本要求和内生动力。所以，我们对待马克思主义的态度和学风上必须坚持理论联系实际，对待习近平新时代中国特色社会主义思想更是如此，必须严格遵循习近平新时代中国特色社会主义思想的实践主题，深刻把握习近平新时代中国特色社会主义思想布局治国理政各项事业的重大主张。只有这样，才能切实发挥这一新思想的思想引领价值和实践指导意义，在党的团结带领下夺取新时代中国特色社会主义伟大胜利、实现中华民族伟大复兴的中国梦。

一、新思想是理论性与实践性的有机统一

习近平新时代中国特色社会主义思想作为一种思想，它当然要采用理论的基本存在形式，但这一新思想以马克思主义基本原理为支撑，坚持用唯物主义的世界观和方法论思考问题，始终坚持理论与实际相结合的原则，具有突出的实践精神，闪烁着真理的实践光辉。从理论本身的规定性来说，习近平新时代中国特色社会主义思想，鲜明贯穿着马克思主义立场观点方法，始终把马克思主义的基本原理作为理论起点、逻辑起点、价值起点，集中体现了马克思主义的理论品格和精神实质，闪耀着马克思主义的真理光辉。但与此同时，正如马克思所说的那样："批判的武器当然不能代替武器的批判，物质力量只能用物质力量来摧毁，但是理论一经掌握，群众也会变成物质力量。"① 马克思主义所具有的这种理论的真理性，又可以在指导实践的过程中展现出自己的现实性和力量，绝非单纯书斋中的理论，而这也正是习近平新时代中国特色社会主义思想所坚持的优良品质。

党的十八大以来，在习近平新时代中国特色社会主义思想的指导下，我们在改革发展稳定、内政外交国防、治党治国治军等方面取得了非凡成就，习近平新时代中国特色社会主义思想的实践价值是充分作用于现实的，影响着当代中国方方面面的事业，而且这种实践性还必将随着实践的发展而获得愈加充分彰显，具有历史的深远意义。可以说，这种实践性是习近平新时代中国特色社会主义思想的根本特征，也是其科学性的重要保障。习近平同志一贯强调"中国共产党是用马克思主义武装起来的政党"② 的优良传统，我们党在过去的行程当中充分凸显了马克思这一理论武器所具有的强大实践伟力，这种力量能够中国共产党战胜前进路途上的一切艰难险阻。在新时代，我们尤其要坚持运用好当代中国马克思主义、21 世纪马克思主义的真理武器，坚决掌握好、贯彻好习近平新时代中国特色社会主义思想。

马克思主义来源于实践又能动指导实践的科学定位，习近平同志言简意赅地

---

① 《马克思恩格斯文集》（第 1 卷），人民出版社 2009 年版，第 11 页。
② 《习近平谈治国理政》（第 3 卷），外文出版社 2020 年版，第 74 页。

将之归纳为"观察时代、解读时代、引领时代"①。这种观察、解读、引领的作用在中国特色社会主义的新时代尤其重要。新时代是我国持续深入发展的时期，但也是各种问题和矛盾的集中暴露期，以习近平同志为核心的党中央始终坚持问题导向，在见证国家各方面取得长足进步的同时，也会着重关注国家发展进程中尚未解决的老难题和刚显现的新问题。比如，新时代我们着力解决了脱贫攻坚任务，具有历史意义地消灭了整体性绝对贫困，但同时习近平同志也深刻指出，脱贫摘帽不是终点，而是新生活、新奋斗的起点，解决发展不平衡不充分问题、缩小城乡区域发展差距、实现人的全面发展和全体人民共同富裕仍然任重道远②。

习近平新时代中国特色社会主义思想发挥着既源于实践、又反馈于实践的历史能动性。它是在化解当前时代面临的种种风险挑战，实现党和国家思想指南时代化，推动国家大踏步赶上时代的宏大实践中发源的，同时又不断指引着党和国家顺势向前发展。习近平同志多次强调："我们一定要以我国改革开放和现代化建设的实际问题、以我们正在做的事情为中心，着眼于马克思主义理论的运用，着眼于对实际问题的理论思考，着眼于新的实践和新的发展。"③ "三个着眼于"相互联系又层层递进，表明了习近平新时代中国特色社会主义思想不仅努力地用真理解释着世界，还积极地追求着知行合一，坚持用实干托起伟大梦想。

习近平同志指出："我们中国共产党人干革命、搞建设、抓改革，从来都是为了解决中国的现实问题。"④ 他一贯强调，要把干部干了什么、干了多少事、干的事组织和群众认可不认可作为选拔干部的根本依据，党员干部要脚踏实地，说实在话，做实在事，不做表面文章，不搞形象工程，不做"一锤子买卖"，稳扎实打推进各项工作，实实在在满足人民需要。这一立场宗旨，真切表明了中国共产党想要为人民干真事、干实事、干好事的诚挚决心，也鲜明展现了贯穿这一思想之中的务实精神。作为这些优秀实践品质的系统总结，作为一个内涵丰富、思想深邃、系统完整、逻辑严密的理论体系形态的习近平新时代中国特色社会主义思想，以"坚持和发展中国特色社会主义"的总体实践为主题，体现了改革开放以来我们党理论创新和实践创新的连续性，也体现了马克思主义中国化的连续性，续写了中国特色社会主义理论和实践事业的新篇章，升华了马克思主义中国化理论和实践的新境界。

习近平同志指出："中国特色社会主义是改革开放新时期开创的，也是建立

---

① 《习近平谈治国理政》（第 3 卷），外文出版社 2020 年版，第 76 页。
② 习近平：《在全国脱贫攻坚总结表彰大会上的讲话》，载于《人民日报》2021 年 2 月 26 日。
③ 《习近平谈治国理政》（第 1 卷），外文出版社 2018 年版，第 9 页。
④ 《习近平谈治国理政》（第 1 卷），外文出版社 2018 年版，第 74 页。

在我们党长期奋斗基础上的，是由我们党的几代中央领导集体团结带领全党全国人民历经千辛万苦、付出各种代价、接力探索取得的。"① 中国特色社会主义不是天上掉下来的，而是党和人民历经千辛万苦，在长期奋斗、创造和积累的伟大实践和探索过程中取得的根本成就。中国特色社会主义深深根植于中国大地，它是中国人民勤劳智慧的结晶，是人民意志与时代高度结合的产物，具有深厚的历史底蕴和广泛的现实基础。在这个意义上，新时代正是紧紧抓住了人民美好生活需要的最大现实问题，进而展开了全部的理论和实践图景。中国共产党人为人民谋幸福，这从客体角度看，是人民在党治国理政的宏观环境中努力追求其美好生活的过程；而从主体角度看，是中国共产党人在治国理政中不断提升人民美好生活福祉的过程。美好生活的实现并不是抽象的宏大叙事，而是由美好生活的主体——人民——来赋予其现实意义的。

自从伟大革命导师马克思、恩格斯投身革命事业、为共产主义奋斗终身以来，共产党人始终将解放全人类作为其革命事业的奋斗目标。也正是因为有了这样的理想信念，才为之后中国社会主义的革命、建设、改革事业提供了富有感召力、凝聚力的价值取向，即坚持以人民为中心的发展思想。习近平同志强调指出："让老百姓过上好日子，是我们一切工作的出发点和落脚点，是我们党坚持全心全意为人民服务根本宗旨的重要体现。"② "我国国家制度和国家治理体系始终着眼于实现好、维护好、发展好最广大人民根本利益，着力保障和改善民生，使改革发展成果更多更公平惠及全体人民"③。在习近平新时代中国特色社会主义思想的理论建构中，正是对我们党始终尊重民意、凝聚民力、改善民生的最生动现实的阐述，我们党坚持以人民为中心的发展思想，既是对其根本宗旨的生动阐释，也是推进治国理政的基本遵循，更是新时代中国特色社会主义思想的价值旨归所在。

二、新思想饱含着实干兴邦的奋斗者精神

习近平新时代中国特色社会主义思想以"实现中华民族伟大复兴"为主线，习近平同志在党的十九大报告中指出，中国共产党人的初心和使命，就是为中国人民谋幸福，为中华民族谋复兴，这是激励中国共产党人永远向前的根本动力。可以看出，中国共产党自诞生以来，始终在实现中华民族伟大复兴的问题上保持

① 《习近平谈治国理政》（第1卷），外文出版社2018年版，第7页。
② 《十九大以来重要文献选编》（上），中央文献出版社2019年版，第282页。
③ 习近平：《坚持和完善中国特色社会主义制度 推进国家治理体系和治理能力现代化》，载于《求是》2020年第1期。

清醒和自觉，主动寻求实现中华民族伟大复兴的独立的、自主的正确道路。① 党的十八大以来，以习近平同志为核心的党中央不忘初心，继续坚持"以人民为中心"的原则，为了实现中华民族的伟大复兴接续奋斗，迎来了前所未有的复兴时机。在这个发展前提下，在习近平新时代中国特色社会主义思想的指引下，以习近平同志为核心的党中央坚持全面从严治党，采取一系列治国理政的新思想、新战略，贯彻新发展理念，大力推进经济建设、科技发展，为全面建成小康社会不懈努力，中国 GDP 超 10 万亿美元，国内生产总值稳居世界第二，迎来了前所未有的复兴时机，走上了前所未有的复兴之路。

此外，面对新时代愈发接近中华民族伟大复兴的这个历史阶段，习近平同志也在多个场合提出要坚定"四个自信"、弘扬爱国主义精神、弘扬社会主义核心价值观，对此，习近平同志指出我们要"弘扬民族精神和时代精神，加强爱国主义、集体主义、社会主义教育。"② 2020 年 4 月，习近平同志在陕西西安考察时还强调指出，只有大力弘扬中国特色社会主义文化，坚定文化自信，增强对中华文化的认同，建设具有强大感召力和影响力的中华文化软实力，我们走自己的路才具有无比深厚的历史底蕴，具有无比强大的前进定力。可以看出，习近平新时代中国特色社会主义思想强调，国家的强盛、民族的复兴离不开精神的支撑，需要发挥先进文化的引领作用，实现一个民族的复兴需要强大的物质力量，同时也需要强大的精神力量。

与此同时，习近平同志还提道："今天，我们要开创中华民族伟大复兴新局面，就必须树立宏大历史视野，把握世界发展大势，聆听时代声音，勇于坚持真理、修正错误，不断推进理论创新、实践创新、制度创新、文化创新以及其他各方面创新"③。习近平同志指出："中国要强盛、要复兴，就一定要大力发展科学技术，努力成为世界主要科学中心和创新高地。"④ 可以看出，习近平新时代中国特色社会主义思想始终以"实现中华民族伟大复兴"为主线，审时度势、守正创新，在各方面创新上下功夫，全面推进民族复兴的历程。

伟大事业需要砥砺实干，圆梦复兴需要持续奋斗。立足新时代实现强国梦，要有担当意识，更要靠实干精神。习近平同志曾在多个重要场合提到"空谈误国，实干兴邦"的古训，并多次强调实干兴邦和实现中华民族伟大复兴这二者之间的必然联系，明确强调全面建成小康社会要靠实干，实现中华民族伟大复兴要

---

① 韩庆祥：《深化研究习近平新时代中国特色社会主义思想十个重要学理性问题》，载于《中共中央党校（国家行政学院）学报》2020 年第 24 期。

② 《习近平谈治国理政》（第 3 卷），外文出版社 2020 年版，第 33 页。

③ 习近平：《在纪念孙中山先生诞辰 150 周年大会上的讲话》，载于《人民日报》2016 年 11 月 12 日。

④ 《习近平谈治国理政》（第 3 卷），外文出版社 2020 年版，第 246 页。

靠实干，将"坚持实干兴邦"作为实现中国梦的根本途径。新时代背景下，如何做到砥砺实干、富民兴邦，是摆在我们面前的一份新的考卷，对此，习近平同志主要提出了三点要求。

首先，把理论扎根中国大地，开出实践的花朵。我们要把坚持走中国特色社会主义道路、坚持中国特色社会主义制度、坚持贯彻落实党的路线方针政策变为实实在在、掷地有声的行动。习近平同志强调，社会主义是干出来的，新时代也是干出来的，可以看出，这正是要求我们落脚于实践行动，着眼于新的实践和新的发展。因此，如果没有兢兢业业的汗水，没有脚踏实地的实干，口号叫得再响，都将是遥不可及的"乌托邦"。实现中华民族伟大复兴的中国梦由每一个华夏子孙的梦想凝聚而成，这个沉甸甸的梦想中承载着我们每一个中国人民对美好生活的愿望和向往，为了实现这个梦想，我们要始终坚持从实际出发，将口号化为行动，让理论扎根大地，与实践相结合，用奋斗开启新时代，用行动创造新未来，真正为实现中华民族的伟大复兴做出贡献。

其次，用劳动创造财富，用汗水浇灌青春。习近平同志指出："新时代是奋斗者的时代""只有奋斗的人生才称得上幸福的人生。"[1] 要实现国家富强、民族振兴、人民幸福的目标，唯有脚踏实地，在勤恳中磨砺心志、增长才干。人的生存和发展离不开物质财富供给和精神财富的滋养，这是人们安身立命、安居乐业的基础，而一切物质财富和精神财富都是通过劳动者的劳动创造出来的，这是国家独立自强、持续发展的内在动力，因此，以习近平同志为主要代表的中国共产党人鼓励我们用劳动创造价值，弘扬劳模精神和工匠精神，在新时代建功立业，不好高骛远、急功近利，鼓励当代青年做新时代社会主义的合格建设者和可靠接班人，摘掉"佛系青年"的帽子，走好新时代的长征路，为实现民族复兴添砖加瓦。

最后，在砥砺实干中走中国道路，弘扬中国精神，凝聚中国力量。2013 年，习近平同志在第十二届全国人民代表大会上强调，实现中国梦必须走中国道路，这就是中国特色社会主义道路。实现中国梦必须弘扬中国精神，这就是以爱国主义为核心的民族精神，以改革创新为核心的时代精神。实现中国梦必须凝聚中国力量，这就是中国各族人民大团结的力量。[2] 中国梦是建立在当代中国的发展现状上的，具有中国特色、蕴含中国价值，因此，为了实现中国梦，我们需要坚持走中国特色社会主义道路，历史已经证明，中国道路是最适合我们的正确道路，是历史和人民的选择，只有坚持走中国道路才能使我们一步步接近民族复兴的目

---

① 习近平：《在 2018 年春节团拜会的讲话》，载于《人民日报》2018 年 2 月 14 日。
② 习近平：《在第十二届全国人民代表大会第一次会议上的讲话》，载于《人民日报》2013 年 3 月 18 日。

标。此外，在为了实现中华民族伟大复兴的过程中，中华儿女要奋发向上、进取有为，弘扬中国精神、凝聚中国力量，用社会主义核心价值观凝魂聚力，民族复兴的梦想越接近，我们越要安不忘危，保持头脑警觉和政治清醒，警惕各种错误思想的腐蚀和浸淫，在实干中培育健全健康的人格，塑造激浊扬清、风清气正的社会大环境。

中华民族伟大复兴，绝不是轻轻松松、敲锣打鼓就能实现的。我们必须做好长期艰苦奋斗的心理准备，进行伟大斗争，建设伟大工程，推进伟大事业。在这个千帆竞发、百舸争流的新时代，我们更要认真总结经验教训，勇立时代的潮头，与前方的艰难困苦奋勇搏击，共担民族复兴的时代责任。

三、"八个明确"对新时代布局的理论定位

秉持着"坚持和发展中国特色社会主义"的根本"主题"，沿着"实现中华民族伟大复兴"的历史"主线"[1]，习近平新时代中国特色社会主义思想为新时代的事业布局提出了由八个"明确"和十四个"坚持"组成的系统"主张"。"主线"和"主张"都服务于"主题"，是书写"主题"的。[2] 习近平同志围绕实现中华民族伟大复兴这一"主线"，通过提出八个明确和十四个坚持的"主张"，从指导思想和行动纲领两个层面加以概括，进一步回答了新时代我们要坚持和发展什么样的中国特色社会主义，以及怎样坚持和发展中国特色社会主义这一"主题"。弄清"主题""主线"和"主张"的关系，有助于我们理解和领悟这三者的实质，更好的紧扣主题、把握主线、贯彻主张。

"八个明确"，主要是从理论层面来阐述新时代发展的主题、任务、目标、重点、路径和保障等几个方面，它是习近平新时代中国特色社会主义思想的基本内涵和核心要义。"八个明确"是对新时代坚持和发展什么样的中国特色社会主义系统性的理论概括，构架起了新时代中国特色社会主义的"四梁八柱"，清晰地阐述了新时代中国特色社会主义在基本内涵上的确定性。[3]

第一，明确坚持和发展中国特色社会主义，总任务是实现社会主义现代化和中华民族伟大复兴。这主要从国家总体层面阐述了实现社会主义现代化和新时代

---

[1] 包心鉴：《习近平新时代中国特色社会主义思想的理论主题、科学内涵和鲜明特质》，载于《国外理论动态》2017年第11期。

[2] 韩庆祥：《深化研究习近平新时代中国特色社会主义思想十个重要学理性问题》，载于《中共中央党校（国家行政学院）学报》2020年第24期。

[3] 王向明：《深刻认识"八个明确"和"十四个坚持"的科学内涵》，载于《人民论坛》2019年第19期。

坚持和发展中国特色社会主义的总任务，确立了"两步走"的发展战略。将原定于 21 世纪中叶基本实现现代化的目标提前到 2035 年，并在此基础上要求到 2050 年全面实现现代化，建成富强民主文明和谐美丽的社会主义现代化强国。不仅为党和国家指明了符合中国发展实际的战略目标，同时为中国的进步和发展树立了一面鲜明的旗帜。

第二，明确新时代我国社会主要矛盾是人民日益增长的美好生活需要和不平衡不充分的发展之间的矛盾。中国特色社会主义进入新时代这一重大战略判断凸显出当前制约社会发展进步的主要矛盾也发生变化，发展的不平衡和不充分代替"落后的社会生产"，并愈发凸显，对此，习近平新时代中国特色社会主义思想要求我们在促进经济持续健康发展过程中，与时俱进地看待主要矛盾的变化，坚持以人民为中心的发展思想，着力解决当前社会的主要矛盾，更加注重社会全面发展。

第三，明确中国特色社会主义事业总体布局是"五位一体"、战略布局是"四个全面"。总体布局和战略布局这两大"布局"统筹联动、协同推进，是以习近平同志为核心的党中央适应我国发展新要求，站在时代前沿作出的战略运筹，旨在通过将作为"面"的总体布局和作为"线"的战略布局融为一体、相互渗透，从而为解决主要矛盾谋篇布局，为新时代坚持和发展中国特色社会主义提供建设路径和战略重点，为进一步坚定"四个自信"提供坚实基础。

第四，明确全面深化改革总目标是完善和发展中国特色社会主义制度、推进国家治理体系和治理能力现代化。这是坚持和发展中国特色社会主义的必然要求，也是实现社会主义现代化的应有之义[1]，为以改革为动力全面推进中国特色社会主义事业的发展、激发全社会的创造活力、全面提升党和政府的执政能力提供了坚实保障。

第五，明确全面推进依法治国总目标是建设中国特色社会主义法治体系、建设社会主义法治国家。习近平同志指出："没有全面依法治国，我们就治不好国、理不好政，我们的战略布局就会落空。"[2] 这就将依法治国作为国家治理的基本方略和系统工程贯穿于整个中国特色社会主义建设的历史进程中，赋予其在国家建设中的关键地位。此外，习近平同志也强调增强全民法治观念，使我国全体人民的法治意识、法治素养乃至法治信仰进一步提升和坚定，为国家的长治久安提供法治环境和法律保证。

---

[1] 习近平：《完善和发展中国特色社会主义制度推进国家治理体系和治理能力现代化》，载于《人民日报》2014 年 2 月 18 日。

[2] 习近平：《论坚持全面深化改革》，中央文献出版社 2018 年版，第 149 页。

第六，明确党在新时代的强军目标是建设一支听党指挥、能打胜仗、作风优良的人民军队，把人民军队建设成为世界一流军队。这是首次明确"能打胜仗"是军队建设的核心目标，为新时代人民军队建设指明了方向。习近平曾指出，这个伟大的梦想就是强国梦，对于军队来讲，也是强军梦。他把"强国梦"和"强军梦"统一起来，建设世界一流军队，为实现中华民族伟大复兴、维护世界和平保驾护航。

第七，明确中国特色大国外交要推动构建新型国际关系，推动构建人类命运共同体。"人类命运共同体"设想从新的高度和站位重新审视当今世界发展，重构世界共同价值理念，变故步自封为交流借鉴，用信任桥梁化解猜忌质疑，为审视各国面临的共同发展建构了新的价值评价体系和视角。这在推进世界社会主义发展进程、破除美国"狼群"式包围战略的过程中，能帮助建立国家与国家之间的信用链条，是使社会主义国家信誉走向世界的有效措施，习近平同志指出："讲好中国故事，传播好中国声音，把中国梦同周边各国人民过上美好生活的愿望、同地区发展前景对接起来，让命运共同体意识在周边国家落地生根。"[1] 用"一带一路"倡议搭建"人类命运共同体"的平台，加大同"一带一路"沿线国家的交流合作，减少国家间合作过程中的不稳定因素。可以看出，习近平新时代中国特色社会主义思想坚定地走和平发展、共同发展道路，彰显了我国大国外交的新主张。

第八，明确中国特色社会主义最本质的特征是中国共产党领导，中国特色社会主义制度的最大优势是中国共产党的领导。这是对社会主义本质的最新概括，突出了"旗帜鲜明讲政治"的党的建设的根本要求。对此，习近平新时代中国特色社会主义思想认为，"必须把政治方向摆在第一位，牢牢坚持党性原则"[2]，将政治标准当作衡量党组织和每一位党员是否合格的根本标准，涵盖了新时代坚持和发展中国特色社会主义的领导力量和政治保证，是对马克思主义国家学说和政党学说的继承和发展。

四、"十四个坚持"对新时代布局的实践指南

"十四个坚持"系统地回答了怎样来坚持和发展中国特色社会主义，实际上是在揭示党在新时代的奋斗目标和使命担当，揭示坚持和发展中国特色社会主义

---

[1] 《习近平在周边外交工作座谈会上发表重要讲话强调：为我国发展争取良好周边环境》，载于《人民日报》2013年10月26日。

[2] 《习近平在党的新闻舆论工作座谈会上强调：坚持正确方向创新方法手段提高新闻舆论传播力引导力》，载于《人民日报》2016年2月20日。

的基本方略以及社会主要矛盾的变化，其理论内核主要包括坚持和发展中国特色社会主义的目标、路径、方略、战略步骤等方面。

第一，坚持党对一切工作的领导。这是对历史上正、反两面经验的重要总结。从历史来看，坚持党对一切工作的领导，对于取得革命、建设和改革的胜利具有决定性意义。此外，坚持党对一切工作的领导，也是应对国内国际形势发展的现实需要。对此，习近平同志指出："加强党的领导是新时代坚持和发展中国特色社会主义的根本保证。"坚持党的领导是"根本保证"，所以在前进征程上，必须坚持党对一切工作的领导。①

第二，坚持从严治党。习近平同志在党的十九大报告中指出，"勇于自我革命，从严管党治党，是我们党最鲜明的品格。"② 坚持从严治党是中国共产党自身性质所提出的内在要求，更是党中央治国理政和管党治党的核心理念、关键举措。与西方选举式政党不同，中国共产党是无产阶级的先锋队，坚持从严治党，保持党的先进性和纯洁性，才能坚持党的领导。

第三，坚持依法治国。习近平同志在党的十九大报告中指出，"全面依法治国是中国特色社会主义的本质要求和重要保障。"③ 法律是治理国家的重器，更是彰显我国国家治理体系和治理能力的强大依托。只有坚持依法治国，建设有中国特色的社会主义法治体系，才能建成一个科学立法、严格执法、公正司法、全民守法的社会主义现代化法治强国。

第四，坚持社会主义核心价值体系。社会主义核心价值体系是巩固全党和全国各族人民团结奋斗的共同思想道德基础的迫切需要，是推进国家治理体系和治理能力现代化的迫切需要，更是增强文化自信、提高国家文化软实力的迫切需要。习近平同志指出："把培育和弘扬社会主义核心价值观作为凝魂聚气强基固本的基础工程。"④ 可见，实现中华民族伟大复兴的中国梦，广泛的价值共识和共同的价值追求是重要抓手，需要坚持培育和践行社会主义核心价值体系，为实现中华民族的伟大复兴凝聚起中国力量。

第五，坚持党对军队的绝对领导。在中央军委党的建设会议上，习近平同志指出："全面加强新时代我军党的领导和党的建设工作，是推进强国强军的必然要求。"⑤ 在新时代，坚持党对军队的绝对领导，是实现党在新时代强军目标，完成新时代军队使命任务的坚强政治保证，人民军队需置于党的绝对领导之下，

① 田心铭：《新中国70年历史性变革的内在逻辑》，载于《马克思主义研究》2019年第10期。
②③ 习近平：《决胜全面建成小康社会 夺取新时代中国特色社会主义伟大胜利——在中国共产党第十九次全国代表大会上的报告》，载于《人民日报》2017年10月28日。
④ 习近平：《把培育和弘扬社会主义核心价值观作为凝魂聚气强基固本的基础工程》，载于《人民日报》2014年2月26日。
⑤ 《习近平谈治国理政》（第3卷），外文出版社2020年版，第383页。

一切行动听从党中央和中央军委的指挥，涵盖思想领导、政治领导以及组织领导的方方面面。

第六，坚持总体国家安全观。国家安全是一个国家稳定发展的重要基石，是保障各族人民根本利益的最底线因素，实现人民美好生活和保障国家安全是社会发展的重中之重。习近平同志在党的十九大报告中指出，"坚持总体国家安全观，统筹发展和安全，增强忧患意识，做到居安思危，是我们党治国理政的一个重大原则。"① 这旗帜鲜明地突出了国家安全工作的紧迫性和重要性，着力达成互利共生的"大安全"目标，统筹发展和安全，促进对外工作的良好态势，保障国家的安全，夯实人民安全、人民利益的基础。

第七，坚持"一国两制"和推进祖国统一。习近平同志强调："坚持'一国两制'和推进祖国统一，保持香港、澳门长期繁荣稳定，实现祖国完全统一，是实现中华民族伟大复兴的必然要求。"② 在新时代，解决好台湾问题，实现祖国的完全统一也是实现中华民族伟大复兴的时代要求。大道一统，久久为功，国家统一是历史大势，坚持一个中国原则，两岸关系就能改善和发展，背离一个中国原则，就会导致两岸关系紧张动荡。③

第八，坚持人民当家作主。习近平同志认为，坚持人民当家作主，发展人民民主，密切联系群众，紧紧依靠人民推动国家发展是我国国家制度和国家治理体系的一项显著优势。人民当家作主，不仅是马克思主义唯物史观的根本立场，还是社会主义政治的本质和核心。习近平新时代中国特色社会主义思想认为，只有坚持人民当家作主不动摇，才能夺取新时代中国特色社会主义的伟大胜利。

第九，坚持人民为中心。在马克思的观念中，始终贯穿着促进"人的自由而全面发展"这一最终目的，把"现实的人"确立为"人"的真正内涵，强调了人类在现实生活中的主体作用。因此，在对马克思"人民主体"思想的继承下，"以人民为中心"成为习近平新时代中国特色社会主义思想的鲜明立场和基本遵循。习近平同志在党的十九大报告中，把"坚持以人民为中心"作为新时代坚持和发展中国特色社会主义的重要内容，彰显了党为人民服务的决心。至此，人民成为党一切决策的中心，国家富强和民族振兴的目的，也是不断为人民造福，人民立场成为中国共产党的根本政治立场，党的各项工作的出发点和落脚点也都是人民。

第十，坚持在发展中保障和改善民生。发展是中国共产党执政兴国的第一要

---

①② 习近平：《决胜全面建成小康社会 夺取新时代中国特色社会主义伟大胜利——在中国共产党第十九次全国代表大会上的报告》，载于《人民日报》2017年10月28日。

③ 张仕荣：《坚定不移完成祖国统一大业》，载于《学习时报》2020年4月1日。

务，经济发展是改善民生的物质基础，只有经济发展这个前提条件得到实现，改善民生才能更有动力和保障。同时，习近平同志强调，"人民对美好生活的向往，就是我们的奋斗目标。"① 作为党和政府不断强调的一项工作，保障和改善民生既是人民群众奋斗的目标，也是促进社会和谐、维护社会稳定、推进经济社会又好又快发展的前提。习近平新时代中国特色社会主义思想将这项工作当作一项长期工作，常抓不懈、持续推进，将保障和改善民生当作没有终点，只有新起点的奋斗目标。

第十一，坚持新发展理念。习近平同志在党的十九大报告中提出"坚持新发展理念"，并将其纳入新时代坚持和发展中国特色社会主义的基本方略中。创新、协调、绿色、开放、共享的新发展理念集中体现了新时代我国的发展思路、发展方向和发展着力点。具体来说，创新是引领发展的第一动力，协调是持续健康发展的内在要求，绿色是永续发展的必要条件，开放是国家发展繁荣的必由之路，共享是增进民生福祉和促进公平正义的有效路径。

第十二，坚持全面深化改革。改革开放是一场深刻的革命，是我们党最鲜明的特色和旗帜，也是我国人民大踏步赶上时代的制胜法宝。习近平同志指出："改革是循序渐进的工作，既要敢于突破，又要一步一个脚印、稳扎稳打向前走，确保实现改革的目标任务。"② 将改革当作在发展中国特色社会主义道路时需要持续推进的工作，当作实现国家发展的必经之路。此外，新时代我国的社会主要矛盾是全面深化改革的根本依据，在全面深化改革的着力点上，发展的不平衡不充分问题亟需解决。坚持全面深化改革，根本在"改革"，关键在"深化"，重点在"全面"，因此，必须要坚持思想解放、坚持问题导向、坚持制度建设。

第十三，坚持人与自然和谐相处。习近平同志指出："坚持人与自然和谐共生，建设生态文明是中华民族永续发展的千年大计。"③ 坚持人与自然和谐共生，树立和践行"绿水青山就是金山银山"的理念所凸显的正是生态文明的核心要义。习近平新时代中国特色社会主义思想所要求的发展，正是一种尊重自然、顺应自然、保护自然的发展，是要遵循绿色发展理念，维护人与自然之间形成的生命共同体，坚持节约资源和保护环境的基本国策，实行严格的生态环境保护制度，走生产发展、生活富裕、生态良好的文明发展道路。

第十四，坚持构建人类命运共同体。习近平同志指出："坚持推动构建人类命运共同体。中国人民的梦想同各国人民的梦想息息相通，实现中国梦离不开和

---

① ③ 习近平：《决胜全面建成小康社会 夺取新时代中国特色社会主义伟大胜利——在中国共产党第十九次全国代表大会上的报告》，载于《人民日报》2017 年 10 月 28 日。

② 习近平：《完善和发展中国特色社会主义制度推进国家治理体系和治理能力现代化》，载于《人民日报》2014 年 2 月 18 日。

平的国际环境和稳定的国际秩序。"① 人类命运共同体的整体特征蕴含着合作共赢、平等协商、互联互通、包容共鉴、公正合理,② 其理念深切关照着整个人类世界的前途命运和人类社会文明的未来走向。新时代是一个充满挑战、开放包容的时代,进入新时代,人类的命运早已相互交织、错综复杂。为了满足人类生存繁衍和共同发展的需要,人类只有统一思想、凝聚共识,才能走好繁荣发展的路,实现共谋发展的梦。

五、"八个明确"和"十四个坚持"的内在关联

在探究"八个明确"和"十四个坚持"之间的内在关联问题上,可以发现两者之间是相辅相成、辩证统一的关系。"八个明确"用最为精练的语言,从三个逻辑层面展开,分析了中国特色社会主义的总体思路、实践路径和核心问题,回答的是"是什么"的问题。而"十四个坚持"侧重于从实践层面和战略层面展开,明确回答了"怎么办"的问题,不断丰富着我们在新时代坚持和发展中国特色社会主义的宝贵经验,为实现中华民族伟大复兴的中国梦、全面建成社会主义现代化强国这一宏伟目标规划蓝图、举旗定向。

仔细探究便不难发现,两者间存在着一一对应的深层关系。例如第一条"明确坚持和发展中国特色社会主义"从理论的高度指明了"十四个坚持"的方向和任务,而"十四个坚持"也以党总揽全局的领导地位回应了第一条的明确。第二条"明确新时代我国社会主要矛盾"从理论上阐明了社会主要矛盾的变化,而"十四个坚持"也从坚持以人民为中心的角度回应了第二条的明确。第三条"明确中国特色社会主义事业总体布局和战略布局,强调四个自信"提出了五位一体和四个全面的战略思想,"十四个坚持"从全面深化改革的方面入手,同时符合了第三条和第四条明确的要求。第五条"明确全面推进依法治国总目标"立于依法治国的层面提出理论要求,而"十四个坚持"中"坚持人民当家作主""坚持全面依法治国"这两个坚持诠释了第五条明确的具体实践方法。第六条"明确党在新时代的强军目标"则是从党的军队建设方面的目标,"十四个坚持"中"坚持党对人民军队的绝对领导""坚持全面从严治党"从党的自身建设和党对军队领导建设两个维度强调如何实现新时代的强军目标,回应了第六条明确。第七条"明确中国特色大国外交目标"和"十四个坚持"中"坚持总体国家安全观"相

---

① 习近平:《决胜全面建成小康社会 夺取新时代中国特色社会主义伟大胜利——在中国共产党第十九次全国代表大会上的报告》,载于《人民日报》2017年10月28日。

② 高奇琦:《全球治理、人的流动与人类命运共同体》,载于《世界经济与政治》2017年第1期。

呼应，这是从大国外交的目标策略和统筹国内外两个大局等相关问题的角度阐释第七条明确。第八条"明确中国共产党领导，提出新时代党的建设总要求"是从党的建设的维度来论证的，而"十四个坚持"中"坚持党对一切工作的领导""坚持全面从严治党"正是从党的建设实践层面呼应了这一条明确。

建立这种深层关系的枢纽，就是其中所蕴含着的"以人民为中心"的价值原则，这一原则贯穿于统筹推进"五位一体"总体布局、协同推进"四个全面"战略布局的全过程。"五位一体"总体布局从经济、政治、文化、社会、生态五个方面作出了全面部署，全方位满足人民对美好生活的需要。经济方面，不断解放和发展生产力，推动经济高质量发展，提升经济发展活力，满足人民群众物质需求，实施乡村振兴战略、区域协调发展战略，充分调动人民群众参与经济建设的积极性，为满足人民日益增长的美好生活需要打下坚实的物质基础。政治方面，坚持人民当家作主的本质与核心，健全人民当家作主制度体系，加强社会主义民主政治建设，让制度保障人民拥有广泛的、真实的、管用的权利，为提高人民参与国家政治生活的积极性、主动性和创造性营造良好的制度环境。文化方面，坚持社会主义核心价值体系，推动社会主义文化繁荣兴盛，弘扬爱国主义民族精神和改革创新的时代精神，人民既是历史的"剧中人"，也是历史的"剧作者"，文化为人民而生，同时文化又为人民而作，厚植全国人民的文化根基，把满足人民精神文化需求作为文艺和文艺工作的出发点和落脚点。社会方面，坚持在发展中保障和改善民生，在发展中补齐民生短板，促进社会公平正义，做好基础性、兜底性民生建设，建设世界一流大学和一流学科，实现幼有所育、学有所教、劳有所得、病有所医、老有所养、住有所居、弱有所扶，让人民在改革开放的发展中切实地提升获得感、幸福感、安全感。生态方面，坚持人与自然和谐共生，坚定走生产发展、生活富裕、生态良好的文明发展道路，恢复自然的和谐、美丽，为子孙后代留下一片绿水青山、蓝天白云。

"四个全面"战略布局紧紧围绕实现两个一百年奋斗目标、实现中华民族伟大复兴的中国梦，始终坚持以人民为中心这条主线为价值指引，始终把增进人民福祉、促进人的全面发展作为出发点和落脚点。全面建成小康社会是新时代中国特色社会主义的理论践行，蕴含着广大人民群众对美好生活的期盼和向往，是中国共产党对人民群众作出的庄严承诺。全面建成小康社会需要发挥人民群众的聪明和才智，在中国共产党的领导下，依靠广大人民群众的力量，创造出美好生活所需的物质财富和精神财富，让人民群众共享改革开放的成果，实现全体人民共同富裕。全面深化改革，改革是由问题倒逼而产生，又在不断解决问题中而深化，人民的需求是全面深化改革的缘由，同时人民也是推动全面深化改革的动力，推进任何一项重大改革，都必须要坚持以人民为中心的发展思想，都必须要站在人民立场上谋划改革理念，都必须要站在人民利益出上制订改革方案，改革来自于人民，依靠于人民，造福于人民，中国共产党始终坚持把实现好、维护好、发展好最广大人民根本利益作为推进改革的出发点和落脚点；全面依法治国，党的十八届四中全会通过的《中共中央关于全面推进依法治国若干重大问题的决定》指出，要坚持人民主体地位，人民是依法治国的主体和力量源泉，必须坚持法治建设为了人民、依靠人民、造福人民、保护人民，以保障人民根本权益为出发点和落脚点，要把体现人民利益、反映人民愿望、维护人民权益、增进人民福祉落实到依法治国全过程，使法律及其实现充分体现人民意志。这一决定，充分彰显了人民在中国特色社会主义社会法治建设中的主体地位，法治由人民制定、为人民使用、让人民受益；全面从严治党，坚持中国共产党的领导是坚持以人民为中心的政治保障，坚持以人民为中心就必须要坚持中国共产党的领导，习近平同志指出："党的一切工作，必须以最广大人民根本利益为最高标准。"①以习近平同志为核心的党中央始终秉持以人民为中心的发展思想，从人民群众最关心、最直接和最现实的问题出发，把人民群众各方面的切实利益放在心中最高位置，从群众满意的事情做起，从群众不满意的事情改起，正确把握改革发展稳定这三方面的关系，顺应我国社会主要矛盾发生的历史性变化，解决我国各方面发展中不平衡不充分的问题，在更高水平上不断满足人民日益增长的美好生活需要。

"八个明确"的理论内涵和"十四个坚持"的理论方略，共同构成了系统完整、逻辑严密的科学理论体系。习近平新时代中国特色社会主义思想的"八个明确"是最为核心的关键部分，这是指导思想和理论要求层面的阐述，其中的每一个"明确"都有各自的深厚的理论积淀，在其内部也有着科学严密的逻辑关系。在领悟"八个明确"的内里意蕴时，我们不妨从树立整体观念出发，从战略思维的高度进行研究和把握，对每一个"明确"进行深入细致的剖析拆解。而"十四个坚持"是行动纲领和实践层面的部署，这是从治国理政的方针原则方面加以概括，其内在格局之大涵养着党的领导、"五位一体"总体布局、"四个全面"战略布局、国防和军队建设、国家安全和大国外交等方方面面。两者在实质内核和精神内蕴上是一致的，因此绝不能将其孤立片面化地割裂开来，而是要将其有机地结合，统一学习、统一把握、统一贯彻，才能更好地推动党和国家事业打开辉煌的新局面、开辟出一片更为广阔的新境界。

在新时代，"八个明确"和"十四个坚持"就是我们共产党人光辉鲜明的思

① 习近平：《决胜全面建成小康社会 夺取新时代中国特色社会主义伟大胜利——在中国共产党第十九次全国代表大会上的报告》，载于《人民日报》2017年10月28日。

想旗帜，是我们党不断加强自身建设、开拓进取建设社会主义现代化强国的珍贵经验和智慧宝库。在这两面思想旗帜的引领下，我们把目光着眼于新时代坚持和发展中国特色社会主义，把热点聚焦于实现中华民族伟大复兴的中国梦，把步伐稳稳地踏在了全面建成小康社会和建设社会主义现代化强国的道路上。有了这个强大的思想武器和行动助力，我们就能更好地凝聚力量，以巨大的创造力、凝聚力和战斗力，从容不迫面对当今世界百年未有之大变局。

第二节　守正创新：为中国智慧续写 21 世纪新篇章

习近平新时代中国特色社会主义思想与马克思列宁主义、毛泽东思想、邓小平理论、"三个代表"重要思想、科学发展观既一脉相承又与时俱进，是党和人民集体智慧与实践经验的结晶，实现了马克思主义中国化新的飞跃。这一新思想之所以担当起当代中国马克思主义、21 世纪马克思主义的时代重任，是在于它是对马克思主义经典作家理论的重大创新、对马克思主义中国化的重大创新以及对中国发展的世界意蕴阐释上的重大创新。因此，把握习近平新时代中国特色社会主义思想的理论品质，必须凸显这种在守正基础上的创新特性，惟创新者强，惟创新者进，惟创新者胜。

一、新思想是继承性与创新性的交融对接

习近平新时代中国特色社会主义思想是在前人的肩膀上发展起来的。它的形成凝结着几代中国人的心血和智慧，吸收了五千多年灿烂民族文化的养分。继往开来，开拓创新。马克思说："人们自己创造自己的历史，但是他们并不是随心所欲地创造，并不是在他们自己选定的条件下创造，而是在直接碰到的、既定的、从过去承继下来的条件下创造的。"[①] 作为马克思主义中国化的最新理论成果，习近平新时代中国特色社会主义思想，也不是凭空产生的。它不是无源之水、无本之木，它的形成和发展离不开对前人实践成果的继承和认识经验的总结。

这一伟大思想与毛泽东思想、邓小平理论、"三个代表"重要思想和科学发展观一脉相承。以毛泽东同志为主要代表的中国共产党人，把马克思主义基本原

---

① 《马克思恩格斯文集》（第 2 卷），人民出版社 2009 年版，第 470 页。

理同中国具体实际相结合，经过长期实践探索，找到了一条适合中国国情的革命道路，领导中国人民成功完成了新民主主义革命，建立了中华人民共和国，随后又领导人民进行了社会主义革命，最终确立了社会主义制度，"为社会大局稳定、保证人民安居乐业、保障国家安全提供了有力保证"。① 这些宝贵的实践经验经过理论升华，形成了毛泽东思想体系，为社会主义建设提供了科学的理论指导。

1978 年党的十一届三中全会以后，以邓小平同志为主要代表的中国共产党人把党和国家的工作重心转移到了经济建设上来，作出了进行改革开放的伟大决策，把中国发展与世界市场联系了起来，为解放思想、开拓市场、引进外资、激发潜力作出了重大贡献，并提出了"建设有中国特色的社会主义"的时代命题，"科学回答了建设中国特色社会主义的一系列基本问题，制定了到 21 世纪中叶分三步走、基本实现社会主义现代化的发展战略，成功开创了中国特色社会主义"，② 创立了邓小平理论。党的十三届四中全会以后，以江泽民同志为主要代表的中国共产党人和以胡锦涛同志为主要代表的中国共产党人继续沿着党的基本路线，努力推进社会主义现代化建设，确立并不断完善社会主义市场经济体制，使国家实力不断增强，并在新的实践基础上完成了理论创新，分别形成了"三个代表"重要思想和科学发展观。

习近平同志指出："坚持和发展中国特色社会主义是一篇大文章，邓小平同志为它确定了基本思路和基本原则，以江泽民同志为核心的党的第三代中央领导集体、以胡锦涛同志为总书记的党中央在这篇大文章上都写下了精彩的篇章。现在，我们这一代共产党人的任务，就是继续把这篇大文章写下去。"③ 党的十八大以来，以习近平同志为核心的党中央，坚定不移地遵循马克思主义的指导，高举中国特色社会主义伟大旗帜，团结带领全国各族人民踔事增华，踔厉奋发，为实现伟大梦想作出了及时、积极、有力的响应，并创立了习近平新时代中国特色社会主义思想。

这一伟大思想的形成发展，还离不开中华优秀传统文化这块肥沃土壤的滋养。"中国特色社会主义是对中华文明 5000 多年的传承发展中得来的。中华优秀传统文化是中华民族的'根'和'魂'，是中华民族的突出优势，也是中国特色社会主义的文化之根、文明之源"④，更是习近平新时代中国特色社会主义思想的文化之基。习近平同志指出："文明特别是思想文化是一个国家、一个民族的灵魂。无论哪一个国家、哪一个民族，如果不珍惜自己的思想文化，丢掉了思想

① 《习近平谈治国理政》（第 3 卷），外文出版社 2020 年版，第 185 页。
② 习近平：《在庆祝改革开放 40 周年大会上的讲话》，载于《人民日报》2018 年 12 月 18 日。
③ 习近平：《关于坚持和发展中国特色社会主义的几个问题》，载于《求是》2019 年第 7 期。
④ 《习近平新时代中国特色社会主义思想三十讲》，学习出版社 2018 年版，第 21 页。

文化这个灵魂，这个国家、这个民族是立不起来的。"① 不忘本来才能开辟未来，善于继承才能更好创新。中华民族文化博大精深、源远流长，有很多思想理念历久弥新，对今天的治国理政仍有重大的指导意义。中华民族精神是中华民族赖以生存和发展的精神支撑，是激励中华儿女团结一致、攻坚克难、奋勇向前的精神动力，也是进一步夺取中国特色社会主义新胜利的宝贵精神财富。

在充分继承前人的基础之上，习近平新时代中国特色社会主义思想大力开展了创新突破，是马克思主义基本原理与中国新的历史实践相结合的又一次重大创新。习近平同志指出："今天，时代变化和我国发展的广度和深度远远超出了马克思主义经典作家当时的想象。同时，我国社会主义只有几十年实践，还处在初级阶段，事业越发展新情况新问题就越多，也就越需要我们在实践上大胆探索、在理论上不断突破。"② 党的十八大以来，以习近平同志为核心的党中央始终把新的时代要求作为"指路标"和"动力源"，以巨大的政治勇气和强烈的时代担当，提出一系列新理念新思路新战略，对当下我国经济社会发展遇到的"拦路虎"、全面深化改革面临的"硬骨头"、人民群众最关心的"分蛋糕"等问题做了积极回应，为马克思主义理论的丰富和发展做出了许多原创性贡献。

在经济领域，贯彻实施新发展理念，坚持推进供给侧结构性改革，不断调整经济结构，转变粗放的发展方式，建设现代化社会主义市场经济体制，更加重视人才因素、创新因素在经济发展中的强劲作用，大力支持京津冀协同发展、长三角一体化发展和海南自由贸易港建设等。

在政治领域，坚持党的领导、人民当家作主、依法治国的有机统一，发展协商民主，切实维护人民的民主权利。

在文化领域，强调要胸怀底气，坚定文化自信，做到内外兼收，既积极推动中华优秀传统文化创造性转化、创新性发展，又面向世界，广泛交流，吸收借鉴。

在社会方面，秉持以人民为中心的发展思想，坚持发展成果由人民共享，优先发展教育，实施精准扶贫、精准脱贫工程，关注国民健康，推进健康中国建设。

在生态领域，更加追求人与自然的和谐共生，倡导人们自觉树立和践行"尊重自然、顺应自然、保护自然"的生态文明理念和"绿水青山就是金山银山"③的绿色发展观念，实施最严格的生态环境保护制度，努力为人们创造一个更加天

---

① 习近平：《在纪念孔子诞辰 2565 周年国际学术研讨会暨国际儒学联合会第五届会员大会开幕上的讲话》，人民出版社 2014 年版，第 9 页。

② 《习近平谈治国理政》（第 2 卷），外文出版社 2017 年版，第 34 页。

③ 《习近平谈治国理政》（第 2 卷），外文出版社 2017 年版，第 393 页。

蓝气清、山明水秀、舒适宜居的生活环境。

在"一国两制"方面,习近平同志始终强调必须"确保'一国两制'实践不变形、不走样。"① 此外,他还精密谋划、周密部署、强力推动粤港澳大湾区建设,积极与港澳同胞共享国家发展机遇,深化内地和港澳交流合作,用稳健发展来巩固港澳的繁荣稳定。

在外交方面,全面推进中国特色大国外交,全力推进人类命运共同体建设,愿与世界各国人民共商、共建、共享持久和平、普遍安全、共同繁荣、开放包容、清洁美丽的世界。

在军队建设方面,指明了党在新时代的强军目标,着手构建中国特色军事法治体系,大力改革治军方式,力争在本世纪中叶把人民军队打造成为世界一流军队,实现军队的现代化。

在党的建设方面,为了保持党的纯洁性、先进性,习近平同志提出了把政治建设摆在第一位,要求全党同志要自觉增强政治意识、大局意识、核心意识、看齐意识,坚定道路自信、理论自信、制度自信、文化自信,坚决维护党中央权威和集中统一领导。习近平同志指出,"要始终把不忘初心、牢记使命作为必修课、常修课,时常叩问和守护初心,及时修枝剪叶、补钙壮骨,把牢理想信念'总开关'"② 这一思想丰富、发展了马克思主义关于政党建设的学说。

这一系列新理念、新观点、新方法都是习近平新时代中国特色社会主义思想的重要组成部分,都是基于当前改革开放和现代化建设中遇到的实际问题提出的,遵循创新、协调、绿色、开放、共享的新发展理念,分别从不同方面创新性地回答了在新的历史征程上如何夺取中国特色社会主义新胜利的问题,适应了新时代中国的国情,符合国家的发展需要,与广大人民群众的根本利益相一致,形成了适应当代中国国情和时代特点的中国特色社会主义政治经济学,必将更大程度地激发我国的发展潜力,释放我国的发展活力。

二、提供马克思主义经典理论发展的时代智慧

第一,是对马克思主义价值理论的重大创新。

习近平同志指出:"我国是一个有着 13 亿多人口、56 个民族的大国,确立反映全国各族人民共同认同的价值观'最大公约数'使全体人民同心同德、团结

---

① 《习近平谈治国理政》(第 3 卷),外文出版社 2020 年版,第 413 页。
② 习近平:《带头把不忘初心牢记使命作为终身课题 始终保持共产党人的政治本色和前进动力》,载于《人民日报》2019 年 12 月 28 日。

奋进，关乎国家前途命运，关乎人民幸福安康。"① 这个论断包含着深厚的现实基础、深刻的学理蕴涵，对培育社会主义核心价值观具有重要指导意义，是对马克思主义价值理论的重要创新。

恩格斯指出："每一个时代的哲学作为分工的一个特定的领域都具有由它的先驱传给它而它便由此出发的特定的思想材料作为前提"，② 习近平正是把马克思主义价值理论③当作"思想材料的前提"，立足于新时代需要，以"思想家的深刻洞察力、理论创造力"实现了对马克思主义价值理论的重大创新，把马克思主义价值理论提升到新的境界，坚定和增强了我们的价值观自信，使社会主义核心价值观能有效应对、超越"普世价值"。需要补充说明的是，在马克思恩格斯著作中，具体表述上不是以现在的"核心价值观""培育核心价值观"等形式，而是以其他形式来表达的，如"占统治地位的思想""调节思想生产和分配"等，但在本质上是接近的，"马克思、恩格斯的著作里没有价值以及价值问题的专门论述，但其文本中却内在地蕴涵着丰富的价值思想"④ "马克思主义经典作家关于历史发展和人的发展、关于人的尺度和物的尺度、关于道德的历史性和阶级性、关于无产阶级的历史地位和使命，特别是关于革命形势和无产阶级斗争策略，都有过诸多论述，在这些论述和文献中，存在着许多关于价值论的思想。"⑤

在阶级社会中，统治阶级是占统治地位思想的主体，而核心价值观是占统治地位思想的"内核"，也就提示了统治阶级是核心价值观的"主体"。这是在此前关于占统治地位思想主体（也即核心价值观主体）的基本认知。习近平在此论断中首次指出，社会主义核心价值观的主体是"各族人民"，从而把"坚持以人民为中心"和确立社会主义核心价值观与人民主体相结合，使社会主义核心价值观充盈着丰富的人民性，而与历史上的情况形成根本区别。习近平总书记又提出了培育社会主义核心价值观是"为人民提供精神指引"的新论述，从新的角度进一步强化了该论断中所凸显的上述意涵。

回顾马克思主义价值理论发展史，不难发现，此前马克思主义经典作家虽然立足特定需要，因而具体语境可能不同，但都把"灌输"作为培育核心价值观的基本路径。习近平在此论断中，也是在马克思主义价值理论发展的历史、中国共产党发展史上，首次把"认同"提升为培育社会主义核心价值观的基本路径。实

① 《习近平谈治国理政》（第1卷），外文出版社2018年版，第168页。
② 《马克思恩格斯文集》（第10卷），人民出版社2009年版，第599页。
③ 在这里我们所说的"马克思主义价值理论"，是指在最普遍、一般意义上即哲学意义上的马克思主义价值理论，而不是指他们针对某一具体领域、特定语境所提出的价值理论（如劳动意义价值论、商品交易活动中的价值论）。
④ 王燕群、吴倬：《马克思价值思想及其当代现实意义》，载于《北方论丛》2010年第1期。
⑤ 马俊峰：《马克思主义价值理论研究》，北京师范大学出版社2012年版，第16页。

现了培育社会主义核心价值观基本路径从"灌输"扩容为"灌输"和"认同"，其内在依据是，相较而言，以认同作为培育社会主义核心价值观的基本路径，隐含三层含义：体现出对民众主体地位的更加关照，对民众基本利益的更加关怀，对民众发展的更为关切。

马克思在论及资本主义社会的意识形态时，曾经形象地指出："无论它照耀什么事物，却只准产生一种色彩，就是官方的色彩。"① 在这里"马克思把当时意识形态称为'精神太阳'。"② 可见，从一定意义上来说，马克思的这句话以另外一种方式指明了当时培育核心价值观的思维方式为"以一统多"。而习近平在此论断中首次提出了"异中求同"的培育社会主义核心价值观思维方式。因此他在继承以往思想的基础上，拓展了培育社会主义核心价值观的思维方式，实现了保留传统思维方式和创造符合新时代要求思维方式的统一，使我们具备了培育社会主义核心价值观的完整思维方式，从而在这一方面对马克思主义价值理论作出了原创性贡献。

关于"确立价值观最大公约数"这一论断所包含的上述四个方面创新在逻辑上是紧密相连的，其中第一方面，把"人民"确立为社会主义核心价值观主体是根本，也是基础，第二方面，把增进人民幸福列入培育社会主义核心价值观的根本旨归是关键。第三、第四方面则是前面两个方面在不同层次的实现方式，具体来说，第三方面主要是从培育社会主义核心价值观的实践方式层次，而第四方面则主要是从培育社会主义核心价值观的思维方式的层次来体现前两个方面。因此，没有第一方面作为基础，第二方面也是无本之木，但如果仅仅有了第一方，而没有后面的三个方面，则第一个方面也就是纯粹的抽象之物。

第二，是对历史唯物主义共同体理论的重大创新。

资产阶级在历史发展当中也曾建立起某种形式的共同体。在国内，"资产阶级使农村屈服于城市的统治"；在世界范围内，资产阶级"使未开化和半开化的国家从属于文明的国家，使农民的民族从属于资产阶级的民族，使东方从属于西方"。③ 资产阶级按照自己的面貌为自己创造出一个世界，而这个世界与资本主义国家的内部格局具有"同构性"。④ 这种被冠以"资本共同体"的全球性好比是一种"国家"，究其本质，仍然是"虚假"的共同体。这其中不乏存在着部分

① 《马克思恩格斯全集》（第 1 卷），人民出版社 1995 年版，第 111 页。
② 陈新汉：《核心价值体系论导论》，上海大学出版社 2016 年版，第 101 页。
③ 《马克思恩格斯文集》（第 2 卷），人民出版社 2009 年版，第 36 页。
④ 刘同舫：《构建人类命运共同体对历史唯物主义的原创性贡献》，载于《中国社会科学》2018 年第 7 期。

主体成员占据着霸权地位，利用其霸权地位将自身特殊利益伪装成同为"共同体"成员的人类普遍利益的行迹。

在历史唯物主义的理论视野中，"自然形成的共同体"从"虚假共同体"转化为真正的"自由人联合体"是"共同体"这一范畴在时间空间领域逐步演进的形态。作为马克思主义政治哲学逻辑体现的人类命运共同体是一个新世界的景象构想，是在人类社会历史演进进程中为世界秩序的构建注入一种新的实践观。人类所固有的存在方式与传统的思维方式必然会因构建人类命运共同体的新实践观而发生深刻变革，构建人类命运共同体的新实践观也将成为解决"虚假共同体"在转化为真正"人类自由联合体"的过程中所引发的全球性治理难题与危机的有效路径。纵然，在哲学概念与现实逻辑上，真正的"人类自由联合体"与人类命运共同体或多或少存在着一定的张力，但究其本质，人类命运共同体是对资本主义全球化这一历史进程的"纠错"，是对"人类解放"的发展理念与价值诉求的昭示。因此，人类命运共同体无论在哲学立场上还是现实落脚点上都是"人类社会或社会的人类"，都与"虚假共同体"完全相左。在全球化时代的大背景下，构建人类命运共同体的新实践观将能够引领各个个体、各个民族、各个国家的前进方向，最终将为真正的"人类自由联合体"的实现在世界历史范畴内奠定基础。

习近平同志指出："人类命运共同体，顾名思义，就是每个民族、每个国家的前途命运都紧紧联系在一起，应该风雨同舟，荣辱与共，努力把我们生于斯、长于斯的这个星球建成一个和睦的大家庭，把世界各国人民对美好生活的向往变成现实。"① 表面上，由中国提出的构建人类命运共同体思想是中国的国际外交理念或者国际外交策略，实际上，这一思想的历史性出场，是为寻求破解全球性治理危机与难题的路径所给出的中国方案，所奉献的中国智慧。对全球资本主义体系持批判性立场的人类命运共同体新思想，不仅是对现存的国际政治经济秩序持批判性态度，也是对当前西方某些意识理念的批判。由中国提出的人类命运共同体新思想是对 21 世纪历史唯物主义共同体理论发展的原创性贡献。

第三，是对马克思主义生态哲学的重大创新。

作为艺术对象与自然科学的自然界，是人类生活与活动的一部分，是"人的无机的身体"。在《1844 年经济学哲学手稿》中马克思明确指出："没有自然界，没有感性的外部世界，工人什么也不能创造……自然界一方面在这样的意义上给劳动提供生活资料，即没有劳动加工的对象，劳动就不能存在，另一方面，也在

---

① 《习近平谈治国理政》（第 3 卷），外文出版社 2020 年版，第 433 页。

更狭隘的意义上提供生活资料，即维持工人本身的肉体生存的手段"。① 恩格斯在《自然辩证法》中对上述第二个方面做了更直白的表述："我们连同我们的肉、血和头脑都是属于自然界和存在于自然界之中的"。② 作为自然存在物，人是"受动"与"能动"的辩证统一体。马克思指出："人作为自然存在物，而且作为有生命的自然存在物，一方面具有自然力、生命力，是能动的自然存在物，这些力量作为天赋和才能、作为欲望存在于人身上；另一方面，人作为自然的、肉体的、感性的、对象性的存在，同动植物一样，是受动的、受制约的和受限制的存在物，就是说他的欲望的对象是作为不依赖于他的对象而存在于他之外的"。③

"人与自然是生命共同体"的观念不仅继承了"人是自然存在物"的思想，而且进一步阐明和强调了人与自然的同体和辩证统一关系，它消解了将自然看作是外在于人类存在的主客二分的形而上学思维方法，与中国传统文化内在包含的"道法自然""天人合一""天地与我并生，而万物与我为一"等精神有内在相通之处。④ 这种强调人与自然和谐共生的精神，是对自启蒙运动以来西方的人类中心主义观念的根本性超越。习近平同志指出："人类可以利用自然、改造自然，但归根结底是自然的一部分，必须呵护自然，不能凌驾于自然之上"⑤，"人与自然共生共存，伤害自然最终将伤及人类……我们应该遵循天人合一、道法自然的理念，寻求永续发展之路"。⑥ 人与自然息息相关，相互依附，是生命共同体，对自然界所采取的实践活动将最终归为对人自身所实行的实践活动，这种实践活动包括对自然生态环境的破坏，那么，破坏生态环境就是人类对自身的一种残害。

习近平在十八届中央政治局第四十一次集体学习时的讲话中强调："我对生态环境保护方面的问题看得很重，党的十八大以来多次就一些严重损害生态环境的事情作出批示，要求严肃查处……我之所以要盯住生态环境问题不放，是因为如果不抓紧，任凭破坏生态环境的问题不断产生，我们就难以从根本上扭转我国生态环境恶化的趋势，就是对中华民族和子孙后代不负责任。"⑦ 由此可见，我

---

① 《马克思恩格斯文集》（第 1 卷），人民出版社 2009 年版，第 158 页。
② 《马克思恩格斯文集》（第 9 卷），人民出版社 2009 年版，第 560 页。
③ 《马克思恩格斯文集》（第 1 卷），人民出版社 2009 年版，第 209 页。
④ 张森年：《习近平生态文明思想的哲学基础与逻辑体系》，载于《南京大学学报》（哲学·人文科学·社会科学）2018 年第 6 期。
⑤ 《习近平关于社会主义生态文明建设论述摘编》，中央文献出版社 2018 年版，第 131 页。
⑥ 习近平：《共同构建人类命运共同体——在联合国日内瓦总部的演讲》，载于《人民日报》2017 年 1 月 20 日。
⑦ 《习近平关于社会主义生态文明建设论述摘编》，中央文献出版社 2018 年版，第 15 页。

们在处理与自然相关的活动时，要时刻坚守"生命共同体"的思想意识。习近平同志指出，"山水林田湖是一个生命共同体"，因此治水也不能就水论水，而要统筹自然生态的各要素，统筹治水和治山、治水和治林、治水和治田、治山和治林。"① 言外之意，自然界存在一个相互影响相互衔接的生态系统，因此，无论在保护生态环境方面还是在治理生态环境方面，都应当秉持"生命共同体"的观念。

在"人与自然生命共同体"的视域下，经济发展与环境保护，绿水青山与金山银山形成了逻辑自洽，即，人类采取何种态度何种手段对待自然界，自然就会给予我们人类何种反馈。习近平多次在讲话中强调，要"牢固树立保护生态环境就是保护生产力，改善生态环境就是发展生产力的理念"②。"环境生产力"论是基于"生命共同体"思想，将保护环境与发展生产力进行了有机统一。作为习近平生态文明思想重要理论组成部分的"环境生产力"论，不仅是对马克思主义原有的自然生产力理论的继承和发展，更为重要的是在科学把握生态文明时代发展趋势的基础上对马克思主义生态哲学的重大创新。

第四，是对马克思主义政治经济学的重大创新。

习近平在 2015 年 12 月 18 日中央经济工作会议上首次强调，要坚持中国特色社会主义政治经济学的重大原则。习近平在 2016 年 7 月 8 日经济形势专家座谈会上明确提出"中国特色社会主义政治经济学"，指出"坚持和发展中国特色社会主义政治经济学，要以马克思主义政治经济学为指导，总结和提炼我国改革开放和社会主义现代化建设的伟大实践经验，同时借鉴西方经济学的有益成分"③。党的十八大以来，习近平还提出了中国特色社会主义政治经济学的基本要求、立场和原则。如坚持以人民为中心，"在解放和发展社会生产力中更好满足人民日益增长的物质文化需要"④；"坚持党的领导，发挥党总揽全局、协调各方的领导核心作用，是我国社会主义市场经济体制的一个重要特征"⑤；"坚持和完善基本经济制度，坚持社会主义市场经济改革方向"⑥；"推动新型工业化、信息化、城镇化、农业现代化同步发展"⑦。

自党的十八大以来，习近平在中国特色社会主义实践与马克思主义政治经济

---

① 《习近平关于社会主义生态文明建设论述摘编》，中央文献出版社 2018 年版，第 55 页。

② 《习近平关于社会主义生态文明建设论述摘编》，中央文献出版社 2018 年版，第 20 页。

③ 习近平：《坚定信心增强定力坚定不移推进供给侧结构性改革》，载于《人民日报》2016 年 7 月 9 日。

④⑥ 《十八大以来重要文献选编》（中），中央文献出版社 2016 年版，第 649 页。

⑤ 《习近平谈治国理政》（第 1 卷），外文出版社 2018 年版，第 118 页。

⑦ 习近平：《决胜全面建成小康社会 夺取新时代中国特色社会主义伟大胜利——在中国共产党第十九次全国代表大会上的报告》，载于《人民日报》2017 年 10 月 28 日。

学相结合的基础上，对中国特色社会主义经济建设所出现的基本问题（包括新时代中国特色社会主义经济发展的目标任务、对策思路、途径方法、原则理念以及价值取向等）做出了系统回答。新时代坚持什么样的经济发展，怎样实现新时代经济发展需要在实践的基础上建立详尽的理论体系。这包括：新时代经济建设应坚持何种中国特色社会主义基本经济制度，又将如何发展与完善这种经济制度；新时代经济发展应坚持何种发展理念，以及怎样贯彻落实；新时代经济发展应坚持何种判断标准，怎样落实人民拥护不拥护、赞成不赞成、高兴不高兴的政策制定依据与工作经验标准；新时代经济发展如何实现"人民中心论"，经济改革成果如何由人民共享等。

习近平同志提出了新发展理念和现代化经济体系、经济新常态、供给侧结构性改革、创新驱动、乡村振兴、精准扶贫等一系列新理念新论断，这些思想理论中体现了以习近平同志为主要代表的中国共产党人继承与运用了马克思主义政治经济学传统理论内容，又在马克思主义政治经济学的基础上融入了马克思主义唯物史观的思想，也有历史唯物主义与辩证唯物主义相结合的世界观与方法论。尤其是供给侧结构性改革理论与经济新常态理论对马克思主义政治经济学作出了创新性发展。习近平新时代中国特色社会主义政治经济学理论创造性发展了马克思主义政治经济学理论，是马克思主义政治经济学的新开拓。

三、担当马克思主义中国化事业的新时代接力

第一，做出了中国特色社会主义进入新时代的重大论断。

党的十九大报告中，习近平同志对中国特色社会主义发展阶段作出了重大论断，即中国特色社会主义迈入了新时代，并对新时代中国特色社会主义的内涵与意义进行了深刻阐释。那么，新时代的"时代"该如何理解呢？是同现行的新民主主义时期、社会主义革命与建设时期、改革开放和社会主义现代化建设时期此类党史的历史分期概念相同吗？显然不是！党的十九大报告明确指出，我国处于并将长期处于社会主义初级阶段。自新中国成立开始，直到社会主义现代化强国建成、中华民族伟大复兴实现，至少社会主义初级阶段在我国要持续一百年。中国特色社会主义新时代，解读的出发点，不应当是从历史分期的角度，而应当是从政治意义的方面切入。中国特色社会主义进入新时代，习近平同志明确指出这是党的十九大作出的重大政治论断。

中国特色社会主义新时代，此新时代，是中国特色社会主义的新时代，因此，新时代的着力点仍然是中国特色社会主义。习近平同志在学习贯彻党的十九大精神研讨班开班式上的重要讲话中强调"我们必须认识到，这个新时代是中国

特色社会主义新时代，而不是别的什么新时代。"① 中国特色社会主义是社会主义，不是别的什么主义。中国特色社会主义坚持科学社会主义原则，而不是坚持别的什么主义原则。中国特色社会主义是在坚持科学社会主义原则的基础上，坚持马克思列宁主义的理论基础上，根据中国国情，根据时代特征，实现中国社会发展与科学社会主义的有机结合，是理论逻辑与现实基础的辩证统一。当前，中国的发展速度世界有目共睹，在中国共产党领导下的中国所取得的成就举世震惊。中国特色社会主义的成功表明，世界上最大的社会主义国家走在正确的道路上，马克思主义焕发着无限活力，人类社会发展的方向，必然是共产主义。是中国特色社会主义的成功使得社会主义旗帜在世界上举住并且举稳了。

中国特色社会主义进入新时代，是对中国特色社会主义发展提出的新的历史使命，新的发展要求，新的目标定位。在始终坚守社会主义发展道路，始终坚持科学社会主义原则，始终高举中国特色社会主义伟大旗帜的基础上，赋予中国特色社会主义新的时代历史定位，是对马克思主义中国化的创新之举。

第二，提出了新时代党的建设的新布局、新观点、新要求。

无产阶级政党的纲领、指导思想、政党性质、组织制度等是由马克思恩格斯确立的，无产阶级政党建设的理论基础由此奠定。1977 年，邓小平提出："马克思、恩格斯讲得不多，列宁有个完整的建党的学说，把列宁的建党学说发展得最完备的是毛泽东同志。毛泽东同志对于建立一个什么样的党，党的指导思想是什么，党的作风是什么，都有完整的一套"。② 但局限于当时的客观条件，无论是列宁建党学说，还是毛泽东建党学说，都未能对"执政党应该是一个什么样的党以及如何建设党"这一历史性课题作出全面而系统的回答。在马克思主义政党学说史上，邓小平同志开创了政党建设的新的伟大工程，历史上首次较为系统地回答了"执政党应该是一个什么样的党以及如何建设党"的问题，开创了马克思主义政党学说和毛泽东党建理论发展的新局面，后由江泽民同志与胡锦涛同志继续推进了邓小平同志开创的政党建设伟大工程。

中国特色社会主义迈入新时代，同理，党的建设理论与党的建设伟大工程也进入了新时代。自党的十八大开始，习近平同志相继提出了一系列有关新时代推进党的建设的论断与观点。"中国共产党领导是中国特色社会主义最本质的特征，是中国特色社会主义制度的最大优势。"③ 这一论断是对此前关于党的领导问题的错误观点进行澄清。"坚持和加强党对一切工作的领导，不断提高党把方向、

---

① 习近平：《以时不我待只争朝夕的精神投入工作 开创新时代中国特色社会主义事业新局面》，载于《人民日报》2018 年 1 月 6 日。
② 《邓小平文选》（第 2 卷），人民出版社 1994 年版，第 44 页。
③ 《习近平谈治国理政》（第 3 卷），外文出版社 2020 年版，第 181 页。

谋大局、定政策、促改革的能力和定力，不断增强党的政治领导力、思想引领力、群众组织力、社会号召力。"① 这一强调，是对为什么在新时代坚持和加强党的领导这一问题作出回答后继续对如何在新时代坚持和加强党的领导这一问题作出的回答，丰富和发展了马克思主义党的领导理论；"党的政治建设摆在首位，党的政治建设是党的根本性建设"② 这一论断揭示了马克思主义政党的本质属性，"全面推进党的政治建设、思想建设、组织建设、作风建设、纪律建设，把制度建设贯穿其中，深入推进反腐败斗争"③，是对新时代党的建设规律的深化认识，也是对党的建设总体布局的创新性发展；"以提升组织力为重点，突出政治功能，把企业、农村、机关、学校、科研院所、街道社区、社会组织等基层党组织建设成为宣传党的主张、贯彻党的决定、领导基层治理、团结动员群众、推动改革发展的坚强战斗堡垒。"④ 加强基层组织建设思想是中国共产党的明显优势，也是基层组织功能的定位与马克思主义政党学说的正本清源，是马克思主义党的组织建设理论在新时代条件下的与时俱进。

中国特色社会主义新时代下，习近平新时代中国特色社会主义思想在党的建设方面提出了新布局、新观点、新要求，是新时代条件下，马克思主义党的建设学说中国化的新发展。

第三，提出了统领"伟大斗争、伟大工程、伟大事业、伟大梦想"。

科学社会主义的重要内容之一是无产阶级及其政党的历史使命理论。列宁指出："马克思学说中的主要的一点，就是阐明了无产阶级作为社会主义社会创造者的世界历史作用。"⑤ 无产阶级只有在共产党这一先进政党的领导下，方能团结最广大的人民群众进行自觉斗争以期完成无产阶级所肩负的历史使命。将马克思列宁主义作为思想理论武装的中国共产党，其最高理想是实现共产主义，最高目标是实现中华民族伟大复兴，此乃中国共产党所肩负的历史使命，中国共产党成立的初心。

在中国共产党百年的奋斗历程中，始终紧密结合各个历史时期所对应的时代要求，统一于最高纲领与最低纲领，带领人民群众不懈奋斗。无论是在带领人民推翻"三座大山"的民主革命时期，在完成社会主义革命与确立社会主义制度的社会主义革命与建设时期，还是在破除思想体制实行改革开放的改革开放时期，中国共产党不忘初心，牢记使命，开创了中国特色社会主义伟大道路，为实现中华民族伟大复兴谱写了一曲又一曲壮丽史诗。党的十八大以来，习近平提出实现社会主义现代化，实现中华民族伟大复兴的伟大梦想，是基于在中国共产党的带

---

① 习近平：《在庆祝改革开放 40 周年大会上的讲话》，载于《人民日报》2018 年 12 月 18 日。
②③④ 习近平：《决胜全面建成小康社会 夺取新时代中国特色社会主义伟大胜利——在中国共产党第十九次全国代表大会上的报告》，载于《人民日报》2017 年 10 月 28 日。
⑤ 《列宁选集》（第 2 卷），人民出版社 2012 年版，第 305 页。

马克思主义中国化新飞跃论纲

领下中国取得了空前的成就，出现了百年未有之大变局，我们比历史上任何时候都更有信心和能力，都更要接近实现中华民族伟大复兴的目标。为实现中华民族伟大复兴这一伟大梦想，习近平认为，必须要进行与时代特性相统一的伟大斗争，必须要建设与党的建设相适宜的伟大工程，必须要稳步推进中国特色社会主义伟大事业。伟大斗争、伟大工程、伟大事业、伟大梦想，"四个伟大"初步成形。在党的十九大报告中，习近平同志对"四个伟大"进行了系统论述，是将伟大斗争、伟大工程、伟大事业、伟大梦想联结起来、融为一体，形成新的理论概括，明确回答了新时代中国共产党干什么和怎样干的问题，集中揭示了新的时代条件下我们党的政治理想和政治目标。①

立足于中国特色社会主义新时代的"四个伟大"，是系统而深刻地分析了我国社会发展的阶段性特征而作出的重大理论创新，充分展示了以习近平同志为核心的党中央的责任担当、集体智慧与宏大远见。"四个伟大"的理论概括，是马克思主义无产阶级政党历史使命理论在中国这片土地上的创新性发展，是马克思主义中国化的理论创新。

四、讲好中国成就引领世界发展的生动故事

中国发展强势崛起，实现了从站起来、富起来到强起来的不断跨越，创造了史诗般的人间奇迹，不仅为社会主义国家的发展树立了典范，也为世界发展提供了中国方案、提供了中国理念、提供了中国力量。习近平新时代中国特色社会主义思想，不仅是对马克思主义经典作家理论和马克思主义中国化理论做出的理论创新，而且无论是在思想深度还是在理论高度上，都具备了宽阔的世界眼光，对中国发展的世界意蕴阐释上做出了重大创新。

（一）从世界变化当中的治理措施来看，是为世界提供中国的公共产品

尽管和平与发展是当今世界的时代主题，但在国际垄断资本的主导下的人类整体发展进程必然会出现很多世界性的问题。2017 年 5 月 14 日，习近平同志在北京"一带一路"国际合作高峰论坛上的主旨演讲中明确提出："从现实维度看，我们正处在一个挑战频发的世界。世界经济增长需要新动力，发展需要更加普惠平衡，贫富差距鸿沟有待弥合。地区热点持续动荡，恐怖主义蔓延肆虐。和

---

① 刘靖北：《党的十九大报告对马克思主义的重大理论创新》，载于《国家行政学院学报》2018 年第 2 期。

平赤字、发展赤字、治理赤字，是摆在全人类面前的严峻挑战。"① 实际上，正是现有的全球治理体系和国际秩序不合理才会造成上述问题的出现，这是不言而喻的。习近平同志强调："中国将积极参与全球治理体系建设，努力为完善全球治理贡献中国智慧，同世界各国人民一道，推动国际秩序和全球治理体系朝着更加公正合理方向发展。"② 在这个中国特色社会主义新时代，应当是中国逐渐走向世界舞台的中央，不断为人类发展作出贡献的时代，在经济全球化新趋势面前，我们不能当旁观者、跟随者，而是要做参与者、引领者，在国际规则制定中发出更多中国声音，注入更多中国元素③。

在全球治理危机逐步加深，资本主义国家贸易保护主义浪潮兴起的国际大背景下，个别国家公然提出了"本国优先"之类的霸权主义主张。而与之迥然不同的是，党的十八大以来，以习近平同志为核心的党中央始终坚持统筹国内国际两个大局，2017 年 1 月 18 日，习近平同志在联合国日内瓦总部发表了题为《共同构建人类命运共同体》的主旨演讲，科学、系统、全面、深刻地阐述了人类命运共同体理念。其中指出："当今世界充满不确定性，人们对未来既寄予期待又感到困惑。世界怎么了、我们怎么办？这是整个世界都在思考的问题，也是我一直在思考的问题。"④ 习近平同志指出："中国方案是：构建人类命运共同体，实现共赢共享。"⑤ 构建人类命运共同体理念的提出，是中国在世界处理治理难题上提出了中国方案，发挥了大国之表率作用，体现了大国风范。

中国方案的提出，受到了国际社会的积极响应与强烈认可，并且中国方案正逐步进入新的经济全球化的实践历程中，"共建'一带一路'为世界经济增长开辟了新空间，为国际贸易和投资搭建了新平台，为完善全球经济治理拓展了新实践"⑥。而且进一步说，随着各项中国方案的提出，凸显了在全球大变局视域下习近平新时代中国特色社会主义思想对全球治理理论的重大创新，这是中国发展对于世界历史进程发挥影响的重要表现之一。

（二）从更高层次的人类发展大潮流看，是要为世界提供中国的独到理念

冷战结束，西方资本主义世界自信满满地认为社会主义与共产主义已终结，

---

① 《习近平谈治国理政》（第 2 卷），外文出版社 2017 年版，第 508 页。
② 《习近平谈治国理政》（第 2 卷），外文出版社 2017 年版，第 41 页。
③ 《习近平谈治国理政》（第 2 卷），外文出版社 2017 年版，第 100 页。
④ 《习近平谈治国理政》（第 2 卷），外文出版社 2017 年版，第 537 页。
⑤ 《习近平谈治国理政》（第 2 卷），外文出版社 2017 年版，第 539 页。
⑥ 《习近平谈治国理政》（第 3 卷），外文出版社 2020 年版，第 490 页。

但邓小平在南方谈话中则回应说："我坚信，世界上赞成马克思主义的人会多起来的，因为马克思主义是科学"，"不要惊惶失措，不要认为马克思主义就消失了，没用了，失败了。哪有这回事！"① 2008 年世界金融危机爆发后，资本主义的经济运行、政治体制以及价值观自洽性都受到了强烈的冲击，马克思主义思潮在西方社会呈现复兴态势。以习近平同志为核心的党中央始终坚持马克思主义，始终没有丢弃科学社会主义原则，强调中国特色社会主义的道路自信、理论自信、制度自信、文化自信，坚持从严治党，坚持以人民为中心的发展思想，这都是中国共产党在理论与实践上坚持马克思主义理论的佐证，中国的成功最生动地说明了马克思主义和科学社会主义在 21 世纪的今天仍然可以焕发出强大的生命力。

习近平同志提到，"国际社会对中国的关注度越来越高，他们想了解中国，想知道中国人的世界观、人生观、价值观，想知道中国人对自然、对世界、对历史、对未来的看法"②。针对这种动向，面向世界实事求是、完整准确地讲好中国和平发展的理念，就将成为帮助世界了解中国、帮助世界更好发展的一个重要抓手。在价值观上，中国共产党不仅是为人民谋幸福、为民族谋复兴的政党，更是为世界谋大同的政党。在发展观上，中国坚持创新、协调、绿色、开放、共享的新发展理念。

中国在与他国交往上始终坚持和平发展、合作共赢的方针，在对外关系上将和平共处五项原则一以贯之，在外交政策上始终恪守维护世界和平、促进共同发展的宗旨，尤其可以说是向世界作出了一个优良的表率，摒弃弱肉强食的丛林法则，谴责穷兵黩武的霸权之道，遵循联合国宪章的宗旨，带动全世界的和平与发展，强烈地冲击了长期在经济、政治和文化中占主导地位的西方现代化模式，颠覆着自觉不自觉将西方价值标准为圭臬来衡量其他国家的狭隘认知。中国发展理念是对西方价值标准的颠覆，是对经济、政治、文化长期居于世界主导地位的西方现代化模式的强烈冲击。中国的发展理念将以一种全新的参照进入世界视野。中国特色社会主义的全球示范性效应是中国发展理念于世界意蕴阐释上重大创新的表现，也是习近平新时代中国特色社会主义思想为全球治理体系的发展与完善所提供的理念支撑。

五、展示中国大爱助力全球抗疫的担当意识

2020 年初暴发的新冠肺炎疫情在全球迅速蔓延，为此全球公共卫生安全面

---

① 《邓小平文选》（第 3 卷），人民出版社 1993 年版，第 383 页。
② 《习近平谈治国理政》（第 2 卷），外文出版社 2017 年版，第 315 页。

临巨大挑战，人民群众的身体健康和生命安全受到了极大的威胁，也引发了经济、社会、生态等一系列的次生灾害。在对待这场史无前例又突如其来的没有硝烟的战争，中国人民与世界各国人民团结合作、共克时艰、休戚与共，谱写了一页全球战"疫"的伟大历史篇章。中国既对本国人民生命安全与身体健康负责，又积极推动全球携手同心，在世界抗疫工作中做出了极大贡献，用实际行动践行人类命运共同体的理念，为全球抗疫提供了中国力量，而这一点正是在习近平新时代中国特色社会主义思想的指导下的中华民族精神气质的集中呈现。

国内方面，从 2020 年 1 月新冠肺炎疫情暴发开始，就受到了以习近平同志为核心的党中央的高度重视，中央对防疫工作迅速展开部署，提出了"坚定信心、同舟共济、科学防治、精准施策"十六字疫情防控总要求，集中统一领导此次防疫工作，从而赢得了抗击疫情的战略主动。在抗击疫情过程中，习近平同志亲自部署、亲自指挥，以习近平同志为核心的党中央形成了强有力的领导力量，发挥了中流砥柱作用。在党中央的统一号令下，全国上下发扬了一方有难、八方支援的同胞大爱，形成了众志成城、克敌制胜的磅礴力量，取得了武汉保卫战与全国疫情阻击战的决定性胜利。抗击疫情的实践充分证明，中国特色社会主义制度具有强大的生命力和巨大的优越性。

决定了我们党和政府对待疫情防控的根本出发点，是在于我们的制度立脚点是"以人民为中心"，中国能够从根本上克服资本主义国家治理体系"以资本为中心"的致命弊端，从而把人民群众生命安全和身体健康放在第一位。[①] 以人民为中心的社会主义制度与治理体系是我们党带领全国人民攻坚克难、战胜重大风险挑战的重要法宝，也是我们战胜疫情的可靠制度保障。以人民为中心、集中力量办大事的中国特色社会主义制度号召广大人民群众团结奋战，用 1 个多月的时间初步遏制疫情蔓延势头，用 2 个月左右的时间将本土每日新增病例控制在个位数以内，用 3 个月左右的时间取得武汉保卫战、湖北保卫战的决定性成果，进而又接连打了几场局部地区聚集性疫情歼灭战，夺取了全国抗疫斗争重大战略成果。

抗击新冠肺炎疫情是一场大考，在大灾大难面前，从疫情中心的武汉到湖北全省再到全国各地，人民的生命健康从总体上得到维护，经济社会发展大局保持稳定，中国人民和中华民族切实展现了中国力量。习近平同志在全国抗击新冠疫情表彰大会上指出："在这场同严重疫情的殊死较量中，中国人民和中华民族以敢于斗争、敢于胜利的大无畏气概，铸就了生命至上、举国同心、舍生忘死、尊

---

① 鲁品越：《中国新型制度文明在疫情防控中锤炼与升华》，载于《学术界》2020 年第 2 期。

重科学、命运与共的伟大抗疫精神。"① 中国人民在这场大考中展现出的中国力量、中国精神、中国担当，赢得了世界卫生组织和世界各国的高度赞誉。国际社会普遍认为中国采取的坚决有力的防控措施，展现的出色领导能力、应对能力、组织动员能力、贯彻执行能力，为世界防疫树立了典范。世界卫生总干事谭德塞对此作出高度评价："中方采取的措施不仅仅是在保护中国人民，也是在保护世界人民，我们对此表示诚挚感谢，中方行动速度之快，规模之大，世所罕见，展现出中国速度、中国规模、中国效率，我们对此表示高度赞赏。这是中国制度的优势，有关经验值得其他国家借鉴。"②

国际方面，自疫情发生以来的正反两方面经验都充分印证了："人类是一个命运共同体。战胜关乎各国人民安危的疫病，团结合作是最有力的武器。"③ 正如习近平同志指出："新冠肺炎疫情发生以来，中方始终本着公开、透明、负责任态度，及时向世卫组织以及包括美国在内的有关国家通报疫情信息，包括第一时间发布病毒基因序列等信息，毫无保留地同各方分享防控和治疗经验，并尽己所能为有需要的国家提供支持和援助。我们将继续这样做，同国际社会一道战胜这场疫情。"④ 中国站在人类命运共同体的高度呼吁全球各国联合抗疫，在世界范围内凝聚患难与共、同舟共济的强大合力，彰显了大国的责任担当。

2019 年 12 月 31 日，中国就向世界卫生组织驻华代表处报告了不明原因肺炎病例；自 2020 年 1 月 3 日起，中国开始定期向世界卫生组织、包括美国在内的各国以及中国港澳台地区及时主动通报疫情信息；1 月 12 日，向全球共享新型冠状病毒基因组序列信息，为患者诊断、疫苗研发等奠定坚实科学基础；1 月 20 日至 21 日，世界卫生组织派出专家组赴武汉进行短暂实地考察；自 1 月 21 日起，国家卫健委每日发布疫情情况，2 月 3 日起英文网站同步发布；自 1 月 22 日起，国务院新闻办公室、国务院联防联控机制等开始举办新闻发布会，广泛回应外界关切；2 月 16 日至 24 日，包括 2 名美国专家在内的中国—世界卫生组织联合专家考察组对中国进行了为期 9 天的考察，充分肯定和高度评价了中方疫情防控举措。

"病毒没有国界，疫情不分种族。在应对这场全球公共卫生危机的过程中，构建人类命运共同体的迫切性和重要性更加凸显。唯有团结协作、携手应对，国际社会才能战胜疫情，维护人类共同家园。"⑤ 在抗疫国际合作方面，中国用创

① 习近平：《在抗击新冠肺炎疫情表彰大会上的讲话》，载于《人民日报》2020 年 9 月 8 日。
② 《习近平会见世界卫生总干事谭德塞》，载于《人民日报》2020 年 1 月 29 日。
③ 习近平：《团结合作是国际社会战胜疫情最有力武器》，载于《求是》2020 年第 8 期。
④ 《习近平同美国总统特朗普通电话》，载于《人民日报》2020 年 3 月 28 日。
⑤ 《习近平同哈萨克斯坦总统托卡耶夫通电话》，载于《人民日报》2020 年 3 月 25 日。

纪录的短时间分离鉴定出病原体并与全球共享病毒全基因组序列；将最新诊疗方案、防控方案等一整套技术文件及时分享给了全球 180 个国家、10 多个国际和地区组织。国家卫健委和世界卫生组织共同举办"分享防治新冠肺炎中国经验国际通报会"，全球 77 个国家和 7 个国际组织代表参会，各方高度评价中国防控成效，呼吁各国借鉴中国的防控经验。

中国在自身疫情防控面临巨大压力的情况下，尽己所能为国际社会提供援助，有力支持了全球疫情防控。根据国家国际发展合作署署长罗照辉的通报，2020 年我国先后向 150 个国家和 13 个国际组织提供了 40 亿件防护服、60 亿支检测试剂、3 500 亿只口罩等大批防疫物资，向 34 个国家派出 37 支医疗专家组；2021 年以来，我国开启了以疫苗援助为主的"下半场"，据不完全统计已向 120 多个国家和国际组织提供超过 20 亿剂疫苗，占世界首位，有 30 多国总统、总理出席交接仪式并带头接种①。

习近平同志在全国抗击新冠肺炎疫情表彰大会上指出："我们倡导共同构建人类卫生健康共同体，在国际援助、疫苗使用等方面提出一系列主张。中国以实际行动帮助挽救了全球成千上万人的生命，以实际行动彰显了中国推动构建人类命运共同体的真诚愿望！"② 大道不孤，大爱无疆，我们秉承"天下一家"的理念，不仅对中国人民生命安全和身体健康负责，也对全球公共卫生事业尽责。我们发起了新中国成立以来援助时间最集中、涉及范围最广的紧急人道主义行动，为全球疫情防控注入源源不断的动力，充分展示了讲信义、重情义、扬正义、守道义的大国形象，生动诠释了为世界谋大同、推动构建人类命运共同体的大国担当③。

第三节　科学方法：为马克思主义活的灵魂赋予新内容

马克思主义作为"由一整块钢铸成"的科学的世界观和方法论体系，"它提供的不是现成的教条，而是进一步研究的出发点和供这种研究使用的方法"④。发展创新了马克思主义的习近平新时代中国特色社会主义思想，其方法论也必定是对马克思主义方法论进行创造性的运用、进行创造性的发展。习近平新时代中

① 罗照辉：《大疫情背景下的中国对外援助和国际发展合作》，http://www.cidca.gov.cn/2021-12/25/c_1211501472.htm.
②③ 习近平：《在抗击新冠肺炎疫情表彰大会上的讲话》，载于《人民日报》2020 年 9 月 8 日。
④ 《马克思恩格斯文集》（第 10 卷），人民出版社 2009 年版，第 691 页。

国特色社会主义思想的鲜明方法论特征，体现了这一新思想的精髓内核、理论主张、精神实质和实践要求，也体现了该理论深远的历史考量、远大的战略眼光、广阔的国际视野，是 21 世纪的马克思主义方法论。

一、坚持解放思想、实事求是、与时俱进

解放思想、实事求是是中国共产党最重要的实践原则和理论品格，是保证中国特色社会主义不断发展、创新的重要理论方法。习近平同志反复强调，"实事求是，是马克思主义的根本观点，是中国共产党人认识世界、改造世界的根本要求，是我们党的基本思想方法、工作方法、领导方法。不论过去、现在和将来，我们都要坚持一切从实际出发，理论联系实际，在实践中检验真理和发展真理。"[1] 纵观我国近代民主革命的历史，中国共产党所领导的新民主主义革命之所以能够解决旧民主主义革命所无法解决的时代问题，就在于以毛泽东同志为主要代表的中国共产党人在充分把握现实国情的基础上能够准确把握中国革命的根本的、具体的一系列问题。

在《关于坚持和发展中国特色社会主义的几个问题》中，习近平同志指出："解放思想、实事求是、与时俱进，是马克思主义活的灵魂，是我们适应新形势、认识新事物、完成新任务的根本思想武器。"[2] 2018 年，在纪念刘少奇同志诞辰120 周年座谈会上的讲话中，习近平同志又提到："坚持解放思想、实事求是，坚持真理、修正错误，是党和人民事业从胜利走向胜利的重要保证。"[3] 由此可见，面对历经 40 多年改革开放得来的各项成就，习近平同志认为，我们开拓创新"摸着石头过河"的艰难探索，我们把经济增长潜力真正转变为现实成果的成功经验，都与始终坚持解放思想、实事求是、与时俱进的思想原则分不开。可以看出，"解放思想、实事求是、与时俱进"是习近平新时代中国特色社会主义思想的活的灵魂，贯穿于习近平同志关于"改革发展稳定、内政外交国防、治党治国治军"一系列重要讲话精神之中，贯穿于社会主义事业建设发展的各项实践活动之中。

解放思想既有跟随时代发展，寻找规律，分析发展现状的内涵，也是抛开束缚不断创新从而统一思想的过程。正是秉持着"解放思想"的原则，党的历届领导集体破除"姓资姓社"的绝对论断，进行了社会主义市场经济改革，推动实施

---

[1] 习近平：《在纪念毛泽东同志诞辰 120 周年座谈会上的讲话》，载于《人民日报》2013 年 12 月 27 日。

[2] 习近平：《关于坚持和发展中国特色社会主义的几个问题》，载于《求是》2019 年第 7 期。

[3] 习近平：《在纪念刘少奇同志诞辰 120 周年座谈会上的讲话》，载于《人民日报》2018 年 11 月23 日。

了改革开放战略，开启了我国发展的历史新时期。习近平新时代中国特色社会主义思想突出"解放思想"的重要地位，无论是在政治、经济、改革还是新闻宣传等各个方面，都蕴含着探索真理、解放思想的内涵，不断在出现的新情况中寻找科学的发展规律，推动国家发展。习近平同志始终鼓励和支持以解放思想的思维方式对国家政策进行分析研判，2018 年 11 月，习近平同志考察上海时指出"推动改革开放向纵深发展，要进一步解放思想，准确识变、科学应变、主动求变。"①

总之，面对当今世界百年不遇的大变局，零和博弈、故步自封愈益陈旧落伍，解放思想、挣脱束缚才能与时俱进，习近平新时代中国特色社会主义思想拥有着"解放思想"的活的灵魂。

实事求是，是马克思主义的精髓，是对辩证唯物主义和历史唯物主义的高度概括，贯穿于唯物辩证法、实践认识论、价值论和唯物史观之中。自毛泽东对"实事求是"进行定义之后，就将其当作是中国共产党的思想路线并始终践行贯彻，从中国具体实际出发，对实事求是高度重视。习近平同志指出："实事求是，是马克思主义的根本观点，是中国共产党人认识世界、改造世界的根本要求，是我们党的基本思想方法、工作方法、领导方法。"② 2015 年 1 月 23 日，在十八届中央政治局第二十次集体学习的讲话中，习近平再次强调："要学习掌握世界统一于物质、物质决定意识的原理，坚持从客观实际出发制定政策、推动工作。"③显然，实事求是主要体现为从客观实际出发，从社会存在出发，从我国现有的社会物质条件总和出发，从我国基本国情和发展要求出发，要加强对我国现时代、现阶段新要求新特征新情况的科学研判。实际上，当代中国历经曲折"摸着石头过河"，最终寻得合适道路取得飞速发展的历史，就是党和人民实事求是地认识、建设、发展中国特色社会主义的实践史。

习近平新时代中国特色社会主义思想是用"实事求是"的方法来解决国家改革发展中面临的各项严峻挑战。从实际出发，以习近平同志为核心的党中央审视国家发展阶段，从宏观角度出发，结合世界各国发展的综合实力判断中国现今的整体发展水平，提出了可行、有效的战略方法解决当代急需解决的问题。新时代主要矛盾变化的判断就是在"实事求是"的审视国家发展阶段的基础上所得出的结论，习近平同志在党的十九大上指出，在新的形势下我国社会主要矛盾已经发生变化，我们已经进入了新时代。习近平同志的这一重大政治论断，是坚持实事

---

① 习近平：《在上海考察时的讲话》，载于《人民日报》2018 年 11 月 6 日。

② 习近平：《在纪念毛泽东同志诞辰 120 周年座谈会上的讲话》，载于《人民日报》2013 年 12 月 26 日。

③ 习近平：《推动全党学习历史唯物主义基本原理和方法论》，载于《人民日报》2013 年 12 月 3 日。

求是，观察中国的过去和现在，用理论和实践相结合的方法做出的正确判断。我国在基础设施、货物进出口、工农业生产能力等很多方面已经进入世界前列，人民对美好生活的向往更加强烈，"落后的社会生产"已经不适合描述中国的生产力状况，主要矛盾开始更多地表现在发展"不平衡、不充分"上。另外，习近平同志也将"调查"的方法广泛应用于解决发展实际问题，鼓励所有党员同志在秉持实事求是原则的前提下开展工作和各项实践活动，深入基层、走入实地开展实践调研，了解真实发展面貌，掌握一手调查数据。2018 年在全国组织工作会议上，习近平同志也指出："优秀年轻干部要把当老实人、讲老实话、做老实事作为人生信条。"① 不难发现，习近平新时代中国特色社会主义思想中的很多论断都要求坚持"实事求是"的原则，只有在习近平新时代中国特色社会主义思想的引领下，采取实事求是的政策措施，不忽视细节、不狂妄自负，国家发展才能坚持正确方向，面对国家难题时才能采取科学举措，提升工作效率。

世界在发展，社会在进步，不日新者必日退。习近平新时代中国特色社会主义思想随着时代发展不断向内增添新的内涵，党的十九大将习近平新时代中国特色社会主义思想确立为党的指导思想，本身就是我们党指导思想的又一次与时俱进，与此同时，习近平新时代中国特色社会主义思想的主要内涵也时刻体现出"与时俱进"的特点。审视中国的昨天和今天，展望中国的明天，习近平同志认为我们现在比历史上任何时期都更接近中华民族伟大复兴的目标，也比之前更加具备实现这个目标的能力，并基于此开启新的"三步走"战略的伟大征程。此外，根据新的时代背景，习近平同志提出"创新、协调、绿色、开放、共享"的新发展理念，全面推进依法治国，坚持走中国特色社会主义政治发展道路，树立总体国家安全观，大力推进生态文明建设，在各个方面都根据时代的要求与时俱进地推动着我国社会主义的自我完善与发展。

在宣传工作中，习近平同志指出："宣传思想工作的社会条件已大不一样了，我们有些做法过去有效，现在未必有效。"② 明确指出了宣传工作必须紧跟时代步伐的特性，过去不能做的现在着手去做，不适合现在发展的要及时剔除，并且要求在创新对外宣传工作的过程中，着力打造融通中外的"新概念、新范畴、新表述"，这"三新"的表述，是习近平新时代中国特色社会主义思想在宣传工作中与时俱进的重要体现；在经济发展中，从时空两方面综合考虑，将我国的经济发展定义为"推进高质量发展"的新常态，抛弃用旧的思维逻辑和方式方法追求"高增长"的想法，与时俱进，变中求新，建设现代化经济体系；在意识形态方

---

① 习近平：《在全国组织工作会议上的讲话》，载于《人民日报》2018 年 7 月 3 日。
② 习近平：《在全国宣传思想工作会议上的讲话》，载于《人民日报》2013 年 8 月 19 日。

面，基于对当前国内外网络舆情和意识形态斗争新形势的清醒判断和全面把握，习近平同志深刻分析当今世界的国际国内背景，坚决抵制资本主义意识形态打着"普世价值"的幌子以试图推翻马克思主义意识形态在社会主义国家中的领导权的做法，赋予意识形态工作极端重要的地位，要求在中国共产党的领导下讲故事，将价值传输的要求用"讲好中国故事"的实践行动来落实，在树典型和坚持正面宣传为主的同时，正确对待监督工作和正面宣传的统一性关系，并根据当前移动互联时代的趋向重视"网络舆论"工作的开展与优化。在实践中，中国特色社会主义事业总体布局也经历了从"两个文明"、"三位一体"、"四位一体"到"五位一体"的转变；在战略上，从"全面建成小康社会"发展为了"四个全面"，标志着"四个全面"战略布局的形成；在信念上，增加了"文化自信"，形成坚定"四个自信"的倡导，赋予文化更重要的战略地位。总之，习近平新时代中国特色社会主义思想在各个方面都紧跟时代潮流而变，与时俱进，不断随着时代的发展增添活力、更新内涵，引领全国人民再创新奇迹、开启新篇章。

二、坚持时代与传统的有机融汇

马克思、恩格斯曾说过："一切划时代的体系的真正内容都是由于产生这些体系的那个时期的需要而形成发展起来的。"[1] 这说明，任何思想的产生都与特定的时代背景相联系，无不带有明显的时代性和历史性。顺应全面建成小康社会、加快推进社会主义现代化进程需要而产生的习近平新时代中国特色社会主义思想因而也反映着这个时代的基本特征和历史要求。

"一种理论的产生，源泉只能是丰富生动的现实生活，动力只能是解决社会矛盾的问题和现实要求"。[2] 习近平新时代中国特色社会主义思想鲜明的时代性，体现在它的"生长环境"中，即它所产生的时代背景。从国际层面看，和平与发展仍是当今时代的主题，但生态环境安全、信息安全、病毒肆虐蔓延等非传统安全威胁上升。经济全球化、世界多极化、文化多样化、社会信息化势不可挡，新一轮的科技革命正在如火如荼地展开。国家个体与世界整体紧密连在一起，国与国之间的联系、交流更加密切。从国家层面看，党的十八大以来，以习近平同志为核心的党中央高瞻远瞩、运筹帷幄、敢想敢干，团结带领全国各族人民一路奋勇拼搏、高歌猛进，取得了累累硕果。经济建设取得重大成就，民主政治制度日臻完善，思想文化建设更进一步，人民生活水平显著提高，生态文明建设与日俱

① 《马克思恩格斯全集》（第 3 卷），人民出版社 1960 年版，第 544 页。
② 《习近平谈治国理政》（第 3 卷），外文出版社 2020 年版，第 63 页。

进，"党的面貌、国家的面貌、人民的面貌、军队的面貌、中华民族的面貌发生了前所未有的变化，中华民族正以崭新姿态屹立于世界的东方。"① 中国特色社会主义揭开了新篇章，社会主义现代化建设迈上了新台阶。习近平新时代中国特色社会主义思想正是在这样的时代背景中形成发展起来的。

新时代需要新理论的滋养，新征程需要新理论的指引。习近平新时代中国特色社会主义思想是对时代之问的理论回应。近几年中国势如破竹，发展迅猛，各方面发展成果卓著，发展潜力也与日俱增，远远超出了前期关于中国特色社会主义事业发展节点和相应发展成果战略规划的预期。以习近平同志为核心的党中央以总揽全局的战略眼光，从我国客观发展情况和未来发展态势出发，提出了"两步走"发展战略，对社会主义现代化建设重新进行了实时的战略部署。新发展也推动了我国社会主要矛盾发生了新变化。党的十九大报告指出，我国社会的主要矛盾已经由"人民日益增长的物质文化需要同落后的社会生产之间的矛盾"转变为"人民日益增长的美好生活需要和不平衡不充分的发展之间的矛盾。"对此，习近平同志强调，人民对美好生活的向往就是我们的奋斗目标，精辟地指出了党和国家在新时代各项工作的新目标和新要求。习近平新时代中国特色社会主义思想，立足现实，从认识论和方法论两个层面严密完整地阐明了新时代坚持和发展什么样的中国特色社会主义、怎样坚持和发展中国特色社会主义的时代课题，是21世纪进行社会主义建设的思想灯塔。

鉴往知来，懂得关注回顾历史、善于分析总结历史，历来是中国共产党的优秀品质和工作传统。《关于若干历史问题的决议》《关于建国以来若干历史问题的决议》等都是中国共产党对历史经验作出的系统总结。习近平新时代中国特色社会主义思想也是在以习近平同志为核心的党中央对历史的透彻分析和认真总结中形成的，蕴含着深刻的历史逻辑。习近平同志强调：我们要"在对历史的深入思考中做好现实工作、更好走向未来，不断交出坚持和发展中国特色社会主义的合格答卷。"②

建设社会主义，最终实现共产主义，任务繁重，道路漫长。虽然100多年来党带领人民一路披荆斩棘，过关斩将，成功建立了中华人民共和国，确立了社会主义制度，摆脱了饥饿，迎来了从站起来、富起来到强起来的伟大飞跃，但我国仍处于并将长期处于社会主义初级阶段，我国最大的国情和最基本的客观实际并

① 习近平：《决胜全面建成小康社会 夺取新时代中国特色社会主义伟大胜利——在中国共产党第十九次全国代表大会上的报告》，载于《人民日报》2017年10月28日。
② 习近平：《在对历史的深入思考中更好走向未来交出发展中国特色社会主义合格答卷》，载于《人民日报》2013年6月27日。

213

没有改变。① 从历史的宏观角度来看，我国社会主义社会的生产力还没有达到马克思"物质财富极大丰富"的程度，资本主义社会依然在绽放生命力。因此，习近平新时代中国特色社会主义思想站在前人的肩膀上，对历史经验进行总结和扬弃，不走老路、不走邪路，创造性地提出了一系列历史性的新思想、新论断，推动了中国特色社会主义的发展，并站在历史的角度对中国的发展阶段进行了科学判断。聚焦我国，我们仍处于并将长期处于社会主义的第一阶段，即"不发达的社会主义"阶段。习近平新时代中国特色社会主义思想认为，中国进入新时代，没有改变我国所处历史阶段的判断，没有改变我国当前主要任务的断定。我们依旧要一心一意地听从党的指挥，不遗余力地解放生产力、发展生产力，用发展破解难题，用发展推动发展，深刻体现出其历史性特征。

三、坚持中国与世界的相互贯通

只有矢志不渝坚持马克思主义普遍真理，时时刻刻关注我国发展动态；只有面向国内搞建设，面向世界求发展，中国特色社会主义才能在 21 世纪、在新时代焕发勃勃生机，蓬勃发展。

立足中国，坚持和发展中国特色社会主义是习近平新时代中国特色社会主义思想的根本方向和核心要义。这一伟大思想是中国特色社会主义理论体系的重要组成部分，"是科学社会主义理论逻辑和中国社会发展历史逻辑的辩证统一，是根植中国大地、反映中国人民意愿、适应中国和时代发展进步要求的科学社会主义。"②

无论是在新民主主义革命时期还是在社会主义建设时期，历史都已郑重告诉过我们，近代以来中国的自强复兴离不开马克思主义的指导，马克思主义必须坚持，但绝不能简单地生搬硬套；别国的建设经验有可取之处，可以参考，但决不能单纯地复制粘贴，否则就会"水土不服"，不仅无法取得进步，还要付出惨重代价。邓小平同志曾经也指出："社会主义制度并不等于建设社会主义的具体做法。"③ 在中国搞社会主义建设，需要做好马克思主义"入乡随俗"的工作，坚持实事求是，独立自主，从我国各个方面的实际情况出发，以我国当前形势任务的变化为转移。

党的十一届三中全会后，我们再次打开国门，下定决心进行改革开放，并开

---

① 《习近平谈治国理政》（第 2 卷），外文出版社 2018 年版，第 65 页。
② 《习近平谈治国理政》（第 1 卷），外文出版社 2018 年版，第 21 页。
③ 《邓小平文选》（第 2 卷），人民出版社 1994 年版，第 250 页。

始允许市场经济元素参与我国经济社会建设。自此，如何适应国家经济形势变化，恰当处理政府和市场两者之间的关系就成为了党和国家积极探索的一个新课题。党的十八届三中全会上，以习近平同志为核心的党中央在不改变基本经济制度的前提下提出了"使市场在资源配置中起决定性作用、更好发挥政府作用"的主张。这一主张既大力支持利用"看不见的手"创造自由，激发活力，又强调适度借助"看得见的手"进行调节，防止自由过火；既坚持了公有制主体地位，又满足了调动一切积极因素解放和发展生产力，最大限度实现物尽其用，让一切创造财富的源泉充分涌流的现实需要，也标志着社会主义市场经济发展进入了一个新阶段。

民主政治建设同经济建设一样，没有固定不变的模式。民主的形式是多种多样的。一个国家选择一种民主形式，要看那种民主形式是否能够充分表达国民意愿、广泛凝聚国民智慧、真正维护国民利益。"社会主义协商民主，是中国社会主义民主政治的特有形式和独特优势"，① "在中国社会主义制度下，有事好商量，众人的事情由众人商量，找到全社会意愿和要求的最大公约数，是人民民主的真谛"。② 社会主义协商民主，致力于让广大人民多方位、多层次、多途径发挥主人翁作用，既十分尊重广大人民的选举权，也十分重视广大人民参与管理社会事务的权利。因此，民主不再只是选票的代名词，而是人民当家作主的"金钥匙"。

从现代化建设方式来看，"我国现代化同西方发达国家有很大不同。西方发达国家是一个'串联式'的发展过程，工业化、城镇化、农业现代化、信息化顺序发展，发展到目前水平用了二百多年时间。我们要后来居上，把'失去的二百年'找回来，决定了我国发展必然是一个'并联式'的过程，工业化、信息化、城镇化、农业现代化是叠加发展的。"③ "独特的文化传统，独特的历史命运，独特的国情，注定了中国必然走适合自己特点的发展道路。我们走出了这样一条道路，并且取得了成功。"④

时代在向前，事业在发展，其中不变的是我们的中国情怀、中国特质。习近平同志指出："我们走自己的路，具有无比广阔的舞台，具有无比深厚的历史底蕴，具有无比强大的前进定力。"未来，我们仍需要继续沿着中国特色社会主义道路矢志不渝地拼搏奋斗，用切实行动编织我们共同的中国梦。

① 《习近平谈治国理政》（第2卷），外文出版社2017年版，第291页。
② 《习近平谈治国理政》（第2卷），外文出版社2017年版，第292页。
③ 《习近平关于科技创新论述摘编》，中央文献出版社2016年版，第24～25页。
④ 习近平：《出席第三届核安全峰会并访问欧洲四国和联合国教科文组织总部、欧盟总部时的演讲》，人民出版社2014年版，第43页。

中国的发展是面向世界的发展。早在一百多年前，历史就已经告诉我们，闭关锁国带不来国泰民安，带不来繁荣富强。闭关锁国则会孤陋寡闻，孤陋寡闻则会落后于人，甚至挨打。新中国成立后，四十多年来改革开放取得的骄人成绩也告诉我们，中国大门开得对，开得好。眼观六路、耳听八方则明。改革开放是国家繁荣富强的强力引擎，是通向伟大复兴的康庄大道。"我们要坚持对外开放的基本国策不动摇、不封闭、不僵化，打开大门搞建设、办事业。"① 用宽广的国际视野来考量中国未来的发展。

当今世界正在经历新一轮大发展大变革大调整，各国经济社会发展联系日益密切，全球治理体系和国际秩序变革加速推进。这其中，尤其带有根本性质的是世界经济正在经历深刻的调整，具体表现为保护主义、单边主义、逆全球化的抬头，原有的多边主义和自由贸易体制受到了重大冲击，不稳定不确定因素空前密集，风险挑战加剧。国际环境、国际局势的深刻变化不仅对我国新时代社会主义现代化建设提出了许多新要求，也带来了许多新挑战。

以习近平同志为核心的党中央在谋篇布局时始终坚持辩证唯物主义的世界观和方法论，坚持用联系和发展的观点审视中国发展与世界环境的辩证关系，坚持统筹国内国际两个大局，坚持立足中国与放眼世界有机结合，综合考量，科学谋划。关于内政外交国防、治党治国治军的整体规划和决策安排，都既立足于中国自身发展实际，符合中国发展定位，坚持中国特色社会主义发展道路，彰显中国特色，又顺应世界潮流，以开放包容的心胸，面向世界，广泛交流，博采众长。

党的十八大以来，习近平同志对对外开放工作多次作出重要批示，审议有关重要文件，出席重要会议，参加相关活动，进行实地考察，会见国外专家、亲自出国访问等。使得"一带一路"建设取得重大进展。

中国的发展是心系世界的发展，世界繁荣稳定是中国的机遇，中国发展也是世界机遇。中国特色社会主义进入新时代，这个新时代不仅是中国人民自觉、自为、自主投身中华民族中国梦伟大实践的新时代，也是我国日益与世界同频共振、更有信心、有能力为人类作出更大贡献的新时代。从生产力来看，近几年，中国国内生产总值稳居世界第二，经济结构不断优化，科技创新能力不断提高，各行各业进入加速发展期，甚至有一些领域已经处于世界领先水平，综合国力不断增强。中国有实力做出更多对世界人民有益的事。从实践经验来看，中国坚持将马克思主义与中国具体实际相结合，在社会主义现代化建设探索中创造性提出了一系列具有中国特色的新思路、新观点、新方法，这可以为正在努力进行现代

---

① 《习近平同外国专家代表座谈时强调：中国是合作共赢倡导者践行者》，载于《人民日报》2012年12月6日。

化建设的其他国家提供一种新视角、新选择、新路径。更重要的是，从发展心理来看，中国历来秉持"和为贵"的发展思想，不愿也不会通过剥削和压迫其他国家来获取、巩固自身的发展。过去如此，现在如此，将来更是如此。新时代的中国依然会坚定不移走和平发展道路，与世界各国通力合作、互帮互助，齐心协力共建人类命运共同体。

四、坚持求实辩证的分析方法

马克思主义的认识论揭示了人类认识的本质和发展的一般规律，而实事求是是马克思主义和毛泽东思想的精髓，也是习近平新时代中国特色社会主义思想路线的核心所在。习近平同志指出："实事求是，是马克思主义的根本观点，是中国共产党人认识世界、改造世界的根本要求，是我们党的基本思想方法、工作方法、领导方法"[1]，以习近平同志为核心的党中央在治国理政的过程中始终坚持运用"实事求是"的方法解决问题。

实践发展永不停歇，实事求是永无止境。马克思和恩格斯曾经说过："共产党人的理论原理，绝不是以这个或那个世界改革家所发明或发现的思想、原则为依据的。这些原理不过是现存的阶级斗争、我们眼前的历史运动的真实关系的一般表述"。[2] 习近平新时代中国特色社会主义思想继承和发展了马克思主义思想，将"实事求是"的工作方法贯穿于解决问题的始终。

首先，一切从实际出发，理论联系实际。以习近平同志为核心的党中央在治国理政的大小工作中以现实的情况为基础，注重听取民生民情，做到把科学理论与当代中国实际相结合，实事求是地看待和解决我国当前的主要矛盾，满足人民对美好生活的追求。

其次，坚持实践是检验真理的惟一标准。实践是认识的源泉、发展的动力和目的，也是检验认识是否成为真理的标准。党的十一届三中全会后，我们吸取历史经验教训，根据中国发展阶段实际，重新确立了"解放思想，实事求是"的思想路线，并始终贯彻坚持。在新时代，习近平同志有针对性地提出了"四个坚持"，要求在具体工作中了解事物的本来面貌、把握我国初级阶段这个基本国情、坚持真理和错误以及推进实践基础上的理论创新。这"四个坚持"，逻辑清晰并完整，在国家的具体工作中帮助我们推进中国特色社会主义的发展。

---

① 习近平：《在纪念毛泽东同志诞辰 120 周年座谈会上的讲话》，载于《人民日报》2013 年 12 月 27 日。
② 《马克思恩格斯文集》（第 2 卷），人民出版社 2009 年版，第 44～45 页。

例如，秉持着实事求是的工作方法，以习近平同志为核心的党中央进一步深化医疗、教育改革，着力解决人民群众最关心的问题，推进"厕所革命"，小民生体现大情怀。可以看出，习近平新时代中国特色社会主义思想从社会的现实需要和当时、当地的具体情况出发来考虑问题，立足于我国现阶段的发展状况，以"实事求是"的方法解决问题，始终把中国最广大人民的利益作为根本出发点。

党的十八大以来，在国内外的形势剧烈变化的背景下，结合我国社会主义发展的阶段性特征，催生了习近平新时代中国特色社会主义思想，在新的时代，我们依然要坚持实事求是的方法，把握历史的脉络，助力中华民族的伟大复兴的实现。也正是因为习近平新时代中国特色社会主义思想指引党和人民实事求是地分析、研判国内外复杂的社会环境和客观现实，才能在此基础上大力推进全面深化改革，开创我们党治国理政的最新篇章。

对立统一规律在唯物辩证法中属于实质和核心的地位，矛盾分析法则是我们根本的认识方法。马克思主义认为，矛盾的普遍性与特殊性是辩证统一的，列宁也曾提到过："马克思主义的活的灵魂：对具体情况具体分析。"① 我国古代的传统哲学中也有"物生有两，相反相成""和而不同，执两用中"等辩证思维，可见，在建设中国特色社会主义的过程中，要将马克思主义普遍原理与我国具体实际相结合，运用矛盾分析法解决问题，把握重点和主流，学会统筹兼顾。

习近平新时代中国特色社会主义思想在继承马克思主义矛盾原理的基础上，继续运用矛盾分析法分析社会发展中的问题。习近平同志指出："坚持和发展中国特色社会主义，必须不断适应社会生产力发展调整生产关系，不断适应经济基础发展完善上层建筑。"② 具体来说，在习近平新时代中国特色社会主义思想的指导下，我们牢牢抓住新时代当前中国的主要矛盾，将主要矛盾作为实现发展的突破口，再通过"五位一体""四个全面"等具体相关政策来解决其他矛盾，突出问题导向，熟练运用矛盾分析法。

在对马克思主义辩证方法论的运用上，习近平多次强调，要遵循三大规律：对立统一规律、否定之否定规律、质量互变规律。要做到三个坚持：坚持具体问题具体分析、坚持系统论、坚持重点论与两点论的统一。要用好辩证法，党和国家各项事业的不断发展要求党的路线方针政策的贯彻落实、改革发展稳定等各种关系的正确处理。

习近平新时代中国特色社会主义思想不仅是对马克思主义方法论的强调运

---

① 《列宁专题文集·论马克思主义》，人民出版社 2009 年版，第 293 页。
② 习近平：《推动全党学习和掌握历史唯物主义 更好认识规律更加能动地推进工作》，载于《人民日报》2013 年 12 月 5 日。

用，更是对马克思主义方法论进行了创新运用。在此基础上，实现了马克思主义方法论的形式多样化。统筹利用国内国际两种资源、两个市场、统筹利用传统领域与非传统领域安全、统筹国内国际两个大局、统筹国防建设与经济建设等工作方法是习近平新时代中国特色社会主义思想对马克思主义两点论的创新性运用，都讲究统筹的科学性。

又如，各领域改革统筹推进、保护生态环境就是保护生产力、一张蓝图绘到底等工作方法是习近平新时代中国特色社会主义思想对马克思主义协同论与系统论的发挥。"精准扶贫""抓关键少数""打通最后一公里""抓牛鼻子"等工作方法，则是习近平新时代中国特色社会主义思想对马克思主义重点论与两点论的创造性整合运用。

五、坚持为官为政的群众路线

人民群众在创造历史中起到决定性作用。"人民，只有人民，才是创造世界历史的动力。"[①] 只有坚持群众路线，才能使党和国家的方针政策更好地体现人民群众的利益。对此，以习近平同志为核心的党中央坚持贯彻群众路线，鲜明地体现了我国马克思主义政党的执政理念，体现了共产党人的价值取向，充分反映了中国共产党肩负中华民族伟大复兴这一历史使命，进一步体现了党把人民对美好生活的追求作为自己始终不渝的奋斗目标。

2017 年 11 月 10 日，习近平同志在亚太经合组织工商领导人峰会上的主旨演讲中指出："让人民过上好日子，是我们一切工作的出发点和落脚点。"[②] 可以看出，习近平同志始终坚持群众路线是党和国家的生命线，并结合当今的民生国情，为群众路线赋予了新的时代内涵，提出了"以人民为中心"的发展理念，将人民群众对美好生活的向往作为党的奋斗目标。具体来说，为了实现改革成果更多更公平惠及全体人民的目标，以习近平同志为核心的党中央坚持在发展中保障和改善民生，不断促进全体人民共同富裕；下大力度打赢脱贫攻坚战，提高人民生活水平；完善公共服务体系，促进社会公平正义。可见，在习近平新时代中国特色社会主义思想的指导下，党始终从人民的利益出发，将"以人民为中心"的原则始终贯穿治国理政的方方面面，将为民造福伟业推向前进。

习近平新时代中国特色社会主义思想坚持走群众路线、对人民负责，第一位的就是要求党和国家领导干部以身作则，要求广大共产党员发挥先锋模范作用，

---

① 《毛泽东选集》（第 3 卷），人民出版社 1991 年版，第 1031 页。
② 习近平：《在亚太经合组织工商领导人峰会上的主旨演讲》，载于《人民日报》2017 年 11 月 10 日。

遵守党章党规。在新形势下加强和规范党内政治生活，习近平同志要求上至各级领导机关和领导干部，下至基层干部，都必须以身作则，模范遵守党章党规，严守党的政治纪律和政治规矩，坚持不忘初心、牢记使命，率先垂范、以上率下，为全党和全社会作出示范。同时，要自觉抓好领导干部学习教育、增强党性的修养。习近平同志指出："要把我们党建设好，必须抓住'关键少数'①。"要求主要领导干部要"带头做共产主义远大理想和中国特色社会主义共同理想的坚定信仰者和忠实实践者。"② 领导干部特别是高级干部要以实际行动让党员和群众感受到理想信念的强大力量。最后，全党必须毫不动摇坚持马克思主义指导思想，党的各级组织必须坚持不懈抓好理论武装头脑，在大是大非面前不能被错误言论影响，不能动摇基本政治立场。

习近平同志指出："各级领导干部要带头发扬劳模精神，出实策、鼓实劲、办实事，不图虚名，不务虚功……以身作则带领群众把各项工作落到实处。③"可以看出，习近平新时代中国特色社会主义思想坚持以身作则、模范领导的工作方法，要求党中央提倡的坚决响应、党中央决定的坚决执行、党中央禁止的坚决不做。党的各级组织、全体党员特别是高级干部都要向党中央看齐，向党的理论和路线方针政策看齐，向党中央决策部署看齐。此外，习近平同志要求党政主要负责同志亲力亲为抓改革，充分发挥其牵头和模范作用。最后，以习近平同志为核心的党中央要求国家工作人员要千方百计为群众排忧解难、率先垂范。各级领导干部必须深入实际、深入基层、深入群众，多到条件艰苦、情况复杂、矛盾突出的地方解决问题，以身作则，确保起到解决社会民生问题的带头作用，更好地推进新时代中国特色社会主义的发展。

第一，坚持群众路线还要坚持发扬好调查研究这个我们中国共产党人的"传家宝"，坚守这一做好各项工作的基本功。调查研究是一个了解情况的过程。我们的革命先辈经常讲"从群众中来，到群众中去"的调查研究方法，也取得了辉煌的成绩。马克思指出："人的本质不是单个人所固有的抽象物，在其现实性上，它是一切社会关系的总和。"④ 所以，调查研究是一个联系群众的过程，也是一个为民办事的过程。只有深入调查研究，深入基层，才能抓住和解决人民群众最关心最直接最现实的利益问题，才能让惠及百姓的各项工作落到实处，推动国家政策和决策部署在基层落地生根、开花结果。坚持加强和改进调查研究，是新时代的新任务，也是新时代的新挑战。

调查研究是我们做到坚持实事求是的重要途径和方法。坚持抓工作调研在

---

①② 《习近平谈治国理政》（第 3 卷），外文出版社 2020 年版，第 72 页。
③ 《习近平谈治国理政》（第 1 卷），外文出版社 2018 年版，第 48 页。
④ 《马克思恩格斯文集》（第 1 卷），人民出版社 2009 年版，第 505 页。

先，坚持深入群众在先，坚持听取意见建议在先，才能让群众真正享受到新时代国家发展带来的丰硕成果。调查研究是从实际出发的中心一环，没有调查就没有发言权。要做好调查研究必须坚持"从群众中来、到群众中去"的思想方法和工作方法。习近平同志多次强调要到基层去、到实际中去，向群众虚心学习，了解实际情况，了解群众的意见和要求，集中群众的智慧和创造，制定出符合客观实际的正确的方针、政策和办法。另外，调查研究是一个了解情况的过程，将调查研究置于深入了解、掌握实际情况的调查基础上，全面、详细地了解复杂的情况和分散的群众意见，做到取其精华去其糟粕，发掘事物的本来面目和客观规律，从而形成正确的意见和办法。可以看出，习近平新时代中国特色社会主义思想在坚持群众路线的基础上，强调通过调查研究维护人民的利益，为群众办实事、解难题、谋利益，持续加强和改进调查研究的方式方法。

第二，群众路线还主要表现在推动精准施政、狠抓落实。习近平同志要求坚持精准施政的工作方法，努力在推进"五位一体"、"四个全面"的工作中做到精准施政，针对国家政治经济各方面发展面临的问题，提出了例如精准扶贫、精准服务、精准指导等解决方案。因此，党的十八大以来，"精准"这一词语不仅多次出现在习近平同志系列重要讲话中，也成为了人民群众热议的话题。此外，习近平同志指出："坚定改革信心，突出问题导向，加强分类指导，注重精准施策，提高改革效应，放大制度优势。"① 正是在这一分类指导思想的指导下，我们加大力度统筹推进县域内城乡义务教育一体化发展、深化公安执法规范化建设、积极扶持发展志愿服务组织、推进供给侧结构性改革，将"精准施政"的工作方法落到实处。另外，针对我们现实生活中的民生民情问题，要采取针对性措施狠抓落实，努力从思想观念和领导方法上找根源，努力整改，坚持目标导向、问题导向、效果导向的三位一体全面统一。

此外，正如古语所云"善除害者察其本，善理疾者绝其源"，在中国特色社会主义新时代，求真务实、狠抓落实的工作方法必须成为我们党的重要指针。习近平同志指出："增强狠抓落实本领，坚持说实话、谋实事、出实招、求实效，把雷厉风行和久久为功有机结合起来，勇于攻坚克难，以钉钉子精神做实做细做好各项工作。"② 可以看出，习近平同志要求各级各部门充分发挥主观能动性，创造性地贯彻落实党中央的各项工作部署，既要坚决杜绝那种昙花一现、不痛不痒的观念和做法，做到整治形式主义突出问题不搞花拳绣腿、不做表面文章；更

① 习近平：《坚定改革信心注重精准施策 提高改革效应放大制度优势》，载于《人民日报》2016 年 5 月 21 日。

② 习近平：《决胜全面建成小康社会 夺取新时代中国特色社会主义伟大胜利——在中国共产党第十九次全国代表大会上的报告》，载于《人民日报》2017 年 10 月 28 日。

要积极创新方式方法，采取更加务实、精准、有效的措施，狠抓落实到人民群众日常生活中的方方面面。

以我国的脱贫攻坚工作为例，既要精准施政，又要狠抓落实到人民群众之中。对此，习近平同志强调要统一思想，提高认识，深刻领会做好新形势下精准扶贫工作的重要意义；要进一步摸清帮扶户的家底状况、收入来源等基本情况，建立基础档案，针对贫困户实际情况，制定切实可行的帮扶措施，这便是精准施政、狠抓落实。"没有农村的全面小康和欠发达地区的全面小康，就没有全国的全面小康。"① 因此，精准施政强调要强化责任意识，沉下身来扎实开展精准扶贫工作，作出表率，做出成效。要充分发挥干部群众能动作用，积极引导群众自强不息，增强其自身发展功能。此外，狠抓落实要求工作人员要走向基层，走入农村，进行亲身走访、慰问、送温暖，把相关政策具体落实到实处，真正帮助到真正贫困的群众。这是习近平新时代中国特色社会主义思想运用精准施政、狠抓落实的工作方法解决问题的真正体现。

① 《习近平关于协调推进"四个全面"战略布局论述摘编》，中央文献出版社2015年版，第24页。

第五章

习近平新时代中国特色
社会主义思想的内在逻辑

习近平新时代中国特色社会主义思想作为党的指导思想，是一个逻辑严密的完整体系，这一新思想也正是因为其具有严密的内在逻辑而充分展现了其思想的生命力。习近平新时代中国特色社会主义思想的内在逻辑继承了马克思主义及其中国化理论成果的逻辑理路，其根本性逻辑要溯源到辩证唯物主义和历史唯物主义逻辑。这一新思想在具体的逻辑呈现上具有鲜明的结构性特点，这种结构性特点，首先体现在其从根本逻辑基础上进行演绎的生成逻辑。习近平新时代中国特色社会主义思想的生成向度主要体现在历史、理论、实践三个方面，因而具体在历史逻辑、理论逻辑、实践逻辑三个方面呈现出这一新思想内在逻辑的三个主要面向。这三个向度每个方面的演绎也都充分彰显着"承前启后""继往开来"的特性。因此，习近平新时代中国特色社会主义思想的内在逻辑不是封闭的，而是开放的；不是静止的，而是动态的；不是孤立的，而是全面联系的。

第一节　生成逻辑：人民群众、党和领袖的合力缔造

任何科学理论都有其产生的时代背景和生成逻辑，习近平新时代中国特色社会主义思想作为"马克思主义中国化的最新成果"，它的产生亦有其独特的生成

223

第五章　习近平新时代中国特色社会主义思想的内在逻辑

逻辑。① 2018 年 1 月 5 日习近平同志在新进中央委员会委员、候补委员学习贯彻党的十九大精神研讨班开班式上的重要讲话当中提出："时代是出卷人，我们是答卷人，人民是阅卷人。"② 习近平新时代中国特色社会主义思想的生成逻辑正是遵循着历史唯物主义的基本原理，来自时代的根本要求，受到了人们的根本推动，是中国共产党这一政党组织以及先进成员的品格的智慧凝聚。在这些因素的共同作用下形成的习近平新时代中国特色社会主义思想的鲜明的新时代中国化马克思主义的理论又反过来指导实践。马克思主义理论创新发展的动因是显著的，就是在认识世界的基础上改造世界。习近平新时代中国特色社会主义思想生成背后具有强烈的问题意识和新时代中国共产党人的责任使命意识驱动，从而构成了其生成的内在动因。在认识其内在动因的基础上我们还必须看到理论创新之所以能够持续，在于其有强大的内生动力，推动着生成的过程持续前进，而这个过程背后则有着该阶段中国化马克思主义理论成果生成的内在机理和规律特点。这些是我们在把握习近平新时代中国特色社会主义思想生成逻辑时必须要看清楚的。因此，这种生成逻辑可以从生成动因、生成动力、生成过程和生成机理等四个方面进行深入分析和探究。

一、时代是新思想生成的首要动因

习近平新时代中国特色社会主义思想生成的动因在于中国共产党领导中国特色社会主义事业发展，需要回应新时代的重大时代主题，即"新时代坚持和发展什么样的中国特色社会主义、怎样坚持和发展中国特色社会主义"。问题是时代的声音、实践的号角，时代和实践主要通过问题这一中介影响思想的形成逻辑和理论的发生逻辑。任何思想都是时代重大问题的科学回答，是时代精神的智慧和精华。马克思主义中国化各阶段的理论成果，毛泽东思想、邓小平理论，"三个代表"重要思想、科学发展观以及习近平新时代中国特色社会主义思想总体而言都是起源于不同时期所需要破解的重大问题，在时代的重大问题影响之下有一系列的需要破解的重点问题，在每个小的阶段和不同的领域，又有需要破解的具体问题，习近平新时代中国特色社会主义思想起步于对新时代一系列重大问题的多层次递进性思考，主要涉及四个方面的问题：

一是新时代中国共产党人对"中国共产党向何处去"的思考。在经过长达

---

① 王永贵、陈雪：《习近平新时代中国特色社会主义思想的三重逻辑》，载于《理论探讨》2018 年第 4 期。

② 习近平：《以时不我待只争朝夕的精神投入工作 开创新时代中国特色社会主义事业新局面》，载于《人民日报》2018 年 1 月 6 日。

70 年的全面执政之后，面对复杂的世情、国情、民情、党情，"中国共产党向何处去"逐渐成为一个重大的时代之问。新时代，中国共产党更加现实地面临着"四种考验"和"四种危险"。新时代、新矛盾、新考验、新危险，这就要求中国共产党必须不断深入认识共产党执政规律，科学回答"中国共产党向何处去"的时代之问。进入新时代，中国共产党人冷静地分析我们所面临的风险挑战，科学阐释我们的初心、使命，牢牢把握党对一切工作的领导，明确提出全面从严治党永远在路上的科学论断，政治建设是新时代党的建设的首要要求，科学回答"中国共产党向何处去"这一重大时代之问，为新时代党的建设提供前进的方向和具体的建设路径。

二是新时代中国共产党人对"中国特色社会主义向何处去"的思考。在新的历史时代，中国特色社会主义的前途命运如何，历史方位如何判定，本质特征如何明确，主要矛盾是否转化，历史使命如何完成等重大问题一起构成"中国特色社会主义向何处去"这一时代之问。中国共产党用中国经验、中国理论科学回答了"中国特色社会主义向何处去"这一时代命题，这一时代命题涉及新时代党对中国特色社会主义的前途命运、中国特色社会主义的本质特征、中国特色社会主义的历史方位、中国特色社会主义的主要矛盾等方面的思考。

三是新时代中国共产党人对"世界社会主义向何处去"的思考。"十月革命"的爆发以及社会主义国家的建立则是人类开天辟地的一件大事。它标志着科学社会主义从理想走向现实，并为人类社会发展提供一种新的路径和形态。随后苏联社会主义建设取得巨大成功，进而促使 20 世纪中叶出现国际社会主义运动的高潮。但是僵化、教条、呆板的"苏联模式"也给社会主义运动带来巨大伤害，是导致 20 世纪 80 年代末 90 年代初世界社会主义遭受重大挫折的重要原因。故而，"世界社会主义向何处去"的重大时代之问成为学术界的焦点话题。在面对社会主义的焦虑、质疑、否定等复杂环境时，中国共产党人披荆斩棘、排除万难，以中国实践为认识论基础，用中国经验和中国理论创造性地科学回答了"世界社会主义向何处去"的时代之问。

四是新时代中国共产党人对"人类向何处去"的思考。21 世纪的人类社会和马克思所处的 19 世纪相比已经发生巨大变化，面临着马克思时代不曾有过的挑战和困境。在经济全球化、信息化、市场经济、"世界历史"的时代，"人类向何处去"这一时代命题和终极拷问更加凸显。不同的时代产生不同的问题，呼唤不同的思想。思想是时代问题的"回声"，是时代精神的体现。正如恩格斯曾经指出的那样：每一个时代的理论思维，包括我们这个时代的理论思维，都是一种历史的产物，它在不同的时代具有完全不同的形式，同时具有完全不同的内容。习近平新时代中国特色社会主义思想科学认识人类社会发展规律，把握时代主题，坚持问题导向，系统回答了"人类向何处去"的重大时代之问。

以习近平同志为核心的党中央在对上述问题的思考和实践探索过程中，逐步形成了习近平新时代中国特色社会主义思想的丰富内涵。需要特别提及的是，对这些问题的思考始终坚持马克思主义的理论指导，问题意识引起理论思考背后更深层次的逻辑实际是历史唯物主义的作用。

二、人民是新思想生成的根本动力

习近平新时代中国特色社会主义思想得以实现的根本逻辑是历史唯物主义。历史唯物主义提出了人民群众是历史创造者的观点。所以探讨习近平新时代中国特色社会主义思想的生成动力，还是要从其根本上，也就是马克思主义关于"人民群众是历史创造者"的观点出发。毛泽东曾总结历史唯物主义的基本观点，提出了"人民，只有人民，才是创造世界历史的动力"的深刻感悟，这既是对马克思主义群众路线的思想在继承的同时又赋予了新的时代内涵，极大地丰富了马克思、恩格斯提出的人民群众是历史的创造者的思想。

以习近平同志为核心的党中央坚持"以人民为中心"的立场和观点，开拓出了习近平新时代中国特色社会主义思想。习近平同志指出，"人民立场是马克思主义政党的根本政治立场，人民是历史进步的真正动力，群众是真正的英雄，人民利益是我们党一切工作的根本出发点和落脚点。"习近平新时代中国特色社会主义思想，发展了马克思主义关于人民群众的观点，提出了"以人民为中心"的思想，也是对于几代中国共产党人关于人民群众观点的继承和发展，这些思想包括全心全意为人民服务、坚持群众路线、人民利益至上、以人为本等。"以人民为中心"是新时代中国共产党人人民立场的集中体现。

"以人民为中心"的立场和观点贯穿在习近平新时代中国特色社会主义思想及其指导下的中国共产党整个治国理政实践中。中国共产党人在回答"新时代坚持和发展什么样的中国特色社会主义、怎样坚持和发展中国特色社会主义"这一时代之问的过程中，坚持"一切为了人民，一切依靠人民"，将人民群众的伟力充分调动起来，创造了新时代中国特色社会主义繁荣发展的生动实践。由此可见，习近平新时代中国特色社会主义思想的生成动力是人民群众，新时代的中国共产党人在实践中将继续坚持"一切为了人民，一切依靠人民"，坚持"以人民为中心"。

关于人民群众是历史创造者的"动力论"，习近平同志曾经从"过去时""现在时""将来时"三个角度做过系统的阐释。首先是从"过去时"来看，回顾既往，中华民族的辉煌历史是人民书写的。习近平同志强调，"人民是历史的创造者，人民是真正的英雄。波澜壮阔的中华民族发展史是中国人民书写的！博大精深的中华文明是中国人民创造的！历久弥新的中华民族精神是中国人民培育的！中华民族迎来了从站起来、富起来到强起来的伟大飞跃是中国人民奋斗出来的！"[1] 其次是从"现在时"来看，立足当下，中华民族的光明前景已由人民创造。习近平同志强调，"人民是历史的创造者，是推动我国经济社会发展的基本力量和基本依靠。推进'四个全面'战略布局，必须充分调动广大人民群众的积极性、主动性、创造性。"[2] 再次是从"将来时"来看，展望未来，中华民族的伟大复兴仍由人民实现。习近平同志强调，"人民是历史的创造者，是决定党和国家前途命运的根本力量。""我们党来自人民、植根人民、服务人民，一旦脱离群众，就会失去生命力。"[3] "人民是历史的创造者。我们要紧紧依靠人民，充分发挥人民主体作用，尊重人民首创精神，为了人民干事创业，依靠人民干事创业。"[4]

三、党是新思想生成的关键环节

我国的社会主义建设的实践坚持科学社会主义的原则，就必须坚持中国共产党的领导。我们必须认识到中国共产党是马克思主义的政党，从成立之日起就树立了鲜明的政治特点，任时代变迁，无论是处于顺境还是逆境，党先进的政治属性、崇高的政治理想、高尚的政治追求、纯洁的政治品质从未改变，马克思主义的信仰从未改变，因为中国共产党是用科学社会主义理论武装的政党。坚持中国共产党的领导是中国特色社会主义的最本质特征和能够持续发展的最大优势。

习近平同志指出，"正是在中国共产党的领导下，中国人民前赴后继，取得了中国革命和新中国建设的巨大成就。"[5] 因此，习近平同志也强调，"中国的国情决定了我们必须坚持中国共产党的领导，坚持走符合中国国情的中国特色社会主义道路，这是历史的必然和人民的选择。"[6] 基于此，在整个习近平新时代中

---

① 习近平：《在第十三届全国人民代表大会第一次会议上的讲话》，载于《人民日报》2018 年 3 月 21 日。

② 习近平：《在庆祝"五一"国际劳动节暨表彰全国劳动模范和先进工作者大会上的讲话》，载于《人民日报》2015 年 4 月 29 日。

③ 习近平：《决胜全面建成小康社会 夺取新时代中国特色社会主义伟大胜利——在中国共产党第十九次全国代表大会上的报告》，载于《人民日报》2017 年 10 月 28 日。

④ 习近平：《在庆祝中华人民共和国成立 65 周年招待会上的讲话》，载于《人民日报》2014 年 10 月 1 日。

⑤ 《习近平同俄罗斯总统普京在圣彼得堡再次举行会晤》，载于《人民日报》2019 年 6 月 8 日。

⑥ 《习近平会见美国前财长保尔森》，载于《人民日报》2014 年 7 月 3 日。

国特色社会主义思想理论体系中，党的领导是始终坚持不懈的根本内容。习近平同志强调，"我们必须坚持党总揽全局、协调各方的领导核心作用"。①

习近平新时代中国特色社会主义思想本身的体系性构建过程，正如同中国特色社会主义的总体事业一样，离不开党的重大关键作用。这其中，党的十八大和党的十九大本身构成了这一新思想发展的两个重要节点。党的十八大是新时代开启的标志。党的十九大则是新思想成熟的标志。因此，习近平新时代中国特色社会主义思想的体系性建构过程目前可分为党的十八大之前的酝酿阶段、党的十八大到十九大之间的形成阶段、党的十九大之后的进一步丰富和发展阶段三个阶段，每个阶段都伴随着一系列文献的产生，其中有一些文献具有突出的代表性。

首先是习近平新时代中国特色社会主义思想的酝酿阶段。这一阶段主要是对党的十八大之前中国特色社会主义建设探索的系统性总结。代表性文献就是党的十八大报告，提出了将"中国特色社会主义道路"，"中国特色社会主义理论体系"与"中国特色社会主义制度"并举；提出了建设中国特色社会主义的"总依据"、"总布局"和"总任务"；提出了建设中国特色社会主义必须长期坚持的八项要求。党的十八大报告所提出的战略部署为新时代中国特色社会主义事业新发展奠定了基础，具有承前启后的重要意义。

其次是习近平新时代中国特色社会主义思想的形成阶段。这一阶段主要是伴随着中国特色社会主义事业发展各类要素的聚合和整体发展，伴随着党中央的最新阐述，开始逐步形成了习近平新时代中国特色社会主义思想完整体系的四梁八柱，属于系统性建构阶段，这一建构的完成是以党的十九大为节点。党的十九大报告是这一阶段的代表性文献，正式提出了"习近平新时代中国特色社会主义思想"这个命题，形成了"八个明确"和"十四个坚持"的体系。

再次是习近平新时代中国特色社会主义思想的进一步丰富和发展阶段。这一阶段主要是在已经确立了习近平新时代中国特色社会主义思想指导之下，对新时代中国特色社会主义实践的进一步总结，从而不断完善着习近平新时代中国特色社会主义思想体系。这一阶段的代表性文献是《习近平谈治国理政》第三卷，于2020年出版，全书以习近平同志在中国共产党第十九次全国代表大会上的报告为开篇之作。该书是对习近平新时代中国特色社会主义思想体系内涵的进一步丰富和完善。

四、领袖是新思想生成的领导核心

从人类思想发展的一般原理和路径来看，思想在最初的时候就是针对某些重

---

① 习近平：《在庆祝全国人民代表大会成立 60 周年大会上的讲话》，载于《人民日报》2014 年 9 月 6 日。

点问题而形成的"点状"的思考，针对某一类问题长期聚焦思考之后就在某类问题上形成了关联性思考而呈现"线状"，随着工作全局性的思考越来越强，对诸多问题的统筹性思考就成为重点而呈现"面状"，一般而言到此为止，才算得上已经形成了一定的局部系统性，只有极少数才能上升到对治国理政乃至于天下兴亡的总体性思考。

作为科学理论体系和党治国理政系统指导思想的马克思主义中国化理论成果，其形成必然要经历一个继承创新发展的过程，基于对不同时期不同阶段的不同重大问题的思考而逐步形成，需要经历一个"点、线、面、体"发展过程。"点、线、面、体"在这里当然只是一种类比，是借用物理学和数学对事物造型机理的描述范式，通过对具体事物的点、线、面、体概念抽象，以及反过来"无点不成线，无线不成面，无面不成体"的逻辑演绎，体现事物内部诸个组成部分和层次之间相辅相成、缺一不可的关系。点是线的基础，线是面的基础，面是体的基础，"点、线、面、体"是辩证统一的，任何一个层次的缺失都会影响物体的形成。

对于上升为党的指导思想的习近平新时代中国特色社会主义思想而言，其理论本身演进发展的逻辑机理，其理论本身存在的构成性顺序，同样遵循着这样的基本路径。没有对个别问题点状的思考，也不会形成某类问题的关联性思考，也就无法形成对某方面问题的局部系统性思考，也就无法形成全局性思考的能力。尤其是作为新时代统筹中华民族伟大复兴战略全局和世界百年未有之大变局的习近平新时代中国特色社会主义思想而言，其内在的科学性、规律性、严谨性，尤其是要在全面系统的实践塑造和理论反思中逐渐孕育成熟。

第二节 历史逻辑：中国和世界历史进程的枢纽环节

恩格斯曾在《卡尔·马克思〈政治经济学批判〉》一文中睿智地指出："历史从哪里开始，思想进程也应当从哪里开始。"[①] 人类的整体历史进程也充分地证明，现实是未来的历史，历史是以往的现实，历史常常以其生成的各种理论形式对现实社会产生着各种各样的作用，对时代发展进程具有重大影响。因为，"理论在一个国家实现的程度，总是决定于理论满足这个国家现实需要的程度"[②]。习近平新时代中国特色社会主义思想的历史性出场是中华文明演进的历

---

① 《马克思恩格斯文集》（第 2 卷），人民出版社 2009 年版，第 603 页。
② 《马克思恩格斯文集》（第 1 卷），人民出版社 2009 年版，第 12 页。

史逻辑、现代社会发展的历史逻辑、共产主义运动的历史逻辑等共同作用下实现的，是这几方面历史逻辑演绎的最新阶段性成果，是人类历史发展新阶段的产物，因而该思想具有深厚的人类思想史渊源以及直接指导其产生的马克思主义思想史渊源。该思想的产生是在明确了中国所进行的社会主义建设探索的新的历史方位后完成的，因而承载着新的历史使命，也因为上述的历史性出场、思想史渊源、新的历史方位和历史使命，因而具有清晰的历史指向性。

一、顺应世界大历史进程必然趋势

习近平同志指出，中国梦是中华民族近代以来最伟大的梦想。习近平新时代中国特色社会主义思想的提出与中国梦形成的历史背景息息相关。中国人民在中国共产党的领导下探索出了中国特色社会主义道路。中国梦的实现必须坚持这条道路。而这条道路的形成又是具有深厚的历史渊源和广泛的现实基础的。习近平同志曾指出，"中国特色社会主义不是从天上掉下来的，而是在改革开放40年的伟大实践中得来的，是在中华人民共和国成立近70年的持续探索中得来的，是在我们党领导人民进行伟大社会革命97年的实践中得来的，是在近代以来中华民族由衰到盛170多年的历史进程中得来的，是对中华文明5000多年的传承发展中得来的"①。随着这条道路的继续发展，中国特色社会主义事业进入到了新时代，从历史大逻辑的角度来看，习近平新时代中国特色社会主义思想历史性的提出既立足于中国的历史，也立足于人类社会发展的历史，既影响着中国的当下和未来，也关系着人类社会的发展方向。因此，可以从三个维度来看：

第一个维度是中华文明演进的历史逻辑。中华文明是人类社会中最早进入成熟的文明阶段而且是直到现在唯一的没有中断过自身文明的文明体。正如习近平同志曾谈到的，"中华民族具有5000多年连绵不断的文明历史，创造了博大精深的中华文化，为人类文明进步作出了不可磨灭的贡献。"② 中华文明在整体演进进程中经历了文明的兴起、发展、跃升和转型的过程。我们这个文明体在1840年鸦片战争以后处在需要转型发展的阶段，主要就是指中华文明体需要从古典文明向人类现代文明转型了。在这个转型过程中，中华文明的继续演进一方面面临着如何保持中华文明主体性，另一方面面临着如何克服现实挑战和危机的问题。因此，近代以来"实现中华民族的伟大复兴"的命题就被历史性地提出来了。中

---

① 习近平：《以时不我待只争朝夕的精神投入工作 开创新时代中国特色社会主义事业新局面》，载于《人民日报》2018年1月6日。

② 习近平：《深刻认识马克思主义时代意义和现实意义 继续推进马克思主义中国化时代化大众化》，载于《人民日报》2017年9月30日。

华民族的伟大复兴决定着这个五千年未曾中断的文明体的生死存亡，关系着中华民族如何由衰败走向复兴。所以，近代民主革命的任务就是反帝反封建。其中的反帝的任务就是避免中华民族文明体被毁灭，反封建就是文明体由古典文明走向现代文明。所以说，"中国今天所走的中国特色社会主义道路，是与五千年中华文明分不开的，也是中国人民历经艰难困苦奋斗摸索出来的"①。

第二个维度是现代社会发展的历史逻辑。在中华民族走向现代文明的过程中，中国在保持自身的相对独立性的基础上也要吸收借鉴人类现代文明的成果。因此在现代化浪潮的冲击下，中国开始探索建构现代文明形态。只有实现现代化的发展，才能够让中华民族实现新的复兴。因此，团结领导全国人民在实现民族独立的基础上共同致力于实现现代化就成为了中国共产党的现实任务。在具体实现现代化的路径上，面临着资本主义和社会主义发展的两种截然不同的路径。而通过资本主义走上现代化的道路，在中国已经验证是行不通的，因为帝国主义的力量不允许中国独立走上资本主义发展的道路。所以，中国在共产党的领导下走上了社会主义现代化发展的道路。

第三个维度是共产主义运动的历史逻辑。随着共产主义运动的逻辑进入中国，马克思主义就成为了指导中国民主革命继续发展的新的指导思想。而在列宁领导下建立的社会主义国家为中国提供了现实的标杆和榜样，即在走向现代化的同时，又能保持民族的独立性。列宁领导的十月革命取得胜利，社会主义从理论变为现实，打破了资本主义一统天下的世界格局。也正是在马克思列宁主义的指引下，中国新民主主义革命的道路由此诞生，中国的民主革命进入了国际共产主义运动的大历史时代，一直到现在都是如此。所以习近平同志强调，"时代在变化，社会在发展，但马克思主义基本原理依然是科学真理。尽管我们所处的时代同马克思所处的时代相比发生了巨大而深刻的变化，但从世界社会主义500年的大视野来看，我们依然处在马克思主义所指明的历史时代。"② 然而，国际共产主义运动的发展并不是一帆风顺的，但其发展方向是正确的，因为它符合人类社会发展的规律。所以习近平同志强调，"第二次世界大战结束后，一大批社会主义国家诞生，特别是中华人民共和国成立，极大壮大了世界社会主义力量。尽管世界社会主义在发展中也会出现曲折，但人类社会发展的总趋势没有改变，也不会改变。"③ 所以，随着中国特色社会主义的发展，国际共产主义运动进入复兴阶段。

由此可见，习近平新时代中国特色社会主义思想的产生有其历史逻辑的必然

①② 习近平：《深刻认识马克思主义时代意义和现实意义 继续推进马克思主义中国化时代化大众化》，载于《人民日报》2017年9月30日。
③ 习近平：《在纪念马克思诞辰200周年大会上的讲话》，载于《人民日报》2018年5月5日。

性,是中华民族从辉煌到衰败再到复兴的重要历史转折的必然产物,是中华文明演进的历史逻辑、现代社会发展的历史逻辑、共产主义运动的历史逻辑共同作用的必然产物。因此,习近平新时代中国特色社会主义思想的历史出场具有逻辑的必然性。

二、具有中外思想史发展的深厚渊源

习近平新时代中国特色社会主义思想不仅具有历史现实的必然性,而且具有深厚的思想渊源,这种渊源可以从两个方面来看,一是人类思想史渊源,二是马克思主义思想史渊源。这两方面都是从比较整体和相对宏观的角度来认识和考量。事实上,因为习近平新时代中国特色社会主义思想也是内涵丰富、博大精深的体系,所以其政治、经济、文化、社会、生态、军事、外交等各个方面的思想都有其相应的人类思想史和马克思主义思想史渊源。但是基于整体性把握的考虑,我们这里就不对每一个方面细致的思想史进行考察了。

第一,习近平新时代中国特色社会主义思想的人类思想史渊源。习近平新时代中国特色社会主义思想是与马克思列宁主义一脉相承,而马克思主义的思想渊源又可以追溯到早期社会主义思想、古典政治经济学和近代欧洲哲学社会科学思想。习近平同志对此也有过专门的阐述,主要是近现代欧洲繁荣的文化思想为马克思主义提供了滋养和生长的土壤,习近平同志谈到"马克思主义的诞生是人类思想史上的一个伟大事件,而马克思主义则批判吸收了康德、黑格尔、费尔巴哈等人的哲学思想,圣西门、傅立叶、欧文等人的空想社会主义思想,亚当·斯密、大卫·李嘉图等人的古典政治经济学思想。可以说,没有18、19世纪欧洲哲学社会科学的发展,就没有马克思主义形成和发展。"[①] 因此,作为中国化的马克思主义成果的习近平新时代中国特色社会主义思想也内在包含着中华古典文明和西方现代文明思想成果的精华。

第二,习近平新时代中国特色社会主义思想的马克思主义思想史渊源。习近平新时代中国特色社会主义思想是与马克思列宁主义、毛泽东思想和中国特色社会主义理论体系一脉相承的思想成果。因此,习近平新时代中国特色社会主义思想的直接思想史渊源就是马克思主义的思想。马克思主义在探寻人类社会发展方向的基础之上建构了一整套理论体系并进行了科学论证,发现了人类社会发展的规律和人类社会演进的动力,初步提供了行动的方案,即通过建立无产阶级政党来推进共产主义运动的发展。马克思主义的思想在实践中系统落地是列宁领

---

① 习近平:《在哲学社会科学工作座谈会上的讲话》,载于《人民日报》2016年5月19日。

导建立的苏联。马克思主义在苏联实践的基础之上生成了列宁主义，提出了建立新型无产阶级政党和社会主义国家的一系列光辉思想，从而形成了具有鲜明特点的马克思列宁主义的意识形态。"一百年前，十月革命一声炮响，给中国送来了马克思列宁主义。中国先进分子从马克思列宁主义的科学真理中看到了解决中国问题的出路。"① 中国共产党以马克思列宁主义建构了政党，推进中国的无产阶级革命，领导中国人民进行社会主义建设，在此基础之上生成了中国化的马克思主义的思想，丰富了马克思主义的理论体系。习近平同志指出，"在当代中国，坚持中国特色社会主义理论体系，就是真正坚持马克思主义。"②

因此，学习和运用习近平新时代中国特色社会主义思想要有溯源意识，认识到其人类思想史渊源和马克思主义思想史渊源，要看到他是在人类思想精华指导下和人类社会发展最前沿探索的基础之上的集大成的思想成果，只有这样才能认识到其思想的历史穿透力，在学习和运用中既要继承，也要始终保持思想的开放性，不断推进理论创新。所以习近平同志曾经强调，"马克思列宁主义、毛泽东思想一定不能丢，丢了就丧失根本。同时，我们一定要以我国改革开放和现代化建设的实际问题、以我们正在做的事情为中心，着眼于马克思主义理论的运用，着眼于对实际问题的理论思考，着眼于新的实践和新的发展。"③

三、担负历史"接力赛"的新时代使命

习近平新时代中国特色社会主义思想是中国共产党的指导思想，其内在地蕴含着和承载着重要的历史使命，这种使命不是强加的，而是具有历史必然性，也是中华文明演进的历史逻辑、现代社会发展的历史逻辑、共产主义运动的历史逻辑共同作用的结果。实现中华民族伟大复兴是近代以来中华民族最伟大的梦想，近代以来一大批仁人志士进行了不屈不挠的斗争和艰难曲折的探索，中国共产党继承近代民族民主革命衣钵，完成了民族独立、人民解放的历史任务，建立了人民当家作主的新中国，开启了为人民谋幸福、为民族谋复兴的新征程。

因此，习近平新时代中国特色社会主义思想的历史使命归根结底要溯源到中国共产党的初心和使命。党的十九大报告的主题就是"不忘初心、牢记使命"。习近平同志强调，"不忘初心、方得始终。中国共产党人的初心和使命，就是为

---

①② 习近平：《决胜全面建成小康社会 夺取新时代中国特色社会主义伟大胜利——在中国共产党第十九次全国代表大会上的报告》，载于《人民日报》2017 年 10 月 28 日。

③ 习近平：《紧紧围绕坚持和发展中国特色社会主义 学习宣传贯彻党的十八大精神》，载于《人民日报》2012 年 11 月 19 日。

中国人民谋幸福，为中华民族谋复兴。这个初心和使命是激励中国共产党人不断前进的根本动力。"① 而中国共产党在带领人民实现初心和使命的同时，也承载着建构人类新型文明和引领国际共产主义运动发展的重任，所以在为中国人民谋幸福，为中华民族谋复兴的基础上还肩负着为人类谋发展的责任。习近平同志曾提到，"人民幸福生活是最大的人权。中国共产党从诞生那一天起，就把为人民谋幸福、为人类谋发展作为奋斗目标。"② "中国作为负责任的大国，愿同国际社会一道，在开放中合作、以合作求共赢，为给世界带来光明、稳定、美好的前景发挥积极作用，作出更多建设性贡献。"③ 因此，中国共产党人承载的历史使命涉及多个层次的内涵，这些内涵充分融入和体现在了习近平新时代中国特色社会主义思想之中，成为了中国共产党实现历史使命过程中的准则。

一方面是对于中国人民和中华民族的历史使命。从人民的角度看，人民群众和中国共产党分别作为推动历史发展的主体力量和领导核心，取得了辉煌的历史成就，彰显了党性与人民性的统一。习近平同志强调，"坚持不忘初心、继续前进，就要坚信党的根基在人民、党的力量在人民，坚持一切为了人民、一切依靠人民，充分发挥广大人民群众积极性、主动性、创造性，不断把为人民造福事业推向前进。"④ 从国家和民族的角度看，习近平同志强调，"我们的责任，就是要团结带领全党全国各族人民，接过历史的接力棒，继续为实现中华民族伟大复兴而努力奋斗，使中华民族更加坚强有力地自立于世界民族之林，为人类作出新的更大的贡献。"⑤

另一方面是对于世界的和平与发展的历史使命。一是维护世界和平发展。习近平同志在不同场合多次强调，中国共产党坚持不忘初心，内在地包含着和平共处、共同发展的要求，要"始终不渝走和平发展道路，始终不渝奉行互利共赢的开放战略，加强同各国的友好往来"⑥。习近平同志谈道，"40年的实践充分证明，中国发展为广大发展中国家走向现代化提供了成功经验、展现了光明前景，是促进世界和平与发展的强大力量，是中华民族对人类文明进步作出的重大贡献。"⑦ 二是推动世界整体发展。习近平同志强调，"我们要实现的中国梦，不仅造福中国人民，而且造福各国人民。"在价值层面，我们"秉持和平、发展、

① 习近平：《决胜全面建成小康社会 夺取新时代中国特色社会主义伟大胜利——在中国共产党第十九次全国代表大会上的报告》，载于《人民日报》2017年10月28日。

② 习近平：《坚持走符合国情的人权发展道路促进人的全面发展》，载于《人民日报》2018年12月11日。

③ 《习近平会见世界经济论坛主席施瓦布》，载于《人民日报》2018年4月17日。

④⑤⑥ 习近平：《在庆祝中国共产党成立95周年大会上的讲话》，载于《人民日报》2016年7月2日。

⑦ 习近平：《在庆祝改革开放40周年大会上的讲话》，载于《人民日报》2018年12月19日。

公平、正义、民主、自由的人类共同价值"①；所要达到的目的是要实现"同各国人民一道，不断把人类和平与发展的崇高事业推向前进"③，"推动形成更加公正、合理、包容的全球人权治理，共同构建人类命运共同体，开创世界美好未来。"④

具体到新时代中国特色社会主义实践的情境之中，习近平同志强调，我们要"清醒认识和正确把握我国仍处于并将长期处于社会主义初级阶段这个基本国情。我们推进改革发展、制定方针政策，都要牢牢立足社会主义初级阶段这个最大实际，都要充分体现这个基本国情的必然要求，坚持一切从这个基本国情出发。任何超越现实、超越阶段而急于求成的倾向都要努力避免，任何落后于实际、无视深刻变化着的客观事实而因循守旧、固步自封的观念和做法都要坚决纠正。"⑤ 另一方面，要在认清国情的基础上发现问题、研究问题、解决问题，并在此基础上不断推进中国化马克思主义的理论创新发展，进而更好地指导我国改革和发展的新实践。习近平同志指出，我们要"不断推进实践基础上的理论创新。"⑥"坚持和发展中国特色社会主义，全面深化改革，有效应对前进道路上可以预见和难以预见的各种困难与风险，都会提出新的课题，迫切需要我们从理论上作出新的科学回答。我们要及时总结党领导人民创造的新鲜经验，不断开辟马克思主义中国化新境界，让当代中国马克思主义放射出更加灿烂的真理光芒。"⑦

四、为"两个大局"开辟更光辉的前途

习近平新时代中国特色社会主义思想的历史指向，是在整体把握我国当前所处的历史方位，整体把握中国特色社会主义发展规律逻辑和人类文明发展规律逻辑的基础上形成的。习近平新时代中国特色社会主义思想既包括理论上的历史指向，也包括实践上的历史指向。无论是理论还是实践上的历史指向都统一于共产主义远大理想和中国特色社会主义共同理想。这是由中国共产党所承担的历史使命和其指导思想——马克思主义的历史规定的。习近平新时代中国特色社会主义思想的历史指向可以从时间和空间两个维度来看。

从时间维度来看，习近平新时代中国特色社会主义思想的历史指向可以划分

---

①④　习近平：《坚持走符合国情的人权发展道路促进人的全面发展》，载于《人民日报》2018年12月11日。

③　习近平：《在庆祝中国共产党成立95周年大会上的讲话》，载于《人民日报》2016年7月2日。

⑤⑥⑦　习近平：《在纪念毛泽东同志诞辰120周年座谈会上的讲话》，载于《人民日报》2013年12月27日。

为社会主义在中国发展的远期、长期两个阶段性目标而定的。

从远期来看，新时代中国特色社会主义思想的历史指向是要实现共产主义。中国共产党的政治纲领，包括最高纲领和最低纲领。所谓最高纲领，就是中国共产党的最终使命，就是要团结带领人民走向共产主义，从而实现人的全面解放，实现每一个人的自由而全面的发展。党的十九大报告明确强调，"中国共产党一经成立，就把实现共产主义作为党的最高理想和最终目标"，"革命理想高于天。共产主义远大理想和中国特色社会主义共同理想，是中国共产党人的精神支柱和政治灵魂，也是保持党的团结统一的思想基础。"①

从长期来看，新时代中国特色社会主义思想的历史指向是要实现社会主义现代化和中华民族伟大复兴。最高纲领的实现要经历多个历史阶段的发展，因此在一定的时空范畴内，必须明确在实现最高纲领的进程中的当下的具体任务，也就是中国共产党的最低纲领。最低纲领可以确保根据本国的当时当地的实际情况来制定发展的路线、方针、政策，也就是在走向共产主义的过程中，每一个阶段都有它的相对自主性，每一个阶段都要提出相应的行动方案。党的十九大报告明确提出，"新时代中国特色社会主义思想明确坚持和发展中国特色社会主义，总任务是实现社会主义现代化和中华民族伟大复兴"。"在全面建成小康社会的基础上，分两步走在本世纪中叶建成富强民主文明和谐美丽的社会主义现代化强国。"② 建成社会主义现代化强国两步走的第一步就是"从 2020 年到 2035 年，在全面建成小康社会的基础上，再奋斗十五年，基本实现社会主义现代化。"③ 那么整个这个时期，我国都是处于社会主义发展的初级阶段。

从空间维度来看，习近平新时代中国特色社会主义思想的历史指向主要是中国自身的发展和中国对世界的贡献。中国自身的发展的目标是显而易见的，从上述远期、长期的指向上已经能够看清，就是全面建成社会主义现代化强国，实现中华民族的伟大复兴，进而向共产主义社会不断进阶。然而，人类社会的历史已经显现，中国的兴盛无论在过去还是在未来，都将对外部世界产生强大的影响。所以，共产主义远大理想和中国特色社会主义共同理想既是立足本国的，也是放眼世界的，是对整个人类社会未来发展的展望，因而其历史指向既包括对我国发展的指向，也包括对整个世界发展的指向，人类命运共同体的建设就是这种指向的生动体现。党的十九大报告明确提出，"中国特色社会主义进入新时代，在中华人民共和国发展史上、中华民族发展史上具有重大意义，在世界社会主义发

---

①②③　习近平：《决胜全面建成小康社会 夺取新时代中国特色社会主义伟大胜利——在中国共产党第十九次全国代表大会上的报告》，载于《人民日报》2017 年 10 月 28 日。

史上、人类社会发展史上也具有重大意义。"① 中国特色社会主义进入新时代，这个新时代"是我国日益走近世界舞台中央、不断为人类作出更大贡献的时代。""中国共产党是为中国人民谋幸福的政党，也是为人类进步事业而奋斗的政党。中国共产党始终把为人类作出新的更大的贡献作为自己的使命。"②

习近平总书记强调，"领导干部想问题、作决策，一定要对国之大者心中有数，多打大算盘、算大账，少打小算盘、算小账，善于把地区和部门的工作融入党和国家事业大棋局，做到既为一域争光、更为全局添彩"③。面对中华民族伟大复兴战略全局和世界百年未有之大变局，我们应当始终牢记"国之大者"，正确认识和科学把握"两个大局"之间的辩证关系，以及危机与先机、变局与新局之间的辩证关系。

一方面，既胸怀"两个大局"，又统筹"两个大局"。习近平总书记强调，"各级领导干部特别是高级干部必须立足中华民族伟大复兴战略全局和世界百年未有之大变局，心怀'国之大者'，不断提高政治判断力、政治领悟力、政治执行力，不断提高把握新发展阶段、贯彻新发展理念、构建新发展格局的政治能力、战略眼光、专业水平，敢于担当、善于作为，把党中央决策部署贯彻落实好"④。这就要求我们深刻学习领会习近平总书记提出的"国之大者"的深刻含义，把握好主要矛盾和矛盾的主要方面，对于治国理政要务的"国之大者"心中有数，勤打大算盘算大账，避免小算盘算小账，学会正确处理"大与小""多与少""远与近"之间的辩证关系。同时，在新起点上接续奋斗，深入理解新发展阶段，积极践行新发展理念，加快构建新发展格局，在落实落细党中央决策部署上持续发力。

另一方面，注重在危机中育先机，于变局中开新局。习近平总书记强调，各级领导干部特别是高级干部要不断提高政治判断力、政治领悟力、政治执行力，对"国之大者"了然于胸，把贯彻党中央精神体现到谋划重大战略、制定重大政策、部署重大任务、推进重大工作的实践中去，经常对表对标，及时校准偏差。⑤这就要求我们提升理解和把握"国之大者"的自觉意识，在波谲云诡、变幻莫测的国际国内环境下，努力做到处变不惊，始终保持战略定力，牢牢把握目标定位，始终保持清醒的政治头脑和鲜明的问题意识。要善于变挑战为应战，化危机为先机，尤其是要重点防范诸多不确定性因素，有效应对各种风险考验。面对一

---

①② 习近平：《决胜全面建成小康社会 夺取新时代中国特色社会主义伟大胜利——在中国共产党第十九次全国代表大会上的报告》，载于《人民日报》2017 年 10 月 28 日。

③ 习近平：《年轻干部要提高解决实际问题能力 想干事能干事干成事》，载于《人民日报》2020 年10 月 11 日。

④ 习近平：《论把握新发展阶段，贯彻新发展理念，构建新发展格局》，载于《求是》2021 年第9 期。

⑤ 习近平：《全党必须完整、准确、全面贯彻新发展理念》，载于《求是》2022 年第 16 期。

系列新情况新问题新挑战，我们不仅要融会贯通地学习党中央最新精神，坚持用党中央精神透彻剖析国际国内最新形势，始终同党中央在步调上保持一致；而且要主动肩负责任担当，贯彻落实党中央的决策部署，努力开创各项改革发展事业新局面。

第三节　理论逻辑：21 世纪时代精神精华的交汇凝聚

习近平新时代中国特色社会主义思想是新时代中国特色社会主义理论与实践相结合的产物，是马克思主义中国化的最新成果。作为马克思主义中国化的鲜活进程而言，就是坚持理论与实践的统一这个马克思主义的最基本原则。因此，要深入理解习近平新时代中国特色社会主义思想的内涵，深刻把握习近平新时代中国特色社会主义思想的精髓，也就必须科学、系统地认识和理解这一思想与实践相统一的理论逻辑。习近平新时代中国特色社会主义思想是在中国特色社会主义实践和发展的过程中产生的，其生成和发展具有深厚的理论根基、完善的理论体系、鲜明的理论品格、先进的理论形态和正确的理论走向。毛泽东同志曾指出，"只有用马克思主义观点来研究实际问题、能解决实际问题的，才算实际的理论家"。[①] 习近平新时代中国特色社会主义思想的理论逻辑证明，以习近平同志为主要代表的中国共产党人就是这样具有实际的理论家、真正的理论家风采的领导者，能够在科学思想的指导下不断推进实践发展、不断推进理论创新。

一、立足马克思主义理论根基

理论是人们在实践的基础之上认识和把握世界的逻辑体系的呈现。理论能够枝繁叶茂在于根系的足够发达。因此考察任何一种思想的理论逻辑都要从其理论的根基上去把握。习近平新时代中国特色社会主义思想之所以能够具有强大的生命力，在于其背后具有严谨的理论逻辑，而这种逻辑的产生、发展和变化既有其深厚的理论根基，这一理论根基也是整体性的马克思主义中国化理论和作为其组成部分的一系列指导中国特色社会主义建设的思想理论的共同根基，是不断实践和发展着的 21 世纪马克思主义的理论活力和生机的根源。具体来说，这一理论

[①] 《毛泽东文集》（第 2 卷），人民出版社 1993 年版，第 374 页。

根基主要包括两个有机组成部分。一是经典的马克思主义理论，尤其是作为其主要组成部分的科学社会主义，决定了习近平新时代中国特色社会主义思想的根本理论原则，是其最根本的理论根系所在。二是中国化的马克思主义理论，是习近平新时代中国特色社会主义思想理论体系产生和发展的本土化理论根系基础。

但是必须指出的是，归根结底，理论都是来源于实践，理论根基也是立足于人类社会的实践，尤其是马克思主义，是具有极强实践性的科学理论。所以经典的马克思主义和中国化的马克思主义能够成为习近平新时代中国特色社会主义思想的理论根基，也在于这些理论都是在包括中国革命建设和改革在内的人类社会历史实践基础之上形成的科学思想。习近平新时代中国特色社会主义思想的理论内涵不断丰富和发展的进程显示，基于中国和世界发展实践的明确清晰的问题意识与马克思主义理论认识和解决问题方法的结合，就能保证马克思主义的思想理论体系源源不断地产生新的更加丰富的内涵，正如习近平同志所谈到的，"马克思主义基本原理是普遍真理，具有永恒的思想价值，但马克思主义经典作家并没有穷尽真理，而是不断为寻求真理和发展真理开辟道路。"[①]

经典的马克思主义理论是习近平新时代中国特色社会主义思想最根本的理论根系所在，这种根本性作用首先在于它指引了人类社会探索和发展的新方向。因此，习近平新时代中国特色社会主义思想就是在马克思主义的根本性指引之下，在以马克思主义为指导思想的中国共产党的领导之下，在中国大地上按照马克思主义所指出的目标、方向、原则、精神而进行的生动实践探索的理论总结。马克思主义理论的这一理论指引作用具体表现在三个方面：科学性和革命性是其作用发挥的前提，理论的开放性是其作用发挥的基础，理论的实践性是其作用发挥的现实机制。

第一，马克思主义理论的指引作用发挥的前提是其理论的科学性和革命性。科学性保证了马克思主义可以指导我们的理论沿着正确的方向发展，革命性保证了马克思主义可以不断地指引我们的理论发展，不断地解决我们在实践中遇到的理论难题。习近平同志指出，"马克思主义理论的科学性和革命性源于辩证唯物主义和历史唯物主义的科学世界观和方法论，为我们认识世界、改造世界提供了强大思想武器，为世界社会主义指明了正确前进方向。"[②] 因此，可以说马克思主义给中国共产党人提供了一双慧眼，能够在纷繁复杂的世界中认识到人类社

---

① 习近平：《在纪念毛泽东同志诞辰 120 周年座谈会上的讲话》，载于《人民日报》2013 年 12 月 27 日。

② 习近平：《深刻感悟和把握马克思主义真理力量 谱写新时代中国特色社会主义新篇章》，载于《人民日报》2018 年 4 月 25 日。

会发展的本质和方向，从而在实践中能够始终保持战略定力，具有充分的理论自信。

第二，马克思主义理论的指引作用发挥的基础是其理论的开放性和前沿性。开放性和前沿性为马克思主义中国化，为习近平新时代中国特色社会主义思想的形成以及不断丰富和发展提供了非常广阔的理论性空间。习近平同志指出，"马克思主义是不断发展的开放的理论，始终站在时代前沿。""因此，马克思主义能够永葆其美妙之青春，不断探索时代发展提出的新课题、回应人类社会面临的新挑战。"① 因此，习近平同志在哲学社会科学工作座谈会上也特别强调，"马克思主义是随着时代、实践、科学发展而不断发展的开放的理论体系，它并没有结束真理，而是开辟了通向真理的道路。"② 习近平新时代中国特色社会主义思想就是沿着马克思主义不断开辟真理的道路而探索的阶段性理论成果。

第三，马克思主义理论的指引作用发挥的可能是其理论的实践性。习近平同志强调，"马克思主义哲学深刻揭示了客观世界特别是人类社会发展一般规律，在当今时代依然有着强大生命力，依然是指导我们共产党人前进的强大思想武器。"③ 由此可见，马克思主义对现实的指导作用是通过中国共产党领导下的符合人类社会发展探索方向的社会主义建设实践来实现的。而习近平新时代中国特色社会主义思想正是这一正在中国大地上发生着的新历史实践的最新成果。习近平同志也特别指出，"一部马克思主义发展史就是马克思、恩格斯以及他们的后继者们不断根据时代、实践、认识发展而发展的历史，是不断吸收人类历史上一切优秀思想文化成果丰富自己的历史。"④

在经典的马克思主义的指导之下形成的中国化的马克思主义理论成为了开展中国革命建设和改革的本土化的指导性理论。因此，中国化的马克思主义理论也是习近平新时代中国特色社会主义思想的本土化的理论根系基础。马克思主义在世界的东方向实践的转化和社会主义在中国的发展都需要马克思主义中国化。只有能够和实际相结合的马克思主义，才是真正的马克思主义。毛泽东同志及其领导下创立的毛泽东思想开创了马克思主义中国化的传统，开辟了马克思主义在中国生根发芽的路径。毛泽东同志曾强调，"马克思列宁主义的伟大力量，就在于它是和各个国家具体的革命实践相联系的。对于中国共产党来说，就是要学会把马克思列宁主义的理论应用于中国的具体的环境。成为伟大中华民族的一部分而和这个民族血肉相连的共产党员，离开中国特点来谈马克思主义，只是抽象的空

---

① ④ 习近平：《在纪念马克思诞辰 200 周年大会上的讲话》，载于《人民日报》2018 年 5 月 5 日。

② 习近平：《在哲学社会科学工作座谈会上的讲话》，载于《人民日报》2016 年 5 月 19 日。

③ 习近平：《推动全党学习和掌握历史唯物主义 更好认识规律更加能动地推进工作》，载于《人民日报》2013 年 12 月 5 日。

洞的马克思主义。因此，使马克思主义在中国具体化，使之在其每一表现中带着必须有的中国的特性，即是说，按照中国的特点去应用它，成为全党亟待了解并亟须解决的问题。"①

习近平新时代中国特色社会主义思想正是顺应马克思主义中国化的理论发展路径，进一步把马克思主义理论结合新的中国特色社会主义实践而生成和发展起来的理论体系。习近平新时代中国特色社会主义思想的理论发展是中国共产党一贯的理论品格的表现和产物，正如习近平同志所强调的，"我们党自成立起就高度重视在思想上建党，其中十分重要的一条就是坚持用马克思主义哲学教育和武装全党。学哲学、用哲学，是我们党的一个好传统。"② 习近平新时代中国特色社会主义思想就是这一理论传统在新时代的继承和发展，从而保证了我国在社会主义建设过程中的指导思想从根本上就始终不曾离开并深深生长于马克思主义的根系基础之上，并且不断壮大和完善了马克思主义理论的根系系统。

二、构建完整全面的理论体系

习近平新时代中国特色社会主义思想是马克思主义中国化的最新成果，是科学的理论体系。要深刻理解和把握这一理论体系，就要搞清楚这一理论体系的核心、内涵和方法，理论核心是这一理论体系的基本要素和主要原则，是习近平新时代中国特色社会主义思想的理论纲领。理论内涵是这一理论体系的基本框架和主要内容，是习近平新时代中国特色社会主义思想的理论主体。理论方法是这一理论体系的实践原则，是习近平新时代中国特色社会主义思想理论发展的保证。

第一，习近平新时代中国特色社会主义思想的理论核心。要理解习近平新时代中国特色社会主义思想的理论核心，首先要理解这一理论体系的历史定位和任务。在党领导中国特色社会主义建设的过程中，不断地根据实践的发展和需要，进行理论的创新和发展，针对性地解决时代所面临的问题，即一定的理论创新指向一定的历史任务的实现。基于这一视角，中央明确强调，"习近平新时代中国特色社会主义思想，从理论和实践结合上系统回答了新时代坚持和发展什么样的中国特色社会主义、怎样坚持和发展中国特色社会主义这个重大时代课题，回答了新时代坚持和发展中国特色社会主义的总目标、总任务、总体布局、战略布局和发展方向、发展方式、发展动力、战略步骤、外部条件、政治保证等基本问

---

① 《毛泽东选集》（第 2 卷），人民出版社 1991 年版，第 534 页。

② 习近平：《推动全党学习和掌握历史唯物主义 更好认识规律更加能动地推进工作》，载于《人民日报》2013 年 12 月 5 日。

题，并且根据新的实践对经济、政治、法治、科技、文化、教育、民生、民族、宗教、社会、生态文明、国家安全、国防和军队、'一国两制'和祖国统一、统一战线、外交、党的建设等各方面做出理论分析和政策指导。"[1] 习近平新时代中国特色社会主义思想从理论维度去理解，就是针对上述历史任务的一种理论回应、理论发展。这一理论回应的核心可以用"八个明确"和"十四个坚持"来概括。其中，"八个明确"是习近平新时代中国特色社会主义思想的思想内核，"十四个坚持"是习近平新时代中国特色社会主义思想的行动方略。

第二，习近平新时代中国特色社会主义思想的理论内涵。在习近平新时代中国特色社会主义思想"八个明确"和"十四个坚持"理论核心的指导和引领下，基于新时代中国特色社会主义的实际，习近平新时代中国特色社会主义思想已经发展形成了丰富的理论内涵。我们可以将这一理论内涵集中概括为四个主要的组成部分，即新时代坚持和发展中国特色社会主义的基本方略、新时代中国特色社会主义"五位一体"建设的战略部署、新时代中国特色社会主义内政外交若干关键领域的战略安排和新时代加强党的建设的根本要求。具体内涵如下：

一是新时代坚持和发展中国特色社会主义的基本方略。这部分主要包括八个方面的具体内涵：①中国特色社会主义进入新时代是我国发展新的历史方位。②当代中国发展进步的根本方向是坚持和发展中国特色社会主义。③坚持以人民为中心是新时代坚持和发展中国特色社会主义的根本立场。④实现中华民族伟大复兴的中国梦是新时代坚持和发展中国特色社会主义的奋斗目标。⑤全面建设社会主义现代化国家是新时代坚持和发展中国特色社会主义的战略安排。⑥中国共产党领导是新时代坚持和发展中国特色社会主义的领导力量。⑦全面深化改革是新时代坚持和发展中国特色社会主义的根本动力。⑧全面推进依法治国是新时代坚持和发展中国特色社会主义的本质要求。

二是新时代中国特色社会主义"五位一体"建设的战略部署。这部分主要包括五个方面的具体内涵。①要以新发展理念引领经济高质量发展，推进新时代中国特色社会主义经济建设。②要发展社会主义民主政治，推进新时代中国特色社会主义政治建设。③要推动社会主义文化繁荣兴盛，加强新时代中国特色社会主义文化建设。④要带领人民创造更加幸福美好生活，推进新时代中国特色社会主义社会建设。⑤要建设美丽中国，推进新时代中国特色社会主义生态文明建设。

三是新时代中国特色社会主义内政外交若干关键领域的战略安排。这部分主要包括四个方面的具体内涵。①坚决维护国家主权、安全、发展利益，坚持总体国家安全观。②把人民军队全面建成世界一流军队，加强新时代国防和军队建

---

[1] 《中共中央关于认真学习宣传贯彻党的十九大精神的决定》，载于《人民日报》2017 年 11 月 3 日。

设。③坚持"一国两制"和推进祖国统一。④推动构建人类命运共同体,形成新时代中国特色大国外交。

四是新时代加强党的建设的根本要求。这部分主要包括八个方面的具体内涵:①全面从严治党。②全面推进新时代党的政治建设。③全面推进新时代党的思想建设。④全面推进新时代党的组织建设。⑤全面推进新时代党的作风建设。⑥全面推进新时代党的纪律建设。⑦全面推进新时代党的制度建设。⑧全面推进党的反腐倡廉工作。

第三,习近平新时代中国特色社会主义思想的理论方法。理论方法是理论体系的实践原则,是保证理论与实践相统一,在实践中不断发展的源泉。习近平新时代中国特色社会主义思想的理论方法继承了马克思主义和中国共产党一贯的理论方法,并将这一方法体系出色地运用在新时代中国特色社会主义实践中。具体来说,这一方法体系主要包括以下八点具体内容。一是坚持马克思主义哲学的指导。习近平同志指出,"马克思主义是指导我们改造客观世界和主观世界的锐利思想武器。"① 二是坚持实事求是。习近平同志强调,"实事求是,是马克思主义的根本观点,是中国共产党人认识世界、改造世界的根本要求,是我们党的基本思想方法、工作方法、领导方法。不论过去、现在和将来,我们都要坚持一切从实际出发,理论联系实际,在实践中检验真理和发展真理。"② 三是坚持科学思维。习近平同志强调,我们在工作中要"不断提高科学化、专业化水平"。③ 四是保持战略定力。始终保持强大战略定力,就能够在战略上判断准确、谋划科学、赢得主动,党和人民事业就会立于不败之地。五是坚持问题导向。习近平同志强调,"要坚持问题导向,真刀真枪解决问题。"④六是重视调查研究。毛泽东同志曾反复强调没有调查就没有发言权,习近平同志也指出,"改革过程中出现的新情况新问题,要深入调查研究,完善政策和制度设计。"⑤ 七是发扬钉钉子精神。习近平同志强调,"广大党员干部以强烈的政治责任感和历史使命感,保持只争朝夕、奋发有为的奋斗姿态和越是艰险越向前的斗争精神,以钉钉子精神抓工作落实,努力创造经得起实践、人民、历史检验的实绩"。⑥ 八是重视学习。

① ④ 习近平:《全党必须始终不忘初心牢记使命在新时代把党的自我革命推向深入》,载于《人民日报》2019 年 6 月 26 日。

② 习近平:《在纪念毛泽东同志诞辰 120 周年座谈会上的讲话》,载于《人民日报》2013 年 12 月27 日。

③ 《习近平接见二〇一七年度驻外使节工作会议与会使节并发表重要讲话》,载于《人民日报》2017年 12 月 29 日。

⑤ 习近平:《把稳方向突出实效全力攻坚 坚定不移推动落实重大改革举措》,载于《人民日报》2019 年 3 月 20 日。

⑥ 习近平:《在"不忘初心、牢记使命"主题教育工作会议上的讲话》,载于《人民日报》2019 年7 月 1 日。

习近平同志强调，"要坚持不懈加强学习，认真学习党的理论和路线方针政策、国家法律法规，学习各方面知识"。①

三、具有多元一体的理论形态

习近平新时代中国特色社会主义思想的理论形态本质上是对其理论基础的一种回应。即，我们理解习近平新时代中国特色社会主义思想生成和发展的理论基础的维度也是我们理解其形态的基本维度。正是在这个意义上，我们可以说，习近平新时代中国特色社会主义思想是马克思主义理论在 21 世纪、在中国的最新成果和呈现形式。因此，习近平新时代中国特色社会主义思想的理论形态主要可以从三个维度去理解。一是习近平新时代中国特色社会主义思想是马克思主义的新的理论形态。二是习近平新时代中国特色社会主义思想是中国特色社会主义理论体系的新的理论形态。三是习近平新时代中国特色社会主义思想是中国现代新型文明形态的理论形态。习近平新时代中国特色社会主义思想的理论形态还将在中国特色社会主义的生动实践中继续发展。

第一，习近平新时代中国特色社会主义思想是马克思主义的新的理论形态。马克思主义理论是具有科学性、革命性和开放性的理论，其理论的生命力就在于不断地与各国的革命、建设和发展实际相结合，不断发展和丰富其具体的理论内涵。而习近平新时代中国特色社会主义思想正是马克思主义理论发展到 21 世纪，中国特色社会主义发展到新时代的理论形态。中共中央党校（国家行政学院）常务副校（院）长何毅亭指出，"习近平新时代中国特色社会主义思想是 21 世纪马克思主义，这是中国共产党对习近平新时代中国特色社会主义思想历史地位的一个科学界定，也是我们党第一次以'世纪'为尺度命名马克思主义中国化最新成果。"② 习近平新时代中国特色社会主义思想之所以能够成为 21 世纪马克思主义在于它实现了马克思主义基本原理同中国具体实际相结合的又一次历史性飞跃，开辟了马克思主义新境界。

实际上，我们可以将马克思主义中国化理解为一个双向互动的过程。一方面，马克思主义中国化的过程是中国革命和建设实践不断发展的过程，在这一过程中产生了一系列的理论成果。习近平新时代中国特色社会主义思想也是这一系列理论成果发展的产物。另一方面，马克思主义中国化的过程也是在中国特色社

① 《习近平接见二〇一七年度驻外使节工作会议与会使节并发表重要讲话》，载于《人民日报》2017年12月29日。
② 何毅亭：《习近平新时代中国特色社会主义思想是 21 世纪马克思主义》，载于《学习时报》2020年6月15日。

会主义建设过程中，不断证明马克思主义理论的科学性的过程。毛泽东同志曾指出，"我们说马克思主义是对的，绝不是因为马克思这个人是什么'先哲'，而是因为他的理论，在我们的实践中，在我们的斗争中，证明了是对的。"[①] 这一双向互动的过程保证了马克思主义中国化的持续进展、不断发展，为中国特色社会主义实践不断提供科学的理论指导。习近平新时代中国特色社会主义思想的产生充分遵循了马克思主义理论形态发展的内在规律。

第二，习近平新时代中国特色社会主义思想是中国特色社会主义理论体系的新形态。习近平同志指出，"中国特色社会主义，是科学社会主义理论逻辑和中国社会发展历史逻辑的辩证统一，是根植于中国大地、反映中国人民意愿、适应中国和时代发展进步要求的科学社会主义，是全面建成小康社会、加快推进社会主义现代化、实现中华民族伟大复兴的必由之路。"[②] 习近平新时代中国特色社会主义思想正是在改革开放以来中国共产党人所开创的中国特色社会主义理论与实践的基础之上的集大成的发展。从理论体系的构成来看，它是中国特色社会主义理论体系的重要组成部分；从理论体系的发展来看，它是中国特色社会主义理论的最新成果；从理论体系的实践基础来看，它始终立足于中国特色社会主义的实践之中。总之，习近平新时代中国特色社会主义思想正是对这一理论体系的继承和发展，因而，也形成了中国特色社会主义理论体系在新时代的理论形态。

第三，习近平新时代中国特色社会主义思想是中国新型现代文明形态的理论表达。马克思主义在人类文明演进的历史中发现了人类社会发展的必然趋势和规律，在此基础之上提出了人类文明形态发展的终极方向，也就是共产主义的文明形态。但是人类社会向共产主义发展不能超越生产力发展的阶段性，必须要经过社会主义这样的过渡阶段。即便如此，社会主义文明形态依然是超越资本主义文明形态的、更加先进的文明发展方向。苏联模式的失败不代表社会主义文明形态探索的失败。中国特色社会主义的成功恰恰是社会主义文明形态的现实魅力显现。因此，中国共产党在领导中国特色社会主义实践的过程，实际上也是对面向未来的人类文明新形态探索的过程。

具体而言，中国特色社会主义的实践也就是中国共产党领导人民进行社会主义现代化的过程，这种实践不仅具有现实的发展意义，也具有人类社会历史发展的重大意义。随着中国特色社会主义实践的不断深入和发展，中国现代化建设的成果日益显著，中国现代新型文明形态建构也从要素生成阶段进入了要素整合和形态跃升的阶段。新时代中国现代文明形态的跃升是全方位、多层次的跃升，当

---

① 《毛泽东选集》（第 1 卷），人民出版社 1991 年版，第 111 页。

② 习近平：《毫不动摇坚持和发展中国特色社会主义 在实践中不断有所发现有所创造有所前进》，载于《人民日报》2013 年 1 月 6 日。

然也包括其理论形态的跃升。习近平新时代中国特色社会主义思想的一系列理论表达，本身也是对中国新型现代文明形态的理论表达。所以说，习近平新时代中国特色社会主义思想是人类社会历史发展进入新时期后，新型现代文明形态的一种理论表达，而且必将继续丰富和发展，必将在指导实践的过程中持续发挥它的思想魅力。

四、保持开放发展的理论走向

习近平新时代中国特色社会主义思想的理论走向是显而易见的，因为其自身就是在经典马克思主义和中国化的马克思主义理论的基础上继续发展的，也必将沿着马克思主义中国化的路径继续推进。但是探讨这个问题又是必要的，因为这个命题实际上已经内在地包含着如何更好地坚持和发展中国化的马克思主义。我们认为，习近平新时代中国特色社会主义思想的理论走向之所以十分明确，其主要原因在于马克思主义理论本身创新发展的内生动力和中国共产党的战略定力。

马克思主义理论高度重视理论与实践相结合，而这恰恰也是中国化马克思主义理论创新发展的内生动力，也是发展出来的理论的特质所在。由此我们也能够看到习近平新时代中国特色社会主义思想持续焕发蓬勃生机的理论内驱力，这主要体现在两个方面：一方面，习近平新时代中国特色社会主义思想所不断生成的各方面理论要素，随着中国特色社会主义实践的发展，伴随着中国特色社会主义进入新时代，而逐渐形成了一个越来越趋于完整的理论体系和成熟的理论形态。另一方面，习近平新时代中国特色社会主义思想在不断地指导着新时代我国治国理政的生动实践的过程中，成为了推动中国特色社会主义事业可持续健康发展的重要保证。

基于上述认识，我们要理解习近平新时代中国特色社会主义思想的理论走向，就要从其理论与实践相结合的理论创新发展的内生动力出发来思考，即其理论走向必然是与中国特色现代社会主义实践和发展的走向相一致，并形成相互促进、有机互动的关系。基于这一理论判断，习近平新时代中国特色社会主义思想的理论走向主要包括三个方面的基本内容。一是习近平新时代中国特色社会主义思想将继续深化马克思主义中国化的理论探索。二是习近平新时代中国特色社会主义思想将继续创新和发展中国特色社会主义理论体系。三是习近平新时代中国特色社会主义思想将继续为人类文明的发展贡献理论智慧。正如党的十九大报告中指出的，"中国特色社会主义进入新时代，意味着近代以来久经磨难的中华民族迎来了从站起来、富起来到强起来的伟大飞跃，迎来了实现中华民族伟大复兴的光明前景；意味着科学社会主义在二十一世纪的中国焕发出强大生机活力，在世界上高高举起了中国特色社会主义伟大旗帜；意味着中国特色社会主义道路、理论、制度、文化不断发展，拓展了发展中国家走向现代化的途径，给世界上那些既希望加快发展又希望保持自身独立性的国家和民族提供了全新选择，为解决人类问题贡献了中国智慧和中国方案。"①

第四节　实践逻辑：21 世纪社会主义建设的鲜活范例

实践是思想之基，实践性是马克思主义思想的显著特征，习近平新时代中国特色社会主义思想是历史演进的必然，其思想在理论的指导下产生于实践，也最终回到实践指导实践，在理论与实践的紧密联系中推进理论创新和推进实践发展。因此，在充分把握习近平新时代中国特色社会主义思想历史逻辑和理论逻辑的基础上，最终要回到实践的维度来探讨其实践逻辑。新时代中国特色社会主义的实践是站在当代世界社会主义建设发展的最前沿，是在总结既往国内外社会主义建设正反两方面经验教训和已经取得的现实成就基础上继续推进的，因而具有坚实的实践基础。依据新的时代条件而明确新的实践体系，构建新的实践方略。在生动实践的过程中秉持着与经典马克思主义理论和中国化马克思主义理论一脉相承并发扬光大的理论品格，在中国共产党的引领下不断迈向中华民族伟大复兴的目标，始终站在国际共产主义运动发展和人类新型文明探索的最前沿。

一、深刻总结社会主义的实践经验

马克思主义是习近平新时代中国特色社会主义思想产生的理论根源，而马克思主义理论在生根和扎根中国大地并不断发展的过程中需要有其实践的现实基础。实践为马克思主义思想在中国进一步发展提供了根系的滋养。习近平新时代中国特色社会主义思想的实践基础既首先立足于当下，也不仅仅立足于当下，实际上由以下三个方面的内涵构成：一是苏联所开展的社会主义革命和建设的实践；二是新中国成立后社会主义建设探索的实践；三是改革开放以来中国特色社会主义的实践。因此，以上三个方面的社会主义的实践共同构成了习近平新时代

① 习近平：《决胜全面建成小康社会 夺取新时代中国特色社会主义伟大胜利——在中国共产党第十九次全国代表大会上的报告》，载于《人民日报》2017 年 10 月 28 日。

中国特色社会主义思想的实践基础。

第一，苏联所开展的社会主义革命和建设的实践开启了社会主义实践的先河。习近平同志指出，"列宁领导十月革命胜利并实践社会主义和苏联模式的逐渐形成是整个社会主义思想和实践体系的组成部分。"① 然而，苏联社会主义实践的道路既在一定历史时期体现了它的优势，也呈现出了显著的弊端，最终因为自身探索方向的原因而中断了。苏联亡党亡国的教训在于没有正确科学地坚持科学社会主义的基本原则，有学者曾分析到，"从毛泽东到邓小平都认为，苏联模式有弊端，我们不能照搬，中国的社会主义建设必须走自己的路，但是，这并不等于我们否定苏联模式的社会主义这一基本面，更不等于我们对于苏联模式的批评与西方的批判持同一立场，恰恰相反，我们对于苏联模式的批评不是其坚持科学社会主义的基本原理，而是这种坚持不够自觉、辩证、一贯和坚定。"②

正如习近平同志所指出的，"怎样治理社会主义社会这样全新的社会，在以往的世界社会主义中没有解决得很好。马克思、恩格斯没有遇到全面治理一个社会主义国家的实践，他们关于未来社会的原理很多是预测性的；列宁在俄国十月革命后不久就过世了，没来得及深入探索这个问题；苏联在这个问题上进行了探索，取得了一些实践经验，但也犯下了严重错误，没有解决这个问题。"③ 但是苏联社会主义革命和建设的实践在新中国 70 年发展史、改革开放 40 年发展史上，乃至新时代的进程中，都还在深刻影响着我们，需要我们经常性地总结其经验和反思其教训，从其背后不断发现对社会主义建设的规律性认识，看到苏联的社会主义实践顺应了什么规律和违背了什么规律，然后根据我们自身社会主义实践环境的变化来持续保证社会主义建设发展的正确方向。

第二，新中国成立以后的国家建设是社会主义实践的有益探索和重要基础。习近平新时代中国特色社会主义思想主要是在改革开放之后的中国特色社会主义实践基础上生成发展的，然而中国特色社会主义的实践则是建基于新中国成立后社会主义建设的初步探索。习近平同志曾指出，"我们党在全国执政以后，不断探索，虽然也发生了严重曲折，但在国家治理体系和治理能力上积累了丰富经验、取得了重大成果。"④ 所以对待这个阶段的历史实践一定要一分为二地看，既有经验也有教训。其教训与苏联模式的影响有密切关系，与中国共产党人对社

① 习近平：《毫不动摇坚持和发展中国特色社会主义 在实践中不断有所发现有所创造有所前进》，载于《人民日报》2013 年 1 月 6 日。
② 侯惠勤：《意识形态话语权初探》，载于《马克思主义研究》2014 年第 12 期。
③《中共中央总书记习近平电贺连战吴伯雄续任中国国民党荣誉主席》，载于《人民日报》2013 年 11 月 11 日。
④《中共中央总书记习近平电贺连战吴伯雄续任中国国民党荣誉主席》，载于《人民日报》2013 年 11 月 11 日。

会主义建设认识不足有密切关系。但是这个实践过程所取得的成就，尤其是工业化基础的建立具有重大历史意义，为确保国家安全和支持改革开放后社会主义的探索提供了必要的历史条件。

此外，在这个实践过程中所提出的关于社会主义建设的很多光辉思想在改革开放的新时期实践中得到了继承和发扬。习近平同志在提到周恩来、刘少奇等老一辈革命家在新中国成立以后的突出贡献时强调，"以周恩来、刘少奇等老一辈革命家为代表的中国共产党人在新中国成立以后高瞻远瞩、脚踏实地，领导推动了包括经济发展、文化建设、国防科技、法制建设等领域的一系列具体工作的进展，并取得了丰硕的成果，为新中国社会主义实践积累了丰富的经验、奠定了重要的基础。"[1]

第三，改革开放以来中国特色社会主义实践对社会主义建设的深化和发展。改革开放的实践也是在世界社会主义建设探索史和新中国社会主义建设探索史的基础上进一步探索的。但是改革开放以来的探索具有重要的历史里程碑意义，习近平同志指出，"改革开放是我们党的一次伟大觉醒，正是这个伟大觉醒孕育了我们党从理论到实践的伟大创造。"[2] 习近平同志特别提到改革开放是深刻总结我国社会主义建设正反两方面经验的基础上作出的历史性决策。由此可见，改革开放四十年的社会主义实践，是对过去整个社会主义实践探索历程的继承和发展，形成了对我国发展具有决定性意义、对世界发展具有示范性意义的中国特色社会主义发展道路。对这条道路的坚持让社会主义建设在中国进入新时代，习近平新时代中国特色社会主义思想的形成标志着我国社会主义实践进入全面跃升阶段。

二、创新设计治党治国的实践体系

中国特色社会主义理论体系的开创，是以邓小平同志为主要代表的中国共产党人集体围绕"什么是社会主义，怎样建设社会主义"这个首要的基本理论问题，系统性地回答了在经济文化落后的国家建立社会主义制度以后，怎样巩固、建设、发展社会主义。那么，作为中国特色社会主义理论体系的最新成果，面对改革开放历史性成就积淀基础之上社会主义建设实践的新发展，习近平新时代中国特色社会主义思想需要进一步回答，在经济文化已经发展起来的社会主义大国，如何继续坚持和发展社会主义。在这个实践的过程中，我们解决了很多过去想解决，但是一直没解决的问题，在攻坚克难的过程中形成了新时代中国特色社

---

[1] 习近平：《在纪念周恩来同志诞辰120周年座谈会上的讲话》，载于《人民日报》2018年3月2日。

[2] 习近平：《在庆祝改革开放40周年大会上的讲话》，载于《人民日报》2018年12月19日。

会主义的实践体系，这个实践体系构成了习近平新时代中国特色社会主义思想的丰富内涵。

第一，习近平新时代中国特色社会主义思想的实践主题。习近平新时代中国特色社会主义思想的实践主题由以下两个方面构成：一是实践主题的总目标和总任务；二是实践主题的具体内涵。首先，建设社会主义现代化强国是习近平新时代中国特色社会主义思想实践主题的总目标和总任务。党的十九大报告指出，"新时代中国特色社会主义思想，明确坚持和发展中国特色社会主义，总任务是实现社会主义现代化和中华民族伟大复兴，在全面建成小康社会的基础上，分两步走在本世纪中叶建成富强民主文明和谐美丽的社会主义现代化强国。"① 涉及党和国家建设的一系列议题则构成了习近平新时代中国特色社会主义思想实践主题的具体内涵。

第二，习近平新时代中国特色社会主义思想的实践内容。习近平新时代中国特色社会主义实践内容的生成和定型，既是习近平新时代中国特色社会主义实践主题的延伸，也是中国特色社会主义道路在新时代发展、深化和升华的具体路径。从内容上看，习近平新时代中国特色社会主义实践内容的体系由两大部分构成：一是作为整体性基础支撑的坚持党的领导；二是作为实践内容、方向和路径在政治、经济、社会、文化和生态五个层面的具体呈现。这其中，坚持党的领导是习近平新时代中国特色社会主义实践内容的根本基础，是统领新时代中国特色社会主义所有实践内容的领导力量。党的十九大报告明确指出，"坚持党对一切工作的领导。党政军民学，东西南北中，党是领导一切的。必须增强政治意识、大局意识、核心意识、看齐意识，自觉维护党中央权威和集中统一领导，自觉在思想上政治上行动上同党中央保持高度一致，完善坚持党的领导的体制机制，坚持稳中求进工作总基调，统筹推进'五位一体'总体布局，协调推进'四个全面'战略布局，提高党把方向、谋大局、定政策、促改革的能力和定力，确保党始终总揽全局、协调各方。"② 由此可见，坚持党的领导应当从始至终贯穿在习近平新时代中国特色社会主义思想实践的各项内容之中，易言之，只有坚持党的领导，才能保证习近平新时代中国特色社会主义思想的实践内容得以稳步推进、顺利进行。

第三，习近平新时代中国特色社会主义思想的制度支撑。作为习近平新时代中国特色社会主义思想实践内容的重要组成部分，制度建设既关系到整个国家各方面、各领域、各环节的发展水平和质量，也是中国特色社会主义实践的重要保

---

①② 习近平：《决胜全面建成小康社会 夺取新时代中国特色社会主义伟大胜利——在中国共产党第十九次全国代表大会上的报告》，载于《人民日报》2017 年 10 月 28 日。

障。在这个意义上，习近平新时代中国特色社会主义思想实践内容从依规治党、依法治国以及国家治理体系和治理能力现代化三个维度确立了新时代中国特色社会主义实践的制度建设内容。

一是坚持依规治党。打铁还需自身硬，中国特色社会主义实践的发展和深化关键在党。因此，只有加强党内法规和制度建设，才能从根本上巩固新时代社会主义在各领域的实践内容。正如习近平同志指出的，"保持坚强政治定力，坚持全面从严治党、依规治党，聚焦监督执纪问责，深化标本兼治，创新体制机制，健全法规制度，强化党内监督，把纪律挺在前面，持之以恒落实中央八项规定精神，着力解决群众身边的不正之风和腐败问题，坚决遏制腐败蔓延势头，不断取得党风廉政建设和反腐败斗争新成效。"[1] 由此可见，坚持依规治党是全面从严治党、强化党内纪律建设的重要制度支撑。

二是坚持依法治国。法治建设是习近平新时代中国特色社会主义思想实践内容的重要制度支撑，也是推动新时代我国各项事业发展的重要保障。党的十八大以来，党中央对全面依法治国作出一系列重大决策，提出一系列全面依法治国新理念新思想新战略。这些新理念新思想新战略，是全面依法治国的根本遵循，必须长期坚持、不断丰富发展。作为习近平新时代中国特色社会主义思想实践内容的重要制度支撑，习近平同志关于依法治国一系列思想和理念还通过制度化的形式进一步确立，在此基础之上进一步推动和完善了我国依法治国的整体体系构建。为此，《中共中央关于全面推进依法治国若干重大问题的决定》从四个方面专门强调了依法治国的制度建设，即健全宪法实施和监督制度、完善立法体制、深入推进科学立法、民主立法、加强重点领域立法。[2]

2020 年 11 月 16 日至 17 日，党的历史上首次召开的中央全面依法治国工作会议，将习近平法治思想明确为全面依法治国的指导思想。习近平法治思想是顺应实现中华民族伟大复兴时代要求应运而生的重大理论创新成果，是马克思主义法治理论中国化最新成果，是习近平新时代中国特色社会主义思想的重要组成部分，是全面依法治国的根本遵循和行动指南。

三是坚持国家治理体系和治理能力现代化的制度建设。国家治理体系和治理能力现代化是习近平新时代中国特色社会主义思想实践内容的重要组成部分。也正是在这个意义上，党的十九届四中全会专门围绕国家治理体系和治理能力现代化制定了十五个方面的制度建设内容。应当说，党的十九届四中全会所确立的各项制度安排，既是对习近平新时代中国特色社会主义思想实践内容的进一步深化

---

① 习近平：《坚持全面从严治党依规治党 创新体制机制强化党内监督》，载于《人民日报》2016 年 1 月 13 日。

② 《中共中央关于全面推进依法治国若干重大问题的决定》，载于《人民日报》2014 年 10 月 29 日。

和明确，同时也为新时代我国各方面、各领域高质量发展奠定了重要制度基础。

特别需要注意的是，新时代中国特色社会主义建设的探索相比于以往的阶段，具有了全面性和系统性的新特点，进入了集大成和整体性发展的阶段。正如习近平同志指出的，"党的十八大以来，党中央坚持系统谋划、统筹推进党和国家各项事业，根据新的实践需要，形成一系列新布局和新方略，带领全党全国各族人民取得了历史性成就。在这个过程中，系统观念是具有基础性的思想和工作方法。"① 党中央团结带领全党全国各族人民，全面审视国际国内新的形势，通过总结实践、展望未来，坚持稳中求进工作总基调，对党和国家各方面工作提出了一系列系统性的规划方略，既包括从总体上坚持统筹推进"五位一体"总体布局、协调推进"四个全面"战略布局，又包括创新了顶层设计的体制机制和落实机构，等等。可以说正是这种系统性的设计创新，才推动党和国家事业发生历史性变革、取得历史性成就，中国特色社会主义进入了新时代，也才相应奠定了习近平新时代中国特色社会主义思想的方案价值。

三、锻造锤炼接续奋斗的实践品格

中国共产党在为人民谋幸福、为民族谋复兴的征程中，铸就了新民主主义革命时期的井冈山、长征、延安、西柏坡精神，社会主义建设时期的大庆、两弹一星、雷锋、焦裕禄、红旗渠精神，社会主义改革时期的抗洪抢险、抗击非典、抗震救灾、载人航天精神，这些在革命、建设和改革的实践中铸就的精神彰显着中国共产党的实践品格。而习近平新时代中国特色社会主义思想的实践品格就是中国共产党人在不同时期形成的实践品格的彰显。概括起来，习近平新时代中国特色社会主义思想的实践品格源自中国共产党在新民主主义革命时期的初心和使命、定型于在社会主义建设时期的自力更生和艰苦奋斗、发展于社会主义改革时期领导全国人民锐意进取和开放包容。总之，习近平新时代中国特色社会主义思想的实践品格就是中国共产党的信仰、信念和信心在新时代的集中体现。正如习近平同志所言，"信仰、信念、信心，任何时候都至关重要。小到一个人、一个集体，大到一个政党、一个民族、一个国家，只要有信仰、信念、信心，就会愈挫愈奋、愈战愈勇，否则就会不战自败、不打自垮。"②

第一，"不忘初心、牢记使命"呈现了习近平新时代中国特色社会主义思想

① 习近平：《关于〈中共中央关于制定国民经济和社会发展第十四个五年规划和二〇三五年远景目标的建议〉的说明》，载于《人民日报》2020年11月4日。
② 习近平：《在庆祝改革开放40周年大会上的讲话》，载于《人民日报》2018年12月19日。

马克思主义中国化新飞跃论纲

的实践品格。党的十九大报告开宗明义地指出，"中国共产党人的初心和使命，就是为中国人民谋幸福，为中华民族谋复兴。"① 可以说，这个初心和使命既是激励中国共产党人不断前进的根本动力，也是习近平新时代中国特色社会主义思想实践品格的基石。中国共产党的宗旨就是全心全意为人民服务，也由此树立起了执政为民的理念。所以守初心、担使命就是要求中国共产党坚持人民立场、人民情怀，在工作上根植人民，团结带领人民实现中华民族伟大复兴的梦想。这种信仰、信念要时刻保持，习近平同志指出，"我们要永远保持建党时中国共产党人的奋斗精神，永远保持对人民的赤子之心。一切向前走，都不能忘记走过的路；走得再远、走到再光辉的未来，也不能忘记走过的过去，不能忘记为什么出发。"②

第二，"艰苦奋斗、自力更生"呈现了习近平新时代中国特色社会主义思想的实践品格。中国共产党领导的社会主义实践是在惊涛拍岸中前行的伟大事业。因此，进入新时代，艰苦奋斗、自力更生的优良品格更应该成为我们继续推进新时代中国特色社会主义各项事业发展的原动力。习近平同志曾指出，"面对我们的基本国情和我们党的历史使命，没有坚定的理想和必胜的信念，没有不畏艰辛、励精图治的精神状态和艰苦奋斗、顽强拼搏的作风，就难以克服前进道路上的重重困难，难以战胜前进道路上的风险和挑战。"③ 此外，进入新时代，面临国内外复杂多变的环境，各类挑战层出不穷，因此，坚持走独立自主的发展道路、坚持自力更生的发展原则就成为了习近平新时代中国特色社会主义实践品格的重要根基。正如习近平同志指出的一样，"独立自主是中华民族的优良传统，是中国共产党、中华人民共和国立党立国的重要原则。在中国这样一个人口众多和经济文化落后的东方大国进行革命和建设的国情与使命，决定了我们只能走自己的路。"④

第三，"锐意进取、开放包容"呈现了习近平新时代中国特色社会主义思想的实践品格。时至今日，中国特色社会主义事业取得了举世瞩目的成就，其中离不开一代又一代中国共产党人带领全国人民锐意进取、开放包容的实践品格。习近平同志在谈到改革开放 40 年的成就时指出，"40 年来，中国人民始终上下求索、锐意进取，开辟了中国特色社会主义道路。中国人民坚持立足国情、放眼世界，既强调独立自主、自力更生又注重对外开放、合作共赢，既坚持社会主义

① 习近平：《决胜全面建成小康社会 夺取新时代中国特色社会主义伟大胜利——在中国共产党第十九次全国代表大会上的报告》，载于《人民日报》2017 年 10 月 28 日。
② 习近平：《在庆祝中国共产党成立 95 周年大会上的讲话》，载于《人民日报》2016 年 7 月 2 日。
③ 习近平：《弘扬"红船精神"走在时代前列》，载于《人民日报》2017 年 12 月 1 日。
④ 习近平：《在纪念毛泽东同志诞辰 120 周年座谈会上的讲话》，载于《人民日报》2013 年 12 月 27 日。

制度又坚持社会主义市场经济改革方向，既"摸着石头过河"又加强顶层设计，不断研究新情况、解决新问题、总结新经验，成功开辟出一条中国特色社会主义道路。"① 因此，进入新时代，伴随着全球化程度的不断深入以及我国社会主义各项事业取得的长足进步，在推动和促进社会主义各项事业的实践进程中，更加不能缺少锐意进取和开放包容的实践品格。

习近平新时代中国特色社会主义思想在继承、呈现和发扬"不忘初心、牢记使命""艰苦奋斗、自力更生""锐意进取、开放包容"等实践品格的基础上，更加突出地体现了"自信"的实践状态，因为我们党和国家在当今世界有充足的理由自信，而自信的来源则是过去的成就以及现在的辉煌，我们从站起来、富起来到强起来的进程背后蕴含着历史必然性，所以中国共产党在树立历史自信的基础上始终坚定道路自信、理论自信、制度自信、文化自信，以自信的状态不断迎接实践中的挑战和机遇。

四、开启更高阶段征程的实践探索

习近平新时代中国特色社会主义思想的实践内容既是对中国特色社会主义实践的继承和发展，也是面向未来、面向人类文明的重要成果。而在这些实践的背后蕴含着具有明确目标感的特定指向，而这也就是习近平新时代中国特色社会主义思想的实践走向，这种实践走向是与理论走向和历史走向相统一的。习近平新时代中国特色社会主义思想在理论走向上，将不断深化马克思主义中国化理论探索的步伐，以不断指导和推动社会主义社会往更高层次、更高阶段发展并引领着人类文明发展的方向。习近平新时代中国特色社会主义思想在历史走向上，则要立足中国、放眼世界，依据时间序列划分了社会主义在中国未来发展的短期、中期和长期不同阶段，其中的短期和中期阶段直接关乎历史行程的具体途径。

党的十九大报告明确提出，"从十九大到二十大，是'两个一百年'奋斗目标的历史交汇期。我们既要全面建成小康社会、实现第一个百年奋斗目标，又要乘势而上开启全面建设社会主义现代化国家新征程，向第二个百年奋斗目标进军。"② 从新时代中国特色社会主义思想历史指向的长期阶段目标来看，无疑就是要建成社会主义现代化强国和实现中华民族伟大复兴，而更加切近的、即将全面建成和旋即要乘势而上的则是近期和中期目标：前者是作为提出"四个全面"

---

① 习近平：《在庆祝改革开放40周年大会上的讲话》，载于《人民日报》2018年12月19日。
② 习近平：《决胜全面建成小康社会 夺取新时代中国特色社会主义伟大胜利——在中国共产党第十九次全国代表大会上的报告》，载于《人民日报》2017年10月28日。

命题时具有近期直接目标属性的 2020 年全面建成小康社会；后者是从中长期的角度看问题，在全面建成社会主义现代化强国的目标导引下，就 2035 年基本建成社会主义现代化国家的确切内涵和生长特性作出规划，绘制这一重要中枢节点的时间表和路线图。

全面建成小康社会事关全国人民的生活福祉，事关中国特色社会主义各项事业的历史进程。十九大后围绕这项工作，习近平同志多次作出重要部署，特别提出，"要按照全面建成小康社会各项要求，紧扣我国社会主要矛盾变化，突出抓重点、补短板、强弱项，特别是要坚决打好防范化解重大风险、精准脱贫、污染防治的攻坚战，使全面建成小康社会得到人民认可、经得起历史检验。"[①] 2020 年全面建成小康社会作为习近平新时代中国特色社会主义思想中"四个全面"中具有目标导向意义的内容，作为改革开放以来几代中国共产党人矢志追寻的第一个百年奋斗目标，有着极为重要的节点象征意义、成绩确证意义和民心鼓舞意义。终于，全党全国各族人民再接再厉、一鼓作气，如期打赢了脱贫攻坚战，如期全面建成了小康社会、实现第一个百年奋斗目标，为开启全面建设社会主义现代化国家新征程奠定了坚实基础。

进而，也就是面向 2035 年的社会主义现代化建设。党的十九届五中全会上针对党的十九大关于 2035 年和 2050 年的现代化节点目标，进一步细化提出了 2035 年基本实现社会主义现代化远景目标的更具体的内涵，即："我国经济实力、科技实力、综合国力将大幅跃升，经济总量和城乡居民人均收入将再迈上新的大台阶，关键核心技术实现重大突破，进入创新型国家前列；基本实现新型工业化、信息化、城镇化、农业现代化，建成现代化经济体系；基本实现国家治理体系和治理能力现代化，人民平等参与、平等发展权利得到充分保障，基本建成法治国家、法治政府、法治社会；建成文化强国、教育强国、人才强国、体育强国、健康中国，国民素质和社会文明程度达到新高度，国家文化软实力显著增强；广泛形成绿色生产生活方式，碳排放达峰后稳中有降，生态环境根本好转，美丽中国建设目标基本实现；形成对外开放新格局，参与国际经济合作和竞争新优势明显增强；人均国内生产总值达到中等发达国家水平，中等收入群体显著扩大，基本公共服务实现均等化，城乡区域发展差距和居民生活水平差距显著缩小；平安中国建设达到更高水平，基本实现国防和军队现代化；人民生活更加美好，人的全面发展、全体人民共同富裕取得更为明显的实质性进展。"[②]

这些目标和要求，构成了在全面建成小康社会后习近平新时代中国特色社会

---

① 《中共中央关于认真学习宣传贯彻党的十九大精神的决定》，载于《人民日报》2017 年 11 月 3 日。

② 《中国共产党第十九届中央委员会第五次全体会议公报》，载于《人民日报》2020 年 10 月 30 日。

主义思想实践走向的丰富内容。在开启全面建设社会主义现代化国家新征程的新历史语境下，这种人口规模巨大的现代化、全体人民共同富裕的现代化、物质文明和精神文明相协调的现代化、人与自然和谐共生的现代化、走和平发展道路的现代化，推动着以习近平同志为核心的党中央从马克思主义的"术语的革命"的高度来反映"科学"的"新见解"①，更进一步提出了"我国社会主义从初级阶段向更高阶段迈进"的深刻命题，在更加宏大的辩证视角下阐明了"社会主义初级阶段不是一个静态、一成不变、停滞不前的阶段，也不是一个自发、被动、不用费多大气力自然而然就可以跨过的阶段，而是一个动态、积极有为、始终洋溢着蓬勃生机活力的过程，是一个阶梯式递进、不断发展进步、日益接近质的飞跃的量的积累和发展变化的过程"②，因为邓小平所说的"几代人、十几代人，甚至几十代人坚持不懈地努力奋斗"的"担子"已经"压在我们大家身上了，责任落在我们大家肩上了，我们大家一定要勇挑重担、勇担重责，团结带领人民真抓实干、埋头苦干，努力作出无愧于党、无愧于人民、无愧于历史的成绩来！"③。

---

① 《马克思恩格斯文集》（第5卷），人民出版社2009年版，第32页。
②③ 习近平：《把握新发展阶段，贯彻新发展理念，构建新发展格局》，载于《求是》2021年第9期。

第六章

习近平新时代中国特色社会主义思想的战略格局

习近平新时代中国特色社会主义思想秉持其思维境界和理论深刻性，相应也就对新时代中国特色社会主义事业作出了根本性、总体性的部署。作为在党和国家事业的指导思想层面的部署，必然是宏观战略性的而不是具体的、细枝末节的微观操作。领会好和阐述好习近平新时代中国特色社会主义思想的大战略、大格局，是我们将这一新思想的科学真理转化为实践力量的关键枢纽环节所在。

第一节 实践遵循：树立正确理论方法指引

一、在新时代实践中坚持以人民为中心

党的十八届五中全会通过的《中共中央关于制定国民经济和社会发展第十三个五年规划的建议》中，首次提出了"坚持以人民为中心的发展思想"的重大命题，强调"必须坚持以人民为中心的发展思想，把增进人民福祉、促进人的全

257

面发展作为发展的出发点和落脚点"① 这是对于马克思主义经典作家和马克思主义中国化既有成果关于"人民"思想的继承和发展，是对"全心全意为人民服务""是否有利于提高人民的生活水平""始终代表最广大人民的根本利益""以人为本"等的提炼和升华。习近平新时代中国特色社会主义思想作为新时代中国共产党人的根本遵循，其所指导下的一切治国理政实践都贯彻着"以人民为中心"的价值原则。

无论是"五位一体"总体布局和"四个全面"战略布局，抑或是治党治国治军的各个具体方面和各项具体举措，都充分彰显了以人民为中心的发展思想的内涵价值。党的十九大在总结历史经验、分析时代形势的基础上，更加全面地阐释了人民群众在中国特色社会主义发展中的中心地位，坚持发展为了人民，发展依靠人民，发展成果惠及人民，既指出了坚持和发展中国特色社会主义的奋斗目标，同时也指出了坚持和发展中国特色社会主义的依靠力量。因而，也就科学回答了为谁坚持和发展中国特色社会主义、靠谁坚持和发展中国特色社会主义、坚持和发展中国特色社会主义成果由谁享有等问题。

在新思想的实践中贯彻"以人民为中心"的发展思想，确证了人民群众在历史创造中的主体力量。马克思批判了以往社会历史发展阶段上一切的唯心主义历史观，作出了历史唯物主义的根本理论创制，明确了物质生活的生产对历史发展的根本性决定作用，人类社会的物质财富和精神财富不是凭空出现的，而是由处在一定社会关系中从事生产实践活动的人所创造的，人民群众的历史主体地位由此得以奠定。同时，人民群众是社会变革的决定力量，实现了社会形态的阶段性或跨越性发展，为此社会历史发展的任何一次实践活动都不能脱离人民群众，要团结群众、相信群众、依靠群众。

中国特色社会主义的探索、创立和发展，离不开中国共产党的领导，更离不开人民群众的实践奋斗。习近平同志在学习贯彻党的十九大精神研讨班开班式上指出："中国特色社会主义不是从天上掉下来的，而是在改革开放 40 年的伟大实践中得来的，是在中华人民共和国成立近 70 年的伟大实践中得来的，是在我们党领导人民进行伟大社会革命 97 年的实践中得来的。"② 中国特色社会主义在历史实践上的巨大成功，从根本上说是归功于党领导中国人民所进行的伟大实践。在新的时代，习近平新时代中国特色社会主义思想作为对坚持和发展中国特色社会主义这一时代主题的深刻回答，作为指引我们实现中华民族伟大复兴中国梦的

---

① 习近平：《关于〈中共中央关于制定国民经济和社会发展第十三个五年规划的建议〉的说明》，载于《人民日报》2015 年 12 月 4 日。

② 习近平：《以时不我待只争朝夕的精神投入工作 开创新时代中国特色社会主义事业新局面》，载于《人民日报》2018 年 1 月 6 日。

宏伟蓝图，也只有继续坚持发挥人民群众的历史作用，在实践中贯彻"以人民为中心"的发展思想，才能保证我们的伟大事业取得一次又一次的成功。

习近平同志曾明确指出，"马克思主义是人民的理论，第一次创立了人民实现自身解放的思想体系。"① 从马克思主义的根本原则的角度来看，历史是人们的全部社会生活、社会实践的总和，人民群众是历史的创造者。作为共产党指导思想的马克思主义，正是要在把握人类历史发展规律的基础之上，指引无产阶级解放事业的现实进路，因而马克思主义的出发点和落脚点就是一贯坚持人民立场，这是其根本立场和内在属性。

从无产阶级政党的建党原则的角度来看，人民立场也就是马克思主义政党的根本立场。中国共产党在建党初期就秉持着"庶民的胜利"和"民众的大联合"的观点，"不负人民"是中国共产党传承百年的不变基因，党和中国人民在根本上是始终保持一致的。正如习近平同志指出，"中国共产党根基在人民、血脉在人民、力量在人民。中国共产党始终代表最广大人民根本利益，与人民休戚与共、生死相依，没有任何自己特殊的利益，从来不代表任何利益集团、任何权势团体、任何特权阶层的利益。任何想把中国共产党同中国人民分割开来、对立起来的企图，都是绝不会得逞的！"②

从党的工作原则和工作方法的角度来看，党始终坚持和践行群众路线，群众路线是贯彻落实马克思主义和无产阶级政党人民根本立场的实践路线，也是中国共产党在革命建设和改革中不断取得胜利的法宝。习近平同志强调，"党性和人民性从来都是一致的、统一的。坚持人民性，就是要把实现好、维护好、发展好最广大人民根本利益作为出发点和落脚点，坚持以民为本、以人为本"③ "要坚持党的群众路线，从群众中来、到群众中去，深入基层调查研究，亲近群众，联系群众，服务群众，做好新形势下的群众工作。"④

从执政党和社会主义建设发展的角度来看，中国共产党作为执政党，必须明确党的领导和人民的根本利益是高度一致的。在整个治国理政的过程中既要有实现中华民族伟大复兴的高度站位，也要始终明确必须把实现好、维护好、发展好最广大人民根本利益作为一切工作的出发点和落脚点。习近平同志强调，"必须坚持人民主体地位，坚持立党为公、执政为民，践行全心全意为人民服务的根本宗旨，把党的群众路线贯彻到治国理政全部活动之中，把人民对美好生活的向往

---

① 习近平：《在纪念马克思诞辰 200 周年大会上的讲话》，载于《人民日报》2018 年 5 月 5 日。

② 习近平：《在庆祝中国共产党成立 100 周年大会上的讲话》，载于《人民日报》2021 年 7 月 2 日。

③ 习近平：《举旗帜聚民心育新人兴文化展形象 更好完成新形势下宣传思想工作使命任务》，载于《人民日报》2018 年 8 月 23 日。

④ 习近平：《认真学习党章严格遵守党章》，载于《人民日报》2012 年 11 月 20 日。

作为奋斗目标，依靠人民创造历史伟业。"①

因而可以说，习近平新时代中国特色社会主义思想全面继承了马克思主义和无产阶级政党的根本立场，坚持群众路线的工作原则和工作方法，在整个治国理政过程中，在各个领域各个层次上，都始终秉持着以人民为中心的建设理念和发展原则，具有十分鲜明的"以人民为中心"的理论品格。特别是在对马克思"人民主体"思想的继承和发展的前提下，"以人民为中心"的发展思想还有着以习近平同志为主要代表的中国共产党人开展治国理政实践的独特内涵，关系到新时代中国特色社会主义承前启后的历史使命。

在 2017 年党的十八届一中全会后的记者见面会上，习近平同志在其发言当中，以一个有限和无限辩证统一的高度，庄重宣示了其所秉持的人民立场的深刻性："人民是历史的创造者，群众是真正的英雄。人民群众是我们力量的源泉。我们深深知道，每个人的力量是有限的，但只要我们万众一心、众志成城，就没有克服不了的困难；每个人的工作时间是有限的，但全心全意为人民服务是无限的。责任重于泰山，事业任重道远。我们一定要始终与人民心心相印、与人民同甘共苦、与人民团结奋斗，夙夜在公，勤勉工作，努力向历史、向人民交出一份合格的答卷。"②

2019 年 3 月，习近平在出访当中会见了意大利众议长菲科，在会见临近结束时，"70 后"的菲科突然抛出问题说："您当选中国国家主席的时候，是一种什么样的心情？"菲科补充道："因为我本人当选议长已经很激动了，而中国这么大，您作为世界上如此重要国家的一位领袖，您是怎么想的？"③ 面对这一临时起意的问题，习近平指出："这么大一个国家，责任非常重、工作非常艰巨。我将无我，不负人民。我愿意做到一个'无我'的状态，为中国的发展奉献自己。……我相信可以通过我的努力、通过全中国 13 亿多人民勠力同心来担起这副重担，把国家建设好。我有这份自信，中国人民有这份自信。"④

习近平新时代中国特色社会主义思想在继承前人的基础上，更加凸显了人民的主体地位，指引我们党为了满足人民群众的美好生活需要而不懈奋斗，将人民摆在至高无上的位置，坚守一种"无我"的思想境界，使党的一切治国理政活动都围绕人民、一切利益和荣誉都归属于人民。

具体来说，习近平新时代中国特色社会主义思想凸显了人民主体地位，一方

---

① 习近平：《决胜全面建成小康社会 夺取新时代中国特色社会主义伟大胜利——在中国共产党第十九次全国代表大会上的报告》，载于《人民日报》2017 年 10 月 28 日。

② 《习近平谈治国理政》（第 1 卷），外文出版社 2018 年版，第 5 页。

③ 《习近平主席访问欧洲微镜头："欢迎你到中国去"》，载于《人民日报》2019 年 3 月 24 日。

④ 《习近平谈治国理政》（第 3 卷），外文出版社 2020 年版，第 144 页。

面体现在"由上而下"治国理政过程中对人民的充分尊重和价值遵循，另一方面体现在"自下而上"的全过程人民民主的监督保障。在"由上而下"的治国理政过程中，习近平同志强调中国共产党的一切执政和治理活动，都要尊重人民主体地位和首创精神，虚心向人民群众求教。对此，人民的满意程度、人民根本利益的实现程度，成为党的全部工作的评判标准，人民的满意程度成为衡量我们现如今一切工作效果的关键性标准，治国理政的所有活动都围绕"人民"而展开，切实实践了人民性的价值立场，确证了"人民立场是中国共产党的根本政治立场，是马克思主义政党区别于其他政党的显著标志"①。

在"由下而上"的制度保障上，习近平同志强调："人民当家作主是社会主义民主政治的本质和核心。"② 这也就是说，促进和保障人民用多元方式真正参与国家和社会管理事宜当中是我们党为人民服务的应有之义，人民是国家、社会和自己命运的主人。通过提倡和践行"全过程人民民主"，我们"实现了过程民主和成果民主、程序民主和实质民主、直接民主和间接民主、人民民主和国家意志相统一，是全链条、全方位、全覆盖的民主，是最广泛、最真实、最管用的社会主义民主。"③ 可以看出，习近平新时代中国特色社会主义思想力图保障人民群众在国家和社会各项管理事务中的参与度，真正使得人民群众"主体"的地位落地落实，切实保障人民权利、发挥人民力量，坚守人民至高无上的核心地位。

保持党同人民群众的血肉联系。密切联系群众是中国共产党始终坚持的作风之一，不脱离人民使我们党永葆生机、更好地实现为人民服务的宗旨。党的十八大以来，以习近平同志为核心的党中央时刻深入人民群众，一刻也不脱离人民群众，将作风建设当作党的建设的永恒主题，以全体人民的共同利益为工作主导因素，坚决杜绝以个人利益为先的偏颇行为，从党内监督入手，刀刃向内、重拳反腐，以建章立制为从严治党夯实根基，持续推进作风建设，保持党的人民性和服务意识，加大力度盯准人民关注的突出问题精准施策，持续推动和促进与人民群众的密切联系。

习近平同志告诫全党，"坚持立党为公、执政为民，始终保持党同人民群众的血肉联系。"④ 他强调发扬密切联系群众的优良传统，当好人民的小学生，拜人民为师，向人民求教，向人民问策，并且以上率下要求中央政治局的同志必须

---

① 《习近平谈治国理政》（第 2 卷），外文出版社 2017 年版，第 40 页。

② 习近平：《在庆祝全国人民代表大会成立 60 周年大会上的讲话》，载于《人民日报》2014 年 9 月 5 日。

③ 习近平：《坚持和完善人民代表大会制度 不断发展全过程人民民主》，载于《人民日报》2021 年 10 月 15 日。

④ 习近平：《弘扬"红船精神"走在时代前列》，载于《人民日报》2017 年 12 月 1 日。

怀着强烈的忧民、爱民、为民、惠民之心。此外，习近平同志要求中央政治局的同志将人民之忧乐、甘苦当作自己的事情，忧民、爱民、为民、惠民，要求领导干部深入群众、深入基层，走出高楼大院，倾听人民心声，解决人民最关心的利益问题，在实践中真正做到密切联系群众。可以看出，习近平新时代中国特色社会主义思想始终要求保持和增强群团组织的群众性，保持同人民群众水乳交融、生死与共的关系，建立健全联系群众的长效机制，倾听群众意见、向群众汇报反馈，来解决人民最关心的重要问题，以此来保持党同人民群众的血肉联系，并在实践中深入贯彻落实。

让发展成果更多更公平惠及全体人民。发展成果的惠及程度，是关系发展效果和人心向背的最终决定因素，也决定了全部发展成果的最终归宿。习近平新时代中国特色社会主义思想坚持人民共享发展成果，将共享的原则当作我国社会主义制度的本质原则，让人民的获得感和幸福感更加充实、更有保障是其重要目标。习近平同志指出："带领人民创造幸福生活，是我们党始终不渝的奋斗目标。"[①] 可以看出，中国共产党建设和发展的中国特色社会主义，是造福人民、让人民共享发展成果的社会主义，是致力于解放和发展生产力、最终创造全体人民美好生活的事业。对此，以习近平同志为核心的党中央加大推进民生工程建设，保民生、促发展，在各项改革举措中加大公平力度，精准扶贫，全面建成小康社会，将发展成果更科学合理地共享给全体人民，从"厕所革命"等小事抓起，切实增强了人民群众的获得感、幸福感、安全感。

此外，习近平同志反复强调要以心换心，把"蛋糕"做大、把"蛋糕"分好，让社会主义制度的优越性得到更加充分体现。对此，新时代以来，在坚持人民群众共享发展成果的原则下，以习近平同志为核心的党中央加大对困难群众的帮扶力度，坚决打赢脱贫攻坚战，大力实施精准扶贫、精准脱贫，使贫困地区的面貌发生了翻天覆地的变化。同时，习近平同志在新时代的征程上，也不断强调在共享发展成果时要注重公平正义，给全体人民创造均等发展机会的公平环境，让"蛋糕"的甜味更加公平和科学地分给人民享有，同时，也要将实现人民对美好生活的期待当作持续性推进的工作，不能因一时的成就而懈怠，戒骄戒躁、再接再厉，使发展成果更多、更公平惠及全体人民。

总而言之，在新思想的实践中贯彻"以人民为中心"的思想，就是要将其价值引领的神髓注入进中国特色社会主义的发展战略之中，彰显在总体布局与战略布局的具体规划之中。中国特色社会主义进入新时代，我们发展的问题域发生了变化。习近平同志在党的十九大报告中对我国社会主要矛盾的变化作出了重大判

---

① 《习近平谈治国理政》（第 2 卷），外文出版社 2017 年版，第 40 页。

断，指出我国社会主要矛盾已经转化为人民日益增长的美好生活需要和不平衡不充分的发展之间的矛盾。针对这一变化，以习近平同志为核心的党中央提出了一系列新举措、新理念、新思路，以解决好我国发展中出现的不平衡、不充分的问题，全面提升我国经济、政治、文化、社会、生态发展水平，全面加强对改革的深化、对法治的健全、对党的建设，不断满足人民群众对于日益增长的美好生活中更高层次的需求。

当前，在新时代中国特色社会主义的伟大实践中，坚持"以人民为中心"的思想，最为关键的是要解决好"为了谁""依靠谁""谁检验"的问题。坚持以人民为中心必须着眼于"为了谁"，中国共产党来自于人民、植根于人民，以人民为中心是中国共产党执政的根本遵循，是马克思主义政党区别于其他政党的显著标志，为中国人民谋幸福、为中华民族谋复兴是中国共产党的初心与使命，必须坚持立党为公、执政为民是中国共产党的执政理念，中国共产党除了最广大人民群众的根本利益外，没有任何其他私人利益、私人谋求可言，为此必须做到权为民所用、情为民所系、利为民所谋，紧紧围绕人民群众，实现好、维护好、发展好最广大人民群众的根本利益。

坚持以人民为中心必须着眼于"依靠谁"，建设中国特色社会主义是一项长期且艰巨的事业，实现这个事业是全国各族人民的共同目标，必须巩固和加强各族人民之间的团结合作，在中国共产党领导下推动中国特色社会主义发展。习近平同志将人民和历史范畴进一步具体化，指出中国人民创造中国历史的时代品格和精神特质，所谓"中国人民"指的是全体社会主义劳动者、社会主义事业的建设者、拥护社会主义的爱国者、拥护祖国统一和致力于中华民族伟大复兴的爱国者，工人、农民、知识分子是决定国家前途命运的根本力量，新的社会阶层同样也是中国特色社会主义事业的建设者，只有充分发挥广大人民群众创造历史的积极性、主动性和创造性作用，团结一切可以团结的力量，才能更好地坚持和发展中国特色社会主义。

坚持以人民为中心必须着眼于"谁检验"，习近平同志在党的十八届中共中央政治局第一次集体学习讲话时指出："检验我们一切工作的成效，最终都要看人民是否真正得到了实惠，人民生活是否真正得到了改善。"① 实践是检验真理的唯一标准，而人民群众是实践活动的主体，是评判实践活动是否有价值的主体对象，金杯银杯不如老百姓的口碑，金奖银奖不如老百姓的夸奖，人民生活水平的提高，不是几行数据说了算，也不是几个干部说了算，而是得让人民群众说了算，人民群众既是推动中国特色社会主义事业发展的答卷人，也是中国特色社会

---

① 《十八大以来重要文献选编》（上），中央文献出版社 2014 年版，第 698 页。

主义事业发展成果的阅卷人，在中国特色社会主义事业的发展过程中，不仅要充分发挥人民群众所蕴藏的智慧和力量，而且要通过人民群众的智慧和力量不断提高人民群众各方面的生活水平，让人民群众真真切切感受到社会主义的优越性。

二、在新时代实践中运用好科学思维能力

思维方式影响行为方式，继承和坚持马克思主义的世界观和方法论，发展和创造性地运用马克思主义的世界观和方法论，定然也是基于一定的思维方式。因此，对影响和决定马克思主义世界观方法论实际发挥作用的思维方式进行研究是十分必要的。坚持和发展中国特色社会主义，同样也需要我们在实践中进行经验反思与总结，归纳出正确的思维方式和思维理念。习近平新时代中国特色社会主义思想创造性地提出了一系列关于科学思维能力的概念提法，这是对马克思主义科学理论体系的内容增扩，也是对马克思主义方法论在具体实践活动上的丰富与发展。习近平在2019年的中央党校专题研讨班开班仪式上再次强调："要提高战略思维、历史思维、辩证思维、创新思维、法治思维、底线思维能力"[1]。至此，习近平关于六大思维能力的概念整体性的进一步得以呈现。同时，遵循正确的思维引导，发挥战略思维、历史思维、辩证思维、创新思维、法治思维、底线思维在中国特色社会主义建设实践中的引领作用，将科学思维理念的遵循贯穿实践始终，也将起到对社会主义建设的精神引领和内在保障作用，推动新时代我国各项事业走向新的高度、开拓新的领域。

坚持战略思维，才能为推进新时代中国特色社会主义实践提供顶层设计。古人云："不谋万世者，不足谋一时；不谋全局者，不足谋一域。"在国家治理实践中，由于战略思维具有为党和国家各项事业提供整体布局和顶层设计的重要作用，党中央对此给予了高度关注。习近平同志就曾反复强调战略思维的重要作用："战略问题是一个政党、一个国家的根本性问题。战略上判断得准确，战略上谋划得科学，战略上赢得主动，党和人民事业就大有希望。"[2] 运用好战略思维，就要求我们着眼全局、深谋远虑，以科学、整体的眼光看问题，从大处着手，对长远性问题、根本性矛盾进行全局谋划与规制。

习近平新时代中国特色社会主义思想本身就是立足于党和国家事业长远发展的高度、基于战略思维引领的理论成果，对如何坚持和发展中国特色社会主义事

---

① 习近平：《在省部级主要领导干部坚持底线思维着力防范化解重大风险专题研讨班开班式上的讲话》，载于《人民日报》2019年1月22日。
② 习近平：《在纪念邓小平同志诞辰110周年座谈会上的讲话》，载于《人民日报》2014年8月21日。

业作出了宏观设计，描绘了未来中国发展的战略擘画。这一理论所包含的"八个明确"的关键内容、"十四个坚持"的总体方略、"四个全面"的规划布局、"五位一体"的宏观要求等宏观设计都凸显了战略思维在科学谋划中的重要作用。在新时代的背景下，中国想要实现自身转型升级、迈向社会主义现代化、把中国特色社会主义大国在二十一世纪中期建设成有实力、有担当的世界性强国，实现自身腾飞，就必须将整个民族的复兴、整个国家的兴旺置于整体大局中加以规划考虑，坚定不移地遵循科学战略思维，立足我国发展现状的同时统筹国内国际两个大局，从大处着手，从战略高度为我国的绿色可持续发展提供顶层设计与指引。

坚持历史思维，才能为推进新时代中国特色社会主义实践提供经验借鉴。从历史中吸取营养，探古观今，给人以智慧的补给，而在历史思维引领下借鉴经验、总结规律，我们才能够更加稳妥和顺利地进行大国建设，使治国理政符合时代发展要求。所谓的历史思维和一般的历史意识不同，它不仅强调要用联系、纵深的眼光观察过去、现在以及将来，而且强调立足于唯物史观，对各个历史事件、不同历史人物、诸多历史过程以及结果进行科学的梳理分析、研究归纳，从中总结出人类社会发展的总体规律、汲取历史经验，从而寻找出未来实践的道路。遵循历史思维，在过去确立的必然中把握未来出现的可能，在历史经验借鉴中坚持和发展中国特色社会主义。习近平曾指出："历史和现实都告诉我们，一场社会革命要取得最终胜利，往往需要一个漫长的历史过程。只有回看走过的路、比较别人的路、远眺前行的路，弄清楚我们从哪儿来、往哪儿去，很多问题才能看得深、把得准。"[1] 坚持历史思维的指引，有利于我们更加深入理解中国特色社会主义新时代这一新的历史方位，它不仅具有现实的理由，而且具有深厚的历史依据，它不仅是继往开来的时代，同时也是与时俱进的时代。

坚持历史思维的指引，特别是有助于我们更好地把握新的时代背景下提出的崭新课题，即坚持和发展什么样的中国特色社会主义、如何坚持和发展中国特色社会主义，这一课题既是对过往发展中国特色社会主义这一根本性历史课题的坚持，也是对未来发展目标的不懈追求。坚持历史思维的引领还有利于我们在中华民族发展史、中国共产党史、中华人民共和国史、改革开放史、社会主义发展史等的回顾与探究中，结合当下的中国实践与中国目标，为改革开放的深入推进以及社会主义现代化建设提供方向审思、提供经验借鉴，为中华民族伟大复兴中国梦的实现提供源源不断的历史智慧。事实证明，具备深远的历史眼光，遵循历史思维的指引，这在中国特色社会主义建设实践中占据着重要地位，历史思维的运

---

① 习近平：《以时不我待只争朝夕的精神投入工作 开创新时代中国特色社会主义事业新局面》，载于《人民日报》2018 年 1 月 6 日。

用为我们在历史答卷中汲取智慧和经验，推动中国特色社会主义事业迈向新的高度发挥着特殊作用。

坚持辩证思维，才能为推进新时代中国特色社会主义实践提供认识原则。所谓的辩证思维从本质上说就是唯物辩证法在思想领域的应用，它是对形而上学式、唯心主义式思维方法的超越。它坚持从矛盾双方彼此对立与统一中把握事物的属性与发展特点，秉持着客观性原则，将联系的眼光贯穿于事物运动、变化以及发展的整个动态过程去考察事物的发展趋向，全面系统地认识对象，透析客观事物的本质属性与规律。在中国特色社会主义的伟大实践中，遵循辩证思维的引领能够使我们认清形势、洞察现状，在谋篇布局上提供科学统一的认识原则，是我们各项事业取得成功的关键所在。

习近平在治国理政的实践中，就曾多次强调辩证思维的应用，强调"唯物辩证法在解决我国发展问题上的方法论意义"①，重申党员同志要具备矛盾的对立统一的思维方式。毫无疑问，中国特色社会主义的发展不能离开辩证思维的认识引领，只有把握好对立统一规律，才能够正确认识我国社会发展过程中的生产力同生产关系的矛盾、经济基础同上层建筑的矛盾，并从两对矛盾的对立中挖掘其内生的社会动力，发挥其推动社会向前发展的可能；只有把握好质量互变规律，才能使得改革开放在新时代背景下深入推进，妥善处理好各方的利益、协调各种层次、各种类型的社会矛盾，将坚持中国特色社会主义与现代化建设、国际化建设并驾齐驱；只有把握好否定之否定规律，才能妥善应对四大考验、四种危险，在自我扬弃中实现中国共产党的自我更新与超越，从而为中国特色社会主义各项事业提供强有力的领导保证。

坚持创新思维，才能为推进新时代中国特色社会主义实践提供动力源泉。马克思主义一贯强调要根据时代实践的发展变化，分析解决问题，从而推动人的思维依从自然界的规律和实践的发展而发展，思维创新是历史运动发展的应有之义。重视创新思维、坚持与时俱进、不断开拓创新也是我们党的一直以来的优良品质，在领导中国革命、进行社会主义建设、改革开放的实践中，中国共产党坚持创新思维的引领，不断开拓着新的篇章、取得一个又一个伟大成就，新民主主义革命的胜利、社会主义革命和建设的成功、从改革开放的试点到深入推进、中国特色社会主义的开拓、社会主义市场经济的运行无一不是创新思维作用的成果。继往开来、推陈出新，正是在创新思维的动力引领下，才能由毛泽东思想创新式发展为中国特色社会主义理论体系，并孕育出了习近平新时代中国特色社会主义思想，为中国特色社会主义建设实践提供科学指导，使马克思主义理论焕发生机与时代活力。

---

① 《习近平谈治国理政》（第 2 卷），外文出版社 2017 年版，第 205 页。

在新时代背景下，习近平同志提出要"把创新摆在国家发展全局的核心位置，不断推进理论创新、制度创新、科技创新、文化创新等各方面创新，让创新贯穿党和国家一切工作，让创新在全社会蔚然成风"①。正是在创新思维的动力引领下，才能不断迸发"两个一百年奋斗目标""新发展理念""经济发展新常态""人类命运共同体"等新思想、新成果。当前，面对社会主义现代化国家的建设全面展开、改革开放全面深入推进、国家治理现代化提出更高标准和要求、社会体制机制不断经历时代更新、人民对于美好生活的内容和形式要求日益增长、世界百年未有之大变局加速变化等全新的问题、境遇与挑战，我们更需重视创新思维的引领，创新建设的方式方法、手段途径，让创新思维贯穿于中国特色社会主义建设的整个过程，为我国社会主义社会建设提供思维动力。

坚持法治思维，才能为推进新时代中国特色社会主义实践提供思想准绳。法律是社会行为规范有效的约束方式，法治是大国社会治理采取的重要手段，是我们国家治理体系和治理能力的突出体现，无论是在化解社会治理痼疾，亦或者激发社会活力、推进社会公正、构建社会和谐氛围方面都是有效武器。随着改革开放的纵深推进，我国社会主义法律制度基本形成并经受住了各种各样的实践检验，取得了有目共睹的成果，整个社会的法律意识、法治观念得到了普遍提高，为法治思维的提出与贯彻奠定了基础。法治思维从根本上说就是以法律作为事物判断的标准和原则，它要求我们在思想领域高度尊重并敬畏法律、坚决尊崇社会主义法治、学会并善于利用法律分析、解决问题，是一种将法律要求、法治规范内在转化为自身认识、思考、解决疑难的思维方式，是系统化、规范化、具有严密逻辑性的一种思维方式。

在新时代国际国内各类利益存在纷争、各种矛盾冲突交织、社会思潮多样多变的情况下，习近平同志尤其强调，只有坚定以法治思维为指引，才能使得各级领导干部在行使权力服务群众以及自我约束的过程中都能做到以法为据，由此推动构建法治型政府建设；只有坚定以法治思维为指引，才能推动以市场有活力、竞争有秩序、管理有依据为特色的法治经济建设；只有坚定以法治思维为指引，才能实现权力制约与监督同自身从严治党管党相结合，提高党的执政能力与领导能力；只有坚定以法治思维为指引，才能推动整个社会形成崇尚法治、尊重法律，构建社会主义法治文化、推动法治社会的建成；只有坚定以法治思维为指引，才能在认识与实践的双向互动中逐步完善我国社会主义法律体系。总之，在社会主义现代化建设的今天，无论是对于国家、社会还是个人，法治思维的坚守仍然是我们开拓中国特色社会主义新局面不可撼动的思想准绳，是我们社会建设

---

① 《习近平谈治国理政》（第 2 卷），外文出版社 2017 年版，第 198 页。

实践必须要遵守和维护的思想原则。

坚持底线思维，才能为推进新时代中国特色社会主义实践提供风险托底。习近平高度重视底线思维在整个社会主义事业中的重要作用，他曾明确指出："各种风险我们都要防控，但重点要防控那些可能迟滞或中断中华民族伟大复兴进程的全局性风险，这是我一直强调底线思维的根本含义。"① 遵循底线思维从哲学意义上就是把握住度的原则，理清事物发展过程中的上下限，通过合理的目标规划促使事物朝着最优方向发展。底线思维在现实社会实践中不是降低标准、消极无为的被动思维，而是在思想领域树立不可逾越的警戒线，主动防范风险、抵御危险的积极思维，它要求我们认清现实的困难与挑战，不惧问题与矛盾，从最坏处行动、防患于未然，同时又要从最好处争取，坚定信念、鼓足勇气、踏实行进。因而所谓在全局性的风险问题面前遵循底线思维，就是在各领域、各方面都为中国特色社会主义事业守住最低点、争取最高点的思维。

新时代有着新挑战，现今我国社会主义建设迎来了新的目标、踏上了新的征程，社会发展各领域、各层次、各结构的矛盾逐渐显现，在推动改革深化的进程中如何管控诸多风险、守住底线，都需要将底线思维一以贯之，这是决定中国特色社会主义各项工作成败的关键。为此，2019年1月我们党专门举办了省部级主要领导干部坚持底线思维着力防范化解重大风险专题研讨班，习近平同志在开班式上分析了要防范化解政治、意识形态、经济、对美经贸斗争、科技、社会、对外工作、党自身等8个领域的重大风险并提出了明确要求，强调我们必须始终保持高度警惕，既要高度警惕"黑天鹅"事件，也要防范"灰犀牛"事件。牢固树立底线思维，才能为争取各项工作的主动权时刻做到居安思危、将矛盾风险在源头处加以防控，真正做到防患于未然。

总之，理解和掌握习近平提出的战略思维、历史思维、辩证思维、创新思维、法治思维、底线思维，在中国特色社会主义建设实践中遵循六大思维的引领，从宏观上谋篇布局，从历史探索中吸取经验，在辩证分析中树立科学认识，在开拓创新中寻找发展动力，秉持法治思想，坚守红色底线，将思维引领作用的合力运用于社会主义建设之中。只有这样我们才能以更广阔的视野与胸襟，更加科学的思维和认识，更加有效的方法和措施，积极推进我国社会主义现代化迈向新的台阶。

三、在新时代实践中始终贯彻新发展理念

党的十八届五中全会通过的《中共中央关于制定国民经济和社会发展第十三

---

① 中共中央宣传部：《习近平新时代中国特色社会主义思想学习纲要》，人民出版社2019年版，第246页。

个五年规划的建议》提出了"创新、协调、绿色、开放、共享"的新发展理念。新理念引领新实践,新实践实现新发展,如何发展既是一个具体的、现实的实践问题,同时也是一个深刻的理论问题,发展理念是发展思路、发展方向、发展立场的集中表达,正确的发展理念能够正确地指引发展实践,加快推进我国社会主义发展进程。新发展理念是对我国社会历史发展经验的深刻总结,是对我国社会历史发展规律的深化认识,是对时代发展潮流的战略回应,从根本上体现了坚持和发展中国特色社会主义的新要求,是新时代中国特色社会主义实践的理念遵循。

改革开放 40 多年以来,通过一代又一代人的探索和努力,我国成功开辟了一条适合中国国情的中国特色社会主义道路,我国经济社会取得巨大成就,国内生产总值稳居世界第二,对世界经济增长的贡献率超过 30%,但同时也面临着一系列亟须解决的问题。中国经济发展进入新常态,经济增长速度从高速增长转变为中高速增长,发展的不平衡不充分与人民日益增长的美好生活需要之间的矛盾,粗放型经济发展所导致的资源浪费、环境恶化问题,世界经济全球化与逆全球化之间的矛盾、经济社会发展成果分配不公,我国正处在转变发展方式、优化经济结构、转换增长动力的攻关期,等等。面对这些问题,破解我国发展困境,推动经济社会转型,要推动新的历史条件下我国经济、政治、文化、社会、生态实践的进一步发展,必须要贯彻新发展理念。

习近平同志指出:"十八大以来我们对经济社会发展提出了许多重大理论和理念,其中新发展理念是最重要、最主要的。新发展理念是一个系统的理论体系,回答了关于发展的目的、动力、方式、路径等一系列理论和实践问题,阐明了我们党关于发展的政治立场、价值导向、发展模式、发展道路等重大政治问题。全党必须完整、准确、全面贯彻新发展理念。"① 这五大发展理念既各具不同的丰富内涵,又紧密地联系在一起,是一个统一的整体,创新注重的是解决发展动力问题,协调注重的是解决发展不平衡问题,绿色注重的是解决人与自然和谐问题,开放注重的是解决发展内外联动问题,共享注重的是解决社会公平正义问题,我们应该从整体上把握五大发展理念,使之从理念变为实践,从而深入贯彻到中国特色社会主义伟大事业中,为实现"两个一百年"奋斗目标和中华民族伟大复兴的中国梦提供理论指引。

创新是引领新时代中国特色社会主义实践发展的第一动力。我国经济发展进入新常态,面对国内发展速度趋缓,产业层次较低,关键技术受制于人,核心竞争力不强,创新问题显得尤为重要。党的十八届五中全会提出"坚持创新发展,

---

① 习近平:《论把握新发展阶段,贯彻新发展理念,构建新发展格局》,载于《求是》2021 年第 9 期。

必须把创新摆在国家发展全局的核心位置，不断推进理论创新、制度创新、科技创新、文化创新等各方面创新，让创新贯穿党和国家一切工作，让创新在全社会蔚然成风。"[1] 理论创新必须坚持中国共产党"解放思想、实事求是、与时俱进"的思想路线，随着时代和实践的发展不断丰富理论体系，展现出中国特色社会主义理论强大的生机活力，为各领域创新提供思想理论基础；制度创新必须坚持以人民为中心的发展思想，制度问题是一个带有长期性、根本性的问题，我国全面深化改革的总目标是完善和发展中国特色社会主义制度，推进国家治理体系和治理能力现代化，通过好的国家治理体系和治理能力，通过提升国家治理能力充分发挥国家治理体系的效能，为各方面创新提供制度保障；科技创新必须坚持走中国特色社会主义自主创新道路，面向世界科技前沿、面向经济主战场、面向国家重大需求，加快各领域科技创新，掌握全球科技竞争先机，让科技成为国家赖之以强、企业赖之以赢、人民生活赖之以好的国之利器；文化创新必须坚持为广大人民服务，必须立足于中华文化，中华文化是中华民族的精神根源，同时突破价值导向障碍，在传承中华优秀传统文化的基础上发展社会主义先进文化，加快建设社会主义文化强国，为社会进步提供精神动力。"创新"发展理念为统筹推进"五位一体"总体布局和协调推进"四个全面"战略布局，实现"两个一百年"奋斗目标和中华民族伟大复兴中国梦提供动力支持，为我国在世界新的一轮科技革命和产业变革中抓住机遇、占得先机提供战略支撑。

协调是引领新时代中国特色社会主义实践持续健康发展的内在要求。坚持协调发展，就要把握好中国特色社会主义事业总体布局，正确处理发展中的重大关系，积极应对发展中的矛盾冲突。当前，我国社会主要矛盾已经转化为人民日益增长的美好生活需要和不平衡不充分的发展之间的矛盾。发展不平衡，主要包括国内各地区发展差异，三大产业发展差距等各方面发展的不平衡，部分发展的失衡制约全国总体发展水平的提升。发展不充分，则涉及政治、经济、文化、社会、生态、教育、卫生等多领域多层次还存在发展不足的问题，由此成为党和国家当下乃至未来一段时间内亟须努力的方向，发展的任务仍然很重。而面对这些发展态势，就需要通过协调的手段和方法实现各区域各领域各方面的平衡，全面推进经济、政治、文化、社会和生态文明建设，促进工业化、信息化、城镇化、农业现代化同步发展，为进一步推进协调发展做出整体规划，找出短板、补齐短板，不能使短板成为我国发展过程中的"绊脚石"，着力推动区域协调发展、城乡协调发展、物质文明和精神文明协调发展、人类社会和自然生态协调发展，实

---

[1] 习近平：《中国共产党第十八届中央委员会第五次全体会议上的讲话》，载于《人民日报》2015年10月30日。

现基本公共服务均等化，推动东、中、西部地区协同发展，健全城乡融合发展体制机制，推进农业农村现代化，大力发展文化产业，增强发展的整体性、协调性、平衡性以满足人民群众对于美好生活向往的需要。

绿色是保证新时代中国特色社会主义实践永续推进的必要条件。绿色发展意味着我们要在尊重自然界的客观规律基础上，合理地利用和改造自然界以达到人类社会生存和发展的需要，纠正以往采取粗放型增长方式，以资源环境的透支促进经济社会发展，忽视生态环境保护的错误做法。党的十八大对推进新时代"五位一体"总体布局作出全面部署，把建设美丽中国写入总体布局中，使绿色发展理念深刻融入中国特色社会主义实践中。生态文明理念是生态保护行动的先导，必须坚持人与自然和谐共生，树立尊重自然、顺应自然、保护自然的生态文明理念，使生态文明理念深入人心，以生态文明理念指引生态保护行动的方向。生态文明体制是生态文明建设的保障，要坚持和完善生态文明体制，建立资源高效利用制度，实行最严格的生态环境保护制度，构建政府为主导、企业为主体、社会组织和公众共同参与的环境治理体系，强化生态环境监管体制改革，用生态文明体制为生态文明建设保驾护航。生态文明社会是生态文明建设的目标，要坚持节约资源和保护环境的基本国策，形成节约资源和保护环境的空间格局、产业结构、生产方式、生活方式，实现生产发展、生活富裕、生态良好的美好愿景。

开放是指引新时代中国特色社会主义实践发展的必由之路。通过改革开放40多年的伟大实践，我国已经实现"富起来"的伟大飞跃，充分证明了开放带来进步，封闭导致落后，这是近代中国历史教会我们的道理，中国特色社会主义进入了新时代，我国要实现"强起来"的宏伟目标，必须始终坚持对外开放的基本国策，努力将开放推进到更高的层次。改革开放是我国发展进步的动力源泉，是坚持和发展中国特色社会主义的关键之举，虽然我国自然资源总量较为丰富，但是人均资源占有量却很少，经过改革开放40多年的高速发展，出现了产能过剩、要素成本上涨、资源浪费、环境恶化等问题，同时我国科技实力、管理能力相比于西方发达国家还有待加强，要解决上述问题，不能仅仅依靠自我调节、自我创新、自我奋斗，还必须借助国内外市场、资金、技术、人才、信息等综合要素，实施更加积极的、主动的开放战略，加强对外贸易、金融合作，保持我国原有优势，创新发展高新技术，增强核心技术竞争力，推进"一带一路"建设，过去我们实现了"引进来"的目标，现在我们面临"走出去"的难题，必须把"引进来"和"走出去"放在同一位置，实现全球资源高效配置，发展更高层次的开放型经济。同时积极参与全球治理和公共产品供给，秉持共商共建共享的全球治理观，推进国际关系民主化，积极应对各类全球性挑战，维护国际和地区和平稳定，加强多边贸易合作，反对一切单边主义和保护主义，不断为完善全球治理、提高公共产品供给贡献中国智慧和力量。

共享是新时代中国特色社会主义实践发展目标旨归。共享发展理念的实质就是坚持以人民为中心的发展思想,习近平同志在《中共中央关于制定国民经济和社会发展第十三个五年规划的建议》中强调:"必须坚持发展为了人民、发展依靠人民、发展成果由人民共享,做出更有效的制度安排,使全体人民在共建共享发展中有更多获得感,增强发展动力,增进人民团结,朝着共同富裕方向稳步前进。"[①] 共享发展理念体现在中国特色社会主义实践的方方面面,共享发展必须坚持全民共享、全面共享、共建共享、渐进共享,每个人共同享有我国经济、政治、文化、社会、生态各个方面发展成果,共同建设我国社会主义经济、政治、文化、社会、生态,是一个不断建设、不断提高共享层次的过程。共享发展一方面要把蛋糕做大,另一方面要把做大的蛋糕分好,一方面必须坚持"两个毫不动摇",统筹推进"五位一体"总体布局,做大做强我国社会主义发展成果,另一方面必须坚持我国社会主义分配制度,协同推进"四个全面"战略布局,保障我国社会主义发展成果的"蛋糕"能够分好。共享发展是中国特色社会主义发展的理念指引,发展的目标就是让人民共享改革开放以来发展的成果,增进人民福祉,朝着共同富裕奋进,最终实现人的自由而全面的发展。

第二节　核心力量:坚持党的集中统一领导

一、推进党的建设新的伟大工程

"每一代人有每一代人的长征路,每一代人都要走好自己的长征路。今天,我们这一代人的长征路,就是要实现两个一百年奋斗目标、实现中华民族伟大复兴的中国梦。"[②] 实现这一伟大梦想是一项长期的艰巨的任务,无平坦大道可走,无简易方法可取,而马克思主义理论中关于人民群众创造历史的理论叙事中专门指出,这种创造过程是由许多个意志相互冲突的结果,是由无数个相互交错的力量产生的一种合力。因而对于这一包含了诸多个体意志和力量的复杂过程而言,需要一个机制将其整合,形成社会意志和社会合力——在中国,这一整合的任务就经由历史进程本身的筛选和抉择,交付给了中国共产党。唯有在中国共产党的

---

① 习近平:《关于〈中共中央关于制定国民经济和社会发展第十三个五年规划的建议〉的说明》,载于《人民日报》2015 年 12 月 4 日。
② 《习近平谈治国理政》(第 2 卷),外文出版社 2017 年版,第 48 页。

坚强领导下，中华民族才能毫无畏惧地面对一切困难和挑战，经受得住一次又一次的挫折，一次又一次地奋起坚定不移地开辟新天地，创造新奇迹。

但从另一方面来说，中国共产党也唯有不断提升自身的素质、能力与水平，才能担负起这一重大历史使命。中国共产党一经成立，就义不容辞地肩负起了领导中华民族伟大复兴的历史任务，"自从有了中国共产党，中国革命的面目就焕然一新了"①。中国共产党之所以能担当好这一使命，之所以能够让中国革命的面貌焕然一新，是因为它首先进行了自我建设和革新，使得自己具有了和既往封建士大夫、农民起义者、洋务派、维新派、资产阶级民主派等政治集团的本质性的区别——一句话，这个党首先是使得自己的面貌焕然一新了。因而对新时代而言，正如党的十九大报告所指出的那样："实现伟大梦想，必须建设伟大工程。这个伟大工程就是我们党正在深入推进的党的建设新的伟大工程。"② 这一重要阐述明确了伟大工程为新时代中国特色社会主义实践所提供的统率和凝聚作用。

回顾我们党进行自身建设的历史，"既要革命，就要有一个革命党。没有一个革命的党，没有一个按照马克思列宁主义的革命理论和革命风格建立起来的革命党，就不可能领导工人阶级和广大人民群众战胜帝国主义及其走狗。"③ 中国共产党是以崭新的风格存在于世，并在具有高度自觉的层次上，领导中国人民创造历史。为了保持党的这种独特品质和优势，在中国革命和建设进程中，党不断加强自身建设，为中国发展态势提供了持续且强劲的保障。在党成立之始，党的一大就明确规定了党的性质、现阶段任务以及远大目标，确立了党的无产阶级性质，在党的第一个纲领中坚定写入了以无产阶级革命军队推翻资产阶级，采用无产阶级专政以达到阶级斗争的目的——消灭阶级，废除私有制，以及联合第三国际等核心内容。建党的第一阶段明确规定党的性质内涵，确立了民主集中制的原则和严格的组织纪律，使得党的未来成长获得了最根本的红色"基因"。其后从大革命失败到抗日民族统一战线，这一时期党不断克服内部的"左"倾和右倾思想弥漫，刮骨疗毒，最终使得红色基因发育成为了健全有力的机体。

1927 年，中央在汉口召开的"八七会议"批判了大革命后期以陈独秀为代表的党内右倾问题，提出了"整顿改编自己的队伍，纠正过去严重的错误，而找着新的道路"④ 任务。1929 年，针对党领导工农武装割据过程中在队伍内部存在诸多非无产阶级思想干扰的问题，毛泽东主持召开了具有历史意义的古田会议，

① 《毛泽东选集》（第 4 卷），人民出版社 1991 年版，第 136 页。
② 习近平：《决胜全面建成小康社会 夺取新时代中国特色社会主义伟大胜利——在中国共产党第十九次全国代表大会上的报告》，载于《人民日报》2017 年 10 月 28 日。
③ 《毛泽东选集》（第 4 卷），人民出版社 1991 年版，第 136 页。
④ 《中共中央文件选集》（第 3 册），中共中央党校出版社 1989 年版，第 290 页。

着重强调加强思想和政治路线的教育，厘正党内的错误思想。1930年，针对党内盛行的将马克思主义原理和上级指示教条化问题，毛泽东撰写了《反对本本主义》，主张"没有调查，没有发言权"，论证了将马克思主义普遍原理同中国革命相结合的极端重要性。到抗日战争期间，著名的延安整风运动中明确提出了党的建设的"伟大工程"概念，充分发挥了党自我革命的特性，系统清算了长期干扰党的事业的"左"倾和右倾错误路线，帮助全党从教条主义和经验主义的束缚中解放出来，确立了毛泽东思想的指导地位，真正自觉进入了马克思主义中国化的快车道。革命战争年代的思想建党，为党保持先进性并有效领导人民革命提供了坚强保证，党的建设和武装斗争一样成为了中国革命胜利的一大法宝。

新中国成立以后特别是改革开放以来，我们党坚守为人民谋幸福的初心，为人民而奋斗，解决了温饱问题，丰富了人民物质文化生活，让人民过上了好日子。这其中，党的建设和国家的建设事业休戚与共，一方面随着中国共产党在全国的执政，党确立并保持住了对国家各方面事业和全国人民的领导核心地位，全党上下在"进京赶考"当中做到了"两个务必"，保持住了革命的本色，经受住了外部颠覆和内部滋生腐败的考验，但另一方面党在新的执政环境下的建设又同国家的建设一样，经历了艰辛探索和曲折前进。特别是在改革开放的新时期，在中国特色社会主义理论体系的指导下，我国的经济发展水平有了显著的增长，社会运行方式也发生了剧烈的转型变化，在此基础上也对中国共产党的建设提出了更为严格、更为具体的要求。总体说来，时代巨变也就要求中国共产党应做出相应的变革，尤其是在20世纪90年代初我国确立了社会主义市场经济体制之后，"党的建设新的伟大工程"的概念也就应运而生。时代需要中国共产党，中国共产党也把握了时代，无论社会怎样发展、怎样变化，共产党人都需要不忘初心、牢记使命，只有在新的伟大工程中不断锻造自身的特殊材质，才能矢志不移地团结和带领全国各族人民为实现中华民族伟大复兴的中国梦而奋斗。

党的十八大以来，以习近平同志为核心的党中央统揽全局并率先垂范，全面加强从严治党工作，持续深入地在党的建设新的伟大工程中取得突破。在习近平新时代中国特色社会主义思想的指引下，全党普遍深入开展了六位一体的建设，包括政治建设、思想建设、组织建设、作风建设、纪律建设和制度建设。这其中，政治建设是灵魂、是统帅，只有搞好了政治建设，思想建设才有一个方向，组织建设才有一个具体目标，作风建设才有抓手，纪律建设才有一个最高标准，制度建设才有深刻的内涵，因而要把政治建设摆到首要位置。从政治建设的高度，我们党不仅全面保持并发扬了从《共产党宣言》中提到的共产党人没有任何自己特殊的利益到中国特色社会主义理论体系要求中国共产党始终代表中国先进生产力的发展要求、始终代表中国先进文化的前进方向、始终代表中国最广大人民的根本利益的优良传统，而且还着力改变过去有一个时期存在的模糊、弱化、涣散等情况，忠实践行了中国共产党"没有任何自己特殊的利益，从来不代表任何利益集团、任何权势团体、任何特权阶层的利益"①的政治宣示，充分体现出我们党是以人民为中心、为人民谋幸福的党。

坚持党对一切工作的领导，必须持续推动全面从严治党向纵深发展。正如古人所言，"治人者必先自治、责人者必先自责、成人者必须自成"，站在新的历史起点上，党面临的执政环境是复杂的，党内存在的诸多问题尚未得到充分的解决，"四大考验"和"四大风险"具有长期性、复杂性、尖锐性和严峻性。这就要求党的建设要纵深发展、一以贯之，以保持党的先进性和纯洁性，为党对一切工作的领导，进而实现中华民族伟大复兴的宏伟蓝图提供保证。我们最首要的就是要加强党的政治建设。马克思主义政党从不避讳政治主张，方向决定道路，道路决定命运，加强党的政治建设必须首先坚定正确的政治方向，把准中国特色社会主义共同理想和共产主义远大理想，把准党的路线方针政策跟党走，把党的战略部署落实到实践中，在任何情况坚定方向、不为所动。同时，党的政治建设应承继过去，开创未来。在党长期建设实践中，形成的关于自身政治建设的优良传统和可贵经验，必须加以珍视、继承和发扬。

并且，立足新时代，结合党的政治建设面临的新情况新问题新挑战，从各个方面持续推进改革与创新。我们要加强思想教育，强化理论武装。加强思想建设，从根本上说，就是要把握共产主义理想信念这一"压舱石"，拧紧世界观、人生观、价值观这个"总开关"，牢固树立全心全意为人民服务根本宗旨。理论武装，从根本上说，就要实实在在地学习马克思主义经典原著、毛泽东思想和中国特色社会主义理论体系，只有弄明白，才能真正做到相信，才能内化于心，外化于行。

我们要加强党的作风建设。"党的作风是党的形象，是观察党群干群关系、人心向背的晴雨表。党的作风正，人民的心气顺，党和人民就能同甘共苦。实践证明，只要真管真严、敢管敢严，党风建设就没有什么解决不了的问题。"②我们要采用法治思维和法治方法来抓作风建设，实现作风建设制度化、规范化；要健全监督体系，充分发挥广大人民群众的监督作用，让权力在阳光下行使；要加强家风的建设，防止家庭成为腐败的摇篮。我们要把党的制度建设贯穿于党的各项建设中。制度关乎根本，关乎长远，制度建设是党的全面建设的重要保证，把制度建设贯穿于党的各项建设之中，与其他各项建设同向发力，党的各项建设就会不断提高质量、行稳致远，永葆党的先进性。

---

① 习近平：《在庆祝中国共产党成立 100 周年大会上的讲话》，载于《人民日报》2021 年 7 月 2 日。
② 习近平：《在庆祝中国共产党成立 95 周年大会上的讲话》，载于《人民日报》2016 年 7 月 2 日。

二、坚持党对一切工作的领导

在党的十九大报告中指出:"坚持党对一切工作的领导。党政军民学,东西南北中,党是领导一切的。"① 并将坚持党对一切工作的领导作为一项重大的政治原则,写入了修订后的党章,不仅为党的工作提出更高的要求,也为党总揽全局、协调各方提供了更强的保障,为新时代中国特色社会主义实践提供了有力的领导支撑。马克思主义政党的基本要求为中国共产党领导一切提供了理论遵循。马克思就曾非常科学但又非常生动形象地指出过领导地位的重要性:"在政治上为了一定的目的,甚至可以同魔鬼结成联盟,只是必须肯定,是你领着魔鬼走而不是魔鬼领着你走。"②

马克思注意到,无产阶级曾经作为资产阶级推翻封建专制制度的同盟军发挥了不可估量的作用,但资产阶级一旦实现自身的目的,就将曾经的盟友抛弃,单方面攫取了社会财富特别是社会生产资料,利用自身对社会物质条件的独占而对无产阶级进行剥削和压榨。同样,当处于水深火热的无产阶级不得不从纯粹的经济反抗上升为对资产阶级开展政治斗争、推翻资产阶级统治时,无产阶级也面临同其他社会集团和党派开展合作的问题,无产阶级也需要在合作中坚决保证独立性和主导性,必须是无产阶级政党率领同盟者,而非被其"牵着鼻子走",以免历史再次重现,让广大无产阶级遭受某些野心家和密谋派别的利用。

历史为中国共产党领导一切的必要性提供了最坚实的证明。1927 年,大革命以失败告终,究其原因,很大程度上是由于大革命后期以陈独秀为代表的右倾机会主义致使党丧失了决定性的领导和自己的路线。1937 年全面抗战爆发后,以王明为代表的右倾路线又推崇"一切经过统一战线""一切服从统一战线",主张放弃党对统一战线的领导权和对国民党顽固派的警惕性,酿成了皖南事变等惨痛的损失。在中国革命中两次出现了放弃领导权的右倾路线错误,在新中国成立以后我们也出现了"文化大革命"。1981 年,邓小平在《关于思想战线上的问题的谈话》中明确指出,"坚持四项基本原则的核心,是坚持共产党的领导。没有共产党的领导,肯定会天下大乱,四分五裂。历史事实证明了这一点。"③ 也正因此,党的十九大报告中把党对一切工作的领导放在了十四个坚持的首位并载入党章,《中共中央关于党的百年奋斗重大成就和历史经验的决议》也把坚持党

---

① 习近平:《决胜全面建成小康社会 夺取新时代中国特色社会主义伟大胜利——在中国共产党第十九次全国代表大会上的报告》,载于《人民日报》2017 年 10 月 28 日。
② 《马克思恩格斯全集》(第 11 卷),人民出版社 1995 年版,第 552 页。
③ 《邓小平文选》(第 2 卷),人民出版社 1994 年版,第 392 页。

的领导作为十条宝贵经验之首，从理论的高度将党的领导进行了锚定。

中国特色社会主义必然要求坚持党对一切工作的领导。中华民族的伟大复兴如"北上太行山，艰哉何巍巍"，国内外形势变化莫测，必须有党的领导作为定海神针。从国际来看，世界经济复苏仍较缓慢，局部战争和冲突此伏彼起，国际竞争正向更深层次和更广范围发展。从国内来看，我国已经迈入中国特色社会主义新时代，我们比以往任何时候更加接近、更有能力实现中华民族伟大复兴的宏伟目标，但我国社会主要矛盾有了崭新的内容和形式，同时世界发展的整体困境的传导影响加剧，某些外部势力的敌视和攻击也并未停止，中国特色社会主义的发展面临着前所未有的困难和挑战。基于这一国情和世情，亟须坚持党对一切工作的领导，把握方向、制定战略、统筹工作、协调利益、凝聚力量，共同应对发展过程中的困难和挑战。

坚持党的领导必须落实到坚定维护党中央权威和集中统一领导。在一个人口众多、幅员辽阔、文化差异明显的国家，没有一个人心归向、坚强有力的领导核心力量，是难以想象的。坚决维护党中央权威和集中统一领导是民心所向，众望所归的。维护党中央权威和集中统一领导必须增强"四个意识"，坚定"四个自信"，在思想上、政治上、行动上同以习近平同志为核心的党中央保持高度的一致，党的十八大以来，以习近平同志为核心的党中央从容不迫、披荆斩棘，办成了过去许多想办而没有办成的事，解决过去想解决而没解决的事，使党和国家的事业取得了历史性的成就，发生了历史性的变革，在今后的历史征程上，我们必须继续深入把握和坚决遵循习近平新时代中国特色社会主义思想对国家和社会的未来发展所做的战略部署和安排。

党的全面领导需要落实到各领域各方面。经济是基础，坚持党中央对经济工作的领导是保障人民幸福、稳定社会全局、实现国家长治久安的题中应有之义。因而，必须坚持习近平新时代中国特色社会主义思想关于经济发展的指导，坚持党中央对经济未来发展态势的研判，确保经济发展沿着正确方向前进。

政治是主导，纵观古今，因为错误的政治选择而导致亡党亡国的例子比比皆是，坚持党的领导、人民当家作主以及依法治国，要将三者统一于社会主义民主政治的伟大实践之中。坚持中国共产党领导的多党合作和政治协商制度、人民代表大会制度、民族区域自治制度、基层民主制度。坚持党领导立法、保证执法、支持司法、带头守法，增强党的依法执政的能力与水平。

文化是灵魂，需要由党领导中国特色社会主义文化的建设。要加强党的意识形态的领导，旗帜鲜明、毫不动摇地坚持马克思主义在意识形态领域的指导地位，要加强中国特色哲学社会科学的建设，为经济社会发展提供智力支撑，要把握好社会舆论这一关键，使社会舆论朝着健康乐观、积极向上的方向发展。

277

人民对美好生活的向往，是我们党奋斗的目标。党必须加强对社会治理的领导，保障和改善民生，优先发展教育事业，改善就业，以及在打赢脱贫攻坚战的基础上进一步做好乡村振兴的后续衔接工作。坚持党的领导还要落实到领导人民创新社会治理体系和治理方式，完善党委领导、政府负责、社会协同、公共参与、法治保障的治理体系，维系社会的和谐稳定。

自然生态环境是人的永恒家园。党还需要加强对生态建设的领导，"我们既要绿水青山，也要金山银山。宁要绿水青山，不要金山银山，而且绿水青山就是金山银山。"① 在新时代，人民群众不仅对物质文化需要提出更高的要求，同时也对生活环境产生了更为强烈的需求，提供更多且更为优良的生态环境是党对人民做出的庄严承诺。坚持党的领导，需要贯彻党中央对生态建设的统筹安排，坚持节约资源、保护环境的基本国策，坚持人与自然和谐共生的理念，着力解决突出的环境问题，为人民的生活和生产发展提供优良的环境。

三、全面增强党的执政本领

中国共产党是中国特色社会主义事业的领导核心，肩负着实现中华民族伟大复兴的重任。党的十九大以来，在以习近平同志为核心的党中央领导下，我国各项事业的发展都进入新的历史方位。同时，国内外形势和党内外情况的变化发展对我们党和国家提出了更高的要求：一是我们党长期面临复杂的外部环境考验，经济全球化、政治多极化、文化多元化和社会信息化的深入发展正在引发新的变革，也将不确定与不稳定因素扩散至全球，集中表现为经济动荡与地缘政治冲突不断、非传统安全威胁凸显、国家间战略竞争与博弈加剧等问题。这个"百年未有之大变局"对中国共产党的执政本领提出了新的挑战，中国共产党要始终走在时代前列，就要科学研判党所面临的世界形势，不断调整以适应现实环境，把自身建设好、建设强，才能统筹国内国际大局，领导十三亿多人的社会主义大国破浪前进②；二是党和国家事业的发展都离不开党的先进性与纯洁性建设，历史和实践都多次证明，办好中国的事情，关键在党，只有毫不动摇把党建设得更加坚强有力，才能抵御发展中的考验与危险，带领中国人民从血雨腥风走向繁荣富强。如今，面对西方霸权文化、腐朽价值观的侵袭和市场经济背景下的诸多诱惑，我们党内出现诸如"两面派"等理想信念不足的典型，在社会中造成广泛的不良影

---

① 习近平：《在哈萨克斯坦纳扎尔巴耶夫大学的讲话》，载于《人民日报》2013 年 9 月 8 日。
② 习近平《决胜全面建成小康社会 夺取新时代中国特色社会主义伟大胜利——在中国共产党第十九次全国代表大会上的报告》，载于《人民日报》2017 年 10 月 28 日。

响，也对我们党和国家事业的发展产生一定程度上的冲击。但党的自身建设正是在一次次挑战中不断发展与完善起来的，形成了敢于斗争、敢于胜利的优良传统和先进、科学、正确的执政理念。1989 年江泽民同志在党建理论研究班讲话时就提到，"我们的党是执政的党，党的领导要通过执政来体现。我们必须强化执政意识，提高执政本领"①。而党的执政能力，就是指"提出和运用正确的理论、路线、方针和策略建设社会主义现代化国家的本领"。② 新的时代，新的考验，新的要求，正是推动我们党不断完善执政意识，增强长期执政能力的动力源泉，党的执政本领要在推动新时代党的建设过程中不断加强，党的建设永远在路上。

第一，全面增强党的执政本领要汇聚合力，坚持思想建党与制度治党相统一。思想是行动的先导，思想建党是党的基础性建设，解决的是全党的思想意识问题，没有思想指引，如同远航的船只迷失方向；制度是行动的保障，制度治党是党的建设中关键一环，对树立党在发展过程中的规范，发挥着不可替代的作用。二者构成我们党在团结和带领全国人民为中华民族伟大复兴奋斗之路上的灵魂与支柱。因此，将思想建党与制度治党统一起来，是新时代增强党执政能力的重要举措。

求木之长者，必固其根本。对于我们党的思想建设而言，党员同志的党性修养和理想信念起着基础性的作用。习近平同志强调："党性是党员干部立身、立业、立言、立德的基石"③，"理想信念是共产党人安身立命的根本"④。一代代共产党人投入革命与建设洪流，都证明我们的党能够自觉坚持共产主义远大理想和中国特色社会主义共同理想并为之不懈努力。因此，应把握好理想信念教育这一根本，推动党性教育深入发展，通过潜移默化的方式引导党员同志遵循价值准则，深入理解和践行马克思主义理论与方法，牢记共产党人的初心和使命。在"系好人生第一粒扣子"的基础上，"挺起中国共产党人的精神脊梁，解决好世界观、人生观、价值观这个'总开关'问题。"⑤ 培养共产党员在困境与逆境中保持清醒头脑和坚定政治立场，自觉抵御各种腐朽思想侵蚀，增强集中精力为人民干实事的底气与能力。

欲流之远者，必浚其泉源。如果说思想是提高我们党执政能力的核心，那么制度则是保障我们党执政能力的根本。党内制度的好坏影响着中国共产党的发展

---

① 江泽民：《论党的建设》，中央文献出版社 2001 年版，第 7 页。

② 《中共中央关于加强党的执政能力建设的决定》，载于《人民日报》2004 年 9 月 27 日。

③ 《习近平指导河北省委常委班子专题民主生活会》，载于《人民日报》2013 年 9 月 26 日。

④ 习近平：《在纪念刘少奇同志诞辰 120 周年座谈会上的讲话》，载于《人民日报》2018 年 11 月 24 日。

⑤ 习近平：《决胜全面建成小康社会 夺取新时代中国特色社会主义伟大胜利——在中国共产党第十九次全国代表大会上的报告》，载于《人民日报》2017 年 10 月 28 日。

方向和共产党员的行为规范。治国先治党，治党必从严，党的制度建设是保持党的先进性与纯洁性，促进党的规范化和程序化，提高党的执政能力和领导水平的有力保障。党的十八大以来，以习近平同志为核心的党中央，不断在继承党的优良传统中进行创新，坚持走思想建党和制度治党相结合的道路，完善包括"党的组织法规制度、党的领导法规制度、党的自身建设法规制度、党的监督保障法规制度"① 在内的党内制度体系建设。一是将"问题意识"贯彻落实到制度制定与运行的过程中，坚持自我查摆问题、批评与自我批评的方式，党员干部问责制和党内外监督机制，通过发现问题、解决问题以及从问题中吸取教训的一系列流程，建立起一套科学完备的制度体系，为权力的运用拉起带电的高压线。二是将制度建设贯穿到党员教育管理全过程之中，推动教育制度化、规范化、常态化发展，形成尊崇制度与落实制度的良性循环，规范党员按照规章制度办事的行为，坚持"令在必信，法在必行"，提高制度执行力。

因此，提高党的执政能力，要坚持思想建党与制度治党相结合，坚持内在信仰与外在约束相结合，遵循新形势下党的执政规律，汇聚同向合力，推动党的科学执政、民主执政和依法执政不断前进。

第二，全面增强党的执政本领要转换站位，坚持以人为本与执政为民相统一。中国共产党成立百年来的实践表明：中国共产党的初心和使命就是全心全意为人民服务，群众基础是我们党的执政之基，人民群众的选择是我们党执政地位的根本所在。马克思主义认为，人民群众是历史的创造者，是实践的主体，是变革社会的决定力量。作为马克思主义执政党，我们党从成立之始就以人民的实际需求作为奋斗方向，坚持以马克思主义科学的世界观和方法论为指导，并不断结合中国实际着力推动马克思主义的中国化，走出一条既不同于封闭僵化老路，也不同于改旗易帜邪路的中国特色社会主义道路，以人民为中心则是这条道路最鲜亮的底色。这一根本思想不同于封建社会的"民本"思想，我们党的群众路线是在历史唯物主义视域下，找准人民公仆定位，自觉以实现最广大人民的根本利益为目标的执政党，而不是身居高位，以统治者的姿态驾驭历史走向，以维护封建统治为目标的利益集团。正因此，坚持以人民为中心是我们党区别于其他政党组织的关键所在。就其来源而言，我们党的权力由人民赋予，深深根植于人民群众之中，如果失去这一根基，党的执政地位也就丧失其存在的意义；就其重要性而言，古有"得民心者得天下"的论断、有"水可载舟亦可覆舟"的阐述，亦有"顺乎天而应乎人"的见地，今有"保持党同人民群众的血肉联系"、"厚植党执

---

① 习近平：《关于加强党内法规制度建设的意见》，载于《人民日报》2017 年 6 月 26 日。

政的群众基础"、"组织动员广大人民群众坚定不移跟党走"① 的经典表述，都在强化一个观念：重视人民群众的力量，遵循人民群众作为政党执政之基的基本规律，关系到其执政地位和前途命运。

国以人为本，党以民为基。一个政党是否致力于实现最广大人民的根本利益，是否全心全意为人民服务，是判断其先进性的标准。我们党自成立之初，受占人口绝大多数的工人阶级和劳动人民委托，代表和带领人民群众坚定地奋斗在伟大梦想的征程中。尽管今天的时代局势与往日相比已发生巨大变化，但以人为本与执政为民的优良传统依然在今天党的执政能力建设中生生不息。我们的共产党员必须紧紧依靠人民群众，抵制住金钱、权力及西方腐朽思想的诱惑，积极接受人民群众监督，不为一己之私谋利，才能永葆党组织的先进性与纯洁性。

第三，全面增强党的执政本领要规绳矩墨，坚持党的纪律与优良传统相统一。"欲知平直，则必准绳；欲知方圆，则必规矩。"② 就其必要性而言，习近平同志指出"没有规矩不成其为政党，更不成其为马克思主义政党"③。就其重要性而言，习近平同志强调："如果管党不力、治党不严，纪律松弛、组织涣散，正气上不来、邪气压不住，人民群众反映强烈的党内突出问题得不到及时有效解决，那么我们党迟早会出大问题。"④ 党的纪律法规是每一位共产党员都应遵守的铁律，加强党的纪律是提升党的执政能力的必然要求；党的优良传统是我们党在长期的建设中积累的有效经验，继承与弘扬党的优良传统是每一位共产党员都应担当的责任。增强党的执政本领，一方面要依托党章党规和国家法律法规等明文规定的规章制度，坚决维护党中央的权威，严明党内各项纪律和规矩，时刻做好应对精神懈怠和消极腐败危险的准备，守住违纪与犯罪的底线；另一方面要提高政治敏锐度与思想觉悟，时刻牢记自身身份，树立优秀党员的典型，充分发挥支部战斗堡垒与党员先锋模范作用，弘扬亮剑精神，勇于担当时代重任，彰显出共产党人的独有的政治本色。面对新的历史条件的考验，我们党更要以"狭路相逢勇者胜"的气魄，把纪律挺在前面，以严以律己的决心，不断增强中国共产党的执政本领，推动中国特色社会主义事业向前发展。

第四，全面增强党的执政本领要正风肃纪，坚持反腐败斗争与廉政建设相统一。"奢靡之始，危亡之渐"，反腐败斗争往往关乎一个政党甚至国家的存亡。我们党已经带领和团结全国各族人民走过许多锐意进取的非凡岁月，对于

---

① 习近平：《决胜全面建成小康社会 夺取新时代中国特色社会主义伟大胜利——在中国共产党第十九次全国代表大会上的报告》，载于《人民日报》2017年10月28日。

②③ 《中国共产党第十八届中央纪律检查委员会第五次全体会议公报》，载于《人民日报》2015年1月15日。

④ 习近平：《关于党风廉政建设和反腐败斗争论述摘编》，中央文献出版社2015年版，第34页。

执政党而言，越是长期执政，拒腐防变的任务就越艰巨。尽管在不同的历史时期，腐败及反腐的形式与内容各有不同，但归根到底体现的都是权力与欲望的矛盾。权力的两面性为腐败的滋生提供契机，正因为权力的运用不可避免地要加之于人的主观意志，使其存在走向腐败一端的潜在风险。因此，防治腐败成为我们党和国家需要一贯坚持的方针政策，而要从根本上解决腐败问题，首先就要将权力关进制度的牢笼之中，遏制住将潜在问题转化为现实问题的可能趋势，通过制度的硬性约束"处置腐败存量，遏制腐败增量……铲除不良作风和腐败现象滋生的土壤，推动形成不敢腐、不能腐、不想腐的有效机制"①。通过对历史上反腐败斗争经验的借鉴，根据具体情况不断更新对策以解决新的问题。其次，要不断深化对党的执政规律的认识，以期能够进一步探索出解决腐败问题更加行之有效的方式方法，在反腐败斗争道路上取得突破性进展，反过来进一步推动党的执政能力的提升。再次，除大力反腐之外，更应在党员廉政教育与日常管理上下功夫，凭借大数据平台等最新技术的运用加强党风廉政建设，引导广大党员同志树立为政清廉的价值目标，从道德追求上培养心存敬畏的工作作风，营造风清气正的良好氛围，构建为民务实的政治生态。因此，广大党员同志要"不断提升人文素养和精神境界，去庸俗、远低俗、不媚俗，做到修身慎行、怀德自重、清廉自守，永葆共产党人政治本色。"② 最后，党内外的监督必不可少，需同党内法律法规、党员廉政教育和个人自重自持一道形成反腐合力，它是促进党内反腐败斗争与廉政建设的有力保证，也是同人民群众保持血肉联系的重要行动之一。

"历史车轮滚滚向前，时代潮流浩浩荡荡"③。站在新的历史起点上，党和国家迎来更加艰巨的任务与挑战，但历史已相继证明，办好中国的事情，关键在党。我们党始终是马克思主义的执政党，始终是勇立潮头的先锋，始终是以人民为中心带领国家走向繁荣富强的领导核心。"绳短难以汲深井，浅水难以负大舟"，承担着新的历史责任和时代使命，我们的党更要不断增强自身执政能力，勇于攻坚克难，勇于战胜前进道路上的各种艰难险阻，练就过硬本领，才能在实现伟大梦想的征程中更加坚定！

---

① 习近平：《加强反腐倡廉法规制度建设 让法规制度的力量充分释放——在中共中央政治局第二十四次集体学习时的讲话》，载于《人民日报》2015年6月28日。
② 习近平：《增强全面从严治党系统性创造性实效性》，载于《人民日报》2017年1月7日。
③ 习近平：《决胜全面建成小康社会 夺取新时代中国特色社会主义伟大胜利——在中国共产党第十九次全国代表大会上的报告》，载于《人民日报》2017年10月28日。

第三节　科学布局：推进"五位一体"和"四个全面"

作为习近平新时代中国特色社会主义思想的核心内容之一，总体布局和战略布局是对建设中国特色社会主义实践的总体指导。习近平在党的十九大报告中指出，明确中国特色社会主义事业总体布局是"五位一体"、战略布局是"四个全面"，这种对中国特色社会主义事业建设布局的高度概括和凝练，集中反映了我们党对如何完成科学社会主义在当今时代的时代任务的理论思考。总体布局和战略布局，不同于前文所讨论的思想和领导力量方面的实践方略，它们是新思想中对当下社会主义事业"做什么"和"怎么做"的直接部署，是党在不断回答新时代建设的课题过程中逐渐提出的，因而尤其具有鲜明的时代性和实践性。自总体布局和战略布局确立以来，已经为中国的社会主义事业的建设提供了强大的指导意义，并还将对未来的社会主义建设发挥引领作用。本节将在论述总体布局和战略布局形成的历史基础之上，阐明总体布局和战略布局的实践意义。

一、总体布局和战略布局的内涵和关系

建设中国特色社会主义总体布局是"五位一体"，这首先是在党的十八大报告中明确提出了基本概念框架，即将"五位一体"总体布局阐述为全面推进经济建设、政治建设、文化建设、社会建设、生态文明建设，实现以人为本、全面协调可持续的科学发展。党的十九大中再一次明确了"五位一体"的总体布局，并进一步吸收了党的十八大以来逐步形成的关于"四个全面"的论述，即全面建成小康社会、全面深化改革、全面依法治国、全面从严治党，将之作为建设中国特色社会主义的战略布局。总体布局和战略布局的提出都源自当前的中国特色社会主义建设的实际，对当前和今后一个时期社会主义现代化建设工作中的关键领域、重点环节、主攻方向做出了清晰明确的部署，并随着实践的具体推进而对布局内涵加以发展完善（从"全面建成小康社会"改为"全面建设社会主义现代化国家"），构成了推动改革开放和社会主义现代化建设迈上新台阶的强力保障。

"五位一体"的总体布局和"四个全面"的战略布局都紧扣新时代中国特色社会主义的实践主题，联系紧密，但二者又有不同的侧重点，对社会主义现代化建设有不同的具体指导意义和路径。因此，要正确地理解总体布局和战略布局对

当前中国实践的指导意义，我们首先需要正确把握二者之间的关系。

第一，总体布局和战略布局的提出是时代和实践的要求。马克思曾经说过："人们自己创造自己的历史，但是他们并不是随心所欲地创造，并不是在他们自己选定的条件下创造，而是在直接碰到的、既定的、从过去承继下来的条件下创造。"① 总体布局和战略布局是中国人民自己创造的历史，但却是从时代和历史的条件下创造的。习近平同志在党的十九大报告中指出"十八大以来，国内外形势变化和我国各项事业发展都给我们提出了一个重大时代课题，这就是必须从理论和实践结合上系统回答新时代坚持和发展什么样的中国特色社会主义、怎样坚持和发展中国特色社会主义，包括新时代坚持和发展中国特色社会主义的总目标、总任务、总体布局、战略布局和发展方向、发展方式、发展动力、战略步骤、外部条件、政治保证等基本问题。"② 因此，中国特色社会主义的理论创新，特别是对中国特色社会主义事业的布局，正是在从过去继承下来的现实条件中做出的。这些现实条件是指：一方面，自改革开放以来，我国经济高速发展，科技突飞猛进，综合国力日益强大，国际地位空前提高，我国前所未有地靠近世界舞台的中央；但另一方面，从国内来看，我国的发展过程中还存在不平衡不充分的问题，从国际来看，国际形势也处于大变革大调整大发展的局面。这既是习近平新时代中国特色社会主义思想创立的实践背景，又是其要解决的实践难题。这样的实践背景是习近平同志在党的十九大报告中作出总体布局是"五位一体"和战略布局是"四个全面"的出发点和实践来源。

第二，总体布局和战略布局分别有所侧重。尽管"五位一体"与"四个全面"都是对当下社会主义事业的布局，但在内容目标和时间跨度上分别有所侧重。首先，在内容目标上，总体布局强调的是"总"，涉及的是全部社会主义建设事业，坚持经济、政治、文化、社会、生态文明建设的全面推进和协调发展，才能把中国建设成为富强民主文明和谐的社会主义现代化国家。而战略布局，从内容看主要指的是以全面建成小康社会、全面建设社会主义现代化国家为中心的战略体系，包括战略目标、动力、保证和保障等。目的则是实现当下的战略目标：党的十八大以来，党中央从坚持和发展中国特色社会主义全局出发，提出并形成了全面建成小康社会、全面深化改革、全面依法治国、全面从严治党的战略布局；党的十九届五中全会提出"协调推进全面建设社会主义现代化国家、全面深化改革、全面依法治国、全面从严治党的战略布局"。也就是说，全面建成小康社会、全面建设社会主义现代化国家是战略布局的基本目标，而全面深化改革

① 《马克思恩格斯文集》（第2卷），人民出版社2009年版，第470~471页。
② 习近平：《决胜全面建成小康社会 夺取新时代中国特色社会主义伟大胜利——在中国共产党第十九次全国代表大会上的报告》，载于《人民日报》2017年10月28日。

与全面依法治国是实现这一目标的根本动力与制度保证，全面从严治党则是实现这一目标的基本保障。因此，从内容和目标来看，总体布局和战略布局侧重的要点不同。

其次，内容目标决定了在时间跨度上，总体布局是相对长期的布局，从党的十八大以来的社会主义初级阶段，都需要坚持以经济、政治、文化、社会、生态文明这"五位一体"的统筹建设。尽管在不同历史阶段，我国在经济、政治、文化、社会和生态文明建设的具体任务和目标上有所区别，以经济建设为例，我们的目标不再是全国工农业生产总值翻几番的量的要求，而是要深化供给侧结构性改革，把提高供给体系质量作为主攻方向，显著增强我国经济质量优势；然而，在未来较长的一段时间内，即社会主义初级阶段中，我国都需要保证"五位一体"的统筹建设，这就意味着不能顾此失彼，或以牺牲其他文明建设为代价来实现物质文明建设。相较而言，战略布局则是较为短期的布局。"这个战略布局，既有战略目标，也有战略举措，每一个'全面'都具有重大战略意义。"全面建成小康社会、全面建设社会主义现代化国家是我们的战略目标，全面深化改革、全面依法治国、全面从严治党是三大战略举措。

再次，总体布局和战略布局统一于实践之中。尽管总体布局和战略布局各有侧重，但是二者又统一于中国特色社会主义的建设过程之中。例如，在经济建设方面，面对经济新常态，加快供给侧结构性改革，切实转变经济增长方式，提升经济发展的科技含量、内在质量、自身活力与国际竞争力，保持稳中有进、不断趋好的总态势，中国的经济总量已经稳居世界第二，这就为我们全面建成小康社会、全面建设社会主义现代化国家的战略目标的实现提供了扎实的经济基础；在政治建设上，坚持走中国特色社会主义政治发展道路，直面党长期执政面对的"四大考验""四种危险"，把坚持党的领导与从严管党治党、不断提高党治国理政能力和水平有机统一起来，把党的政治建设作为党的根本性建设，不断增强党的政治领导力、思想引领力、群众组织力、社会号召力，确保党始终成为中国特色社会主义事业的坚强领导核心，这同样是全面从严治党的内在要求；在社会建设上，坚持以人民为中心的发展思想，努力改善民生，大力推进"精准扶贫"与"精准脱贫"，强调人民整体利益一致性与兼顾不同群体具体利益的有机统一，提升全体人民的生活质量和获得感，不断推进社会公平正义与和谐安定，这既是为实现全面建成小康社会、全面建设社会主义现代化国家的战略目标的举措，也是全面深化改革在社会建设领域的具体表现。因此，总体布局和战略布局在对实践的指导中是相互融合相互支持的。

因此，"五位一体"的总体布局与"四个全面"的战略布局具有着辩证联系，它们既各有侧重，又源起于和统一于中国实践之中。"五位一体"是针对我们国家整个社会主义初级阶段而言的一个宏伟目标，具有导向性和激励性，又具有全局性和原则性。"四个全面"战略布局既有具体的奋斗目标，又有具体的战略措施和保障，构成了一个完整的体系。二者在具体的实践当中是相互交融的，战略布局的具体实施体现了总体布局的内在要求，而总体布局在本阶段的一个历史任务就是完成战略布局的目标，战略布局的实现也为总体布局奠定了基础，因此，要正确理解二者的关系就必须深入到实践之中。

二、"五位一体"和"四个全面"的历史演变

从历史的角度而言，"五位一体"的总体布局和"四个全面"的战略布局提出的演变过程正反映了中国特色社会主义回答不同实践的根本问题的过程。在本节中，我们将会探究中国的实践如何影响了总体布局和战略布局的演变，而理论的演变又将如何影响中国特色社会主义的实践。

首先，对经济、政治、文化、社会、生态文明建设的统筹布局并非自中国特色社会主义的开端就有的。"五位一体"的总体布局的演变过程反映了中国在不同阶段的实践要求。

中国特色社会主义事业总体布局以党的十一届三中全会为新的起点，我国进入社会主义现代化建设新时期。这个时期，我们高举中国特色社会主义伟大旗帜，不断推进改革开放，建立和完善社会主义市场经济，极大地解放和发展了社会生产力，经济总量跃居世界第二位，人民生活实现了从温饱到总体小康的历史性跨越。中国特色社会主义建设随着道路的拓展、理论的创新不断向前，总体布局从经济建设、政治建设、文化建设"三位一体"发展为经济建设、政治建设、文化建设、社会建设、生态文明建设"五位一体"。与此同时，中国特色社会主义制度不断完善，不仅形成了适合中国国情、富有中国特色的基本政治制度和经济制度，以及建立在这些制度基础上的经济体制、政治体制、文化体制、社会体制，而且这些制度的优越性及其在国家政治经济生活中的作用日益彰显。

十一届三中全会以后，以邓小平同志为主要代表的中国共产党人开创性地提出了建设有中国特色社会主义的命题，开启了我国社会主义事业的新篇章，也构成了马克思主义中国化的一次伟大的飞跃。在1986年9月党的十二届六中全会通过的《中共中央关于社会主义精神文明建设指导方针的决议》中，第一次明确提出了"总体布局"这一概念。其中指出："我国社会主义现代化建设的总体布局是：以经济建设为中心，坚定不移地进行经济体制改革，坚定不移地进行政治体制改革，坚定不移地加强精神文明建设，并且使这几个方面互相配合，互相促进。"其中特别强调了精神文明建设的重要性："全党同志必须从这个总体布局的

高度，正确认识社会主义精神文明建设的战略地位。以马克思主义为指导的社会主义精神文明是社会主义社会的重要特征。"这一时期，改革开放成为中国的一项基本国策，并成为社会主义事业发展的强大动力。全面对内改革，除了对经济体制改革的重视以外，也重视包括政治体制改革在内的上层建筑变革。经济体制改革中，将计划经济体制转移到市场经济体制；政治体制改革，把扩大民主同健全法制结合起来。然而，在改革开放的转型期间，在传统与现代，在民族与国际的对撞之中，除了给物质文明建设带来了挑战和机遇之外，精神文明也面临着各种思潮的冲击。因此，在这一时期，党的领导人注意到这一现象："精神文明建设在许多方面同社会主义现代化建设、同改革和开放的形势不相适应，对精神文明建设的重要性还缺乏足够的认识，实际工作中指导方针的问题还没有完全解决，党内和社会上一些严重的消极现象还有待我们用很大努力去消除。全面地估计精神文明建设的现状，充分地认识加强精神文明建设的紧迫性和长期性，才能坚持不懈地把这方面工作抓上去，否则就会贻误全局。"可见，这一时期在注重物质文明建设的同时，特别提出了要重视人民的精神文明建设。而从中国这段时期的实践来看，强调物质文明和精神文明建设的"两手抓"是改革开放实践初期的必然要求。

以江泽民同志为主要代表的中国共产党人将物质文明和精神文明进一步拓展和深化，明确提出建设有中国特色的社会主义经济、政治和文化。江泽民在1991年庆祝中国共产党成立70周年大会上的讲话中，就明确指出，党的基本路线和十三届七中全会提出的十二条原则，"总起来说，就是要通过社会主义制度的自我完善和发展，建设有中国特色社会主义的经济、政治、文化，以适应和促进社会生产力的不断发展和社会的全面进步，实现社会主义现代化"。在这一论述中，可以看出，在这一时期，实现社会主义现代化是我国发展社会主义的目标，而社会主义现代化的应有之义不仅是经济的发展和生产力的提升，更强调社会的"全面进步"，这一全面进步就是指政治和文化建设也应当与经济建设相匹配："有中国特色社会主义的经济、政治、文化，是有机统一、不可分割的整体。"2002年11月江泽民同志在党的十六大报告中进一步详细地指出政治建设和文化建设是全面建设小康的目标："发展社会主义民主政治，建设社会主义政治文明，是全面建设小康社会的重要目标。必须在坚持四项基本原则的前提下，继续积极稳妥地推进政治体制改革，扩大社会主义民主，健全社会主义法制，建设社会主义法治国家，巩固和发展民主团结、生动活泼、安定和谐的政治局面。""全面建设小康社会，必须大力发展社会主义文化，建设社会主义精神文明。当今世界，文化与经济和政治相互交融，在综合国力竞争中的地位和作用越来越突出。文化的力量，深深熔铸在民族的生命力、创造力和凝聚力之中。全党同志要深刻认识文化建设的战略意义，推动社会主义文化的发展繁荣。"可以看到，这一布局又是来自新的实践背景，正如十六大开篇所说，"当人类社会跨入二十一世纪的时候，我国进入全面建设小康社会、加快推进社会主义现代化的新的发展阶段。国际局势正在发生深刻变化。世界多极化和经济全球化的趋势在曲折中发展，科技进步日新月异，综合国力竞争日趋激烈。"此时的时代背景在于，在世纪初我们已经形成了总体小康，然而这种小康还是低水平的、不全面的、发展很不平衡的小康。全面建成小康社会的目标，以及人民对于物质文化生活的需要，都要求全面地发展，即除了生产力的提高之外，在民主法制建设和思想道德建设上要解决不容忽视的问题。这一实践要求促使了"三位一体"的产生。因此，党的十六大指出，"全面建设小康社会，开创中国特色社会主义事业新局面，就是要在中国共产党的坚强领导下，发展社会主义市场经济、社会主义民主政治和社会主义先进文化，不断促进社会主义物质文明、政治文明和精神文明的协调发展，推进中华民族的伟大复兴。"通过对社会主义政治建设和文化建设的进一步补充和发展，党对社会主义事业正式形成了"三位一体"的布局。

党的十六大以后，以胡锦涛同志为主要代表的中国共产党人，从中国特色社会主义初级阶段的实际出发，以初级阶段的基本路线为总依据，提出了科学发展观、构建社会主义和谐社会等一系列重大战略思想。2004年在党的十六届四中全会通过的《中共中央关于加强党的执政能力建设的决定》中，党中央明确提出了构建社会主义和谐社会的战略任务。和谐社会是指一种和睦、融洽和人民群众齐心协力的社会状态。2005年以来，"和谐社会"被视为一种执政的战略任务，"和谐"的理念要成为建设"中国特色的社会主义"过程中的价值取向。"民主法治、公平正义、诚信友爱、充满活力、安定有序、人与自然和谐相处"是和谐社会的主要内容。党的十七大首次把"社会建设"作为中国特色社会主义事业总体布局的一个方面，指出"社会建设与人民幸福安康息息相关。必须在经济发展的基础上，更加注重社会建设，着力保障和改善民生，推进社会体制改革，扩大公共服务，完善社会管理，促进社会公平正义，努力使全体人民学有所教、劳有所得、病有所医、老有所养、住有所居，推动建设和谐社会。"并且指出在过去五年当中，"社会建设全面展开：各级各类教育迅速发展，农村义务教育全面实现。就业规模日益扩大。社会保障体系建设进一步加强。抗击非典取得重大胜利，公共卫生体系和基本医疗服务不断健全，人民健康水平不断提高。社会管理逐步完善，社会大局稳定，人民安居乐业。"党的十七大正式确立了中国特色社会主义经济建设、政治建设、文化建设和社会建设"四位一体"的总体布局，标志着我们党在关于中国特色社会主义总体布局上的认识，达到了一个新的高度。同时，科学发展观的形成意味着在推进四大建设的同时，还暗含了建设生态文明的建设目标，这已经蕴含着后来"五位一体"的布局。

随着现代社会的发展，资源的紧缺、环境的治理问题越来越成为制约各个国家经济长远发展的关键因素。党的十七届五中全会进一步指出：把建设资源节约型、环境友好型社会作为加快转变经济发展方式的重要着力点，提高生态文明水平。在庆祝中国共产党成立90周年大会上的讲话中，胡锦涛同志进一步强调：不断在生产发展、生活富裕、生态良好的文明发展道路上取得新的更大的成绩。将与人民幸福安康息息相关的社会建设明确为总体布局之一，并对生态文明建设有了充分地重视，这些理论的创新反映了社会主义事业的发展道路上面临的新课题和新任务。

18世纪中叶以来，人类历史上先后发生了三次工业革命，分别是以"蒸汽""电力""信息"为主要动力的工业革命。这三次工业革命发源于西方国家，并由他们的创新所主导。这三次工业革命使得人类发展进入了空前繁荣的时代，将生产力发展到此前数千年不曾达到的地步。与此同时，也造成了巨大的能源、资源消耗，付出了巨大的环境代价、生态成本，急剧地扩大了人与自然之间的矛盾。进入21世纪之后，人类面临空前的全球能源与资源危机、全球生态与环境危机、全球气候变化危机的多重挑战，由此引发了第四次工业革命——绿色工业革命，生产从自然要素投入为特征，到以绿色要素投入为特征。在这样的实践背景之下，党的十八大报告明确指出，建设中国特色社会主义，总布局是经济建设、政治建设、文化建设、社会建设、生态文明建设五位一体。2012年11月17日，习近平总书记在十八届中共中央政治局第一次集体学习中指出，党的十八大把生态文明建设纳入中国特色社会主义事业总体布局，使生态文明建设的战略地位更加明确，有利于把生态文明建设融入经济建设、政治建设、文化建设、社会建设各方面和全过程。由此可见，中国特色社会主义事业"五位一体"的总体布局，是我们党对领导社会主义建设历史经验和实践经验的科学总结，是中国共产党几代中央领导集体共同探索的结果，是党的集体智慧的结晶。

其次，"四个全面"的战略布局也包含了一个逐步形成的过程。更加深入地探究"四个全面"的形成过程，会更好地帮助我们理解习近平新时代中国特色社会主义思想的形成、发展和深化。

"全面建成小康社会"最早于2000年10月中共十五届五中全会上提出，根据中国"已经实现了现代化建设的前两步战略目标，经济和社会全面发展，人民生活总体上达到了小康水平"的实际，明确提出"从新世纪开始，我国将进入全面建设小康社会，加快推进社会主义现代化的新的发展阶段"。2002年11月党的十六大报告中正式提出"全面建设小康社会"目标："我们要在本世纪头二十年，集中力量，全面建设惠及十几亿人口的更高水平的小康社会，使经济更加发展、民主更加健全、科教更加进步、文化更加繁荣、社会更加和谐、人民生活更加殷实。"中共十八大以来，中共中央进一步确立了以全面建成小康社会为目标引领的"四个全面"战略布局，并提出了一些新构想和新要求，进一步丰富了其内涵。全面建成小康社会作为"四个全面"中的战略目标，是一个包括经济、政治、文化、社会和生态文明建设以及国防和军队建设等方面全面协调发展的战略目标。

"全面深化改革"在党的十八大中已经明确提出该战略任务，并纳入"四个全面"战略布局之中。但是，其具体表述则有一个从"全面深化改革开放"到"全面深化改革"的演变过程。党的十八大以来，习近平总书记指出："面对未来，要破解发展面临的各种难题，化解来自各方面的风险和挑战，更好发挥中国特色社会主义制度优势，推动经济社会持续健康发展，除了深化改革开放，别无他途。"① 正是基于这一认识，中共中央在认真总结经验、深入调查研究的基础上进一步理清了思路，进行了顶层设计，研究制定了全面深化改革的总体方案。2013 年 11 月，中共十八届三中全会审议并通过了《关于全面深化改革若干重大问题的决定》，明确提出全面深化改革的指导思想、目标任务、重大原则和具体举措，对在新的历史起点上全面深化改革做出了全面部署。全面深化改革作为"三大战略举措"之一，将通过完善和发展中国特色社会主义制度，推进国家治理体系和治理能力现代化，为实现全面建成小康社会目标并进而实现第二个百年奋斗目标和中华民族伟大复兴的中国梦提供不竭的动力。

"全面依法治国"的表述则在 2014 年 12 月 31 日全国政协新年茶话会上的讲话中，习近平总书记首次使用。依法治国，即广大人民群众在中国共产党的领导下，依照宪法和法律规定，通过各种途径和形式管理国家事务，管理经济文化事业，管理社会事务，保证国家各项工作都依法进行。党的十八大以来，中共中央就全面依法治国做出了系统部署，并将其纳入"四个全面"战略布局。在"四个全面"中，全面依法治国将通过建设中国特色社会主义法治体系、促进国家治理体系和治理能力现代化，为实现全面建成小康社会目标并进而实现第二个百年奋斗目标和中华民族伟大复兴的中国梦提供有力的法治保障。

治国必先治党，治党务必从严。坚持党要管党、从严治党，是我们党从长期的执政党建设实践中得出的重要结论，也是在新的历史条件下加强和改进党的建设必须长期坚持的指导方针。中共十八大以来，中共中央认识到对我们这样一个在 14 多亿人口大国长期执政的大党，管党、治党一刻不能松懈。"如果管党不力、治党不严，人民群众反映强烈的党内突出问题得不到解决，那我们党迟早会

---

① 《习近平谈治国理政》，外文出版社 2014 年版，第 86 页。

失去执政资格，不可避免被历史淘汰。"① 习近平总书记指出："打铁还需自身硬。我们的责任，就是同全党同志一道，坚持党要管党、从严治党，切实解决自身存在的突出问题，切实改进工作作风，密切联系群众，使我们党始终成为中国特色社会主义事业的坚强领导核心。"② 2014 年 10 月，他在党的群众路线教育实践活动总结大会上的讲话中，进一步明确提出了全面推进从严治党的要求并做出了具体部署。12 月，他在江苏考察调研时进一步使用了"全面从严治党"的表述，强调"全面从严治党是推进党的建设新的伟大工程的必然要求"。全面从严治党体现了我们党面对"四大考验"和"四大危险"的清醒认识。全面从严治党意味着，通过锻造坚强的领导核心、提高党的执政能力和执政水平，为实现全面建成小康社会目标并进而实现第二个百年奋斗目标和中华民族伟大复兴的中国梦提供坚强的政治保证。

习近平同志在 2014 年江苏考察调研时进一步明确使用了"全面从严治党"的表述，而且将其与先前提出的"三个全面"相提并论，意味着"四个全面"的内容已经正式形成。之后，又在多个场合反复强调要协调推进全面建成小康社会、全面深化改革、全面依法治国、全面从严治党，并于 2015 年 2 月 2 日在省部级主要领导干部学习贯彻党的十八届四中全会精神全面推进依法治国专题研讨班开班式上首次明确使用了"四个全面"概念。他指出："党的十八大以来，党中央从坚持和发展中国特色社会主义全局出发，提出并形成了全面建成小康社会、全面深化改革、全面依法治国、全面从严治党的战略布局。这个战略布局，既有战略目标，也有战略举措，每一个'全面'都具有重大战略意义。全面建成小康社会是我们的战略目标，全面深化改革、全面依法治国、全面从严治党是三大战略举措。要……努力做到'四个全面'相辅相成、相互促进、相得益彰。"③ 这标志着"四个全面"的正式确立，也标志着"四个全面"表述的定型。

"四个全面"正式形成和确立后，习近平总书记又对其作过多次阐述，其中有些论述直接涉及"四个全面"的定位问题。例如，他强调要用"四个全面"引领各项工作，协调推进"四个全面""是当前党和国家事业发展中必须解决好的主要矛盾。我们既要注重总体谋划，又要注重牵住'牛鼻子'"④。又如，我们立足中国发展实际，坚持问题导向，逐步形成并积极推进"四个全面"的战略布局，"这是中国在新的历史条件下治国理政方略"。"四个全面"的提出和形成，

① 习近平：《在庆祝中国共产党成立 95 周年大会上的讲话》，载于《人民日报》2016 年 7 月 2 日。
② 习近平：《人民对美好生活的向往就是我们的奋斗目标》，载于《人民日报》2012 年 11 月 16 日。
③ 习近平：《领导干部要做尊法学法守法用法的模范带动全党全国共同全面推进依法治国》，载于《人民日报》2015 年 2 月 3 日。
④ 习近平：《坚持运用辩证唯物主义世界观方法论提高解决我国改革发展基本问题本领》，载于《人民日报》2015 年 1 月 25 日。

可以说"确立了新形势下党和国家各项工作的战略目标和战略举措，为实现'两个一百年'奋斗目标、实现中华民族伟大复兴的中国梦提供了理论指导和实践指南。"①

特别是在党的十九届五中全会上，习近平总书记对"四个全面"战略布局又作了新的发展，与时俱进地提出了"全面建设社会主义现代化国家"的新内容。这是我国步入新发展阶段后协调推进"四个全面"战略布局的最新表述，与此前的"四个全面"战略布局相比，战略目标、发展环境和发展任务发生了改变，而三大战略举措、协调推进的工作方法、相得益彰的效果追求没有发生变化。战略目标上的变化主要源于，当前我国脱贫攻坚战已经取得全面胜利，完成了消除绝对贫困的艰巨任务。正如习近平同志在中国共产党成立一百周年的重要时刻，向全党、全国乃至全世界庄严宣告时指出："经过全党全国各族人民持续奋斗，我们实现了第一个百年奋斗目标，在中华大地上全面建成了小康社会，历史性地解决了绝对贫困问题，正在意气风发向着全面建成社会主义现代化强国的第二个百年奋斗目标迈进。"② 在"两个一百年"奋斗目标的时空交汇处，将战略目标由"全面建成小康社会"提升为"全面建设社会主义现代化国家"，既是立足于我国新发展阶段的现实需要，又符合人民群众的热切期盼，也有利于进一步推动解决突出矛盾和现实问题，准确理解并科学把握新的工作重点。

总而言之，总体布局是党在推进现代化建设过程中，依据实践成果和思想成果，逐步形成和丰富发展起来，因而折射出党的自我提升的过程和高度。从物质文明建设和精神文明建设到经济、政治、文化建设的"三位一体"，再到经济、政治、文化、社会建设的"四位一体"，再到十八大提出的"五位一体"，这种演变正是中国特色社会主义建设不断深入的写照。三次理论的创新体现了党与时俱进的特点和执政能力的提升。而战略布局也走了一个逐步丰富发展的过程，内含着党和国家最高领导人的执政思想和理念，遵循的是实践中探索，探索中实践，或者说实践到理论、理论指导实践的规律，体现了理论与实践相互促进的过程。

三、"五位一体"和"四个全面"的个案剖析

"五位一体"的总体布局与"四个全面"的战略布局在中国特色社会主义事

---

① 习近平：《在庆祝"五一"国际劳动节暨表彰全国劳动模范和先进工作者大会上的讲话》，载于《人民日报》2015年4月29日。

② 习近平：《在庆祝中国共产党成立100周年大会上的讲话》，载于《人民日报》2021年7月2日。

业当中发挥着重要的指导意义，在此我们即以"新基建"为例，以"解剖麻雀"的方式，展现在当下的实际发展过程当中，"五位一体"和"四个全面"的布局理念如何照进现实、发挥切实的指导作用。

面对新时代中华民族伟大复兴战略全局和世界百年未有之大变局的新情况新挑战，以习近平同志为核心的党中央对"新基建"进行了专门的部署。所谓新基建，全称是新型基础设施建设，指的是以新发展理念，为引领以技术创新为驱动，以信息网络为基础，面向高质量发展需要，为数字转型、智能升级、融合创新等服务提供基础设施体系。2018年12月中央经济工作会议上，党中央将"加强人工智能、工业互联网、物联网等新型基础设施建设"确定为了2019年的一项重点工作任务，这是新基建首次出现在中央权威政治话语当中。2019年7月30日，中共中央政治局召开会议，提出"加快推进信息网络等新型基础设施建设"。

进入2020年，对新基建的论述和部署全面展开。1月3日国务院常务会议确定促进制造业稳增长的措施时，提出"大力发展先进制造业，出台信息网络等新型基础设施投资支持政策，推进智能、绿色制造"。2月14日中央全面深化改革委员会第十二次会议指出，"基础设施是经济社会发展的重要支撑，要以整体优化、协同融合为导向，统筹存量和增量、传统和新型基础设施发展，打造集约高效、经济适用、智能绿色、安全可靠的现代化基础设施体系"。3月4日中共中央政治局常务委员会召开会议，强调"要加大公共卫生服务、应急物资保障领域投入，加快5G网络、数据中心等新型基础设施建设进度"。4月1日习近平同志在浙江考察时强调："要抓住产业数字化、数字产业化赋予的机遇，加快5G网络、数据中心等新型基础设施建设，抓紧布局数字经济、生命健康、新材料等战略性新兴产业、未来产业，大力推进科技创新，着力壮大新增长点、形成发展新动能。"党中央密集部署之下，新型基础设施建设可谓迎来了"风口"。

在新基建迎来风口的实践中，可以看出"五位一体"的总体布局与四个全面的战略布局所发挥的巨大指导作用。一方面，新基建体现了将坚持经济、政治、文化、社会、生态文明建设的全面推进和协调发展的总体布局。新基建首先是在新时代坚持新发展理念的经济建设。"新基建"是我国经济高质量发展的必要条件，传统基建对我国的经济增长和供给侧结构性改革起到的作用较为有限，而"新基建"则通过数字经济和高端科技的快速发展为我国提供新一轮工业和科技革命的重要基础，是我国经济高质量发展的必要条件。新基建带来的更多是平台效应和对各个行业产业的赋能，要把握新一轮科技革命和产业变革的契机，充分发挥数字新技术、数字新基建、数据新要素以及数字经济新形态的赋能作用，有力支撑经济高质量发展和国家治理现代化。"新基建"需要发挥社会主义基本经

293

济制度的优势推动"新基建"为中国经济注入新动能，需要发挥社会主义基本经济制度的优势，让国有企业在"新基建"中发挥应有作用，积极吸收非公经济成分参与发展，充分发挥好混合所有制经济的作用。同时，正确处理好政府与市场关系，既要充分发挥市场调节作用，厚植"新基建"的发展动力，又要更好发挥政府作用，处理好企业利益与社会利益、局部利益与整体利益、短期利益与长期利益关系，从而使"新基建"走上健康发展道路。

同时，新基建也是为政治、文化、社会、生态文明建设提供基础设施。"新基建"是树立新发展理念的重要手段，通过对新一代信息技术、高端制造业和新型现代服务业的大力投入，不仅能够加速我国经济结构优化和投资带动，为我国的经济增长提供创新和持久的动力，还能够大幅提高我国教育、文化、医疗卫生、体育、养老和环保等领域的规模和质量，更好服务于消费升级，更好满足人民美好生活需要。例如，信息基础设施建设，在现代社会是各个建设的基础，包括以 5G、物联网、工业互联网、卫星互联网为代表的通信网络基础设施，以人工智能、云计算、区块链等为代表的新技术基础设施，以数据中心、智能计算中心为代表的算力基础设施等。另外，融合基础设施，主要指深度应用互联网、大数据、人工智能等技术，支撑传统基础设施转型升级，进而形成的融合基础设施，比如，智能交通基础设施、智慧能源基础设施等。这为社会建设、政治建设等信息一体化提供了基础。创新基础设施，主要是指支撑科学研究、技术开发、产品研制的具有公益属性的基础设施，比如，重大科技基础设施、科教基础设施、产业技术创新基础设施等。这种绿色发展的理念完全依照国家对于生态文明建设的布局。伴随着技术革命和产业变革，新型基础设施的内涵、外延也不是一成不变的，将持续跟踪研究。相比传统基建，科技创新驱动、数字化、信息网络这三个要素是所有关于新基建认知中的最大公约数，也是中国下一步发展的主要路径，是"五位一体"建设的基础。

以吉林省的新基建"761"方案为例，主要包括："七"是指七大新型基础设施，包括"5G"基础设施、特高压、城际高速铁路和城际轨道交通、新能源汽车充电桩、大数据中心、人工智能和工业互联网。"六"是指六网指智能信息网、路网、水网、电网、油气网、市政基础设施网。智能信息网方面，吉林省计划总投资 839 亿元。2020 年计划新建 5G 基站 7 500 个左右，实现地级市 5G 网络覆盖，到 2025 年，计划实现全省乡镇 5G 网络覆盖；面向智慧出行、智慧医疗、智慧教育、智慧疗养、智能安防等领域，推动开展人工智能场景应用示范，构建高性能计算、数据共享、测试验证等开源开放平台。路网总投资 5 102 亿元。重点整治"畅返不畅"农村公路，至 2025 年，新改建农村公路 3 500 公里，"断头路"200 公里、林道 700 公里、实施安防工程 3 000 公里、改造危桥 400 座，改造有河无桥 100 座；铁路、高速公路、省国道、机场共同建设，形成综合交通枢纽。水网总投资 1 308 亿元。开展 15 条重要支流治理、108 条中小河流治理，水生态系统功能初步恢复；深入推进农村供水工程，开展城乡供水一体化和规模化工程建设，农村自来水普及率达到 85% 以上，推进 380 万亩高标准农田建设。电网计划总投资 477 亿元；完善市域骨干网架，形成以 1 或 2 座 500 千伏变电站为中心、220 千伏电网双环网分区运行结构，加快配电网改造升级；新建 1.56 万个新能源汽车充电桩。油气网计划总投资 198 亿元；规划建设吉林 – 延吉 – 松原 – 白城 – 乌兰浩特等省内支干线管道、长输管道与城市门站连接线管道、建设中俄东线中段天然气管道；力争到 2025 年采暖季前全省具备 5 亿 ~ 8 亿立方米天然气储气能力。市政基础设施网计划总投资 2 117 亿元。实施长春智慧燃气、通化市智慧燃气等 27 个信息系统项目；新建改造雨水调蓄设施规模达到 257.86 万立方米；关注供暖，提升城市供热保障能力、扶持发展利用弃风电能、生物质发电和背压机组供热，推行智能化供热，改造列入计划的老旧小区二次管网。最后，"一"是指补一个短板，即社会事业补短板：总投资 921 亿元。教育、卫生、民政、文旅广电、体育全方面提升，补齐社会事业短板。①

另外，"新基建"也是"四个全面"指导的结果。首先，"新基建"体现了全面深化改革和全面依法治国。国家发展改革委要求，在新基建过程中，联合相关部门，深化研究、强化统筹、完善制度，重点做好四方面工作。这包括：加强顶层设计，研究出台推动新型基础设施发展的有关指导意见；优化政策环境，以提高新型基础设施的长期供给质量和效率为重点，修订完善有利于新兴行业持续健康发展的准入规则；抓好项目建设，加快推动 5G 网络部署，促进光纤宽带网络的优化升级，加快全国一体化大数据中心建设，稳步推进传统基础设施的"数字 +""智能 +"升级。同时，超前部署创新基础设施，做好统筹协调，强化部门协同，通过试点示范、合规指引等方式，加快产业成熟和设施完善。推进政企协同，激发各类主体的投资积极性，推动技术创新、部署建设和融合应用的互促互进。在这一过程中，要求政府部门各司其职，共同发展新基建。

其次，"新基建"体现了全面建成小康社会以及在此基础上开启全面建设社会主义现代化国家的目标。尤其是在 2020 年以来新冠肺炎疫情期间，智能制造、无人配送、在线消费、医疗健康等新兴产业展现出强大成长潜力，已经和水电气一样成为城市"基础设施"。同时，国人第一次大范围感受到 5G + 多种新兴技术所带来的效率提升。这背后也意味着对 5G、人工智能等"新基建"的巨大需求。

---

① 《吉林省人民政府关于印发吉林省新基建"761"工程实施方案的通知》，https：//xxgk.jl.gov.cn/szf/gkml/202004/t20200415_7111644.html.

远程办公、视频会议、在线教育这些大流量的应用快速兴起，对网络设施、数据中心、云计算设施等都提出了更高要求。疫情对中国经济供给侧和需求侧形成了双重压制。在供给侧方面，导致制造业和服务业工人离岗，工厂或服务场所关闭或半关闭，工厂制成品或服务供给下降。在需求侧方面，疫情的影响是分化的。一方面，其使得消费性生活品和防疫物资的需求大幅增加，在供给受到压制下导致消费者价格指数（CPI）大幅上升。另一方面，其压制工业原材料和制成品的需求，导致工业生产者出厂价格（PPI）下降。疫情后，因为出口和消费恢复需要一段时间，所以更应重视基建投资，特别是"新基建"投资对我国经济的拉动作用。

"新基建"与传统基建投资两者有一些共同点，比如均需要商业银行投放更多的信贷支持，同时均可以增加就业。但从拉动的对象和对经济高质量发展的影响来说，两者也有很大的不同。传统基建主要是指修路修桥修码头机场和港口等，显然其将增加钢铁、水泥和工程机械等传统行业的需求，如果过度投资，在一定程度上很容易形成过剩产能。而且，传统基建因需要更多体力型初级劳动者，因此其所解决的主要是低端劳动力就业问题。而5G和人工智能等硬的"新基建"与医疗和社会管理等软的"新基建"，适应了互联网化和数字化的需求，有助于培育经济新动能，不用担心未来形成落后的过剩产能；在就业方面，"新基建"需要更多脑力型劳动者，从而能缓解大学毕业生人才的就业压力。长远来看，对于劳动力质量提升和结构优化也会产生积极影响，因而从就业方面、从促进发展成果全民共享、从促进更平衡的发展层面而言，"新基建"都对我国中长期发展目标具有内在的契合性，是在"两个一百年"交汇点上布局未来、孕育优势、利国利民的大手笔。

第四节　外部保障：善处百年变局和战略机遇

坚持走和平发展道路，营造有利于坚持和发展中国特色社会主义的外部环境是新时代的中国根据时代发展和国家根本利益做出的实践指导。在新时代，世界进入了大发展大变革大调整时期，世界多极化、经济全球化、社会信息化、文化多样化以及新一轮的科技革命和产业革命给世界带来不一样的机遇和挑战，一些威胁世界和平和发展主流的因素层出不穷。在此过程中，中国作为维护世界和平、促进世界共同发展的重要力量凸显出来。习近平新时代中国特色社会主义思想指出，中国梦的实现需要和平，要实现我们的奋斗目标，必须有和平的世界环境。面对各种挑战，习近平新时代中国特色社会主义思想主张的和平发展道路为中国实际的对外策略给出了现实指导。

一、世界大发展大变革大调整对中国实践的机遇和挑战

习近平同志指出，当今世界正经历百年未有之大变局，我国发展的内部条件和外部环境正在发生深刻复杂变化。我们要保持经济社会持续健康发展，必须深入研判、深入调查、科学决策。① 当今世界，新一轮科技革命和产业革命变革加速演进，人工智能、大数据、物联网等新技术新应用新业态方兴未艾。科技革命给各国带来了机遇，同时也带来了挑战。世界多极化、经济全球化、社会信息化、文化多样化在科技革命的背景下进一步加深，各国的联系日益密切，人类的命运也日益休戚相关。"各民族的原始封闭状态由于日益完善的生产方式、交往以及因交往而自然形成的不同民族之间的分工消灭得越是彻底，历史也就越是成为世界历史。"② 这一方面加强了各国之间的经贸往来、文化交流，另一方面却又给各国增加了经济风险和文明冲突的可能。例如，世界经济增长乏力，金融危机随时可能波及世界各国，不同国家间的发展鸿沟日益突出，兵戎相见也时有发生，冷战思维和强权政治阴魂不散，恐怖主义、网络安全、重大传染性疾病、气候变化等非传统安全威胁持续蔓延。而过去以西方为主导的国际关系和治理理念已经越来越难以适应当下的国际格局。

如何能够把握好经济全球化的有利面，为中国特色社会主义事业的建设创造良好的外部环境，是当下处理国际关系的重要目标。当今世界，开放融通的潮流滚滚向前。世界已经成为你中有我、我中有你的地球村，各国经济社会发展日益相互联系、相互影响，推进互联互通、加快融合发展成为促进共同繁荣发展的必然选择。抓住机遇扩大开放是我们的宝贵经验，实践充分证明，对外开放是推动我国经济社会发展的重要动力，只有坚持对外开放，顺应经济全球化潮流，才能更好实现可持续发展。开放是国家繁荣发展的必由之路。"融入世界经济是历史大方向，中国经济要发展，就要敢于到世界市场的汪洋大海中去游泳，如果永远不敢到大海中去经风雨、见世面，总有一天会在大海中溺水而亡。"③ 在经济全球化深入发展、各国经济加速融合的时代，只有打开国门搞建设，坚定不移实施

---

① 《习近平在吉林考察时强调：坚持新发展理念深入实施东北振兴战略加快推动新时代吉林全面振兴全方位振兴》，载于《人民日报》2020年7月25日。

② 《马克思恩格斯文集》（第1卷），人民出版社2009年版，第540～541页。

③ 习近平：《在世界经济论坛2017年年会开幕式上的主旨演讲》，载于《人民日报》2017年1月18日。

对外开放的基本国策，实行更加积极主动的开放战略，才能获得更多推动发展所必需的资金、技术、资源、市场、人才乃至机遇，才能不断为经济发展注入新动力、增添新活力、拓展新空间，为推动构建人类命运共同体做出新的更大贡献。

尤其是在第四次产业革命的当口，中国更需要把握好这一产业革命带来的驱动力。马克思曾经说过，科学技术是历史的有力杠杆，是最高意义的革命力量。在过去 200 多年世界工业化、现代化的历史上，我们曾先后失去过三次工业革命的机会。在前两次工业革命过程中，中国都是边缘化者、落伍者。由于错失两次重要的工业革命机会，中国从一个封建大国急剧地衰落，GDP 占世界总量比重急剧下落，落后就要挨打，这也是近代中国饱受欺凌的重要原因之一。之后，在极低发展水平起点下，中国开始了国家工业化，同时进行了第一次、第二次工业革命。在 20 世纪 80 年代以来的信息革命中，我们侥幸上了末班车，利用对外开放的契机，中国在这次工业革命中扮演了追赶者。经过改革开放 40 多年的艰苦奋斗，中国实现了成功追赶，已经成为世界最大的信息通信技术（ICT）生产国、消费国和出口国，正在成为领先者。进入新时代，中国第一次与美国、法国、德国、英国、日本等发达国家站在同一起跑线上，在加速信息工业革命的同时，正式发动和创新第四次绿色工业革命。这是一场全新的绿色工业革命，它的实质和特征，就是大幅地提高资源生产率，经济增长与不可再生资源要素全面脱钩。这一次的工业革命是以人工智能、新材料技术、分子工程、石墨烯、虚拟现实、量子信息技术、可控核聚变、清洁能源以及生物技术为技术突破口的工业革命。以历史视角观察，用工业化的角度观察，使我们清晰地认识到，世界第四次工业革命，即绿色革命已经来临。中国能赶上这次革命，并成为这次工业革命的重要参与者和推动者，对中国的发展来说是一次重要的机遇。

然而不容忽视的是，在全球联系日益紧密的今天，冷战思维和强权政治依然时有发生，破坏多边贸易规则和国际经济秩序的行为依然出现。自 20 世纪 70 年代至今，以世贸组织为核心的多边贸易体制催生一系列规则和制度，成为全球贸易健康有序发展的柱石。但是，一些国家却使用惩罚性高关税，展现了赤裸裸的单边主义行径，公然违反世贸组织相关原则。这样的行径无疑对国际准则构成确实的破坏。在疫情之前，全球经济刚刚走出国际金融危机的阴影，回升态势并不稳固。而美国政府此时大范围挑起贸易摩擦，阻碍国际贸易，对世界经济复苏造成负面影响。为了遏制美国的贸易保护主义行为，其他国家不得不采取反制措施，这进一步导致全球经贸秩序紊乱，阻碍全球经济复苏，殃及世界各国企业和居民，使全球经济落入"衰退陷阱"。

正如习近平同志指出："冷战思维、零和博弈愈发陈旧落伍，妄自尊大或独善其身只能四处碰壁。"① 在经济全球化的时代，各国经济你中有我、我中有你，特别是大型经济体存在紧密的相互联系。全球经济已经深度一体化，各国充分发挥各自在技术、劳动力、资本等方面的比较优势，在全球经济中分工合作，形成运转高效的全球价值链，共同分享价值链创造的经济全球化红利。美国政府通过加征关税、高筑贸易壁垒等手段在世界范围内挑起贸易摩擦，以威胁加税等方式要求美资跨国公司回流美国，将严重破坏甚至割裂全球价值链，冲击全球范围内正常的产品贸易和资源配置，并通过各国经贸的相互关联，产生广泛的负面溢出效应，降低全球经济的运行效率。

美国政府单方面制造贸易摩擦，不仅会对世界各国经济产生冲击，也会损害美国自身利益。例如，美国的单边主义会提高美国制造业成本，影响美国就业。彼得森国际经济研究所发布报告指出，95% 被加征关税的中国商品是零配件与电子组件，它们被组装在"美国制造"的最终产品中，提高相关产品关税将损害美国企业自身。《纽约时报》称，中国生产的发动机及其他零部件对美造船企业至关重要，暂时无法找到替代品，造船企业利润空间基本不可能消化 25% 的关税成本，提高自身产品价格将失去市场份额。可见，包括美国在内都会遭受单边主义的损害。

二、始终不渝走和平发展道路对中国实践的重要意义

面对外部环境的复杂变化，中国需要保持战略定力，始终不渝地走和平发展道路具有重要意义。

第一，始终不渝地走和平发展道路，是中国为推动共商共建共享的全球治理体系的构建而努力的必要途径。

面对复杂多变的国际环境，以及单边主义、恐怖主义等非传统安全的威胁，国际社会应秉持构建人类命运共同体理念，坚持共商共建共享的全球治理观，合力引导好经济全球化走向，共同推动世界各国的发展繁荣。各国都要顺应时代发展潮流，把自身发展同民族、人类的发展紧密结合在一起。求同存异、相互尊重、互学互鉴的新型国际关系，搭建多种形式、多种层次的国际交流合作网络。在经济全球化深入发展的今天，各国应该超越差异和分歧，发挥各自优势，推动包容发展，携手应对全人类共同面临的风险和挑战，推动经济全球化朝着更加开放、包容、普惠、平衡、共赢的方向发展，让各国人民共享经济全球化和世界经

---

① 习近平：《开放共创繁荣创新引领未来——在博鳌亚洲论坛 2018 年年会开幕式上的主旨演讲》，载于《人民日报》2018 年 4 月 11 日。

济增长成果。面对世界经济格局的深刻变化，为了共同建设一个更加美好的世界，各国都应该拿出更大勇气，坚定开放合作信心，一起应对风险挑战，共同建设开放型世界经济。

中国作为最大的发展中国家和经济总量位居世界第二的经济体，为构建多种形式、多种层次的国际体系，中国需要坚持顺应开放合作推动世界经济稳定复苏的现实要求，适应促进人类社会不断进步的时代要求。坚持开放融通，拓展互利合作空间，推动构建公正、合理、透明的国际经贸规则体系，推进贸易和投资自由化便利化，促进全球经济进一步开放、交流、融合；坚持创新引领，加快新旧动能转换，在休戚与共的地球村，共享创新成果，这是国际社会的一致呼声和现实选择；坚持包容普惠，推动各国共同发展，人类社会要持续进步，中国就应该坚持要开放不要封闭，要合作不要对抗，要共赢不要独占。中国要促进全球治理体系和国际秩序变革的加速推进。促进各国把握住客观规律、认清楚历史大势，明白经济全球化是不可逆转的。

《关于中美经贸摩擦的事实与中方立场》的白皮书中提到：中国坚定促进与其他发达国家和广大发展中国家的互利共赢合作。中国将与欧盟一道加快推进中欧投资协定谈判，加快中日韩自贸区谈判进程，深入推进"一带一路"国际合作，坚持共商共建共享原则，增添共同发展新动力。这体现了中国坚持共商共建共享的全球治理观，合力引导好经济全球化走向，共同推动世界各国的发展繁荣的伟大理想，并正在付诸实践。同时，中国坚定推动构建人类命运共同体。中国将继续发挥负责任大国作用，与其他国家一道，共同建设持久和平、普遍安全、共同繁荣、开放包容、清洁美丽的世界。

第二，始终不渝地坚持和平发展道路，是中国特色社会主义的制度优势的彰显。

习近平同志明确指出："中国特色社会主义最本质的特征是中国共产党领导，中国特色社会主义制度的最大优势是中国共产党领导。"中国共产党的性质、立场和价值追求使其具有强大社会公信力和凝聚力，能将个体的利益、意志凝聚为社会合力，彰显出中国特色社会主义制度的强大优势。党的领导使我国有效应对外部环境的复杂变化，使我们有坚定的战略定力。

党的十八大以来，我们党充分发挥总揽全局、协调各方的领导核心作用，不仅顶住了经济下行压力，而且把改革开放不断引向深入，使我国经济发展的质量和效益显著提升。今天，我们党治国理政的理论更加成熟、经验更加丰富、战略策略更加科学，驾驭市场经济的能力显著增强，制度化法治化专业化水平明显提高，更有信心和能力带领全国人民战胜各种风险挑战。面对中美贸易摩擦，中国始终坚持有理有利有节的原则，既不一味退让，也没有自乱阵脚，特别是没有因贸易摩擦扰乱我国继续推进改革开放的既定战略步骤。中美贸易摩擦升级后，党中央认真研判外部环境变化，迅速出台了具有针对性的政策举措，同时做好稳就业、稳金融、稳外贸、稳外资、稳投资、稳预期工作，确保了我国经济社会稳中向好的总体态势。同样，在面对其他外部困难时，我们相信，在中国共产党的领导之下，都能够得到有效化解。

中国有强大的经济韧性和广阔的市场空间，有勤劳智慧、众志成城的中国人民，有国际上一切反对保护主义、单边主义和霸权主义的国家支持，中国有信心、有决心、有能力应对各种风险挑战。这种坚定，不是目空一切、拒绝对话。除了改革开放40多年积累的坚实国力等显见因素外，尤其有赖于中国特色社会主义制度拥有集中力量办大事和强大的组织动员能力。正是凭借这一制度优势，中国只用了世界经济史上相当短的时间就从积贫积弱成功实现从"站起来"到"富起来"再到"强起来"的历史性变革。也正是依托这一制度优势，中国能够有效动员一切力量，不仅仅应对中美贸易摩擦，也为可能的国际宏观经济变局做好准备。这种动员能力是一个国家、一个民族生存发展的前提，是决定一个社会在战争和灾害考验中能否生存的关键因素，是决定一个国家、一个民族能否发展的关键因素。

第三，始终不渝地坚持和平发展道路，是发展中国特色社会主义事业的重要保证。

从国内看，加快培育竞争新优势成为我国开放型经济的发展方向：如何推动我国经济由高速增长阶段向高质量发展阶段转变，从而实现质量变革、效率变革、动力变革，是对外开放工作必须把握的主攻方向。从我国同世界关系上看，我国在国际舞台上的地位和作用大幅提高，同国际社会的联动互动空前紧密，中国的发展是世界的机遇，中国是经济全球化的受益者，更是贡献者。中国经济快速增长，为全球经济稳定和增长提供了持续强大的推动。中国同一大批国家的联动发展，使全球经济发展更加平衡。中国减贫事业的巨大成就，使全球经济增长更加包容。中国改革开放持续推进，为开放型世界经济发展提供了重要动力。

新产业、新技术、新业态层出不穷，新兴市场国家和发展中国家群体性崛起，国际力量"东升西降""南升北降"态势更加明显，主要发达经济体试图为今后"定规矩、树标杆"，抢占竞争制高点和发展主动权。经济全球化大势不可逆转，但速度可能有所放缓、动力可能有所转换、规则可能有所改变。世界面临开放与保守、合作与封闭、变革与守旧的重要抉择：如何在错综复杂的全球经济形势下抓住机遇、化解挑战，是我国对外开放工作面临的重要任务。

因此，中国坚持和平发展道路，也是符合中国特色社会主义发展的需要。在《关于中美经贸摩擦的事实与中方立场》白皮书中，中国表明了八大坚定立场："从底线上讲，对国家尊严和核心利益，中国坚定维护。从诚意上讲，对中美经贸关系健康发展，中国坚定推进。从责任上讲，对多边贸易体制，中国坚定维护并推动改革完善。从事实上讲，对产权和知识产权，中国坚定保护。从承诺上讲，对外商在华合法权益，中国坚定保护。从合作上讲，对与其他发达国家和广大发展中国家的互利共赢合作，中国坚定促进。从志向上讲，对构建人类命运共同体，中国坚定推动。"

改革开放是中国的基本国策，中国改革的方向不会逆转，只会不断深化。中国开放的大门不会关闭，只会越开越大。中国愿与世界各国分享中国发展新机遇。在上海举办中国国际进口博览会，这是中方主动向世界开放市场的重大举措，将为各方进入中国市场搭建新的平台。中非合作论坛北京峰会、上海合作组织青岛峰会、中国欧盟领导人会晤、中阿合作论坛第八届部长级会议、中拉论坛第二届部长级会议等主场外交，中国和各方无不互利共赢。无论发达与否、实力强弱，与中国合作，既得尊重，又得实惠，这是几乎所有国家的共识。互利共赢合作，永远在路上。未来，中国将与欧盟一道加快推进中欧投资协定谈判，加快中日韩自贸区谈判进程，深入推进"一带一路"国际合作。中国除了为人民谋幸福，为民族谋复兴，中国还愿"为世界谋大同"。以共建"一带一路"为实践平台，推动构建人类命运共同体，符合中华民族历来秉持的天下大同理念，符合中国人怀柔远人、和谐万邦的天下观，赢得国际赞誉。

三、坚持沿着人类和平与发展的正确方向稳步前行

习近平同志对我们采取什么样的对外政策，采取什么样的举措，有着清晰明确的判断："走和平发展道路，是我们党根据时代发展潮流和我国根本利益作出的战略抉择。……我们的和平发展道路来之不易，是新中国成立以来特别是改革开放以来，我们党经过艰辛探索和不断实践逐步形成的。……世界繁荣稳定是中国的机遇，中国发展也是世界的机遇。……我们要坚持走和平发展道路，但决不能放弃我们的正当权益，决不能牺牲国家核心利益。任何外国不要指望我们会拿自己的核心利益做交易，不要指望我们会吞下损害我国主权、安全、发展利益的苦果。"[1] 从实际出发，中国至少有以下几方面具体的举措。

第一，在理念上，中国始终在国际社会坚持和发扬和平发展、开放包容的理念和价值观。

中国在对外关系上，明确表示，中国是建设持久和平、普遍安全、共同繁荣、开放包容、清洁美丽的世界。这意味着中国始终坚持对话协商；建设持久和

---

① 习近平：《更好统筹国内国际两个大局夯实走和平发展道路的基础》，载于《人民日报》2013年1月30日。

平的世界；共建共享：建设普遍安全的世界；合作共赢：建设共同繁荣的世界；交流互鉴：建设开放包容的世界；绿色低碳：建设清洁美丽的世界。走对话而不对抗、结伴而不结盟的国与国交往新路。中国努力维护文明间的友好交流，维护世界和平：任何国家都不能随意发动战争，不能破坏国际法治，不能打开潘多拉的盒子，以文明交流超越文明隔阂，以文明互鉴超越文明冲突，以文明共存超越文明优越，完善我国全方位、多层次、立体化的外交布局，打造覆盖全球的"朋友圈"。

为避免世界格局因危机叠加而滑向混乱无序，认真应对久拖不决的全球治理改革问题就变得更加急迫，疫情不仅对全球治理提出了新的挑战，还将倒逼出新型全球治理的基本形态和建设方向。人类社会的发展始终伴随着不断同病毒和瘟疫作斗争的历史。在全球化推动下已经形成的利益共同体，需要建立起一个全方位、可持续和有效率的全球公共卫生机制来加以维护和巩固。近年来，在抗击非典、甲型 H1N1 流感和埃博拉病毒的过程中，国际社会已经开展了一些双边、局部的有效合作并取得积极经验，但距离全球性、可持续和更紧密的合作还有差距，新冠肺炎疫情的冲击更是让这种合作的脆弱性暴露无遗。

对此，当然就需要对世界卫生组织进行有效改革，但方向不是一些国家针对别国的"问责"更不是任性地拆台，而是进一步提升现有多边机制的权能并增加资金支持力度，同时针对疫情区域性传播的特点，鼓励各国各区域积极开展合作，并将双边或小多边公共卫生合作扩大至区域范围内。为此现有的中日韩联防联控机制、东盟框架内的公共卫生合作等都需要保持和巩固，并适时升级和拓展为泛亚太区域的公共卫生合作。同时欧盟、非盟等区域联合机制也应从当前着手，推进公共卫生领域的一体化，并在此基础上形成亚欧、亚欧非之间以及更大范围内的区域合作。中国始终努力推进全球治理体系变革，这并不是将原有体系推倒重来，也不是另起炉灶，而是创新完善，使全球治理体系更好地反映国际格局的变化，更加平衡地反映大多数国家特别是新兴市场国家和发展中国家的意愿和利益。

第二，中国努力推动"一带一路"合作倡议。

2013 年 9 月，习近平在哈萨克斯坦提出建设"新丝绸之路经济带"，同年 10 月，在印度尼西亚提出"21 世纪海上丝绸之路"，二者合称为"一带一路"合作倡议。改革开放以来，为融入世界，中国向西方发达国家开放，即"引进来"。经过 40 多年的发展，为更加深入地融入世界，中国选择重点面向发展中国家开放，即"走出去"，将产能优势、资金技术优势、经验模式优势向发展中国家输出，并转化为市场合作优势，改变现有的世界财富流向，让中国由中等收入国家迈入高等收入国家的行列，进而实现中华民族伟大复兴。

　　"一带一路"的出发点是让中国的机遇与世界的机遇对接，让中国梦与世界梦息息相通。"一带一路"不仅会推动区域经济一体化，实现沿线各国政策沟通、设施联通、资金融通、贸易畅通、民心相通的目标，建立起新的国家利益共同体、命运共同体、责任共同体；而且会搭建一个开放的平台，让所有国家共同协商、共同参与、共同建设、共同分享，并以此为基础，构建新的国际规则、国际秩序和国际格局。

　　互联互通是"一带一路"的核心。推进沿线地区在物理层面的改进，增进基础设施，打造坚实的物质基础是该倡议所需要实现的首要目标。改善联通性的最终目的是要提升所在国的产业能力。在"一带一路"框架下的诸多项目中，有些已经因为获得了区域和世界各国的广泛瞩目，有的是对既有项目的延续和扩大，有的尚处于规划和建设之中，有的则是在"一带一路"框架下得到了迅速推进和完成。这些大型项目不仅直接改善了当地的基础设施状况，并且带动了东道国的整体产业和社会发展。由于自然环境和地缘政治因素，亚欧大陆上的众多地区无力依靠自身和现有的国际合作机制来改善基础设施，增强工业能力。本质上来说，这些地区不可能或者很难通过以短期利润为基础的市场化方式来改进物理条件。"一带一路"则正好为这些地区提供了实现发展的希望之光，在提供资本的同时，还显著激发了后者的主动性。

　　"一带一路"的建设不能只依靠一个或几个城市之力，而必须举全国之力。因而，"一带一路"的建设会与国内城市群的发展相结合，以城市群发展拉动"一带一路"建设。例如，以上海为中心的长三角城市群将成为"一带一路"中"资金融通"和"设施联通"的主力军，整合上海各类资源，建设一批国际消费品展示交易平台，让更多优质企业、优质商品和服务在上海集聚，进入中国市场，建设面向全球市场的国际消费中心城市。"一带一路"的发展又反过来促进我国城市群的成长，并且对于我国国内区域的发展格局也产生重要影响。"一带一路"建设贯穿我国东部、中部和西部，连接重要沿海城市，打破原来的点状、块状的区域发展模式，使各省区之间互联互通。同时，对我国而言，"一带一路"倡议在保障经济安全、拓展战略空间、稳定能源供应、突破遏制性的战略包围上具有重要意义。

　　总的来说，"一带一路"是对中国和世界都有益的倡议，它不仅是为中国自身的发展和繁荣创造良好的整体外部环境，同时也体现了中国重视全局利益和长远利益的国际责任感和使命感。

四、坚持在世界合力应对疫情进程中化危为机

　　受新冠肺炎疫情影响，既有世界变局的前进路线和我国所处的战略机遇的走

向都面临极大的不确定性挑战。疫情严重威胁全球公共卫生安全，世界各国纷纷加强管制进入紧急状态并设置出入境管理限制等，阻隔了国家之间彼此的互联互通。疫情引起各国民众心理恐慌，国家间分化与敌视的态度进一步深化，给政府行为决策造成巨大压力。经济方面，由于不同国家之间形成了一个人员、物资相互联通的整体，疫情影响使得全球经济严重受创。新冠肺炎疫情对于"一带一路"的影响将长期存在，各国项目建设都在不同程度上受其影响。同时，旅游业、人文交流、劳务派遣、政商谈判的大规模暂停，也极大增加了沟通成本。

在这样的背景下，中国仍在推动加强国际经济合作，构建国内国际双循环相互促进的新发展格局，并将产业链、供应链的稳定性和安全性提到一个前所未有的高度。通过打造双循环的格局，不仅可以巩固我国传统产业的优势，也能促进我国产业基础高级化和产业链现代化，是我国经济发展的新方向、新途径。中央提出双循环制充分体现大国的担当，在当前逆全球化的情况下，我国将为进一步推进全球化在逆境中发展做出贡献。面对疫情冲击，各国应该加强团结、加强合作，协调政策立场，维护全球产业链、供应链稳定，防止世界经济陷入衰退，而不应以邻为壑、分裂孤立，"脱钩"主张不是一张"好药方"。中国会继续支持受疫情影响的国家特别是发展中国家抗疫斗争以及经济社会恢复发展。这些都是中国践行和平发展道路的实际举措。

第七章

习近平新时代中国特色
社会主义思想的施政举措

正如《中共中央关于党的百年奋斗重大成就和历史经验的决议》所科学总结和评价的那样，新时代以来以习近平同志为核心的党中央"出台一系列重大方针政策，推出一系列重大举措，推进一系列重大工作，战胜一系列重大风险挑战，解决了许多长期想解决而没有解决的难题，办成了许多过去想办而没有办成的大事"①，这些治国理政的具体实践和成果是习近平新时代中国特色社会主义思想的外化，是对这一新思想的真理性的确证和展现。在此，我们选取精准扶贫、全面深化改革、推进国家治理体系和治理能力现代化、构建人类命运共同体这四项重大施政举措进行研究阐述，从中进一步凸显习近平新时代中国特色社会主义思想的指导意义和在世界历史进程中的示范引领价值。

第一节　夯实当下：实施精准扶贫

社会主义的本质要求是消除贫困，改善民生，实现共同富裕。扶贫开发，是指国家帮助贫困地区和贫困户开发经济、发展生产、摆脱贫困的一项社会工作，其目的是希望扶持贫困地区、贫困户发展生产，最终改变穷困面貌。改革开放以

---

①　《中共中央关于党的百年奋斗重大成就和历史经验的决议》，载于《人民日报》2021 年 11 月 17 日。

来，我国开展的大规模扶贫开发工作取得了举世瞩目的成就，使7亿多农村贫困
人口摆脱贫困，成为世界上减贫人口最多的国家。但在中国特色社会主义进入新
时代的最初阶段，我国的现行标准下农村贫困人口仍有近1亿之多。以习近平同
志为核心的党中央沿着中国特色的减贫道路创新前行，实施精准扶贫，完成了消
除绝对贫困的艰巨任务，创造了彪炳史册的人间奇迹。精准扶贫是新时代一项重
要的施政举措，是习近平新时代中国特色社会主义思想科学性、人民性、实践性
和开放发展性的生动体现。

一、精准扶贫是中国特色社会主义的必然要求

自1986年国务院成立专门的扶贫开发机构以来，我国在针对贫困特征方面
的扶贫应对措施在不断发生积极的转变。在贫困形态上，我国经历了普遍贫困、
插花贫困、区域贫困、片区贫困等多个贫困变化形态。在减贫规划上，我国坚持
普惠政策和特惠政策相结合，做到应扶尽扶、应保尽保。在贫困施策上，国家在
不同发展时期瞄准贫困的方式也相应变化，"精准扶贫"的提出和践行是对我国
之前阶段扶贫开发探索经验和积累成果的凝聚和升华。

（一）中国扶贫模式的历史演变

新中国成立以来，我国不畏艰难、勇往直前，始终致力于解放生产力和调整
生产关系，不断提高人们生产生活水平。特别是1978年实行改革开放政策后，
我国经济社会发展发生了翻天覆地的变化，城乡面貌焕然一新，许多地区的贫困
状况逐渐改观和好转。漫长的扶贫开发道路上，我们经历过曲折，也收获了喜人
的成果。

第一个阶段，是采取救济式扶贫。

1978年前，我国没有专门的扶贫机构和制度，对困难群体的扶危济困行为
一直没有上升到国家意志的高度。1978年，党的十一届三中全会审议通过了
《中共中央关于加快农业发展若干问题的决定（草案）》，第一次明确提出中国存
在大规模贫困问题。1984年9月，中共中央、国务院发布了《关于帮助贫困地
区尽快改变面貌的通知》，提出要把我国"老、少、边、穷"地区的贫困问题作
为各级政府的工作重点，帮助这些地区尽快改变贫困面貌。至此，中国才真正意
义上把反贫困作为国家的重要任务。

这一阶段，党和国家将工作重心逐渐转移到经济建设上来，率先在农村地区
实行经济体制改革，赋予农民农业生产自主权，极大地激发了广大农民的劳动积
极性，解放了农村生产力，促进了农村经济快速发展，为农村创造了大规模减贫

的宏观环境。同时，政府在农村实施了放宽农产品价格、大力发展乡镇企业等多项经济改革举措。农产品价格上升、农业产业结构向附加值更高的产业转化和农村劳动力在非农领域就业等也直接或间接提高了农民的收入水平。此外，政府开始开展一些相关扶贫措施：1980年，中央财政设立"支援经济不发达地区发展资金"，支持老革命根据地、少数民族地区、边远地区和贫困地区发展；1982年，将全国最为贫困的甘肃定西、河西和宁夏西海固的集中连片地区作为"三西"专项建设列入国家计划，进行了区域性的专项扶持工作；1984年，划定了18个贫困地带进行重点扶持。这一阶段的扶贫方式，可以总结为"外部输血"式的救济式扶贫。

根据国务院新闻办公室发布的《中国农村扶贫开发的新进展》白皮书指出，从1978年到1985年，农村没有解决温饱的贫困人口从2.5亿人减少到1.25亿人，贫困发生率由农村改革初期的30.7%下降到1985年的14.8%。虽然农村改革带来很大的边际效应，但很多农村地区由于自然条件、地理环境以及基础设施等众多因素的限制，并没能很好地直接受益于农村经济改革，以区域瞄准为重点的完全输血式的救济扶贫难以继续让1.25亿农村贫困人口实现脱贫，帮助贫困人口脱贫需要另找突破口。

第二个阶段，是进行开发式扶贫。

进入20世纪80年代中期，我国农村经济体制改革的减贫效益逐渐下降，"老、少、边、穷"地区地处边陲，环境恶劣，基础设施落后，市场和社会发展程度低，体制改革与市场力量协同推动的扶贫效果不明显，不平等和贫富分化日益显现。继续采用以往的反贫困战略已经很难有效地对缓解贫困发挥积极的作用。

1986年开始，为提高减贫效果，国家正式开始进行有计划、有组织、大规模的农村扶贫开发。大幅度增加扶贫投入，制定一系列扶持政策，对先期的扶贫工作进行了根本性的改革与调整，从救济式扶贫转向开发式扶贫。这一阶段，国家实施的缓解农村贫困的措施主要包括：成立从中央到地方各级贫困地区扶贫开发领导小组，专门负责领导、组织、协调、监督、检查扶贫开发工作；安排专项扶贫资金，制定有利于贫困地区和贫困人口的优惠政策，确定了开发式扶贫方针；重点关注"老革命根据地"和"少数民族地区"，组织劳务输出，推进开发式移民，改善贫困地区的基础设施；制定"对口帮扶"和"定点扶贫"政策，发动全社会力量缓解农村绝对贫困。

同时，为了将有限的资源用到最需要的地方，国家开始实行县级瞄准机制。1986年，中央政府第一次确定了国定贫困县标准，将331个贫困县列入国家重点扶持范围。从那时起，以县为基本单位来分配使用扶贫资源成为中国扶贫开发的重要特点。1994 年,《国家八七扶贫攻坚计划（1994—2000 年）》中把国定贫困县的数量调整为 592 个。经过连续多年的艰苦努力,全国农村的贫困问题已经明显缓解。到 2000 年底,农村尚未解决温饱问题的贫困人口由 1985 年的 1.25 亿人减少到 3 209 万人,贫困发生率从 1985 年的 14.8% 下降到 3.7%。[1] 除了少数社会保障对象、生活在自然环境恶劣地区的特困人口及部分残疾人,全国农村贫困人口的温饱问题基本解决,《国家八七扶贫攻坚计划（1994—2000 年）》确定的战略目标基本实现。

此时,以县为单位组织实施的贫困人口甄别机制没有统一的收入标准,只有一个凭直观、非量化的生活质量标准,就是"食不果腹,衣不遮体,房不蔽风雨",简称"三不户"。通过瞄准贫困县来瞄准贫困人口,对国定贫困县提供扶贫资金、优惠政策,集中有限资源重点解决贫困更加严重地区的问题。事实上,这是只讲"意图"和"精神",要求地方根据中央意图灵活掌握,以适应各地不同消费水准的典型的"中国式"社会政策。这种瞄准机制在扶贫开发的初始阶段作用较为明显,在贫困县贫困人口所占比例很大的情况下,以县为瞄准对象的扶贫机制是十分有效的,在一定程度上降低了扶贫的管理成本。但是,这些扶贫重点县并没有覆盖中国全部贫困人口。据统计,1992 年 8 000 万贫困人口中有 2 300 万人生活在非贫困县中,2000 年全国 3 000 万绝对贫困人口中只有不到 60% 分布在国定贫困县中。[2] 还有相当数量的贫困人口生活在非国定贫困县。另外,扶贫资金仅投放到国定贫困县,不可避免地造成了部分目标瞄准的偏离,致使有些国定贫困县非贫困人口享受了扶贫资源,而非扶贫重点县的贫困人口却没有得到扶贫资源。

第三个阶段,是开展综合性扶贫。

2000 年以后,贫困人口的分布从区域分布逐渐转向点状分布,贫困人口在空间上更加分散。《国家八七扶贫攻坚计划（1994—2000 年）》的实施,极大地缓解了农村的贫困问题,国定贫困县贫困人口的数量和比例下降非常迅速。2001 年,国定贫困县贫困人口占全国贫困人口的比例下降到 61.9%。如果仍然坚持县级瞄准机制,势必会造成扶贫资源的渗漏和目标瞄准的偏离。因此,在《中国农村扶贫开发纲要（2001—2010 年）》的指导下,扶贫开发的重点从贫困县转向贫困村,强调群众参与,用参与式方法自下而上地制定扶贫开发规划,实施扶贫开发规划。

2001 年,中央政府开始实施村级瞄准机制,在全国确定了 14.81 万个贫困村

---

① 陈锡文:《坚决打赢脱贫攻坚战如期实现全面小康目标》,载于《劳动经济研究》2015 年第 6 期。

② 牛若峰主编:《中国发展报告:农业与发展》,浙江人民出版社 2000 年版,第 198 页。

作为扶贫工作重点,强调以村为单位调动农民的参与性,进行农村扶贫综合开发。这些重点村覆盖了全国 83.0% 的绝对贫困人口和 65.0% 的低收入人口。国务院扶贫办总结各地实践经验,以贫困村整村推进扶贫规划为切入点,在全国范围开展了"整村推进"扶贫工作。以贫困村为对象和村级扶贫规划为基础的整村推进,是我国开发式扶贫的一个重要举措。它的实施,改变了过去以贫困县为对象的分散的扶贫模式,使贫困村的农户在短期内因获得大量的投资而在生产和生活条件方面迅速改善,收入水平也因产业的发展和生产率的提高而增加,标志着国家扶贫开发进入以村级瞄准为重点的综合性扶贫阶段。

(二) 既往粗放式扶贫存在不可忽视的弊端

扶贫工作是一项长期、艰巨、意义重大的历史任务,改革开放以来,我国的扶贫工作取得了举世瞩目的伟大成就,经济社会发生了翻天覆地的变化,城乡面貌焕然一新,许多地区的贫困状况得以逐渐改观和好转。但不能否认的是,这些扶贫开发的方式还存在一些弊端,其中最突出的就是扶贫方式粗放问题。

我国的贫困人口数量多、基数大。新中国成立前由于封建制度禁锢、西方列强掠夺、军阀混战、抗日战争等诸多原因,让我们面临一穷二白的局面。面对并不富裕的家底,为了赶超发达国家,让人民过上好日子,我国实行了计划经济。这种具有浓厚计划色彩的体制所附属的,是一种"大锅饭"的粗放式扶贫制度,即"平均分配",这种模式的好处是保障了大多数人民群众的基本生存所需。但是这种"大锅饭"扶贫的弊端,很快就显现了出来。人人平均,就意味着最需要的地方没有得到最必需的资源,这极大地制约了生产效率和人民生活水平的提高。这种"大锅饭"的粗放式扶贫方式,使我国的贫困状况依然严重。1978 年,我国农村绝对贫困人口数量尚有 2.5 亿,贫困发生率高达 30.7%。

第一,基层政府缺少能动性。

在计划经济体制中,采取的扶贫模式多是政府主导型,政府在扶贫开发中是唯一的主体,也是唯一的责任者。这种方式,造成了基层政府的过度依赖性,他们认为只要听上级政府的分配即可,忽略了自身的主观能动性,基层组织的作用没有发挥出来。作为贫困的主体,广大贫困人民没有参与到这种扶贫开发中来,他们只是被动地接受,而自己的意愿没有表达出来。同时,社会扶贫的力量也被忽略了,这让政府在扶贫开发这条道路上肩负着沉重的任务。

第二,政府扶贫工作方式比较单一。

资助式扶贫,就像一种"输血",从根本上来说,并不能实际解决问题,无法帮助贫困主体摆脱贫困,也就是"治标不治本"。如果不将"输血"改为造血,是无法解决造成贫困的根源问题,也无法培育脱贫的"造血"功能。这种单一的扶贫方式造成的直接后果就是返贫率较高。

第三，扶贫工作缺少有效的管理与监督。

因为缺少社会力量的参与，扶贫工作也就缺少监督。这种多元化的监督在扶贫工作中是十分必要的。一些扶贫项目存在着重短期效益、轻长远利益；重表面数字、轻实际功效的弊端。没有长期的设计，没有多方的监督，很难选出有效的扶贫方法，也无法对后期扶贫成果进行跟踪和反馈。一些扶贫资金的投放主体不明确，缺少有效监督的后果就是到位率和透明度缺乏有效的监管。扶贫资金多是很大的数额，运行的链条长、环节多，需要对使用情况加以明确，这就需要社会多方力量参与监管，以确保扶贫资金最后被使用到真正的扶贫项目上去。构建大扶贫格局，并非政府一家之言和一家之事，我们应该鼓励社会各方主体都参与进来，作为重要力量为扶贫护航。政府、企业和社会组织，应联合起来，各司其职、各展身手，共同推进扶贫大格局的全面开展。

第四，低保和扶贫两种制度的矛盾。

低保，其重点是"救济"，即使用现金补贴对失去劳动能力的贫困群体给予保障，是一种"输血"。而"扶贫"，其本意应该是通过各种有效方式，对那些有劳动能力并且主观有意愿想要致富的贫困群体给予帮助，是一种"造血"。这两种制度在一些地方的混淆，导致了贫困的动态管理机制不完善。2007年，中国全面铺开低保制度。此前，承担救济功能的是扶贫制度。这两种制度执行的应该是不同的政策，需要区别对待。否则，就会出现功能重复，即一旦有劳动能力的贫困者受到了低保的救济，就可能会产生依赖性。而采用扶贫政策去帮助无劳动能力的贫困者，又造成了资金的浪费和分散。尽管国家已经在相关方面下发了一些指导意见，但在实行中还缺少对低保和扶贫这两项制度的有效衔接。

第五，对贫困对象的识别机制还有待完善。

基层贫困人口家庭收入的多样性、复杂性和不稳定性，使收入核定变得十分困难。在政府职能部门中，民政部门一般负责识别没有劳动能力的困难户，扶贫部门则关注有劳动能力的困难户，但是处于这二者之间的贫困群体，如因事故、疾病导致暂时性贫困的群体，因为缺乏有效识别，因而无法得到及时的界定和帮助。

（三）新时代扶贫事业迫切需要向精准转变

贫困问题是目前我国经济社会发展中的一个突出短板，关系到2020年全面建成小康社会目标的实现。贫困特点的转变与扶贫阶段的转移，都需要国家对减贫方略进行转换。21世纪的第二个十年，我国面临的扶贫形势发生了新变化。针对粗放式扶贫的弊端，抛弃不合时宜的"粗放"旧扶贫模式，已经成为一种必然。传统粗放式的扶贫，方向不明确、内容不清晰、针对性不强，已经不再适应我国发展的现状。2013 年 11 月，习近平在湖南湘西十八洞村考察时第一次提出精准扶贫的概念，即"实事求是、因地制宜、分类指导、精准扶贫"的十六字方针。这是习近平同志第一次在公开场合提出精准扶贫思想。随后，习近平同志多次阐述精准扶贫、精准脱贫思想。2014 年 3 月，习近平在参加十二届全国人大二次会议贵州代表团审议时进一步深刻阐述了精准扶贫概念的内涵，他指出："精准扶贫，就是要对扶贫对象实行精细化管理，对扶贫资源实行精确化配置，对扶贫对象实行精准化扶持，确保扶贫资源真正用在扶贫对象身上、真正用在贫困地区。"[①] 2015 年，习近平提出精准扶贫要解决好"扶持谁""谁来扶""怎么扶"和"怎么退"的核心问题，为新时代下精准扶贫提供了理论指引。2016 年 3 月，《中华人民共和国国民经济和社会发展第十三个五年规划纲要》指出，"到 2020年，确保我国现行标准下农村贫困人口实现脱贫，贫困县全部摘帽，解决区域性整体贫困"。"精准扶贫"成为在治国理政新理念下逐步形成的扶贫开发战略新思想的核心内容。

二、习近平对精准扶贫内涵作出了科学界定

当前，我国的贫困已经不仅仅是收入的不足，更多地表现为贫困人口自身潜在能力低下。我国的农村反贫困策略一直以来的思路主要是由政府依靠传统的行政体系把扶贫资源传递给贫困地区和贫困农户，这种粗放式的反贫困做法很容易因信息、措施等不精准而导致扶贫工作成本高、效率低。总体来讲，精准扶贫是以精细管理、综合协同、持续再生的理念为指导，运用统筹、协调、分类的科学方法，坚持全过程责任式管理，解决"扶持谁""谁来扶""怎么扶""如何退"的问题，主要包含"精准识别""精准帮扶""精准管理""精准退出"等方面。

（一）精准识别

习近平同志指出"精准扶贫，首先要精准识贫，识贫要弄准，否则扶的对象不对，从头就错了，第一颗扣子就扣错了。"[②] 因此，精准识别是实施精准扶贫战略的前提条件。

一是制定贫困的指标体系。识别贫困对象，要以国家基准贫困线为标准，根据各地的经济发展水平和贫困现状划定科学的扶贫基线和贫困深度指数，制定扶贫对象认定的指标体系。可以从家庭收支、住房条件、教育程度、健康状况、成

[①] 《习近平扶贫论述摘编》，中央文献出版社 2018 年版，第 58 页。
[②] 《习近平扶贫论述摘编》，中央文献出版社 2018 年版，第 78 页。

员质量、可行能力、生活环境、致贫原因、返贫可能、脱贫机会等方面进行考虑。

二是将贫困指标体系细化和量化。对上述指标体系进行细化、量化，根据实际情况赋予各要素以不同的分值和权重，计算出贫困对象的平均分值，根据每家每户的得分情况，找到准确的扶贫对象。

三是将扶贫对象的信息公开。对初步识别出的扶贫对象名单，要及时发布公示信息，并进行通俗的、合理的、耐心的解释，接受群众的监督，对有异议的名单要及时予以核实、更正，直至达到指标体系设定上的民意共识。

四是为贫困户精准建档立卡，在弄清致贫原因、贫困程度、脱贫方式的基础上，做到户有卡、村有册、乡有簿、县有电子档案，从县到村每一级都有据可查、精确无误。要严格执行建档立卡识别标准，深入调查、反复核对、查缺补漏，坚决做到应进必进、该退必退；要严格执行建档立卡识别程序，坚决做到一个环节不能漏、一个环节不能丢，落实好宣传发动、摸底核实、民主评议、审核把关、公示公告等五个关键环节；对建档立卡贫困人口组织开展"回头看"工作，确保符合条件的全部纳入，对已经脱贫的及时清除，既不漏统、也不虚统。

（二）精准帮扶

习近平同志强调中国的贫困治理"要坚持因人因地施策，因贫困原因施策，因贫困类型施策，区别不同情况，做到对症下药，靶向治疗，不搞大水漫灌、走马观花、大而化之。"① 精准设计扶贫策略和制度，制定扶贫措施和机制，是在贫困对象、贫困原因识别基础上的策略选择问题。

一是要精准安排项目，即根据各地的自然条件、资源优势和产业基础，把扶贫项目与贫困乡镇、贫困村的实际和贫困群众意愿结合起来，因地制宜地确定实施的扶贫项目。项目安排不仅要有针对性，还要考虑到贫困群众的长远利益，帮助其选择一条可持续增收的路子，形成"村有骨干产业、户有增收项目"的扶贫格局。实事求是地安排扶贫项目，因时、因地、因人制定不同扶贫措施、扶贫机制，切忌"一刀切"。

二是要精准使用资金。转变以往粗放式的扶贫资金使用方式，由"漫灌"向"滴灌"转变创新扶贫资金管理使用方式。首先，要发挥财政资金的集合效应，就要把涉农资金集中起来，探索行之有效的发放和盘活方式，将扶贫资源主导权下放到基层，让基层有更多的自主性。同时充分保障贫困地区和贫困群体的知情权、参与权、管理权、监督权，提高扶贫对象的参与度，确保精准扶贫工作切实

---

① 《习近平扶贫论述摘编》，中央文献出版社 2018 年版，第 58 页。

有效推进。其次，规范扶贫资金管理工作程序。将涉农资金统一下达到基层，让基层有充分的施展空间，同时要严格监督、严格审查，确保扶贫资金安全运行。加强纪检、审计等部门监督检查，将扶贫精细化、规范化、制度化，提高资金使用效率，确保扶贫资金用在刀刃上，让贫困地区民众得到实惠，让扶贫政策真正落实到位，实现扶贫工作效率的最大化和资源利用的最优化。最后，要落实扶贫项目资金监管责任，搭建扶贫资金管控"高压线"，坚持"谁审批、谁负责"，有效制止权力寻租和贪污腐败的发生；还要严格追究责任，对挪用、贪污以及扶贫资金闲置或损失浪费等行为进行严厉问责，同时追究领导责任、监管监督责任，杜绝违纪违法使用扶贫资金现象的发生。

三是要精准调动力量。实现扶贫开发方式多元化，提高贫困对象的自我组织能力和自我发展能力，充分发挥贫困对象的内生动力，实施"造血式"扶贫方式，从根源上解决贫困问题，力争杜绝脱贫之后返贫现象的出现。

四是要精准选人用人。一是精准组队，"培育懂扶贫、会帮扶、作风硬的扶贫干部队伍，增强精准扶贫精准脱贫工作能力。[1] 贫困村在谋发展的过程中不仅要有资金支持，还需要技术、管理等多方面的帮扶，因此，建设一支脱贫攻坚突击队，可以为加快贫困村生产发展、增收脱贫奠定坚实的组织基础。如甘肃省天水市武山县在选派驻村干部时，由双联干部、挂职干部、大学生村官、科技特派员和乡镇驻村干部组成'五位一体'的精准扶贫工作队，实现所有贫困村、贫困户帮扶队员全覆盖。二是精准选派。"致富不致富，关键看干部。"[2] 要把好干部的"选派关"。精准选派不仅要结合贫困村的致贫原因有针对性地选派干部，还要充分考虑驻村干部的个人特点和自身优势，确保下得去、待得住、干得好，做到帮扶干部和贫困村合理匹配。如对村党组织软弱涣散、凝聚力不强的村，注重选派熟悉党务的干部；对富民产业不明确、群众种养知识贫乏的村，注重选派熟悉产业发展的技术干部；对矛盾纠纷集中、上访多的村，注重选派熟悉法律、群众工作经验丰富的干部。通过有针对性的选派，最大限度地让选派干部发挥自身优势，在群众观念转变、富民产业发展、基层组织建设、文明乡风培育、破解发展难题等方面做贡献、出实绩。

（三）精准管理

在精准识别、精准制定扶贫措施的基础上，通过精准管理，保证在精准推进上下实功，提高扶贫成效。一是建立动态管理农户信息。建立贫困户信息网络系

① 《习近平扶贫论述摘编》，中央文献出版社 2018 年版，第 52～53 页。
② 《习近平扶贫论述摘编》，中央文献出版社 2018 年版，第 60 页。

统，将扶贫对象的基本资料、动态情况录入系统，实施动态管理，做到有进有出、进退及时。二是建立科学管理扶贫资金。建立完善严格的扶贫资金管理制度，保证财政专项扶贫资金在阳光下运行，严防资金"渗漏"问题。引入第三方监督，严格扶贫资金管理，"新增脱贫攻坚资金主要用于深度贫困地区，各部门安排的惠民项目要向深度贫困地区倾斜，深度贫困地区新增涉农资金要集中整合用于脱贫攻坚项目。各级财政要加大对深度贫困地区的转移支付规模，增加金融投入对深度贫困地区的支持。"① 三是明确划分事权责任。扶贫工作涉及多个部门，各级都要按照自身事权推进工作，各部门也应以脱贫攻坚规划和重大扶贫项目为平台，加大资金整合力度，统筹管理，确保精准扶贫，集中解决突出问题。四是优化扶贫绩效管理。做到精准考核，责任到人。

精准评估扶贫效果可以检验不同层级扶贫部门的工作成效，落实扶贫工作责任制，提高工作动力，对完成年度计划减贫成效显著的省份给予一定奖励，对出现问题的党委和政府主要负责人约谈整改，造成不良影响的将被追责，考核结果作为对省级党委、政府主要负责人和领导班子综合考核评价的重要依据。同时要建立量化指标，克服以前扶贫工作考核形式化问题。精准评估扶贫效果不仅要关注脱贫人数和贫困发生率等指标，而且应该考虑精准扶贫过程中产生的组织、技术、人力、管理和政治成本，综合评估扶贫效益。将考核渗透到每个阶段、每个环节，体现在全过程监管中，确保精准扶贫工作落到实处。

（四）精准退出

精准退出是脱贫攻坚的成效体现。必须建立起能上能下、能进能退的合理退出机制，让扶贫对象真正"流动"起来，实现"扶真贫、真扶贫"。同时，明确贫困人口、贫困户、贫困村、贫困县的脱贫退出标准，使精准扶贫有着力重点、精准脱贫有检验标准；同时还明确坚持正向激励，贫困人口、贫困户、贫困村、贫困县退出后，在一定时期内国家原有扶贫政策保持不变，支持力度不减，留出缓冲期，确保实现稳定脱贫。

一是坚持实事求是。对稳定达到脱贫标准的要及时退出，新增贫困人口或返贫人口要及时纳入扶贫范围。"脱贫既要看数量，更要看质量，不能到时候都说完成了脱贫任务，过一两年又大规模返贫。要多管齐下提高脱贫质量，巩固脱贫成果。要严把贫困退出关，严格执行退出的标准和程序，确保脱真贫、真脱贫，"② 坚决防止虚假脱贫，确保贫困退出反映客观实际、经得起检验。

---

① 习近平：《在深度贫困地区脱贫攻坚座谈会上的讲话》，载于《人民日报》2017年9月1日。
② 习近平：《在解决"两不愁三保障"突出问题座谈会上的讲话》，载于《求是》2019年第16期。

二是坚持规范操作。为防止和根除"数字脱贫""虚假脱贫"现象，要严格执行退出标准，规范工作流程，切实做到程序公开、数据准确、档案完整、结果公正。贫困人口退出必须实行民主评议，贫困村、贫困县退出必须进行审核审查，退出结果必须公示公告，让群众参与评价，做到全程透明。强化监督检查，开展第三方评估，确保脱贫结果真实可信，防止为政绩争先"脱帽"现象的发生。

三是强化监督问责。国务院扶贫开发领导小组、各省（自治区、直辖市）党委和政府要组织开展扶贫巡查工作，分年度、分阶段、定期或不定期进行督导和专项检查。对贫困退出工作中发生重大失误、造成严重后果的现象，对存在弄虚作假、违规操作等问题，要依纪依法追究相关部门和人员的责任。

三、习近平对精准扶贫路径进行了科学指引

党的十八大以来，习近平同志在脱贫攻坚实践中提出了精准扶贫精准脱贫思想，它以"精准"为核心，实施精准扶贫精准脱贫基本方略，在实践中坚持推进产业扶贫、生态扶贫、精神扶贫、易地扶贫搬迁、社会保障兜底扶贫的行动路径，"贫困人口从 2012 年年底的 9 899 万人减到 2019 年年底的 551 万人，贫困发生率由 10.2% 降至 0.6%，连续 7 年每年减贫 1 000 万人以上。"①，为打赢脱贫攻坚战提供了重要的推动力。

（一）产业扶贫

习近平同志强调"产业扶贫是最直接、最有效的办法，也是增强贫困地区造血功能、帮助群众就地就业的长远之计。"② 发展经济是解决贫困的根本途径，贫困地区发展需要产业来带动。

一是统筹使用涉农资金，这体现了中央对财政涉农资金使用的充分授权，将涉农资金使用上的各项权利集中下放给基层，打破了以往各部门条块分割的局面，拆掉了资金项目的"隔栏"，将资金汇集在一起，发挥聚合效应，为发展产业提供充足的资金保障。

二是瞄准产业方向，鼓励贫困村、贫困户因地制宜发展种养业和传统手工业等。依托贫困地区特有的自然人文资源，发展旅游业。实施贫困村"一村一品"

---

① 习近平：《在决战决胜脱贫攻坚座谈会上的讲话》，载于《人民日报》2020 年 3 月 7 日。

② 习近平：《高举新时代改革开放旗帜把改革开放不断推向深入》，载于《人民日报》2018 年 10 月 26 日。

产业推进行动，扶持建设一批贫困人口参与度高的特色农业基地。

三是建立贫困村农民专业合作社、种养大户信息交流综合服务平台，为农户提供及时精准的价格行情、农产品市场信息等，加大对贫困地区农产品营销支持力度，为贫困地区积极牵线搭桥，引导贫困村参与网上销售、农超对接等多种销售平台，促进产销对接。

四是支持贫困地区发展农产品加工业，加快一、二、三产业融合发展，让贫困户分享农业全产业链和价值链增值收益。加强贫困地区农民合作社和龙头企业培育，发挥其对贫困人口的组织和带动作用，让贫困人口分享产业发展的红利。引导中央企业、民营企业分别设立贫困地区产业投资基金，到贫困地区从事资源开发、产业园区建设、新型城镇化发展等，带动贫困地区的综合发展。

（二）生态扶贫

习近平同志指出"人不负青山，青山定不负人。绿水青山既是自然财富，又是经济财富。"① 将贫困户增收和加强生态建设结合起来，引导群众进行产业结构调整和转型，让群众在保护中奉献、在保护中就业、在保护中受益，形成稳定可靠的收入来源。转变农业生产方式，合理配置自然资源，加大贫困地区生态保护修复力度，从而实现经济、社会和生态效益的协调发展。因地制宜通过退耕还林还草、生物多样性保护、水源涵养保护以及天然林草场等建设，增加重点生态功能区转移支付，扩大政策实施范围，让有劳动能力的贫困人口就地转为护林员等生态保护人员，解决贫困人口脱贫问题。《中共中央、国务院关于打赢脱贫攻坚战的决定》指出，要结合生态保护脱贫，国家实施的退耕还林还草、天然林保护、防护林建设、石漠化治理、防沙治沙、湿地保护与恢复、坡耕地综合整治、退牧还草、水生态治理等重大生态工程，在项目和资金安排上要进一步向贫困地区倾斜，提高贫困人口的参与度和受益水平。加大贫困地区生态保护修复力度，增加重点生态功能区转移支付。结合建立国家公园体制，创新生态资金使用方式，使当地有劳动能力的部分贫困人口转为护林员等生态保护人员。

（三）精神扶贫

习近平同志指出："摆脱贫困首要并不是摆脱物质的贫困，而是摆脱意识和思路的贫困。"② 也就是说，精神扶贫就是要帮助贫困者摆脱意识和思路的贫困，

---

① 习近平：《扎实做好"六稳"工作落实"六保"任务奋力谱写陕西新时代追赶超越新篇章》，载于《人民日报》2020年4月24日。

② 《习近平扶贫论述摘编》，中央文献出版社2018年版，第137页。

消灭贫困文化和心理的一种扶贫脱贫方式。精神扶贫必须将"扶志"与"扶智"统一起来，通过对贫困群众内生动力的激发、信心的树立、意志的强化，激发贫困群众的脱贫积极性，真正实现以精神扶贫为着力点向农村贫困人口开展"智志双扶"的精准帮扶。

一方面，开展"扶志"教育。首先，引导贫困群众树立正确的价值观。坚定脱贫的信念树立越是困难越是奋斗，越是贫穷越要积极奋斗，无畏艰难。发挥基层党组织和党员的先锋作用，通过身体力行的方式积极引导贫困群众的思想解放，不断弱化贫困意识对贫困群众的影响，提高贫困群众的自我认知能力。其次，加快贫困地区精神文明建设，丰富人们的精神世界，营造积极向上的脱贫环境。一是宣传一些脱贫致富的案例，尤其要重点宣传贫困群众中自立自强的典型事例，激发贫困群众产生共鸣心理。二是加大精神扶贫资金的投资比例，推动文化投入向贫困地区倾斜，集中实施文化惠民扶贫项目，普遍建立村级文化中心。

另一方面，"扶贫先治愚，扶贫先扶智"，扶智即要帮助农民进行科技知识培训，同时要加强对贫困地区教育的发展。首先，帮助贫困人口掌握一技之长，解决贫困人口的就业问题，是实现贫困群众快速脱贫致富的根本之策，即以就业为导向，结合贫困人口自身条件，提高培训的针对性和有效性，增强贫困群体的就业能力和劳务水平。一是加大职业技能提升计划和贫困户教育培训工程实施力度，引导企业扶贫与职业教育相结合，鼓励职业院校和技工学校招收贫困家庭子女，确保贫困家庭劳动力至少掌握一门致富技能，实现靠技能脱贫。二是建设服务平台。要不断开拓创新，健全就业保障机制，完善"培训＋就业"一条龙服务。支持贫困地区建设县乡基层劳动就业和社会保障服务平台，提供就业信息，鼓励贫困群众大胆就业、创业。三是拓展支持渠道，进一步加大就业专项资金向贫困地区转移支付力度。鼓励地方对跨省务工的农村贫困人口给予交通补助。其次，着力加强教育。教育扶贫是让贫困地区的孩子接受公平、有质量的教育，是扶贫开发的重要任务，是阻断贫困代际传递的重要途径。一是国家教育经费要向贫困地区、基础教育倾斜。健全学前教育资助制度，帮助农村贫困家庭幼儿接受学前教育。稳步推进贫困地区农村义务教育阶段学生营养改善计划。加大对乡村教师队伍建设的支持力度，特岗计划、国培计划向贫困地区基层倾斜，为贫困地区乡村学校定向培养留得下、稳得住的一专多能教师，制定符合基层实际的教师招聘引进办法，建立省级统筹乡村教师补充机制，推动城乡教师合理流动和对口支援。二是全面落实连片特困地区乡村教师生活补助政策，建立乡村教师荣誉制度。合理布局贫困地区农村中小学校，改善基本办学条件，加快标准化建设，加强寄宿制学校建设，提高义务教育巩固率。普及高中阶段教育，让未升入普通高中的初中毕业生都能接受中等职业教育。加强有专业特色并适应市场需求的中等职业学校建设，提高中等职业教育国家助学金资助标准。

（四）易地扶贫搬迁

习近平同志强调"易地搬迁是解决一方水土养不好一方人、实现贫困群众跨越式发展的根本途径，也是打赢脱贫攻坚战的重要途径。"① 针对居住过于分散、基础设施和公共服务设施配套难、生存环境恶劣、生态环境脆弱、自然灾害频发、不具备基本发展条件地方的贫困人口，采取易地安置的方式，按规划、分年度、有计划组织实施，坚持群众自愿、积极稳妥的原则，因地制宜选择搬迁安置方式，合理确定住房建设标准，完善搬迁后续扶持政策，做到以产业发展布点、以宜居环境聚人、以就业创业留人，让贫困群众搬得出、稳得住、可发展、能致富，确保搬迁对象稳定脱贫。

一是搬迁就业相结合。要紧密结合推进新型城镇化，编制实施易地扶贫搬迁规划，支持有条件的地方依托小城镇、经济开发区、工业园区安置搬迁群众，帮助其尽快实现转移就业，享有与当地群众同等的基本公共服务。也可以在当地布点，搬到交通方便的地方、离公路近的地方、离水源近的地方，就地改善其生产生活条件。支持搬迁安置点发展物业经济，增加搬迁户财产性收入。

二是资金投入有保障。加大中央预算内投资和地方各级政府投入力度，创新投融资机制，拓宽资金来源渠道，提高补助标准。积极整合交通建设、农田水利、土地整治、地质灾害防治、林业生态等支农资金和社会资金，发挥资金聚集优势，提高工作效率。

三是政策创新多出路。利用城乡建设用地增减挂钩政策支持易地扶贫搬迁。为符合条件的搬迁户提供建房、生产、创业贴息贷款支持。结合产业发展和迁出地生态保护原则，探索利用农民进城落户后自愿有偿退出的农村空置房屋，拓展致富方式。

（五）社会保障兜底扶贫

实施社会保障兜底是精准扶贫中的最后一道屏障。对贫困人口中完全或部分丧失劳动能力的人，由社会保障来兜底。贯彻落实农村最低生活保障，充分利用医疗救助、临时救助、特困人员供养、社会福利、慈善帮扶等制度兜底保障脱贫。

一是要统筹协调农村扶贫标准和农村低保标准两项制度的衔接，加大其他形

---

① 习近平：《扎实做好"六稳"工作落实"六保"任务奋力谱写陕西新时代追赶超越新篇章》，载于《人民日报》2020年4月24日。

式的社会救助力度。完善农村最低生活保障制度，对无法依靠产业扶持和就业帮助脱贫的家庭实行政策性保障兜底。加大农村低保省级统筹力度，低保标准较低的地区要逐步达到国家扶贫标准。

二是要尽快制定农村最低生活保障制度与扶贫开发政策有效衔接的实施方案。进一步加强农村低保申请家庭经济状况核查工作，将所有符合条件的贫困家庭纳入低保范围，做到应保尽保。加大临时救助制度在贫困地区的落实力度。提高农村特困人员供养水平，改善供养条件。抓紧建立农村低保和扶贫开发的数据互通、资源共享信息平台，实现动态监测管理、工作机制有效衔接。加快完善城乡居民基本养老保险制度，适时提高基础养老金标准，引导农村贫困人口积极参保续保，逐步提高保障水平。有条件、有需求的地区可以实施"以粮济贫"。

三是要开展医疗保险和医疗救助。加强医疗保险和医疗救助，新型农村合作医疗和大病保险政策要对贫困人口倾斜，保障贫困人口享有基本医疗卫生服务，努力防止因病致贫、因病返贫。对贫困人口参加新型农村合作医疗个人缴费部分由财政给予补贴。新型农村合作医疗和大病保险制度对贫困人口实行政策倾斜，门诊统筹率先覆盖所有贫困地区，降低贫困人口大病费用实际支出，对新型农村合作医疗和大病保险支付后自负费用仍有困难的，加大医疗救助、临时救助、慈善救助等帮扶力度，将贫困人口全部纳入重特大疾病救助范围，使贫困人口大病医治得到有效保障。加大农村贫困残疾人康复服务和医疗救助力度。建立贫困人口健康卡。对贫困人口患大病实行分类救治和先诊疗后付费的结算机制。

四、精准扶贫具有深远的战略和历史意义

扶贫开发事关全面建成小康社会，事关人民福祉，事关巩固党的执政基础，事关国家长治久安，事关亿万贫困群众中国梦的实现。实施精准扶贫，打赢脱贫攻坚战，是促进全体人民共享改革发展成果、实现共同富裕的重大举措，是体现中国特色社会主义制度优越性的重要标志，也是经济发展新常态下扩大国内需求、促进经济增长的重要途径。

(一) 精准扶贫是社会主义的本质要求

社会主义的本质是解放生产力，发展生产力，消灭剥削，消除两极分化，最终达到共同富裕。当前我国经济发展水平虽然稳步提升，但总体来说，地区差别较大，东部沿海地区发展起步早，经济发展水平相对较高，而中西部在经济发展、基础设施条件、贫富程度、教育等方面与之差距较大。这也是制约我国经济协调发展、全面建成小康社会最突出的短板。为了切实贯彻"看真贫、扶真贫、

320

真扶贫"的扶贫思想，党和国家针对扶贫工作制定了一系列的措施和政策，从精准识别、精准帮扶、精准管理、精准考核四个环节竭尽全力进行贫困扶持，在确保扶贫质量的基础上，提高脱贫成效，以求在最短时间内实现脱贫目的。只有让贫困群体彻底摆脱贫困，才能达到社会主义的本质要求，社会主义的优越性也才会更好地体现出来。

（二）精准扶贫是解决民生问题的有效手段

柴米油盐酱醋茶是老百姓的日常生活，"巧妇难为无米之炊"却是贫困人口的真实困境。由于受到自然条件、自身发展能力等多个方面的限制，在缺乏外界帮扶和支持的情况下，贫苦群体仅依靠自身能力难以摆脱贫困，基本生活、医疗卫生、健康保障、教育和就业等方面的基本需求难以满足。习近平同志高度重视贫困群体，他强调，对困难群众要"格外关注、格外关爱、格外关心"。① 只有对困难群众投入更多的心思，甚至是与他们"结穷亲"，当成自己的亲戚和朋友，才能更深入地了解他们的真实需求，真正做到急群众之困、想群众之思、忧群众之虑，也才会实现精准到户、精确到人，真正达到保障困难群众的基本生活，使之共享经济发展的成果。

（三）精准扶贫是我国扶贫开发制度化、法治化的强劲推动力

有法可依是实现依法治贫、法治扶贫的前提条件。进一步开拓中国特色扶贫开发事业，要坚持立法先行，发挥扶贫立法的引领和推动作用。党的十八大以来，我国政府对扶贫开发工作的投入规模、重视程度前所未有，尤其是在推进精准扶贫的过程中，扶贫工作的各个环节，包括建档立卡、规划编制、项目安排、资金使用、考核督查等更加规范化，促进扶贫工作走向法治化、制度化。《中共中央、国务院关于打赢脱贫攻坚战的决定》中对推进扶贫开发法治建设提出了要求，指出要"健全贫困地区公共法律服务制度，切实保障贫困人口合法权益。完善扶贫开发法律法规，抓紧制定扶贫开发条例"。不仅中央在政策层面大力推动法治化，各地在落实精准扶贫战略的过程中也非常注重从法律层面规范扶贫工作，如为扶贫开发对象、扶贫开发措施、社会扶贫、项目管理、资金管理、监督检查、法律责任等各个方面提供了法律保障，有助于提高扶贫开发工作的质量和水平。此外，一些省市还颁布了地方法规规章，使扶贫开发步入依法行政、依法扶贫的轨道。

---

① 习近平：《在河北省阜平县考察扶贫开发工作时的讲话》，载于《求是》2021年第4期。

（四） 精准扶贫是实现"五位一体"的必然要求

精准扶贫是践行党的根本宗旨、推进"四个全面"战略布局的重要举措，也是实现"五位一体"的必然要求。中国共产党执政的根本宗旨就是为人民服务，只有真正做到为人民造福，党的执政基础才能坚不可摧。党的十八大后，习近平同志多次强调扶贫开发和脱贫攻坚的重要性，认为"我们实现第一个百年奋斗目标、全面建成小康社会，特别是没有老区贫困人口脱贫致富，那是不完整的"[①]，将全面脱贫提升到全面建成小康社会刚性目标、底线目标的地位。

经过之前多年的减贫工作，最后阶段剩下的都是"硬骨头""大难题""深水区"，贫困问题成为我国全面建成小康社会的"收官"过程中一个突出短板。小康是全国人民的小康，没有贫困地区、贫困群体的小康，就没有全面建成小康社会。消灭贫困，实现全体人民的小康，就必然要求我们以更大的决心、更明确的思路、更精准的举措、超常规的力度，众志成城，实现脱贫攻坚目标。加快贫困地区、贫困人口脱贫致富奔小康，不仅是政治问题、经济问题，也是重大的社会问题、民生问题，事关战略全局。精准扶贫，是削减贫困、缩小收入差距、统筹区域协调、实现共同富裕的内在要求，也是中国实现全面小康和现代化建设的一场攻坚战。

因此可以说，这场攻坚战最终如期取得了胜利，也就是中国精神、中国价值、中国力量得到了充分的彰显，是全面建成小康社会"收官"的制胜之招。在精准扶贫时期，我们解决了 8 000 万人口的绝对贫困问题，极大满足了人民群众对更加美好生活的期盼，从而在我国开启了全面建设社会主义现代化国家的一个全新征程的历史节点上，我们就必须继续努力，继续发扬脱贫攻坚精神，不断加强发展的协调性，发扬脱贫攻坚中的科学方法论，既坚持党的全面领导和科学规划，又激发人民群众的内生动力，将持续深入解决人民的共同富裕、全面富裕问题放在至高的位置，不断满足人民群众不断增长的美好生活需要。

第二节　继往开来：坚持全面深化改革

党的十八大以来，以习近平同志为核心的党中央坚持"将革命进行到底"的不懈斗志推动改革开放事业，特别是党的十八届三中全会之后，我们党关于全面

[①] 《习近平扶贫论述摘编》，中央文献出版社 2018 年版，第 7 页。

深化改革的顶层设计系统展开，改革的"四梁八柱"加快搭建，形成了全党全国上下协同发力、持续深化的改革新热潮。习近平新时代中国特色社会主义思想作为对改革开放这个中国发展"关键一招"①的成功提炼，也是对中国发展智慧和方案的最好概括，是"关键一招"的一本"秘籍"，这本"秘籍"必将指导全面深化改革形成改革合力，将新时代全面深化改革事业进行到底。

一、全面深化改革是新时代的重大使命

党的十八届三中全会是在我国改革进入攻坚期和深水区的关键时刻召开的一次十分重要的会议，这次全会审议通过了《中共中央关于全面深化改革若干重大问题的决定》（以下简称《决定》），描绘了全面深化改革的新蓝图，拉开了中国新一轮改革的大幕。

（一）全面深化改革是改革进入新时代的必然要求

中国的改革开放取得了举世瞩目的成就，但也出现了许多问题，我们正面临着转型与改革集中"交汇期"，以及各种社会矛盾和问题集中"凸显期"。正如习近平同志指出的，"改革是由问题倒逼而产生，又在不断解决问题中得以深化。"这就决定了党的十八届三中全会必然是一次将改革全面深入推进的大会。以下从三个角度来分析这次改革的背景。

1. 经济增长动力深刻转换，迫切需要深化改革为经济发展增添新动力

过去 40 多年，我国依赖大规模的出口、廉价的劳动力、高强度的资源消耗、不计环境成本的增长模式，保持了经济的高速增长，发展成为世界第二大经济体，人均 GDP 迈入中等收入国家行列。但随着国际国内经济形势的变化，特别是经济发展阶段和内生条件的变化，传统的增长方式已难以为继，中国经济增长动力面临根本转换，将由高速增长进入到中高速增长阶段。从国际经验看，一个国家或经济体在经历了一个时期高速增长后，都会有一个经济减速或调整过程。中国经济的这一变化符合发展规律。

一方面，外需变化"倒逼"中国经济发展方式转型。从世界范围来看，受国际金融危机影响，近年世界经济增速明显放缓，国际市场需求持续疲软，反映到我国货物进出口数据上，双降态势非常明显，其中出口增速下降，加之受人民币升值、贸易保护主义等影响，出口形势更加严峻，给中国经济增长带来了巨大的冲击，倒逼经济增长转型。正因为此，中央将扩大内需确定为战略基点，着力推

---

① 习近平：《在庆祝改革开放 40 周年大会上的讲话》，载于《人民日报》2018 年 12 月 18 日。

动经济增长由出口导向向内需主导转变。

另一方面，国内经济增长动力亟须转换。长期以来，我国靠投资拉动经济增长的占比过高，而消费拉动明显不足。随着投资规模的扩大和投资边际效益递减规律的作用，投资拉动力将逐步减弱。在全国人大常委会原副委员长、著名经济学家成思危看来，我国目前庞大的投资中，还有相当部分属不合理、不必要投资，这部分投资产生的 GDP 是低效、无效甚至是负效的，不仅加剧资源消耗、产能过剩，而且使财政金融风险得以累积。李克强总理也曾指出，政府通过增加投资刺激经济增长的空间已相当有限。从中长期看，保持中国经济增长，必须推动由过度依赖投资拉动向依靠消费、投资协调拉动转变。同时，我国劳动力供给即将迎来"拐点"，成本快速上升、老龄化压力开始显现；能源、土地、资源供应逐步趋紧；生态环境持续恶化，近年全国多个地区持续出现的雾霾天气，说明中国的环境承载能力已接近极限；"中国制造"所依赖的要素红利正在逐渐削弱，中国经济依然存在大而不强的问题。正因如此，新一届政府响亮地提出了打造"中国经济升级版"，着力推动经济增长由过度依赖要素消耗向主要依靠创新驱动转变，实现经济内生增长。

2. 社会矛盾问题日益凸显，迫切需要深化改革促进和谐稳定发展

与经济高速增长相伴随的是，中国目前正处于社会加速转型期，这一时期也是矛盾问题集中凸显的时期，须防止掉入"中等收入陷阱"。正如习近平同志就《决定》向全会作说明时指出，当前，国内外环境都发生极为广泛而深刻的变化，我国发展面临一系列突出矛盾和挑战，前进道路上还有不少困难和问题。比如：发展中不平衡、不协调、不可持续问题依然突出，科技创新能力不强，产业结构不合理，发展方式依然粗放，城乡区域发展差距和居民收入分配差距依然较大，社会矛盾明显增多，教育、就业、社会保障、医疗住房、生态环境、食品药品安全、安全生产、社会治安，执法司法等关系群众切身利益的问题较多，部分干部生活形式主义、官僚主义、享乐主义和奢靡之风问题突出，一些领域消极腐败现象易发多发，反腐败斗争形势依然严峻，等等。而解决这些问题，关键就在于深化改革。

3. 实现全面建成小康社会目标，迫切需要深化改革最大限度地激发社会创造活力

党的十八大统一提出了全面建成小康社会和全面深化改革开放的奋斗目标，实现这一宏伟目标，需要激发全社会的创造活力。目前还有一些影响社会创造力发挥的制约因素，较为突出的有三个方面：一是政府对经济事务干预过多。在投资项目审批方面管得过多，在一些方面直接介入微观经济事务较多，在履行职能上越位、错位和缺位并存，让市场机制充分发挥作用不够。二是发展的环境不够公平。还存在对民营资本的市场准入限制、不同所有制经济主体之间在要素和资源配置上不平等、一些领域垄断加剧等突出问题。三是促进就业创业和鼓励创新的机制还不够完善。特别是前置许可事项仍然较多，政策激励不配套，产权保护不到位等问题比较突出。因此，只有通过深化改革，打破现有体制的顽瘴痼疾，理顺政府与市场、社会的关系，简政放权，充分释放市场与民间社会的发展活力，才有继续大发展的空间，才能凝聚起全面建成小康社会的强大合力。

（二）全面深化改革是中国共产党顶层设计的结果

党的十八届三中全会之后，中央成立了全面深化改革领导小组，2018年3月机构改革后为中央全面深化改革委员会，习近平多次主持召开中央全面深化改革委员会传达全面深化改革相关部署。

1. 加强领导，科学统筹，狠抓落实，把改革重点放到解决实际问题上来

2018年9月20日，习近平主持召开中央全面深化改革委员会第四次会议并发表重要讲话。他强调，改革重在落实，也难在落实。改革进行到今天，抓改革、抓落实的有利条件越来越多，改革的思想基础、实践基础、制度基础、民心基础更加坚实，要投入更多精力、下更大气力抓落实，加强领导，科学统筹，狠抓落实，把改革重点放到解决实际问题上来。

会议强调，加强党对改革工作的领导，不仅要体现在议事决策上，也要体现在抓落实、见成效上。各地区各部门特别是一把手要拿出敢于担当的勇气和决心来，越是难度大的改革，越要动真碰硬，一抓到底。对群众反映强烈的突出问题，必须坚决改、马上改。对事关战略全局、事关长远发展、事关人民福祉的紧要问题，要科学统筹、优先解决。要结合实际，既抓全局的重点，也抓局部的重点，做到大局小局一盘棋。要把有利于增强人民群众获得感的改革放到更加突出位置来抓，对收入分配、教育、就业、社会保障、医疗、住房、环境治理、养老、食品药品安全等问题，要结合群众的现实需求，有针对性地推出一批改革举措。要在务实戒虚上下功夫，把更多精力放在解决一个一个实际问题上来，解剖麻雀，把问题想深、想细、想透，有什么问题就解决什么问题，是谁的问题就由谁来解决。各地区各部门要把贯彻落实党中央改革决策部署作为政治任务，以严明的纪律确保改革扎实推进。

2. 对标重要领域和关键环节改革，继续啃硬骨头，确保干一件成一件

2019年1月23日，习近平主持召开中央全面深化改革委员会第六次会议并发表重要讲话，会议上他强调：党的十一届三中全会是划时代的，开启了改革开放和社会主义现代化建设历史新时期。党的十八届三中全会也是划时代的，开启了全面深化改革、系统整体设计推进改革的新时代，开创了我国改革开放的全新局面。要对标到2020年在重要领域和关键环节改革上取得决定性成果，继续

"打硬仗","啃硬骨头",确保干一件成一件,为全面完成党的十八届三中全会部署的改革任务打下决定性基础。

会议强调,改革工作重点要更多放到解决实际问题上,发现问题要准,解决问题要实。要抓好任务统筹,精准推进落实,加强调查研究,坚持问题导向,画好工笔画,提出的改革举措要直击问题要害,实现精确改革。改革方案落地过程中要因地制宜,逐层细化,精准有效,改什么、怎么改都要根据实际来,不能"一刀切"。特别是直接面向基层群众的改革,要把抓改革落实同做群众工作结合起来,讲究方式方法,确保群众得实惠。要防止空喊改革口号,防止简单转发照搬中央文件,防止机械式督察检查考核。要处理好政策顶层设计和分层对接、政策统一性和差异性的关系,加强政策解读和指导把关。要强化责任担当,对推出的各项改革方案要进行实效评估,及时发现和解决问题。

3. 紧密结合"不忘初心、牢记使命"主题教育,推动改革补短板、强弱项、激活力、抓落实

2019年7月24日,习近平主持召开中央全面深化改革委员会第九次会议强调:紧密结合"不忘初心、牢记使命"主题教育,推动改革补短板强弱项激活力抓落实。他强调,全面深化改革是我们党守初心、担使命的重要体现。改革越到深处,越要担当作为、蹄疾步稳、奋勇前进,不能有任何停一停、歇一歇的懈怠。要紧密结合"不忘初心、牢记使命"主题教育,提高改革的思想自觉、政治自觉、行动自觉,迎难而上、攻坚克难,着力补短板、强弱项、激活力、抓落实,坚定不移破除利益固化的藩篱、破除妨碍发展的体制机制弊端。

会议强调,要围绕人民对美好生活新期待,推出一些更有针对性、开创性的改革举措。要坚持眼睛向下、脚步向下,鼓励引导支持基层探索更多原创性、差异化改革,及时总结和推广基层探索创新的好经验好做法。要教育引导广大党员、干部把增强"四个意识"、坚定"四个自信"、做到"两个维护"落实到行动上,弘扬真抓实干作风,推进工作要实打实、硬碰硬,解决问题要雷厉风行、见底见效,以钉钉子精神抓好攻坚难度大、影响面广、同老百姓关系密切的改革任务。要宽容在改革创新、先行先试中出现的失误,最大限度调动干部群众的积极性、主动性、创造性。要坚决克服改革中的形式主义、官僚主义突出问题。

4. 加强改革,系统集成,协同高效,推动各方面制度更成熟更定型

2019年9月9日,习近平主持召开中央全面深化改革委员会第十次会议并发表重要讲话。他强调,落实党的十八届三中全会以来中央确定的各项改革任务,前期重点是夯基垒台、立柱架梁,中期重点在全面推进、积厚成势,现在要把着力点放到加强系统集成、协同高效上来,巩固和深化这些年来我们在解决体制性障碍、机制性梗阻、政策性创新方面取得的改革成果,推动各方面制度更加成熟更加定型。

会议强调，党的十八届三中全会以来，我们注重解决体制性的深层次障碍，推出一系列重大体制改革，有效解决了一批结构性矛盾，很多领域实现了历史性变革、系统性重塑、整体性重构。我们注重克服机制性的梗阻问题，打通理顺了许多堵点难点，增强了全社会发展活力和创新活力。我们注重从经济社会发展需要出发，从老百姓身边事改起，适时推出一批切口小、见效快的政策性创新，解决了民生领域许多操心事烦心事，增强了人民群众获得感、幸福感、安全感。要把党的十八届三中全会以来推出的一系列重要改革进行认真梳理，统筹制度改革和制度运行，处理好顶层设计和分层对接的关系，搞好上下左右、方方面面的配套，注重各项改革协调推进，使各项改革相得益彰，发生"化学反应"，把制度优势转化为治理效能。

（三）全面深化改革需要和制度建设有机融合

1. 落实党的十九届四中全会重要举措，继续全面深化改革实现有机衔接融会贯通

2019 年 11 月 26 日，习近平主持召开中央全面深化改革委员会第十一次会议强调："落实党的十九届四中全会重要举措，继续全面深化改革实现有机衔接融会贯通"。习近平同志指出，党的十九届四中全会不仅系统集成了党的十八届三中全会以来全面深化改革的理论成果、制度成果、实践成果，而且对新时代全面深化改革勾勒出更加清晰的顶层设计。要以坚持和完善中国特色社会主义制度、推进国家治理体系和治理能力现代化为主轴，增强以改革推进国家制度和国家治理体系建设的自觉性，突出制度建设这条主线，继续全面深化改革，既要排查梳理已经部署各项改革任务的完成情况，又要把四中全会部署的重要举措及时纳入工作日程，抓紧就党中央明确的国家治理急需的制度、满足人民对美好生活新期待必备的制度进行研究和部署，实现改革举措的有机衔接、融会贯通，确保取得扎扎实实的成效。

会议指出，党的十九届四中全会的《决定》为全面深化改革系统集成、协同高效提供了根本遵循。我们现在要做的是，推动各项改革向制度更加成熟更加定型靠拢，让各项改革相得益彰、发生化学反应。要注重同中国特色社会主义根本制度、基本制度、重要制度对标对表，理清工作思路和工作抓手，结合四中全会部署的各项改革任务，一体推动、一体落实。改革已建立制度框架的，要对照四中全会精神继续巩固完善，建立长效机制；正在探索的要狠抓攻坚克难，实现突破，做好总结提炼、形成制度安排；有待谋划推出的，要大胆改革创新，及时研究制定方案。要在精准谋划、精准实施上下足功夫，改革解决什么问题、什么时候推出、对制度建设有什么作用都要做到心中有数。要把握不同改革的特点性质，坚持出台方案、健全机制、推进落实一起抓。落实改革方案要因地制宜、有的放矢，不搞上下"一般粗"，不搞"一刀切"。要聚焦制度是否有效运转开展督察，看改革是否实现目标集成、政策集成、效果集成。要抓紧编制四中全会重要举措实施规划，明确时间表、路线图、成果形式。

2. 完善重大疫情防控体制机制，健全国家公共卫生应急管理体系

2020年2月14日，习近平主持召开中央全面深化改革委员会第十二次会议并发表重要讲话。会议上，习近平强调："完善重大疫情防控体制机制，健全国家公共卫生应急管理体系"。他强调，确保人民群众生命安全和身体健康，是我们党治国理政的一项重大任务。既要立足当前，科学精准打赢疫情防控阻击战，更要放眼长远，总结经验、吸取教训，针对这次疫情暴露出来的短板和不足，抓紧补短板、堵漏洞、强弱项，该坚持的坚持，该完善的完善，该建立的建立，该落实的落实，完善重大疫情防控体制机制，健全国家公共卫生应急管理体系。

3. 深化改革健全制度完善治理体系，善于运用制度优势应对风险挑战冲击

2020年4月27日，习近平主持召开中央全面深化改革委员会第十三次会议强调"深化改革健全制度完善治理体系，善于运用制度优势应对风险挑战冲击"。

会议强调，当前，我国疫情防控向好态势进一步巩固，我们仍要坚持底线思维，做好较长时间应对外部环境变化的思想准备和工作准备，谋划推进改革要有一揽子考虑和安排，围绕做好"六稳"工作、落实"六保"任务，把防风险、打基础、惠民生、利长远的改革有机统一起来。对有助于促进复工复产、居民就业、投资消费、中小微企业发展、基本民生、脱贫攻坚的改革举措，要集中力量推进。对经济社会发展中的短板弱项和风险挑战，要有前瞻性谋划，聚焦公共卫生、生物、粮食、能源、金融、网络、防灾备灾、社会治理等重点领域，坚持统筹发展和安全，坚持预防预备和应急处突相结合，抓住时机，主动作为。对事关经济高质量发展的体制机制问题，要抓住完善要素市场化配置、转变政府职能、优化营商环境、扩大国内需求、稳定产业链供应链、推进城乡融合发展、加快科技创新、扩大对外开放、促进人与自然和谐共生等重要方面，加强系统集成，统筹部署推进。要深化对改革规律的认识，根据时与势的变化不断完善，在解决实际问题中不断深化，使改革更加符合实际、符合经济社会发展新要求、符合人民群众新期待。

在全面深化改革的重要节点上既要确保党的十八届三中全会提出的在重要领域和关键环节改革上取得决定性成果，又要在贯彻党的十九届四中全会部署的改革上开好局。各地区各部门要坚定信心、迎难而上，坚定不移把党中央部署的各项改革任务落实好。

4. 依靠改革应对变局开拓新局，扭住关键鼓励探索突出实效

2020年6月30日，习近平主持召开中央全面深化改革委员会第十四次会议强调"依靠改革应对变局开拓新局，扭住关键鼓励探索突出实效"。他强调，胜利完成"十三五"规划主要目标任务、决胜脱贫攻坚、全面建成小康社会，乘势而上开启全面建设社会主义现代化国家新征程，必须发挥好改革的突破和先导作用，依靠改革应对变局、开拓新局，坚持目标引领和问题导向，既善于积势蓄势谋势，又善于识变求变应变，紧紧扭住关键，积极鼓励探索，突出改革实效，推动改革更好服务经济社会发展大局。

会议强调，要把抓好党的十八届三中全会以来部署改革任务的落实同完成"十三五"规划主要目标任务、决胜脱贫攻坚、全面建成小康社会结合起来，把统筹推进常态化疫情防控和经济社会发展工作贯通起来，有针对性地部署推进关键性改革。要提前谋划"十四五"时期改革工作，更加注重制度和治理体系建设，更多解决深层次体制机制问题。改革创新最大的活力蕴藏在基层和群众中间，对待新事物新做法，要加强鼓励和引导，让新生事物健康成长，让发展新动能加速壮大。

二、新时代是全面深化改革的攻坚期

习近平关于全面深化改革的重要论述是在继承中国特色社会主义改革理论的基础上，伴随着我国全面深化改革的实践逐渐形成并不断发展着的理论。习近平总书记关于改革的重要论述关系到我国全面深化改革的总体思路和改革方向，关系到我国全面深化改革这一重大战略成功与否。因此，全面且系统地研究这一思想意义深远。

事实上，当前迈开全面深化改革的步伐之所以还如此艰难，这是由当前改革所处的历史方位决定的，我国发展进入新阶段，改革进入攻坚期和深水区，要啃的都是硬骨头、要涉的都是险滩。在这个历史方位上，全面深化改革的复杂性和困难程度表现出如下几个主要特点。

（一）全面深化改革必然要触动既有的利益格局

1978 年开启的改革在形式上有两个鲜明的特征：一是渐进性，先易后难。农村出现包产到户，城市出现个体经营，这完全是解决生存问题的自发行为，在全社会容易形成改革的共识。后来改革由农村进入城市，城市企业的改革同样按照承包制度的方式推进，这既提高了经营者收益，又增进了全社会的福利，所以得到全社会的拥护。二是增量式，存量不动，提高增量。允许城乡个体经济的存在是改革的开始，当时称这是公有制经济"有益的补充"；随着改革的深入，到1980 年，我们称民营经济为社会主义经济的"重要组成部分"；到了 1990 年，

329

多种经济成分出现了大发展，这时我们称"以公有制经济为主体、多种所有制经济共同发展"，是我国社会主义初级阶段的基本经济制度。渐进式改革和增量式改革的优点是容易形成社会共识，迅速动员社会力量投入改革。但是，渐进式改革导致的结果是容易改的都改了，剩下的都是难啃的硬骨头；增量式改革带来的结果是把改革的前沿推到了体制内，这就要求公有制经济必须改革。因此，全面深化改革是一场自我革命，革别人的命容易，要革自己的命，当然就难得多了。

（二）全面深化改革必然要全面调整利益关系，形成新的、更加合理的利益格局

如果说改革开放40多年来，中国按照"效率优先"的原则积累了大量的社会财富，那么进一步改革面临的问题就是对社会财富按照"公平"的原则进行重新分配。这就必然涉及利益关系的重新调整。

利益关系调整势必触及部分既得利益者已经取得的利益和预期得到的利益。社会财富如何分配，利益关系如何调整，这是当前深化改革面临的最大难点，也是改革的最大阻碍。

全面深化改革不是一个领域的改革，也不是几个领域的改革，而是推进所有领域的改革。涉及部门利益、行业利益，也涉及地区利益、群体利益。不同的部门、行业、地区和群体，利益诉求必然存在差异，对深化改革的态度自然也各不相同。全面深化改革所涉及的广度、深度和力度是前所未有的，马克思主义经典著作中没有现成的答案，苏联的探索取得了一定的实践经验，但留下更多的是教训；改革开放以来我国在探索这个问题上取得了巨大的成就，但谈成功还任重而道远。全面深化改革不仅要涉及各个领域，而且要涉及每一个人，触动利益比触动灵魂还难，搞不好就会引起社会动荡。可想而知，在没有现成的理论作指导、没有现成的经验作遵循的情况下，全面深化改革的难度之大，难以想象。

（三）供给侧结构性改革是当前难啃的硬骨头

党的十九大报告中指出的"两个没有变"是我国发展的方位，也是改革所处的方位。这个历史方位决定了发展仍然是党执政兴国的第一要务，发展的动力仍然来自改革。但是，中国特色社会主义进入新时代，我国社会的主要矛盾已经发生转变，这一转变反映出人民群众的美好生活需要已经不再是短缺时代的生存需要，而向重质量、重品质、重个性的需求方向升级。在经济下行压力不断增大的情况下，过去习以为常而又行之有效的需求侧拉动已失去了效力。因此，从供给侧发力，加大供给侧结构性改革力度，淘汰落后产能，提升科技含量，生

产出人民群众美好生活所需要的产品，就成为改革的必然选择。但是，要做到"三去一降一补"，新上马的生产线要停产、库存的产品要处理、产业结构要转型升级、职工要失业，不仅供给方眼前损失的是真金白银，而且还可能引起社会风险。

正如习近平同志所提出，中国改革"已进入深水区，可以说，容易的、皆大欢喜的改革已经完成了，好吃的肉都吃掉了，剩下的都是难啃的硬骨头"。这就是当前我国全面深化改革所处的历史方位。

三、全面深化改革必须坚决破除思想束缚和利益固化

全面深化改革，必须树立问题意识和问题导向。当前，影响我国发展的矛盾和问题依然存在，对于改革进入深水区和攻坚期遇到的困难，中国共产党人有着清醒的认识。习近平总书记视察广东时说，改革就是要"敢于啃硬骨头，敢于涉险滩，既勇于冲破思想观念的障碍，又勇于突破利益固化的藩篱"。

（一）要不断解放思想，打破思想观念的束缚

解放思想是中国革命、建设和改革取得成功的法宝。解放思想的过程就是探索规律、追求真理的过程。中国革命胜利靠的是解放思想，靠的是把马克思主义普遍真理同中国革命具体实践相结合，找到了适合自身的革命道路。改革开放成功同样靠解放思想，没有解放思想就没有改革开放，就没有中国特色社会主义事业的辉煌成就。习近平同志指出："中国人民坚持解放思想、实事求是，实现解放思想和改革开放相互激荡、观念创新和实践探索相互促进，充分显示了思想引领的强大力量。"[1] 在新的历史时期，全面深化改革，推进中国特色社会主义事业的发展，必须在坚持党对改革开放的领导、坚持完善和发展中国特色社会主义制度、推进实现国家治理体系和治理能力现代化的总目标前提下，紧紧把住进一步解放思想这个总开关。历史唯物主义认为，生产力与生产关系、经济基础与上层建筑相互作用、相互制约，形成社会基本矛盾，决定着整个社会结构体系的存在和发展。发展是解决问题的关键，改革是发展的根本动力，而解放思想则是改革和发展的先导。党的十九大报告指出，中国特色社会主义进入新时代，我国社会主要矛盾已经转化为人民日益增长的美好生活需要和不平衡不充分的发展之间的矛盾，同时提出到本世纪中叶把我国建成富强民主文明和谐美丽的社会主义现代化强国的奋斗目标。这些重大判断和战略部署，对全面深化改革提出了新要

---

[1] 习近平：《开放共创繁荣 创新引领未来》，载于《人民日报》2018 年 4 月 11 日。

求。适应新要求、迎接新挑战，就必须进一步解放思想。

思想是行动的先导，思想不解放，改革的行动就会受到阻碍。党的十一届三中全会开启的改革就是以重新确立党的思想路线为起点的，我们党正是坚持了解放思想、实事求是的思想路线，才奋勇开拓了中国特色社会主义的崭新局面。今天与改革开放之初相比较，我国的生产力水平、人民的生活水平、综合国力都提高了，但是有些人思想观念却没有相应地提高，出现了守成为重、僵化不前、害怕创新的心态。一些人抱着小富即安的心态，认为就要建成小康社会了，发展成就已经够大了，现阶段应以守成为主，而不需要改革了；有些人认为如果创新不成不仅取得不了新成就，反而会葬送已有的成果，不创新、不改革，维持现有状况也不错；还有的人是担心全面深化改革会触动自己的既得利益，找出一切托词拖延改革。思想观念束缚改革的现象有许多，说到底是小富即安、精神懈怠、本领不足、眼界狭隘、不敢担当、心存私利的表现。

（二）要坚决打破利益固化的藩篱，维护社会公平正义

习近平同志特别强调：冲破思想观念的障碍、突破利益固化的藩篱，解放思想是首要的。在深化改革问题上，一些思想观念障碍往往不是来自体制外而是来自体制内。思想不解放，我们就很难看清各种利益固化的症结所在，很难找准突破的方向和着力点，很难拿出创造性的改革举措。[①]

利益固化会造成处于利益层级高端的群体有固定渠道、固定手段、固定资质获得社会发展的成果，而处于利益低端的群体被排除在社会发展成果的享受之外或者只是获得较少的、与之付出不相称的社会发展成果。利益固化严重损害社会公平正义，长期发展必将引起社会动乱和政局动荡。

中国改革开放 40 多年来，在经济社会发展的同时，我国社会利益格局也发生了重大变化，在劳动、技术、资本、管理等要素共同参与分配的分配原则下，先是出现了社会利益分层，社会成员之间收入差距和财产差距急剧扩大；继而出现了利益固化，社会成员之间垂直流动性减弱甚至停滞；再接着出现了"富二代""官二代""穷二代"的现象。当整个社会进入到一个"拼爹"的时代时，风险社会就真正来临了，这也是社会变革的重要时间窗口。要么粉饰太平，坐等风险的到来、革命的发生，要么进行全面深化改革，建立完善公平正义的社会制度，为利益层级间的有序流动提供更多的机会。坚定不移地推动全面深化改革，就是中国共产党对促进中国经济社会持续稳定发展作出的清醒判断。

---

① 习近平：《关于〈中共中央关于全面深化改革若干重大问题的决定〉的说明》，载于《人民日报》2013 年 11 月 16 日。

（三）要破除阻碍科学发展的体制和机制，完善和发展中国特色社会主义制度

当前，我国发展中不平衡、不协调、不可持续的问题依然突出，科技创新能力不强，产业结构不合理，发展方式依然粗放；城乡区域发展差距和居民收入分配差距依然较大，社会矛盾凸显，部分群众生活困难；"四风"问题突出，一些领域消极腐败现象易发多发，反腐败斗争形势依然严峻，等等。这些矛盾和问题如果深究起来，很大程度上都是由体制和机制不健全引起的，因此，着眼于从制度上来解决问题显得尤为重要。

党的十九大报告明确指出，必须坚持和完善中国特色社会主义制度，不断推进国家治理体系和治理能力现代化，坚决破除一切不合时宜的思想观念和体制机制弊端，突破利益固化的藩篱，吸收人类文明有益成果，构建系统完备、科学规范、运行有效的制度体系，充分发挥我国社会主义制度优越性。这既是全面深化改革的目标，也是坚持和发展中国特色社会主义、实现社会主义现代化的内在要求，全面深化改革必须以此为导向深入展开。

总之，进一步解放思想，打破思想观念的束缚，突破利益固化的藩篱，这是面对问题、解决问题，为全面深化改革清障开路，全面深化改革的总目标就是要完善和发展中国特色社会主义制度。

四、全面深化改革必须形成一分部署、九分落实的合力

习近平同志指出，改革争在朝夕，落实难在方寸。[①] 全面深化改革需要顶层设计，但是凡要完成一项伟大的事业，一分靠部署，九分靠落实。同时，要把全面深化改革的各项措施落到实处，就需要形成改革的合力。我们必须聚焦聚神聚力抓改革落实，确保党中央确定的改革方向不偏离、党中央明确的改革任务不落空，抓铁有痕、踏石留印，盯住抓、反复抓，直到抓出成效。历史合力论也告诉我们，完成全面深化改革的总目标，必须形成改革的合力。

（一）我国的经济发展状况，为全面深化改革提供了坚实的基础

经过改革开放 40 多年的发展，我国经济总量已经跃居世界第二，国民经济

---

① 《坚决贯彻全面深化改革决策部署 以自我革命精神推进改革》，载于《人民日报》2016 年 10 月 12 日。

体系更加完整和完善，综合国力稳步提升，人民生活水平大大改善。增长速度正从高速转向中高速，发展方式正从规模速度型转向质量效率型，经济结构调整正从增量扩能为主转向调整存量、做优增量并举，发展动力正从主要依靠资源和低成本劳动力等要素投入转向创新驱动。社会财富的增进，一方面，为全面深化改革奠定了坚实的基础，确保改革措施的实施有了更充裕的腾挪空间和更可靠的物质基础；另一方面，要巩固和扩大已经取得的成果，经济发展的实践又对深化改革提出了更为全面、更为系统、更为紧迫的要求。可以讲，当前我国已经具备支撑起全面深化改革的物质基础，全面深化改革的现实性要求也十分紧迫。我们必须统一思想、深化认识，切实把思想和行动统一到党中央重大判断和决策部署上来，努力做到观念上适应、认识上到位、方法上对路、工作上得力，不断增强调结构、转方式的自觉性和主动性，全面提高经济发展质量和效益，引领中国经济迈上新台阶。

（二）中央领导层改革决心坚定，顶层设计方案清晰可行

全面深化改革是党的十八届三中全会作出的重大决定，习近平同志多次强调："以更大的政治勇气和智慧，不失时机深化重要领域改革。"[①] "全面深化改革涉及面广，重大改革举措可能牵一发而动全身，必须慎之又慎。"[②] "问题的实质是改什么、不改什么，有些不能改的，再过多长时间也是不改。"[③] "这就要求我们胆子要大、步子要稳。胆子要大，就是改革再难也要向前推进，敢于担当，敢于啃硬骨头，敢于涉险滩。步子要稳，就是方向一定要准，行驶一定要稳，尤其是不能犯颠覆性错误。"[④] "对一些重大改革，不可能毕其功于一役，可以提出总体思路和方案，但推行起来还是要稳扎稳打，通过不断努力逐步达到目标，积小胜为大胜。"[⑤] 中央领导层不仅改革决心坚定，而且有切实可靠的改革总体规划和方案。党的十八届三中全会之后，中央成立了全面深化改革领导小组，中央全面深化改革领导小组（2018年3月机构改革后为中央全面深化改革委员会）已经召开了多次会议，改革的路线图和时间表已经形成，"四梁八柱"已经搭建起来，全面深化改革已经有了明晰的依据。

---

① 习近平：《增强改革的系统性整体性协同性做到改革不停顿开放不止步》，载于《人民日报》2012年12月12日。

② 《习近平关于全面深化改革论述摘编》，中央文献出版社2014年版，第42页。

③ 《习近平关于全面深化改革论述摘编》，中央文献出版社2014年版，第14~15页。

④ 《习近平接受俄罗斯电视台专访》，载于《人民日报》2014年2月19日。

⑤ 《习近平关于全面深化改革论述摘编》，中央文献出版社2014年版，第41页。

（三）党的各级领导干部有改革共识，贯彻落实改革措施的执行力和主动性日益增强

改革蓝图虽然有了，而要把蓝图变为现实，关键是要抓住"关键少数"。全面深化改革将不可避免地会涉及改革者本身的利益，正是从这个意义上讲，全面深化改革是一场自我革命。党的十八大以来在全面从严治党的过程中，中国共产党不仅注重反腐倡廉建设，而且注重从思想上组织上制度上行动上作风上革除党内存在的痼疾恶习，坚决治理"懒散庸怠"不作为的干部，要把谋改革、能改革、善改革的干部用起来；提出了"四个意识"，更加自觉地在思想上政治上行动上同以习近平同志为核心的党中央保持高度一致，与党的路线方针政策保持一致；提出了忠诚、干净、担当，鼓舞领导干部敢于担当全面深化改革的勇气，等等。

首先是要强化责任与使命担当。改革推进到今天，"比认识更重要的是决心，比方法更关键的是担当"。很多改革，根子在于是不是有"敢领风气之先"的创新意识，是不是有"敢啃硬骨头"的使命担当，是不是有"一抓到底"的改革韧劲。例如贵州省在强调改革的主体责任时，就致力于完善"一把手抓改革、改革抓一把手"的体制机制，形成"一级带着一级干、一级做给一级看"的良好风尚。贵州省委提出要深入推进一场振兴农村经济的深刻的产业革命，牢牢把握好贵州农村产业革命"八要素"，即产业选择、培训农民、技术服务、资金筹措、组织方式、产销对接、利益联结、基层党建，推动产业扶贫和农村产业结构调整取得重大突破，这就是使命担当的一种自觉体现。

其次是要做改革实干家。改革来到紧要关头，机遇不等人，问题不等人，时间不等人。唯有以钉钉子精神一锤接着一锤敲、一茬接着一茬干，务实求变、务实求新、务实求进，以永远在路上的坚定执着，把改革进行到底。必须深入推进作风革命，抓实抓好政策设计、工作部署、干部培训、监督检查、追责问责等各个工作环节，大兴调查研究之风、真抓实干之风，深入研究问题、努力破解改革发展难题。

最好是要用好改革督察利器。习近平同志指出："要调配充实专门督察力量，开展对重大改革方案落实情况的督察，做到改革推进到哪里、督察就跟进到哪里。"[1] 我们要认真落实习近平同志"三督三察"要求，创新督察方式，盯住改革任务"深督"，瞄准责任主体"严督"，聚焦重点难点"真督"，突出点面结合

---

[1] 习近平：《严把改革方案质量关督察关确保改革改有所进改有所成》，载于《人民日报》2014年9月30日。

"实督"，打通"最先一公里"和"最后一公里"。要用好全面深化改革工作平台，对重点改革任务进行动态跟踪、精准调度管理，细化改革考核评价办法，强化考评成果运用，形成允许改革有失误，但不允许不改革的鲜明导向。

这些措施为统一全党的思想，推进全面深化改革的顺利进行提供了重要保障。

（四）始终坚持人民群众的主体地位，充分调动了最广大人民群众改革的主动性

在全面深化改革进程中，始终坚持人民群众的主体地位，充分调动了最广大人民群众改革的主动性。全面深化改革最终是要增进和实现人民群众的根本利益，要逐步推进人的全面而自由发展这一社会主义的根本目的。

要使人民群众发挥对全面深化改革的推动作用，最根本的任务在于巩固人民群众的主体地位，使人民群众自觉地意识到自己是改革的主体，从而树立改革的责任意识、进取意识，凝聚改革共识。

依靠人民群众推动改革是我国改革开放的一条重要经验。全面深化改革，必须坚持这条经验。党的十八届三中全会指出，要"坚持以人为本，尊重人民主体地位，发挥群众首创精神，紧紧依靠人民推动改革，促进人的全面发展"。群众期待是改革的动力所在，群众实践是改革的智慧源泉。群众满意程度是检验改革成效的重要标准。

纵观我国改革开放的历史，许多实践中的新做法、新经验都来自人民群众。从农业"大包干"到股份制经济，从农业规模经营到混合所有制经济以及群众对基层民主协商制度的探索等都是很好的例证。没有人民群众的实践探索，改革便缺少了持久动力，最终很难持续深化。这说明全面深化改革过程中要鼓励地方、基层和群众大胆探索，尊重群众首创精神，加强重大改革试点工作，激发群众的创造热情。对于群众创造的实践经验，要不断总结、提炼、推广；对于改革中的不足与失误，要给予宽容、积极引导、加以完善。总之，在改革中必须支持、引导和激励群众认识到并主动承担起自己的社会历史使命。只有这样，才能充分挖掘人民群众的改革动力。

在当前的改革条件下，群众的主体意识虽然得到了一定的启蒙与进步，但仍有很大发展空间。所谓"主体意识"，指的是主体对于自身的地位、价值、能力的自觉意识。人民群众的主体意识是指人民群众自觉地意识到自己是社会的主体，是社会各项事业的建设者；意识到自己具有独立的意识和地位，这种意识对社会发展具有积极的推动作用。群众主体意识的增强既要依靠党的意识形态引导，也要依赖人民群众自身的努力。为此，人民群众必须首先认识到自己的利益

所在，才能想方设法为之奋斗；必须意识到改革的目的在于使全体人民各尽所能、各得其所；意识到自己是改革的真正推动力量，从而形成改革共识。

在改革进程中，尽管我国在收入分配和社会公平正义上还存在着这样和那样的问题，在一定程度上出现了收入差距和财产差距的扩大，但不可否认的是，社会整体财富增加了，每一个社会个体的生活水平都不同程度地得到了提高，人民群众的获得感在普遍增长。人民是历史的创造者，顶层设计的改革方案，需要全社会来落实，需要人民群众在实践中具体而生动的探索。当前，虽然人民群众对改革的预期还存在着差异，但总的来说都对全面深化改革抱着极大的热情和满怀的希望，形成了坚定推进改革的最大公约数。

总之，全面深化改革的进军号已经吹响，改革的经济基础已经具备，改革的蓝图已经绘就，改革的共识与合力已经形成，只要全党上下拿出真抓实干的劲头，全社会发挥出敢闯、敢干的精神，全面深化改革的目标一定能够如期完成。

第三节　大国善治：推进国家治理体系和治理能力现代化

中国特色社会主义已经进入新时代，中国现代文明构建也进入整体定型和形态跃升阶段。进入新时代，国家治理体系和治理能力现代化事业的推进与发展，既是中国特色社会主义事业的重要组成部分，也是推动民族复兴伟业、构建人类文明新形态的关键举措。2019年10月，党的十九届四中全会审议通过的《中共中央关于坚持和完善中国特色社会主义制度、推进国家治理体系和治理能力现代化若干重大问题的决定》，确定了中国特色社会主义制度的"四梁八柱"，标志着国家治理体系和治理能力现代化建设进入全面深化和巩固阶段，并且提出要将整个中国特色社会主义制度进一步地推向成熟和定型，这对中国特色社会主义发展、党的治国理政乃至"面向未来人类现代文明的中国形态"的确立都具有重要的里程碑意义。

一、国家治理体系和治理能力现代化的意涵与背景

国家治理体系和治理能力现代化的提出，既是构建起中国特色社会主义制度"四梁八柱"的重要举措，也是推动整个中国特色社会主义制度进一步成熟和定型的关键路径，对中国特色社会主义事业发展、党的治国理政乃至"面向未来人类现代文明的中国形态"的确立都具有重要的里程碑意义。要理解这一里程意

义，就需要从理论实践、历史传承和人类文明新形态三个维度来把握。

（一）传承发展中国政治文明的重大创新

党的十九届四中全会所确立的中国特色社会主义制度体系具有着文明建构层面的重大意义。国家制度体系和治理体系的成熟、定型是国家和社会发展的重要前提，也是人类文明成熟的基本标志。中国是世界上唯一一个延续至今、没有中断过自身文明发展的文明古国。历史上，中国在每一次的文明转型和发展过程中，都会定型与之相适应的、成熟的国家制度体系和治理体系。例如，中国从秦代开始建立了古典政治制度体系，并在汉代使这一制度体系成熟和定型。秦汉所形成的中国古典政治制度体系及国家治理体系，保证了中国后来两千多年的国家稳定和文明发展。因此，国家制度体系、国家治理体系与文明形态发展具有密切的内在联系。这一基本联系也呈现在人类不同历史时期和不同类型的文明形态发展过程中，显然，这一理论逻辑也适用于当前中国现代文明形态建构的过程中。这就意味着，党的十九届四中全会所确定的中国特色社会主义制度的"四梁八柱"，将对中国特色现代文明形态发展具有十分重要的意义。

就中国特色社会主义市场经济要素而言。党的十一届三中全会做出了改革开放的决定，并在党的十四大上提出了建立社会主义市场经济体制的改革方向，1993 年党的十四届三中全会作出了《关于建立社会主义市场经济体制若干问题的决定》，设计了社会主义市场经济体制的基本框架。

就中国特色社会主义民主政治和社会主义法治要素而言。在党的十五大上提出党领导人民治理国家的基本方略，就是广大人民群众在党的领导下，依照宪法和法律规定，逐步实现社会主义民主的制度化、规范化、程序化。1999 年，九届全国人大二次会议通过的宪法修正案规定："中华人民共和国实行依法治国，建设社会主义法治国家"，将依法治国上升到国家宪法的层面。

就中国特色社会主义和谐社会要素而言。在党的十六届四中全会上正式提出了"构建社会主义和谐社会"的概念。2006 年 10 月，在党的十六届六中全会上审议通过的《中共中央关于构建社会主义和谐社会若干重大问题的决定》中，全面深刻地阐明了中国特色社会主义和谐社会的性质和定位、指导思想、目标任务、工作原则和重大部署。党的十七大再次强调了构建社会主义和谐社会的重要性，标志着我国现代社会的建设进入了新的阶段。

这一历史过程我们称之为中国现代文明形态的要素生成阶段，在这一阶段，作为中国现代文明形态基本要素的现代政党、现代国家、现代市场、现代社会逐步发展和完善。但是，现代文明形态的基本要素逐步生成后，文明发展的两个内在需求就开始显现出来。一是现代文明形态内部各要素主体之间关系有机化的需求；二是随着各要素生成，文明形态整体对各要素发展提出更高的要求，各要素自身形态和功能进一步发展的需求凸显。因此，推动现代文明形态的各要素进一步发育，推动现代文明整体形态的有机化，就成为新时期中国现代文明形态建构的主题。

正是基于这一发展脉络，国家治理体系和治理能力现代化的提出，一方面是中国特色社会主义理论体系的丰富与完善，另一方面也是中国特色社会主义事业实践逻辑的必然要求。在理论层面，党的十八大以来，伴随着现代文明要素的发育成熟，需要进一步整合中国特色社会主义发展的各类要素、协同各方力量，形成有机统一的发展新格局、构建现代文明新形态，这就要求在国家治理层面继续推动现代化的体系构建，进而形成能够适应新时代中国特色社会主义发展的现代化的国家治理新格局。

在实践领域，政党、政府、市场和社会等多元主体的发育成熟，客观上需要构建起权责分明、分工合理、关系协调的治理格局。因此，国家治理体系和治理能力现代化的提出，正是基于这一实践逻辑的演绎，即在推动多元主体发育成熟的基础之上，为多元主体充分发挥其在治国理政中的不同功用，提供了现代化的制度保障与发展基础。

（二）推进马克思主义中国化的时代脉动

要理解中国特色社会主义制度及其相应的国家治理体系，我们也需要回到马克思主义中国化的历史进程之中。1840 年鸦片战争后，中国的古典文明在现代化浪潮的冲击下，开始走向崩溃。由此，能否实现中华文明由古典向现代的转型，成为 1840 年以后最重大的历史命题，关系到中华民族的存亡和复兴。这其中，能否实现国家制度由古典向现代的转型，并以转型后的国家制度推动整个社会和文明的转型，又是这一历史命题的关键所在。从洋务派到改良派，再到资产阶级革命派，都对回答这一历史命题，给出了自己的答案，但是却一一失败，终究未能改变旧中国的社会性质和中国人民的悲惨命运。数十年的探索，让当时的中国人逐渐开始意识到实现中国文明形态转型的关键在于如何将"一盘散沙"的中国社会组织起来。

中国共产党作为一种强有力的组织化力量成为中国现代国家和文明形态转型的领导力量。十月革命一声炮响，给中国送来了马克思列宁主义，在马克思列宁主义同中国工人运动的结合过程中，1921 年中国共产党应运而生。在中华民族危急存亡之秋，只有中国共产党能够代表最广大人民的根本利益，只有中国共产党能够切实承担起中国实现政治现代化转型和民族解放与独立的历史任务。在党的领导下，中国逐渐走出了一条以政党力量领导人民、驾驭军队、建立国家的现代政治转型之路。同时，以现代政治的转型为先导，以政党和现代国家的力量，推动建构现代社会、发展现代经济。在此基础上，现代文明建构的"中国路径"开始演绎生成，中国共产党正是在这一历史过程中，成为中国现代文明形态探索、转型和发展的领导核心。

党领导人民取得新民主主义革命的胜利，建立了社会主义国家的制度基础。党团结带领人民找到了一条以农村包围城市、武装夺取政权的正确革命道路，进行了28年浴血奋战，完成了新民主主义革命，1949年建立了中华人民共和国，推翻压在中国人民头上的帝国主义、封建主义、官僚资本主义三座大山，实现了中国从几千年封建专制政治向人民民主的伟大飞跃——由此，也在这一制度的基础上，推进了社会主义建设，奠定了我国现代化的重要基础。

而在新中国成立后，如何建立符合我国实际的先进的国家制度和社会制度，又成为这一阶段党领导人民进行中国现代文明转型的关键任务。社会主义国家的制度形态应该是什么样？中国现代国家的政权结构应该如何设置？这些重大而基本的问题，在人类文明史上几乎没有"参考答案"。在这样的时代背景之下，中国共产党领导人民建立了工人阶级领导的、以工农联盟为基础的人民民主专政的社会主义国家，确立了社会主义制度是国家的根本制度，推动了马克思主义普遍真理与中国实际情况的最紧密结合。

在党领导下的现代国家建立起来后，为了更有效地发挥组织化力量优势，将革命过程中中国共产党克服中国社会"一盘散沙"的组织机制制度化，党领导人民进行了有益的政治探索，建立了计划经济体制和单位社会体制，满足了当时现代化建设所需要的高度组织化的内在需求。在社会主义国家制度基础上，党领导人民推进社会主义建设，完成了中华民族有史以来最为广泛而深刻的社会变革，为当代中国一切发展进步奠定了根本政治前提和制度基础，实现了中华民族由近代不断衰落到根本扭转命运、持续走向繁荣富强的伟大飞跃。正是在这一时期，党领导人民进行了一系列卓有成效的社会主义现代化建设，奠定了我国现代化的物质基础。

为了进一步推进中国现代文明形态的转型和发展，党团结带领人民进行改革开放新的伟大革命，开辟了中国特色社会主义道路，使中国大踏步赶上时代。中国特色社会主义具有深刻的文明转型意义，中国特色社会主义发展过程中也逐渐完成了中国现代文明形态要素的生成。中国特色社会主义市场经济、社会主义民主政治、社会主义法治、社会主义和谐社会等一系列现代文明形态要素都在党的领导下逐步生成。进入新时代，在中国共产党的领导下，发育成熟的现代文明要素需要进一步整合，在此基础上形成以人民为中心的现代文明新形态。其中，国家治理体系和治理能力现代化的提出，正是对这一命题的回应，也是新时代马克思主义中国化的重要成果。

（三）构建人类文明新形态的必然要求

根据现代文明形态整合跃升和中国特色社会主义制度逐步进入定型阶段的要求，新时代需要通过全面改革的方式，让政党、国家、社会、市场等各个要素得到充分的功能开发，同时，推动政党、国家、社会、市场彼此之间的有机互动的形成。党的十八届三中全会提出了"全面深化改革"的命题，并且强调要基于顶层设计，以整体性建构的方式来进行全面深化改革，完善和发展中国特色社会主义制度，推进国家治理体系和治理能力现代化建设。这一命题释放出一个强烈的信号，即中国特色社会主义制度将逐步进入定型阶段。同时，在党的十八届三中全会上提出全面深化改革的总目标是完善和发展中国特色社会主义制度，推进国家治理体系和治理能力现代化，这一目标的提出吹响了中国特色现代文明形态建构从要素生成向整体建构发展的历史号角。

回顾党的十八大以来党领导下的治国理政实践，中国特色社会主义制度从初步定型，到实现制度和组织上的进一步巩固，一系列事关现代文明形态发展的重大改革成果逐步落实。党的十八大以来，党领导人民统筹推进"五位一体"总体布局、协调推进"四个全面"战略布局，推动中国特色社会主义制度更加完善、国家治理体系和治理能力现代化水平明显提高。从党的十八大到十九大期间，总计推出了约一千五百项改革措施，特别是从党的十八届三中全会后开始，党中央从全局性的高度对一系列改革措施的落实和推进进行了周密的部署。进而在党的十八届四中全会上，"全面依法治国"的提出意味着在社会主义法治国家进一步发展的基础上，一系列改革措施必须通过法治方式巩固下来，形成了破和立的有机统一。此外，党的十八届六中全会专注于"全面从严治党"，在现代政党逐步发展的基础上，强调了一系列改革措施必须以政党组织化的方式加以推进，彰显了中国制度建设的社会主义本质属性。可以说，党的十八大以来，持续推进的全面深化改革和逐步推进的国家治理体系和治理能力现代化建设，在发展和完善中国特色社会主义制度上迈出了重要的一步，为中国新型现代文明的形态整合和跃升做好了最后的准备工作。在这一过程中，作为新型现代文明形态重要组成部分的现代国家治理也从要素生成阶段进入了整体跃升阶段。

党的十九大系统阐述了习近平新时代中国特色社会主义思想的科学体系，也标志着中国特色现代文明形态建构进入了整体定型和跃升的历史阶段。党的十九大确立了习近平新时代中国特色社会主义思想作为指导思想的根本地位，从而确立了中国特色社会主义制度和中国特色现代文明形态完成整合跃升的理论指导和思想基础。如何将习近平新时代中国特色社会主义思想这一重大的理论和思想成

341

果，在制度和实践层面落实、巩固下来，就成为新时代中国特色社会主义制度建设的一项重要任务。党的十九届四中全会正是呼应了这一重要任务，是对中国特色社会主义制度建设成果和国家治理体系和治理能力现代化建设成果的一次整体总结和定型。因此，国家治理体系和治理能力现代化事业的推进是现代文明建构"中国路径"的具有里程碑意义的重大成果。

二、国家治理体系和治理能力现代化呈现党的领导智慧

国家治理体系和治理能力现代化事业的巩固和推进，既是中国特色社会主义进入新时代的关键举措，也是中国共产党领导智慧的集中呈现。具体而言，党的领导从发展路径、领导方略和监督保障等三个方面，全面夯实和推进了国家治理体系和治理能力现代化事业的基础与发展。

（一）在发展路径方面，坚持独立自主与改革开放的有机统一

党的十八大以来，在国家治理体系和治理能力现代化事业不断推进的过程中，一方面需要坚持独立自主、自力更生的发展理念，治理好、发展好国家内部的各项事业。另一方面，需要坚持全面深化改革与继续扩大对外开放，充分吸收世界文明的优秀成果，并将之转变为提升国家治理现代化效能的动力。正是为了根据中国的实际处理好发展与秩序的关系，中国共产党在总揽全局、协调各方的情况下，一方面保证自己的独立性和主体性，另一方面按照自己的节奏逐步深化对内改革，扩大对外开放。于是，中国能够在保持独立自主的前提下，积极地融入整个现代文明发展的整体潮流之中，汲取他者的经验，改革自身的不足，从而实现独立自主和改革开放的有机统一。

（二）在领导方略方面，坚持统揽全局与协调各方的有机统一

一方面，无论是国家制度体系和国家治理体系的发展，还是中国特色社会主义事业的发展，都是事关全局的，只有中国共产党能够站在整体和全局的高度统筹推进各项工作，处理好整体与局部、战略与战术的关系，使各项具体工作既服从于又服务于大局。另一方面，各项工作的推进需要整合各方力量，需要协调各方利益，这既包括各相关职能部门之间的整合协调，也包括体制内外和不同群体之间的整合协调。在实践中，仅仅依靠制度机制来实现整合协调往往是不够的，而党的协调各方的优势则能为此提供一种组织机制，使得各方能在党的领导和党的组织机制中凝聚共识，并确保分头落实。

（三） 在监督保障方面，坚持自我革命与权力监督的有机统一

进入新时代，我们既要看到新中国成立以来特别是改革开放以来我们取得的发展成就，但也绝不能因此而固步自封，骄傲自满。在党领导人民进行革命、建设和改革的各个阶段，都具有跃升性的进步，这种跃升性的进步就包含着自我革命的意识。正如邓小平当年说改革也是一场革命，那么我们今天的全面深化改革更是一场全面的革命。实际上，革命即迭代性的发展，只有对自身发展中存在的不足之处进行及时的改进，乃至根据时代的要求进行迭代，这样才能不断推动自身的发展。此外，在国家制度体系和国家治理体系中，还必须贯穿对权力的监督。特别是党的十八大以来，监督权力被提升到非常重要的地位，高压反腐成为中国政治的一种新常态。由此，我们既能做到自我革命、不断与时俱进，又能够有效地监督自己的权力，确保执政为民，确保权为民所用，从而赢得人民的拥护与信任，保障国家的长治久安，保障党和国家的事业不断前进。

三、国家治理体系和治理能力现代化保障人民的主体地位

以人民为中心的发展理念是中国特色社会主义各项事业的核心宗旨和目标，其中，对于国家治理体系和治理能力现代化而言，以人民为中心的发展理念体现为两个方面的有机统一：在坚持依靠人民推动国家治理体系和治理能力现代化的同时，确保国家治理体系和治理能力现代化事业的建设成果为全体人民所共享。为了实现这一目标，新时代国家治理体系和治理能力现代化的推进，就需在价值、制度和组织三个方面的建设过程中，切实贯彻人民本位的发展理念，将以人民为中心的价值追求内化为国家治理体系和治理能力现代化建设的制度内涵和组织实践。

（一） 坚持和落实人民本位的价值理念

以人民为中心的价值理念是国家治理体系和治理能力现代化建设的核心准则与衡量标准。只有在治国理政现代化事业的各环节、各领域、各方面始终坚持以人民为中心，才能做到发展为了人民，发展依靠人民。这与以资本为中心的逻辑是有本质不同的，即国家治理的根本并不是为了特定利益集团和少数人服务的，而是基于全体人民共建共享的逻辑展开的。发展为了人民，意味着要以人民的利益为根本出发点和落脚点，强调发展成果为人民所共享，最终实现共同富裕和人的全面发展。发展依靠人民，意味着坚持人民的主体地位，强调人民群众是历史

的创造者，通过充分调动人民群众的积极性、主动性、创造性来实现发展。

对于国家治理体系和治理能力现代化而言，要实现发展为了人民、发展依靠人民，就需要通过党的领导，按社会主义的原则和方式将人民组织起来，形成一系列制度。党要代表最广大人民的根本利益，既要扎根群众，又要引领群众，把个体的人整合成为整体的人民，把分散的各群体利益整合成整体的人民的利益。在这个过程中，社会主义的原则以及中国特色社会主义道路等社会主义的逻辑得到了充分的发展，成为我们能够成功实现兼顾发展和秩序的关键所在。也由此，国家治理体系和治理能力现代化体现了以人为中心的现代化发展理念和社会主义原则的有机统一。

（二）巩固和发展人民民主的制度建设

作为一种价值理念，以人民为中心的发展逻辑若要予以充分实现，坚实的制度保障必不可少。因此，对于国家治理体系和治理能力现代化而言，以人民为中心的价值理念在制度建设层面的体现就是要通过全面推进国家治理体系和治理能力现代化，不断巩固和发展人民民主的制度建设，在新的历史条件下以制度化的力量确保以人民为中心的价值理念得以全面系统地体现在治国理政事业的全过程、全领域。其中，保证人民当家作主的最重要的制度形式就是作为我国根本政治制度的人民代表大会制度，人民行使国家权力的机关是全国人民代表大会和地方各级人民代表大会。我们可以从四个层面去认识国家空间内保证人民民主的人民代表大会制度。一是权力来源于人民；二是权力受人民监督；三是行使权力要保证人民参与。四是不断健全权力机关运行的制度机制。

其一，从权力来源于人民的层面来看。党的十九届四中全会指出，要"支持和保证人民通过人民代表大会行使国家权力，保证各级人大都由民主选举产生、对人民负责、受人民监督①"。各级人大由人民选举产生，人民的支持是国家权力机关行使权力的基础和前提。选举产生的人大代表也必须尊重和贯彻人民群众的意志，服务于人民群众的切实需求。

其二，从权力受人民监督的层面来看。国家治理体系和治理能力现代化事业强调，要"保证各级国家机关都由人大产生、对人大负责、受人大监督。支持和保证人大及其常委会依法行使职权，健全人大对'一府一委两院'监督制度②"。人民监督国家公共权力的行使和运行，最主要的方式就是要通过人民选举产生的权力机关来实现，各级人大对各级国家机关的监督是实现人民监督的最重要

---

①② 《中共中央关于坚持和完善中国特色社会主义制度 推进国家治理体系和治理能力现代化若干重大问题的决定》，载于《人民日报》2019 年 11 月 6 日。

形式。

其三，从行使权力要保证人民参与的层面来看。在推动国家治理体系和治理能力现代化的进程中，要"密切人大代表同人民群众的联系，健全代表联络机制，更好发挥人大代表作用"。① 人民选举产生人大代表后，人大代表也必须坚持群众路线，在履职过程中积极联系人民群众，支持和保障人民群众参与公共事务的权利。

其四，从不断健全权力机关运行的制度机制的层面来看。对于国家治理体系和治理能力现代化而言，要"健全人大组织制度、选举制度和议事规则，完善论证、评估、评议、听证制度。适当增加基层人大代表数量。加强地方人大及其常委会建设②"。即不断推进人民代表大会制度自身的制度建设，完善制度运行的方式和机制，更好地保证人民当家作主权力的行使。

（三） 推动和深化共享共治的组织体系

推动以人民为中心的价值理念落实到国家治理的实践中，重在构建共享共治的组织体系。党的十八大以来，在中国共产党的坚强领导下，国家治理体系和治理能力现代化事业在推进过程中，不断强化和巩固以人民为中心的发展理念，构建起了人人共享、人人共治的国家治理组织体系，为推动贯彻落实以人民为中心的治理理念提供了坚实的组织保障。

其一，构建现代化的党的基层组织体系。社会治理的过程是一个系统工程，需要在党的领导下充分发挥各种社会力量的作用，充分调动社会力量的积极性，实现社会治理的任务和目标。党的十九届四中全会对坚持和完善共建共治共享的社会治理制度进行了整体部署。党的十九届四中全会明确提出，要"完善党委领导、政府负责、民主协商、社会协同、公众参与、法治保障、科技支撑的社会治理体系，建设人人有责、人人尽责、人人享有的社会治理共同体"③，高度概括了中国特色社会治理制度的基本形态。这意味着，在新时代的社会条件下，实现有效的社会治理和社会治理创新，一方面要优化社会治理的权力体系，鼓励多方力量参与新时代社会治理，形成相应的治理体系和参与体系，要切实推动形成党委领导、政府负责、民主协商、社会协同、公众参与、法治保障、科技支撑有机统一的社会治理体系；另一方面要构建人人有责、人人尽责、人人享有的社会治理共同体，这就要求实现社会治理各方面的有机化建设，进一步实现人民安居乐业、社会安定有序、建设平安中国的社会治理目标。

---

①②③ 《中共中央关于坚持和完善中国特色社会主义制度 推进国家治理体系和治理能力现代化若干重大问题的决定》，载于《人民日报》2019 年 11 月 6 日。

此外，正是基于以人民为中心的原则和为人民服务的根本立场，党的十九届四中全会明确了我国社会治理制度的基本方面。从逻辑上来看，这些基本方面是以人民为中心逐渐生成和明确的。首先是完善正确处理新形势下人民内部矛盾有效机制，即处理好、协调好人民群众直接的矛盾和利益冲突。其次是完善社会治安防控体系，即保障人民群众的人身财产安全。再次是健全公共安全体制机制，即保障人民群众享受美好社会生活的安全。接着是构建基层社会治理新格局，即为人民群众所需要的良好的社会秩序构建制度基础。最后是完善国家安全体系，即从根本上保障人民群众的公共安全。

其二，构建党领导下的现代化行政管理组织体系。国家治理体系和治理能力现代化要求"推进机构、职能、权限、程序、责任法定化，使政府机构设置更加科学、职能更加优化、权责更加协同。"① 对于政府而言，职责和权限转变为实实在在的政府行为，最后都要落到相应的政府组织结构的各类行动主体上。因此，在国家治理体系和治理能力现代化的视野下，构建共享共治的现代化政府体系中就需要针对优化政府组织结构提出三个方面的要求。一是要"严格机构编制管理，统筹利用行政管理资源，节约行政成本。"② 二是要"优化行政区划设置，提高中心城市和城市群综合承载和资源优化配置能力"③。三是要"实行扁平化管理，形成高效率组织体系。"④ 由此可见，现在进行的政府组织结构优化，不仅仅是针对政府内部相关部门，更是涉及国家政府整体组织体系，都必须根据市场经济发展和现代化建设的需要，进行组织结构的完善和优化。

其三，构建党领导下的现代化群众工作组织体系。以人民为中心的价值理念在组织实践中予以贯彻和落实，就是要"坚持立党为公、执政为民，保持党同人民群众的血肉联系，把尊重民意、汇集民智、凝聚民力、改善民生贯穿党治国理政全部工作之中，巩固党执政的阶级基础，厚植党执政的群众基础，通过完善制度保证人民在国家治理中的主体地位，着力防范脱离群众的危险⑤"。进入新时代，国家治理体系和治理能力现代化事业还特别强调，要"健全联系广泛、服务群众的群团工作体系，推动人民团体增强政治性、先进性、群众性，把各自联系的群众紧紧团结在党的周围⑥"。

从践行和落实党为人民执政的层面来看。国家治理体系和治理能力现代化的推进，就是要"贯彻党的群众路线，完善党员、干部联系群众制度，创新互联网时代群众工作机制，始终做到为了群众、相信群众、依靠群众、引领群众，深入群众、深入基层⑦"。真正做到情为民所系，利为民所谋，权为民所用。党必须

---

①②③④⑤⑥⑦ 《中共中央关于坚持和完善中国特色社会主义制度 推进国家治理体系和治理能力现代化若干重大问题的决定》，载于《人民日报》2019 年 11 月 6 日。

坚持以人民为中心，尊重人民群众的智慧和需求，在执政过程中充分调动人民群众的积极性、发挥人民群众的力量，通过执政保障人民群众的幸福生活、促进人民群众的全面发展。

四、国家治理体系和治理能力现代化助推社会主义更高阶段

国家治理体系和治理能力现代化贵在实践、重在实践、关键在实践。党的十八大以来，伴随着中国特色社会主义发展进入新阶段，从实践的维度全面推进国家治理体系和治理能力现代化不仅是中国特色社会主义事业发展的规律使然，也是构建适应时代发展、满足人民群众对美好生活向往的实践必然。在实践层面，国家治理体系和治理能力现代化主要围绕以下四个方面展开。

（一）在实践中坚持和完善党的领导的制度体系

党的领导是中国特色社会主义最本质的特征，是中国特色社会主义制度的最大优势，党是最高政治领导力量。[①] 因此，党的领导制度就成为了关系到中国特色社会主义制度的根本所在，也是推动国家治理体系和治理能力现代化的关键所在。党的十八大以来，在以习近平同志为核心的党中央的领导下，党的领导制度不断走向完善和成熟，在实践方面取得了三个方面的成功经验。其一，在实践中不断完善党的自我领导体系。打铁还需自身硬，党要有效领导中国特色社会主义事业，首先需要保证党对自身的有效领导。为此，党的十八大以来，建立不忘初心、牢记使命的制度意味着完善党对自身政治和思想领导的制度体系。完善坚定维护党中央权威和集中统一领导的各项制度意味着完善党对自身组织领导的制度体系。完善全面从严治党制度意味着完善党对自身建设领导的制度体系。其二，在实践中不断巩固党对社会主义事业的领导体系。其中，在实践中健全党的全面领导制度，就是要完善党领导人大、政府、政协、监察机关、审判机关、检察机关、武装力量、人民团体、企事业单位、基层群众自治组织、社会组织等制度，健全各级党委（党组）工作制度，确保党在各种组织中发挥领导作用。其三，在实践不断发展党对人民群众的领导体系。党的十八大以来，健全为人民执政、靠人民执政各项制度，就是要在实践中结合新时代发展的要素和特征，坚持和发展群众路线，完善党领导人民群众的制度体系。

---

① 《中共中央关于坚持和完善中国特色社会主义制度 推进国家治理体系和治理能力现代化若干重大问题的决定》，载于《人民日报》2019年11月6日。

（二）在实践中建立起中国特色社会主义建设的制度体系

中国特色社会主义事业制度体系与新时代政治建设、经济建设、文化建设、社会建设、生态文明建设"五大建设"的实践相对应，是党领导中国特色社会主义事业建设的制度保障。

一是政治建设制度体系，主要围绕社会主义民主政治、社会主义法治、社会主义行政体制等社会主义政治建设主题，探索和形成了一系列重要的制度实践举措：党的十八大以来，在人民民主实践方面，我国社会主义民主政治建设取得卓越成效，全过程民主、人民当家作主制度体系日益完善；在依法治国实践方面，建立起中国特色社会主义法治体系，依法治国、依法执政的能力全面提升；在行政体制实践方面，坚持和完善中国特色社会主义行政体制，构建职责明确、依法行政的政府治理体系等。

二是经济建设制度体系，党的十八大以来，社会主义所有制制度、分配制度、市场经济制度、科技创新制度和对外开放制度等领域的实践取得整体跃升，探索形成了社会主义现代化的新型经济发展体制。

三是文化建设制度体系，进入新时代以来，文化建设制度体系在实践中坚持马克思主义在意识形态领域指导地位的根本制度、坚持以社会主义核心价值观引领文化建设制度、健全人民文化权益保障制度、完善坚持正确导向的舆论引导工作机制、建立健全把社会效益放在首位、社会效益和经济效益相统一的文化创作生产体制机制。

四是社会建设制度体系，党的十八大以来，社会建设制度在实践中不断完善和创新，其主要成就可以概括为坚持和完善统筹城乡的民生保障制度与坚持和完善共建共治共享的社会治理制度两个基本的方面。

五是生态建设制度体系，这一制度体系主要指的是坚持和完善生态文明制度体系。就其实践内涵而言，包括实行最严格的生态环境保护制度、全面建立资源高效利用制度、健全生态保护和修复制度和严明生态环境保护责任制度。

（三）在实践中建立起中国特色社会主义维护保障的制度体系

在完善国家政权内部发展制度体系的同时，也必须注重对国家主权和安全制度体系的建设。党的十八大以来，这一制度体系在实践方面取得了三个方面的重要成就。一是坚持和完善党对人民军队的绝对领导制度。主要包括坚持人民军队最高领导权和指挥权属于党中央、健全人民军队党的建设制度体系和把党对人民军队的绝对领导贯彻到军队建设各领域、全过程等。二是坚持和完善"一国两制"制度体系。主要包括全面准确贯彻"一国两制""港人治港""澳人治澳"

高度自治的方针、健全中央依照宪法和基本法对特别行政区行使全面管治权的制度和坚定推进祖国和平统一进程等。三是坚持和完善独立自主的和平外交政策。主要包括健全党对外事工作领导体制机制、完善全方位外交布局、推进合作共赢的开放体系建设和积极参与全球治理体系改革和建设等。

另外，国家制度的背后是对公共权力的运用，公共权力的有效监督是保障制度体系有效运行的基础，必须筑牢防止堡垒从内部被攻破的保障。权力监督体系构成中国特色社会主义制度体系的"安全阀"。党的十八大以来，以习近平同志为核心的党中央立足新时代发展的历史定位，不断完善和巩固权力监督体系的制度建设，确保公共权力始终在阳光下运行。具体而言，构建坚实有效的权力监督体系的新实践主要包括健全党和国家监督制度、完善权力配置和运行制约机制和构建一体推进不敢腐、不能腐、不想腐体制机制等。

第四节 谋求大同：携手世界各国共同构建人类命运共同体

当今世界，虽然和平与发展仍然是时代主题，但世界正经历百年未有之大变局，世界经济陷入低迷，贸易保护主义、单边主义抬头，特别是新冠肺炎疫情在全球蔓延以来，国际社会的不稳定性、不确定性愈发增强，人类面临诸多需要共同解决的难题。面对严峻复杂的国际形势，以习近平同志为核心的党中央，高举和平、发展、合作、共赢旗帜，提出了构建人类命运共同体的理念，为维护世界和平、推动国际关系健康稳定向前发展给出了中国方案，这是中国在"强起来"的新时代推进全球治理体系变革的重要举措，有效彰显了中国负责任大国的形象，切实切手世界广大国家在和平与发展的正确道路方向上昂首迈进。

一、人类命运共同体的提出是世界变局的呼唤

当今世界面临着百年未有之大变局，政治多极化、经济全球化、文化多样化和社会信息化潮流不可逆转，各国间的联系和依存日益加深，但也面临诸多共同挑战。粮食安全、资源短缺、气候变化、网络攻击、人口爆炸、环境污染、疾病流行、跨国犯罪等全球非传统安全问题层出不穷，对国际秩序和人类生存都构成了严峻挑战。不论人们身处何国、信仰如何、是否愿意，实际上已经处在一个命运共同体中。与此同时，一种以应对人类共同挑战为目的的全球价值观已开始形成，并逐步获得国际共识。

2012 年，党的十八大报告首次提出要倡导人类命运共同体意识，此时人类命运共同体是作为我国"和谐世界"外交政策的一部分提出来的。之后，人类命运共同体经历了一个从单一概念到系统理论不断跃升的发展过程。2017 年 1 月，习近平同志在日内瓦联合国总部发表题为《共同构建人类命运共同体》的演讲，阐明了为何要推动构建人类命运共同体、要构建怎样的人类命运共同体，以及如何构建人类命运共同体，这标志着人类命运共同体理论的成熟。之后党的十九大报告将人类命运共同体内涵明确为"持久和平、普遍安全、共同繁荣、开放包容、清洁美丽"，分别对应着"政治—核战争、社会—恐怖主义、经济—保护主义、文化—文明冲突、自然—生态破坏"五个方面及其存在的问题。

通过综合研判可以发现在从提出到成熟的过程中，人类命运共同体这一理念经历三次重大跃升。

（一）"命运共同体"概念的应时提出

人类命运共同体理念的第一次重大跃升是对"命运共同体"概念的最初提出，这迅速引发国际社会高度重视，"体现对世界大势的清醒判断和对未来走向的准确把握"。

2013 年 3 月，习近平同志在莫斯科国际关系学院的演讲中，第一次在外交场合提到"命运共同体"概念，指出："这个世界，各国相互联系、相互依存的程度空前加深，人类生活在同一个地球村里，生活在历史和现实交汇的同一个时空里，越来越成为你中有我、我中有你的命运共同体。"[1] 此后至 2015 年 9 月期间，习近平同志在国际国内不同场合至少 62 次提到"命运共同体"概念，并先后创造性提出了"中非命运共同体""中国—东盟命运共同体""亚太命运共同体""中拉命运共同体"等具体理念。

"命运共同体"概念提出之初即在海外引起积极反响。俄罗斯国际事务理事会主任安德烈·科尔图诺夫认为："习近平主席的'命运共同体'理念所体现的长远眼光和宏大目标给人留下深刻印象。这一理念体现了对世界大势的清醒判断和对未来走向的准确把握。"法国巴黎第八大学中国问题专家皮埃尔·皮卡尔认为："这一理念体现了中国促进人类和平与发展的态度，'构建人类命运共同体'理念对于全球发展具有非常重要的意义。"在此期间，包括美国等西方舆论在内，国际社会已经普遍意识到该理念具有全新指导意义和适用价值。

---

[1]　习近平：《顺应时代前进潮流促进世界和平发展》，载于《人民日报》2013 年 3 月 24 日。

（二）"人类命运共同体" 内容的逐步充实

第二次重大跃升，是"人类命运共同体"内容日臻丰富成熟，掀起国际社会讨论热潮，"成为创造所有人幸福生活的人类共同理想"。

2015 年 9 月，习近平同志在第七十届联合国大会一般性辩论中发表讲话，明确指出要"构建以合作共赢为核心的新型国际关系，打造人类命运共同体"①。这是中国最高领导人首次在重大国际组织场合中提出"人类命运共同体"的概念并详细阐释核心思想。此后到 2016 年 12 月，在第二届世界互联网大会、华盛顿核安全峰会、上合组织成员国元首理事会第十六次会议、金砖国家领导人第八次会晤等场合，习近平同志先后提出"构建网络空间命运共同体""核安全命运共同体"等具体理念，使"人类命运共同体"的内容日臻丰富完善。

这期间，习近平同志数次演讲赢得了国际社会的一致好评，通过全面阐释和深入解读，"合作共赢""共同安全""共享发展"等论述为全球治理提供了全新的思路与模式，成为国际舆论热议并接受的重要论断。日本前首相福田康夫认为，这一理念指向"创造所有人幸福生活的人类共同理想"，这一目标揭示"只顾自己发展的思维是不行的，要兼顾他人，兼顾世界"。英国 48 家集团俱乐部主席斯蒂芬·佩里认为，这一主张表明"中国希望与世界分享繁荣与利益，在经济、安全等方面承担责任"。2015 年 9 月至 2016 年 12 月间，国际智库及主要媒体涉及"人类命运共同体"内容迅速增加，数量同比增长在 150% 以上，且正面解读言论明显增多。

（三）"人类命运共同体" 理念的内涵提升

第三次重大跃升，是"人类命运共同体"内涵、愿景与路径的全面明确，成为指引国际关系的重要准则，"对中国和世界都具有划时代意义"。

2017 年 1 月，习近平同志在联合国日内瓦总部发表题为《共同构建人类命运共同体》的主旨演讲，阐述了中国为何要推动构建人类命运共同体、要构建一个什么样的人类命运共同体，以及怎样构建人类命运共同体这三大基本问题。此次演讲全面明确了"人类命运共同体"理念的动因、愿景与实施路径，显著提升了这一理念的影响力和感召力。此后至今，习近平同志在第一届"一带一路"国际合作高峰论坛、党的十九大、中央外事工作委员会第一次会议、中非合作论坛北京峰会等多个重要场合，详细阐述其内涵、愿景与路径。

---

① 习近平：《携手构建合作共赢新伙伴同心打造人类命运共同体》，载于《人民日报》2015 年 9 月 29 日。

这一时期，国际主要智库及媒体相关内容数量再次明显提升，认同度更趋加强。世界经济论坛的创始人克劳斯·施瓦布认为，这一讲话"具有历史意义"。联合国社发委员会第55届会议主席菲利普·查沃斯认为，这一理念体现了中国人着眼于维护人类长远利益的远见卓识，符合《联合国宪章》的宗旨原则，对联合国推动世界各国实现可持续发展目标非常重要。

二、人类命运共同体蕴含了人类历史的丰富内涵

（一）人类命运共同体体现了中西方命运观的"错位融合"

通过比较可以看出，中西方命运观具有极大差异。西方对命运的理解是外在的必然性，命运的主宰表现为永恒的在场（神、理念、上帝、规律）。人们执着于在精神的彼岸寻求永生，或者探求事物背后的本质。在这种二元命运观影响下，西方思想在某个阶段偏执于一端，但从历史整体来看反倒使宗教、科学相继都得到了充分发展。与之对应，中国命运观从一开始就是天人合一、一气相通的。命运不是仅仅停留于寻求必然和确定，而是要达到天地万物之间相融相通。这种思想注重协调，保证了整体融合，却也限制了具体某一方面的发展。

现代以来，随着一系列社会问题的出现，西方人对命运的思考已不局限于追求抽象的"是"，而要求转向具体的、变动不居的生活当中。与之对应，中国在近现代危机面前，一改天不变道义不变的自信，开始向西方学习，尤其学习西方坚船利炮之下所体现的主体精神。在双方都发生转向的情况下，中西方命运观呈现出某些类似的特点。也就是说，中西方命运观起源不同，表现各异，但经过不断演化的发展历程后，正在趋向融合。当然这种融合还是存在发展阶段上的层次差异的，可以说是一种"错位融合"。

命运观演化背后是"社会观"的发展变化。从命定论到天才创造论（中国）[①]、神学目的论（西方）再到机械决定论，各种命运观虽然形式各异但本质上都是社会实体化的体现。随着市场经济、民主科学发展，个体地位上升，社会不再是凌驾于个人之上的主人，而是转化为以人为主体的功能性存在。马克思主义哲学正是反映了现代市场经济高度发展条件下所形成的，具有独立的个人要求

[①] 梁漱溟认为中国文化是早熟的文化类型，之所以早熟，是因为中国历史上一些天才人物如周公，早早地领悟到了宗教的社会本质，将宗教当作教化手段。进而孔子将宗教人文化，使中国的思想始终不脱离日常。这种天才创造论显然是唯心史观的一种体现。

全面发展的那种追求。马克思从实践观点来理解人，实践一方面是人们自己的创造，一方面又是以前人活动为基础，受客观性制约。以实践为基础构建的历史唯物主义实现了社会与个人、客观与主观、规律与创造、真理与价值的统一。同时针对当前人类面临的全球性问题，如环境污染、生态失衡、能源危机、人口爆炸等，同样需要以"实践本体论"为指导，打破国与国之间的隔阂，在社会层面建立广泛联系，通过命运共同体的构建，推动人类尽快摆脱困境，走向未来。

（二）人类命运共同体是东西方交往演化的必然趋势

中西方命运观在逻辑上从差异走向融合，这一趋势也体现在历史上。中西方命运融合的历史可划分为四个阶段：第一阶段集中出现在公元前 6 世纪左右的轴心期，双方在各自区域内独自发生文化上的突破，从而走上不同的路向。正如雅斯贝尔斯所说："东西方两大民族在跨入文明社会之际，就以不同的姿态站在两个截然不同的入口上。"第二阶段历史的主题是游牧与农耕之间的对抗，中西方主要通过中间的游牧民族发生间接交往。比如汉朝将匈奴战败，匈奴西迁迫使日耳曼部落南下导致西罗马帝国灭亡。在这一过程中轴心期奠定基础的文明体系在与游牧民族较量中普遍发生宗教转化，其基本形式至今仍是影响国际关系的主要文明形态。第三阶段是西方在一系列准备下发生工业革命，扭转了东西方交往中的被动局面进而走上对外扩张道路，中西方开始直接接触。这一接触初期表现为殖民与反抗，后来是意识形态对抗。这一过程使东西方区域史成为世界史，但整体上表现为泛西方化。在这一过程中原来文化比较落后的地区和民族可以较为顺利地接受西方化。但原本就存在高级文明的国家和民族在接受西方文化后会发生"文化溶血"现象，文化传统与西方价值观念之间产生内在矛盾，造成分裂的痛苦。第四阶段，美苏对抗终结同时意味着泛西方化的结束。在世界多极化状态下，更多地区开始出现文化自觉。与此同时，经济全球化和社会信息化为多元文明之间的融合提供了基础。

鉴往知来，中西方文明之间在经过独自突破——间接交往——直接对抗——意识形态之争后。平等基础上不同而互通以及相互融合将成为新的历史阶段的主题。

（三）人类命运共同体在国际关系中践行国际社会本位

从历史上看，作为当前国际关系主体的民族国家是随着西方资本主义发展和扩张形成的。在民族国家之前，西欧主要的国家形态是"王朝国家"，王朝国家并不存在固定的疆域和人民，一切随着王室的联姻和继承关系而发生变化。宗教改革之后，《威斯特伐利亚和约》确立"教随国定"的原则，不同宗教信仰与不同地域和民族之间形成了稳固的联系。国家的疆域不再由于王室的联姻发生转移和改变，国家由国王的私产，变成了民族的国家。如今，随着国际社会共同利益的日益增多，民族国家在经历了从种（基于血缘的王朝国家）到族（民族国家）的转变之后，将再次经历从族到类（人类命运共同体）的进一步提升。基于主权又超越主权与类哲学不同而相通并且否定之否定的内在逻辑是相对应的。

也就是说，自从近代主权国家出现以后，国家利益就在人类国际舞台上占据了统治地位。国际法上的传统观念是主权至上，国家利益是任何主权国家在国际关系活动中的最高原则和依据。全球化的发展，导致国家利益相互依存性不断提升，原来一切以主权国家的利益为唯一依归的国家本位已经不能很好地实现国家利益了。时代发展要求将国家本位提升为国际社会本位，国际社会本位理念提倡各个国家在制定本国政策时，既要考虑本国的利益，也要考虑他国利益以及维护国际社会的共同利益。建设人类命运共同体的主张正是将国家本位提升为国际社会本位这一趋势的体现。

（四）人类命运共同体是中国外交和全球治理的相向而行

人类命运共同体不仅是一种理念，也是我国新时代最主要的外交方针。相比和平共处五项原则与和谐世界，人类命运共同体更具主动性和建构性，这一方案不仅内涵丰富而且在中华民族共同体、周边命运共同体、"一带一路"倡议、人类命运共同体的实践路径下落地生根。人类命运共同体影响的扩大标志着中国在国际社会中角色和职能的转变，这是世界和平与发展所需但也遭到了误解和质疑。当然这种质疑有它的理论和现实依据，因为近代以来大国争霸的历史反复说明，一个大国的崛起，往往导致国际格局和世界秩序的急剧变动，甚至引发战争。所有其他大国如英国、法国、德国、日本、美国和苏联，在经历高速工业化和经济增长的同时或在紧随其后的年代里，都进行了对外扩张、自我伸张和实行帝国主义。站在西方观念立场上人们会想当然认为，中国在经济和军事实力增强后也会采取同样的做法。

对此，习近平同志在2017年日内瓦联合国总部演讲中提道："无论中国发展到哪一步，中国永不称霸、永不扩张、永不谋求势力范围。历史已经并将继续证明这一点。"[①] 在2018年博鳌亚洲论坛上，他又重申说："无论中国发展到什么程度，我们都不会威胁谁，都不会颠覆现行国际体系，都不会谋求建立势力范

① 习近平：《共同构建人类命运共同体》，载于《人民日报》2017年1月20日。

马克思主义中国化新飞跃论纲

围。中国始终是世界和平的建设者、全球发展的贡献者、国际秩序的维护者。"①
考察国际关系形成与发展历程，从《威斯特伐利亚和约》到《联合国宪章》一
直是遵循着战争形成国际法、战争发展国际法这样一条轨迹运行的。2013 年以
来，人类命运共同体影响日益扩大，并被写入了联合国相关决议中，这一实践证
明用和平方式同样可以发展国际交往准则。我国具有与世界其他国家大为不同的
注重协调的思想传统；"天下"观念下各民族相互融合的丰富经验；尤其是近代
以来从落后到追赶，从向西方学习到文化自觉，已经在很大程度上实现了中西融
合。在当前西方的治理理念、体系和模式越来越难以适应新的国际格局和时代潮
流的背景下，人类命运共同体立足于中西文化比较、面向人类共同未来，涵盖社
会生活各领域，必将为人类社会实现共同发展指明前进方向。

三、人类命运共同体具有深刻的马克思主义理论底蕴

（一）哲学基础：立足于马克思主义的"类哲学"

我国学术界从改革开放新时期提出关于马克思主义哲学的"类哲学"理解，
是对马克思主义内涵把握的一次提升，而人类命运共同体的提出，正是经"类哲
学"对马克思历史唯物主义的正确应用和现实发展。下面就从"类哲学"所蕴
含的人与自然、人与社会以及人与自身的关系三个层面对人类命运共同体内涵加
以阐述。

1. 在人与自然关系方面反对"种族意识"而构建生命共同体

"类哲学"最初源于费尔巴哈对人"类本质"的概括，马克思克服了费尔巴
哈思想的抽象性，将自由自觉的实践活动看作人真正的本质。实践活动首先体现
在人与自然的关系上，人一方面通过对自然的否定，在对象化中实现了生存。另
一方面对自然的否定又是深入自然、与自然在更高层面结合为一体的过程。动物
只能被动适应环境，生存在物种封闭的循环圈。人却可以通过意识的作用，改造
环境，从而保持了适应环境的无限可能性和面向自然的开放性。更重要的是人超
越了对自然的利用和占有，在改造自然过程中体会到人与万物的相通与相融。人
与自然以实践为中介结成否定统一的"类"关系。尤其是在气候变暖、核威胁等
全球性问题面前，人们深刻认识到只有一个地球，保护地球就是保护人类自己。
人不同于动物，但人并不在万物之上，人与自然之间是命运与共的生命共同体，
这就为人类命运共同体的构建提供了"物质"前提。

---

① 习近平：《开放共创繁荣创新引领未来》，载于《人民日报》2018 年 4 月 11 日。

2. 在人与社会关系方面反对"物意识"而构建利益共同体

人类突破"物种"的限制，走出自然界，建立起社会联系。马克思根据人与社会的关系提出人类发展三阶段学说，以此为基础，"类哲学"对不同阶段下人的发展状况，以及不同共同体之间的关系进行了详细说明。在"人的依赖关系"阶段，人的力量比较弱小，只能以群体的形式才能生存。这时候群体利益重于一切，人的个性被压制。随着生产力发展，个人生存能力提高，从群体中获得解放，进入"以物的依赖性为基础的人的独立性"阶段。但这时由于生产资料是私有的，特殊阶层通过掌握"资本的逻辑"一方面造成"抽象共同体对个人的控制"；另一方面导致不同共同体之间的分裂和对抗。到了第三阶段，独立的个体结成联合体，既消除了群体对个人的压迫，也消解了个体被"物化"的自私自利。在这种共同体中，每一个人命运与共，每个人的自由发展与其他人的自由发展息息相关，这种自由人联合所构成的"类体"就是马克思所论述的真正的共同体。

从人与社会关系方面看，20世纪是一个名副其实的大变革时代。群体本位、个体本位以及以试验形态出现的类本位展开决定命运的较量。法西斯独裁垮台、大国霸权迷梦破灭，殖民体系瓦解意味着群体本位恢复统治权威的挣扎宣告失败。苏联解体和我国改革开放意味着"卡夫丁峡谷"① 依然难以跨越。现阶段世界上各个国家仍然是以自己的利益为中心，不同国家基于各自利益而摩擦、纷争不断。但是随着全球化日益深入，尤其是在经历一系列全球经济危机之后，人们日益认识到世界已经是你中有我，我中有你，命运与共，合作共赢的思维逐渐代替博弈思维，人们不再以"物意识"将他人当作手段去剥削压榨，在国与国的关系上也不再坚持"强权即公理"，更多体现的是合作共赢。基于合作共赢所构建的利益共同体正是向真正共同体过渡的必然阶段。

3. 在人与自身关系方面反对"异化"而构建责任共同体

"类哲学"关注的核心是人的自由和解放，在人实现自由的征途上，总要经历否定之否定的辩证统一过程。在自然层面，人从动物中分化出来，经过与自然的对立，复与自然结为一体。在社会层面，人从群体中走出来，经过相互之间的争夺，重又走向互利合作的"类体"。同样在人与自身关系的精神层面，也要经历否定之否定的过程。"人一方面是世间或许唯一的自我中心主义者，很少有事

① 马克思晚年在《给维·伊·查苏利奇的复信（初稿）》中结合东方落后国家俄国的条件，指出俄国可以不通过资本主义制度的"卡夫丁峡谷"。苏联和中国选择和建立社会主义制度证明了马克思前瞻性，说明不同国家走向社会主义社会道路的多样性。但苏联解体以及中国改革开放的历史也证明，建立了社会主义制度的国家也要经过以市场经济解放个体和发展生产的阶段。从种到个体再到类是历史唯物主义实现个人和社会发展的否定之否定过程，其中个体解放是实现类的联合的前提。

马克思主义中国化新飞跃论纲

物像人这样，对待一切都是从自我出发，要把一切都变成为我的存在；另一方面，人又可以说是世间最为外向和开放的为他主义者，也少有事物像人这样，肯把自身本质投向外部对象，甘心让自我融化在其他存在里。"人具有利己和利他双重属性，而宗教正是人利他主义一面的体现。

所以世界上现存的高级宗教虽然形式各异，但在本质上是相通的。人通过宗教克服了自我中心主义，但宗教却在发展中沾染了自我中心这个它所应当消灭的东西。不同的宗教视他者为异端，从而走向异化。因此人要进一步发展自己，就需要打破自我的封闭状态，从宗教的异化中再异化自身，向更高形态发展，创造更新形态的文明和文化。历史上许多冲突被冠以宗教之名，实际上都是对宗教本质的背离。亨廷顿发表《文明的冲突？》，其标题后面是带有问号的，意在唤起人们对文明的重视，用文明间的对话化解可能的冲突。我们相信以宗教为基础的各主要文明，只要加强交往，排除信仰对象、仪式等方面的表面分歧，更深沉地领会宗教的社会本质尤其是利他主义精神，就一定能消除隔阂，在宽容和责任共担中实现融合发展，构建起不同文明之间开放包容的责任共同体。

（二）内在理路：展现人类历史命运的融合趋势

理念引领行动，方向决定出路。人类命运共同体洞察世界多样文化的发展趋势，立足经济全球化深入发展的现实，为处于多极化迷雾以及各种不稳定因素中的世界指明了方向。

通过对人类命运共同体主体词命运的梳理可以发现，中西方命运观有相融合的趋势，融合所向是基于马克思主义的"类哲学"。"类哲学"以实践为基础在否定之否定的统一性中看待世界：在人与自然关系方面克服"种族思维"而提出构建生命共同体；在人与社会关系方面反对"物意识"而倡导利益共同体；在人与自身关系方面克服利己主义主义而揭示责任共同体，"类哲学"的三个层面对应人类命运共同体的三个方面。在此将人类命运共同体理念内涵与类哲学核心观点结合到一起用图表的形式表现出来，就可以清晰呈现人类命运共同体的内在逻辑："类哲学"是理论基础，共同体是组织载体，而"命运"是联系二者的桥梁。其中广义的命运（future）包括政治、社会、经济、文化、自然五个方面，狭义的命运（destiny）特指文化方面，人类—命运—共同体三个词汇之间相互支撑密切相关，这一自洽性使这一概念"堪称完美"。对此，人们一方面要更加"理直气壮"地应用这一理念去处理复杂的国际关系，将应对国际治理难题的中国方案发扬光大；另一方面，也要严格规范这一概念的使用，区分诸多相关概念与人类命运共同体的关系层次，维护这一概念的科学性和严肃性。

（三）现实分析：对世界历史"双重结构"的积极应对

2018 年习近平同志在马克思诞辰 200 周年纪念大会上提道："要学习实践马克思主义关于世界历史的思想，站在世界历史的高度审视当今世界发展趋势和面临的重大问题，同各国人民一道努力构建人类命运共同体。"① 那么世界历史理论对人们认识当前世界，对于构建人类命运共同体有哪些启示呢？20 世纪 90 年代初，随着苏联解体冷战结束，世界的基本政治单位有史以来第一次完全是由主权国家组成的。同时，世贸组织的成立打破了原本两个平行的世界市场，一个真正统一的、世界大市场形成，经济全球化达到新高度。在民族国家与全球化作用下，世界历史呈现"国际社会"和"全球社会"双重结构。在"国际社会"中主权国家是基本主体，对一切行为的价值判断以国家利益为最高准绳，综合国力决定一个国家在国际社会中的地位。"全球社会"特指为解决"全球共同问题"而形成的关系体系，"全球社会"包括国家，但从长远来看，各种形式超国家的非政府组织将发挥越来越大的作用。与世界历史"双重结构"相对应，我国坚持"韬光养晦、有所作为"的外交战略。一方面在国际社会韬光养晦，在确保国家利益不被侵犯的基础上，尽可能不在政治和军事等方面与别国，特别是西方发达国家发生直接的全面对抗，不在国际社会中争先和当头。另一方面争取在全球社会有所作为，尤其是积极加入 WTO 主动参与全球产业分工。"韬光养晦、有所作为"适应了世界历史"双重结构"，为我国发展赢得了良好的国际环境。

进入 21 世纪全球化呈现新的特征：一方面中国由当初的落后国跃升为世界第二大经济体，国际地位变化已不容许中国像之前一样"闷声发财"。另一方面从亚洲金融危机到全球金融危机；从 SARS 到"新冠病毒"，全球化在推动发展的同时也带来安全问题。面对全球化的变化与挑战，美国推行"本国优先"不断发起贸易战，甚至不惜与中国在各领域"脱钩"。与美国"逆全球化"霸权行径不同，我国于 2012 年党的十八大报告首次提出要倡导人类命运共同体意识，之后随着人类命运共同体内涵不断完善，在国际上的影响力也与日俱增，并被写入联合国相关决议中。人类命运共同体是应对"全球赤字"的中国方案，与"逆全球化"相比它具有以下几个特点。

1. 实践本体论建立多元联结

人类命运共同体以"世界历史"理论为基础，其内涵包括"持久和平、

---

① 习近平：《在纪念马克思诞辰 200 周年大会上的讲话》，载于《人民日报》2018 年 5 月 5 日。

普遍安全、共同繁荣、开放包容、清洁美丽"五个方面。它不是以单纯经济或文化的因素来解释社会，而是对社会生活进行总体的全面理解。在国际关系方面，相对于现实主义理论以物质为本体，坚持强权即真理；建构主义以观念为本体，寓世界和平于精神认同。人类命运共同体坚持实践本体促进物质与精神相统一，主观与客观相融合，经济、政治、文化、社会、生态并重，相较于单纯的权力、制度或者观念更有利于建立多元联结，维持国际社会的稳定性。

实践除了具有总体性特点之外还具有历史性和创造性。正如习近平同志2017年在联合国日内瓦总部的主旨演讲提到构建人类命运共同体要做到"五个坚持"，其中前两个就是坚持对话协商和共建共享。旨在通过"国际社会"主权国家之间的协商合作共同应对全球问题，共建"全球社会"。相较于美国始终将"全球社会"工具化以此来维持在"国际社会"的霸权，从而导致各种国际争端相对比，我国主张通过命运共同体的构建，实现"国际社会"与"全球社会"在"实践"基础上的统一，以"新全球化"代替"逆全球化"推动人类尽快摆脱困境，走向未来。

2. 整体认识（方法）论提升国际交往境界

人类命运共同体以实践为基础，在实践中不断开辟认识真理的道路，推动认识不断向更广、更深层次发展。从而为各国处理国际关系提供了新的认知和指导，开拓了国际交往和国际关系理论的新境界。（见表7-1）人类命运共同体内涵的五个方面与实践认识论中的人与自然、人与社会、人与自身关系的三个层面相对应。其中，在人与自然关系方面"否定"自然而又在更高层次上保护自然，克服"种族思维"而构建人与自然和谐共生的生命共同体；在人与社会关系方面反对将他人和他国工具化的"物意识"，以合作共赢代替博弈思维而构建利益共同体；在人与自身关系方面克服利己主义，构建起不同文明之间开放包容的责任共同体。从生命共同体到利益共同体再到责任共同体，世界各国维持国际合作的纽带从外在的生存威胁、功利计算到内在的利他主义和责任，境界层次不断提高，联系越来越紧密。尤其是人类命运共同体强调人类社会整体存在的意义，一定程度上纠正了"主流"国际关系理论对国家利益个体主义、工具主义的界定，肯定了国家利益内涵中应有的利他主义、价值理性成分。启迪人们关注人口、粮食、环境污染、恐怖主义等"人类整体危机"，有利于推动国际社会形成共识、加强互信、促进合作，采取共同措施维护人类整体利益。

表7-1 人类命运共同体概念的内在逻辑

理论基础		内涵		理念	
类哲学	人与自然	生态破坏	清洁美丽	生命共同体	人类命运共同体
	人与社会	核战争	持久和平	利益共同体	
		恐怖主义	普遍安全		
		保护主义	共同繁荣		
	人与自身	文明冲突	开放包容	责任共同体	

3. 超越价值论塑造新型国际关系

共同体的概念源自社会学，在国家内部共同体先于社会，社会是在共同体解体的基础上发展而来的。而在国际层面，国际共同体晚于国际社会，推动构建人类命运共同体体现了从国际社会向国际共同体发展的价值诉求。首先，在国际社会美国总是不断通过判定安全威胁以"打压不同"来维持国内政治认同和"世界领袖"的政治身份。与之相反，人类命运共同体强调协商一致，体现的是"和而不同"，尊重并维护国际社会制度、文化以及价值观层面的多样性。其次，与西方主导下的国际社会以战争形成规则，以战争建立秩序的路径不同，我国具有注重协调的思想传统；"天下"观念下各民族相互融合的丰富经验；尤其是近代以来从落后到追赶，从向西方学习到文化自觉，已经在很大程度上实现了中西融合。在当前西方基于权力、制度的理念、体系和模式越来越难以适应新的国际格局和时代潮流的背景下，人类命运共同体强调共商共建共享有利于克服以霸权为基础的旧全球化，建立基于价值认同的新型国际关系。所以从世界格局来看，现在全球化战略调整并非意味着全球化的终结而是以美国主导的全球化模式的终结。中国提出人类命运共同体理念构建新型国际关系，不是西方尤其是美国所担心的与之争夺世界霸主地位，而是从根本上超越霸权主导的旧秩序。为人类指引出一条跳出西方中心论，实现国际社会与全球社会相统一，应对国际社会无政府状态和强权政治的新前途。

四、中国是当今世界推动构建人类命运共同体的中流砥柱

（一）人类命运共同体要坚决维护国家利益

人类命运共同体自提出以来，很多学者将其与马克思"真正共同体"相等同。在此要对两者做出明确区分。直接讲，马克思认为"真正共同体"是相对于

虚假共同体来说的，而虚假的共同体在《德意志意识形态》中指的就是国家，因为国家宣称是普遍利益的代表，但实际上是阶级统治的工具，是剥削阶级压迫人民群众的手段。所以无产阶级要联合起来，消灭私有制，私有制消灭了那么作为阶级统治工具的国家也就消亡了。代替国家的将是解放了的全面的、自由的、普遍的人的联合，这种自由人的联合体才是"真正的共同体"。这时候的真正共同体也就是实现了人的类本质的"类体"，它是以生产力高度发达为基础的，因此"类体"所指的类是将来时意义上无差别的人类。与之对比，我们现在提出的人类命运共同体是针对当今人类社会来说的。当今人类社会，国家是国际法意义上的主体，是国内各种人群和公民利益的代表者和执行人。当今时代的人类命运共同体所强调的是如何正确对待和解决国家之间的各种利益关系。从这个角度讲人类命运共同体与"自由人联合体"是性质不同的两个社会历史范畴。[①] 尤其是对于国家的态度来说，"真正的共同体"前提是国家的消亡，而人类命运共同体就是为了处理国家关系提出来的。所以我们讲人类命运共同体，首要的就是要坚决维护国家利益，因为一个主权国家无论是什么政体与意识形态，对它来说，民族的国家的利益总是第一位的。正如 2013 年 1 月习近平在担任中共中央总书记后的第一次直接公开涉及外交政策的讲话中强调："我们要坚持走和平发展道路，但决不能放弃我们的正当权益，决不能牺牲国家核心利益。任何外国不要指望我们会拿自己的核心利益做交易，不要指望我们会吞下损害我国主权、安全、发展利益的苦果。"[②] 另一方面在当前霸权主义仍主宰国际社会的形势下，只有提升了国家利益，才能增强正义的反霸力量，才能更好地维护人类共同利益，从而为构建真正的共同体打下基础。

（二）人类命运共同体要发扬"新国际主义"

人类命运共同体面临最多的质疑就是"修昔底德陷阱"，外界担心中国崛起会对当前国际秩序产生威胁。而秩序就是对权力的管理，对相关行为体互动关系的安排。所以质疑的背后，实际上是对中国如何对待和运用自身权力问题的担忧，"权力困扰"是"修昔底德陷阱"的实质和根源。从时间上看，当前国际秩序是"二战"后"西方国家"内部的，以美国为中心的国际秩序不断向外扩展而来。这一开放的、以规则为基础的国际秩序保障了世界总体和平，大多数国家在这一秩序中实现了发展和繁荣。但这一秩序也延续了西方几百年以来在国际关

---

① 石云霞：《人类命运共同体与"自由人联合体"关系之思考》，载于《学校党建与思想教育》2018 年第 9 期。

② 习近平：《更好统筹国内国际两个大局夯实走和平发展道路的基础》，载于《人民日报》2013 年 1 月 30 日。

系方面的"等级体系",强国借助国际秩序维持等级体系的基本稳定,摄取利益,并希望能够一直保持对国际秩序的主导。如今随着新兴市场国家的成长,以及全球性挑战的涌现,西方主导的秩序面临各种赤字,很难再完全以西方式的范式来思考世界,世界需要一个参与性的全球政治秩序。可以说在一个权力分散的"网络化世界"或"多节点世界"中,国际社会的等级性结构逐渐被网络化结构取代。

纵观历史上的强国往往以争取"当老大"为导向,而中国采取以"互联互通"为导向。在以互联互通为导向的过程中,构建全球伙伴关系网络是重要一环,体现了中国外交对国际秩序"等级体系"的变革。2014年11月习近平在中央外事工作会议上提出,中国要在坚持不结盟原则的前提下广交朋友,形成遍布全球的伙伴关系网络,结盟是国际关系中的常见现象,而构建伙伴关系,就是要走出一条"对话而不对抗、结伴而不结盟"的新路。推进国际关系民主化,从而使这个世界更平等、更和谐、更安全。在伙伴关系理念指导下,人类命运共同体所要构建的"共同体"更具包容性,它不是以意识形态划分的阵营,也不是按照某种章程组成的国家间的同盟,而是以共同利益为纽带形成的一种特殊国际关系、一种代表新世界秩序的"关系性存在"。人类命运共同体不是实体,所以可以超越社会制度和意识形态差别,广泛凝聚共识,共同应对全球问题。马克思、恩格斯、列宁和毛泽东所倡导的国际主义指向社会主义社会在世界范围的普遍建立。而相较之下,人类命运共同体立足当下具体条件,在国家利益的基础上,寻求国际合作,主动承担国际责任和义务的观念正是无产阶级国际主义在新时代的体现,正是和平与发展时代的新国际主义。人类命运共同体以革新代替革命,以国际关系民主化代替等级体系,正如当初毛泽东将人民民主作为跳出"历史周期律"的答案。如今建立在伙伴关系基础上的人类命运共同体是化解"修昔底德"陷阱的必然选择。

(三)人类命运共同体要坚持道路自信

人类命运共同体的"命运"(Shared Future)指的是前途、方向和未来。当前人类社会主要有资本主义和社会主义两种社会制度,代表两种不同的发展方向。两种制度之间的关系也决定着世界历史的现状以及人类社会的未来。习近平同志强调"万物并育而不相害,道并行而不相悖"的理念,资本主义与社会主义有各自生存的土壤,二者之间可以长期共处。从现实来看,当前资本主义与社会主义制度具有许多类似之处,比如社会主义也具有市场经济,资本主义也注重宏观调控。两种制度之间表现出相通的特征,为此有学者提出趋同论的观点,寄希望于资本主义不断革新最终和平长入社会主义,甚至直接进入共产主义。但从历史趋向性来看,社会主义与资本主义的根本性质是不同的,前进的方向也不一样。在前进道路上有所交集，甚至是很长时间的共处与相互借鉴，但最终还是难免分道扬镳。马克思早就阐述了任何一种旧制度都不甘心主动退出历史舞台，资本主义私人占有生产资料的基本矛盾不会自动改变。最终只有通过社会革命，才能消灭资本主义社会制度，实现社会发展过程中的质变和飞跃，实现人类解放和建成真正的"自由人联合体"。

回望历史，当初资本主义取代封建主义经历了多次的反复，最终在工业革命推动下使资本主义一举奠定胜局；苏联成立之初面临着极为危险的国际环境，最终是借助第二次工业革命之机，实现快速发展而站稳了脚跟；冷战后期，苏联痛失好局转胜为败最根本也是因为僵化的体制难以适应信息时代的发展，失去竞争力而解体。如今，继蒸汽机时代、电气化时代、信息时代之后，人类社会正迎来生物时代。从好的方面讲，生物技术将极大提高粮食产量，缩减人类劳动时间；提高人口质量和寿命，为推动人的全面发展打下基础。从不好的方面来说，生物技术发展将可能带来潜在的社会风险，对其的防控也将体现社会主义社会化管理的优越性。正如生物学家弗里曼·戴森所说，21 世纪将是生物学的世纪，而生物学的世纪也将是社会主义凸显制度优势的时代。[①] 对此我们要有充分的制度自信和道路自信。

（四）人类命运共同体要保持战略理性和战略克制

推动构建人类命运共同体面临着诸多挑战，其中如何处理中美关系是重中之重。

而正如习近平同志所言："无论中国发展到哪一步，中国永不称霸，永不扩张，永不谋求势力范围，历史已经并将继续证明这一点。"[②] 在如今重要的十字关口，比战略选择更重要的就是保持战略克制，正如基辛格在《国际秩序》中所说"新型大国关系是规避历史上大国竞争悲剧"的唯一道路。2013 年 6 月，习近平在与时任美国总统奥巴马在美国加州举行的不打领带的"庄园会晤"中，曾用三句话来概括了大国关系的内涵：一是不对抗、不冲突，二是相互尊重，三是合作共赢。面对一个新世界，中美两国过去要靠"反对什么"走到一起，如今则需要更多从"建设什么"的角度化解分歧，凝聚共识，努力塑造中美关系的新格局。这需要超越前人的战略气度、历史远见、全球视野和政治智慧。

2018 年 4 月 8 日，习近平在会见联合国秘书长古特雷斯时强调："我们所做

---

① 高放：《马克思主义与社会主义新论》，黑龙江人民出版社 2007 年版。
② 习近平：《共同构建人类命运共同体》，载于《人民日报》2017 年 1 月 20 日。

的一切都是为人民谋幸福，为民族谋复兴，为世界谋大同。"① 为人民谋幸福和为民族谋复兴体现了家国情怀，而为世界谋大同所体现的正是天下视野和新时代的新国际主义。今天，我们积极参与全球治理，承担共治责任，争取和团结世界人民一道为构建人类命运共同体而努力，正是新时代家国与天下观的统一。历史和经验告诉人们，推动构建人类命运共同体需要战略理性，但也需要超越战略理性。

正如习近平2014年7月在韩国国立首尔大学的演讲中所说："'国不以利为利，以义为利也。'在国际合作中，我们要注重利，更要注重义。只有义利兼顾才能义利兼得，只有义利平衡才能义利共赢。"② 人类命运共同体是理念，凝结中西文明智慧结晶；人类命运共同体更是行动，要在"一带一路"建设、全球共同抗疫等中生动体现出来。面对前所未有大变局，轴心时代的继承人们需要携起手来去共创人类互联互通的新轴心时代，"道阻且长，行则将至，行而不辍，则未来可期"③。

---

① 《习近平会见联合国秘书长古特雷斯》，载于《人民日报》2018年4月9日。
② 习近平：《共创中韩合作未来同襄亚洲振兴繁荣》，载于《人民日报》2014年7月5日。
③ 习近平：《团结行动共创未来》，载于《人民日报》2021年10月31日。

参 考 文 献

（一）经典著作和重要文献

［1］马克思恩格斯文集（第 1～10 卷），人民出版社 2009 年版。

［2］列宁：《列宁全集》（第 26 卷），人民出版社 2017 年版。

［3］列宁：《列宁选集》（第 2 卷），人民出版社 2012 年版。

［4］列宁：《列宁专题文集　论马克思主义》，人民出版社 2009 年版。

［5］毛泽东：《毛泽东选集》（第 1 卷），人民出版社 1991 年版。

［6］毛泽东：《毛泽东文集》（第 2 卷），人民出版社 1993 年版。

［7］邓小平：《邓小平文选》（第 2 卷），人民出版社 1994 年版。

［8］邓小平：《邓小平文选》（第 3 卷），人民出版社 1993 年版。

［9］习近平：《摆脱贫困》，福建人民出版社 2014 年版。

［10］习近平：《决胜全面建成小康社会 夺取新时代中国特色社会主义伟大胜利——在中国共产党第十九次全国代表大会上的报告》，人民出版社 2017 年版。

［11］习近平：《论坚持党对一切工作的领导》，中央文献出版社 2019 年版。

［12］习近平：《论坚持全面深化改革》，中央文献出版社 2018 年版。

［13］习近平：《论坚持全面依法治国》，中央文献出版社 2020 年版。

［14］习近平：《论坚持推动构建人类命运共同体》，中央文献出版社 2018 年版。

［15］习近平：《习近平谈治国理政》（第一卷、第二卷、第三卷），外文出版社 2018 年版、2017 年版、2020 年版。

［16］习近平：《习近平总书记系列讲话精神学习读本》，中共中央党校出版社 2013 年版。

［17］习近平：《携手构建合作共赢、公平合理的气候变化治理机制》，人民出版社 2015 年版。

［18］习近平：《在纪念马克思诞辰 200 周年大会上的讲话》，人民出版社 2018 年版。

［19］习近平：《在庆祝改革开放 40 周年大会上的讲话》，人民出版社 2018年版。

［20］习近平：《在庆祝全国人民代表大会成立 60 周年大会上的讲话》，人民出版社 2014 年版。

［21］习近平：《在庆祝中国共产党成立 95 周年大会上的讲话》，人民出版社 2016 年版。

［22］习近平：《在深入推动长江经济带发展座谈会上的讲话》，人民出版社2018 年版。

［23］习近平：《在文艺工作座谈会上的讲话》，人民出版社 2015 年版。

［24］习近平：《在哲学社会科学工作座谈会上的讲话》，人民出版社 2016年版。

［25］习近平：《之江新语》，浙江人民出版社 2007 年版。

［26］新时代·新理论·新征程编写组：《新时代·新理论·新征程》，人民出版社 2018 年版。

［27］中共中央党史和文献研究院：《习近平关于"不忘初心、牢记使命"论述摘编》，中央文献出版社、党建读物出版社 2019 年版。

［28］中共中央党史和文献研究院：《十八大以来重要文献选编》（上），中央文献出版社 2014 年版。

［29］中共中央党史和文献研究院：《习近平扶贫论述摘编》，中央文献出版社 2018 年版。

［30］中共中央党史和文献研究院：《习近平关于总体国家安全观论述摘编》，中央文献出版社 2018 年版。

［31］中共中央党史研究室：《历史是最好的教科书——学习习近平同志关于党的历史的重要论述》，中共党史出版社 2014 年版。

［32］中共中央党校（国家行政学院）：《习近平新时代中国特色社会主义思想基本问题》，人民出版社 2020 年版。

［33］中共中央党校（国家行政学院）：《以习近平同志为核心的党中央治国理政新理念新思想新战略》，人民出版社 2017 年版。

［34］中共中央纪律检查委员会，中共中央文献研究室：《关于党风廉政建设和反腐败斗争论述摘编》，中央文献出版社 2015 年版。

［35］中共中央文献研究室：《改革开放三十年重要文献选编》上，人民出版社 2008 年版。

［36］中共中央文献研究室：《建国以来重要文献选编》（第九册），中央文献出版社 1994 年版。

［37］中共中央文献研究室：《毛泽东年谱》（1893－1949）（下），中央文献出版社 1993 年版。

［38］中共中央文献研究室：《十六大以来重要文献选编》（中），中央文献出版社 2006 年版。

［39］中共中央文献研究室：《十七大以来重要文献选编》（上），中央文献出版社 2009 年版。

［40］中共中央文献研究室：《习近平关于全面从严治党论述摘编》，中央文献出版社 2016 年版。

［41］中共中央文献研究室：《习近平关于全面深化改革论述摘编》，中央文献出版社 2014 年版。

［42］中共中央文献研究室：《习近平关于全面依法治国论述摘编》，中央文献出版社 2015 年版。

［43］中共中央文献研究室：《习近平关于社会主义社会建设论述摘编》，中央文献出版社 2017 年版。

［44］中共中央文献研究室：《习近平关于社会主义生态文明建设论述摘编》，中央文献出版社 2017 年版。

［45］中共中央文献研究室：《中国共产党简史》，中共党史出版社 2010 年版。

［46］中共中央文献研究室：《习近平关于社会主义政治建设论述摘编》，中央文献出版社 2018 年版。

［47］中共中央文献研究室：《习近平关于实现中华民族伟大复兴的中国梦论述摘编》，人民出版社 2013 年版。

［48］中共中央文献研究室：《习近平关于协调推进"四个全面"战略布局论述摘编》，人民出版社 2015 年版。

［49］中共中央宣传部：《习近平总书记系列讲话读本》，人民出版社 2016 年版。

［50］中共中央宣传部：《深入学习习近平关于教育的重要论述》，人民出版社 2019 年版。

［51］中共中央宣传部：《习近平新时代中国特色社会主义思想三十讲》，学习出版社 2018 年版。

［52］中共中央宣传部：《习近平新时代中国特色社会主义思想学习纲要》，学习出版社 2019 年版。

（二）学术著作

［1］陈潭：《大数据时代的国家治理》，中国社会科学出版社 2015 年版。

[2] 成龙:《新时代中国特色社会主义的思想逻辑研究》,人民出版社 2020年版。

[3] 董振华:《中国梦与中国精神》,人民出版社 2015 年版。

[4] 冯俊:《学习新思想》,人民出版社 2019 年版。

[5] 高放:《马克思主义与社会主义新论》,黑龙江人民出版社 2007 年版。

[6] 郭广银:《中国特色社会主义创新发展的探索与研究·2017》,人民出版社 2018 年版。

[7] 何毅亭:《新时代·新思想》,人民出版社 2020 年版。

[8] 卢黎歌:《新时代推进构建人类命运共同体研究》,人民出版社 2019 年版。

[9] 马俊峰:《马克思主义价值理论研究》,北京师范大学出版社 2012 年版。

[10] 马云志,郝相赟:《坚定中国特色社会主义的"四个自信"》,人民出版社 2017 年版。

[11] 孟东方:《"四个全面"战略布局的理论与实践研究》,人民出版社 2017 年版。

[12] 慎海雄:《习近平改革开放思想研究》,人民出版社 2018 年版。

[13] 王公龙:《构建人类命运共同体思想研究》,人民出版社 2019 年版。

[14] 魏礼群:《"四个全面":新布局新境界》,人民出版社 2015 年版。

[15] 谢春涛:《中国梦,我的梦》,人民出版社 2014 年版。

[16] 杨宏伟,王彦涛:《贯彻落实五大发展理念》,人民出版社 2017 年版。

[17] 周一兵:《中国方略:怎么看治国理政新理念·新思想·新战略》,人民出版社 2016 年版。

[18] 朱继东:《新时代党的意识形态思想研究》,人民出版社 2018 年版。

(三) 学术论文

[1] 曹泳鑫:《论习近平新时代中国特色社会主义思想的历史地位与研究视野》,载于《毛泽东邓小平理论研究》2018 年第 6 期。

[2] 曾瑞明:《新时代中国特色社会主义的社会革命逻辑》,载于《社会主义研究》2019 年第 6 期。

[3] 陈曙光:《"世界之问"与中国方案》,载于《马克思主义与现实》2019 年第 11 期。

[4] 陈曙光:《习近平新时代中国特色社会主义思想的几个重大理论判断》,载于《人民论坛》2019 年第 9 期。

[5] 陈曙光:《中国特色社会主义制度的伟大意义》,载于《马克思主义研究》2020 年第 12 期。

［6］陈曙光：《中国样本与21世纪马克思主义》，载于《马克思主义研究》2018年第11期。

［7］陈松友、李雪：《习近平新时代中国特色社会主义思想的理论特质》，载于《马克思主义研究》2018年第9期。

［8］邓纯东：《习近平新时代中国特色社会主义思想的本质特征》，载于《马克思主义研究》2018年第8期。

［9］范希春：《新时代新思想新境界——习近平新时代中国特色社会主义思想对马克思主义的创新性理论贡献》，载于《马克思主义研究》2020年第8期。

［10］方玉梅：《习近平新时代中国特色社会主义经济思想的逻辑理路——基于马克思主义政治经济学的分析框架》，载于《社会主义研究》2018年第12期。

［11］顾海良：《"三因"理念与思想政治理论课教学质量的提升——结合学习习近平总书记"7·26讲话"精神的体会》，载于《思想理论教育导刊》2017年第9期。

［12］顾海良：《基本经济制度新概括与中国特色社会主义政治经济学新发展》，载于《毛泽东邓小平理论研究》2020年第1期。

［13］顾海良：《历史视界　时代意蕴　理论菁华——习近平新时代中国特色社会主义思想研究》，载于《当代世界与社会主义》2017年第12期。

［14］顾海良：《习近平新时代中国特色社会主义经济思想与"系统化的经济学说"的开拓》，载于《马克思主义与现实》2018年第9期。

［15］顾海良：《习近平新时代中国特色社会主义思想的历史视界与当代意蕴》，载于《人民论坛》2017年第11期。

［16］顾海良：《新时代高校思想政治教育的理论指导和发展理念——学习习近平新时代中国特色社会主义思想》，载于《思想理论教育导刊》2018年第1期。

［17］顾海良：《新中国70年马克思主义中国化的思想历程和历史主题》，载于《红旗文稿》2019年第11期。

［18］韩庆祥、陈曙光：《中国特色社会主义新时代的理论阐释》，载于《中国社会科学》2018年第1期。

［19］韩庆祥、张健：《习近平治国理政思想的体系性》，载于《马克思主义与现实》2017年第1期。

［20］韩庆祥：《开辟当代中国马克思主义、21世纪马克思主义新境界——深读〈习近平谈治国理政〉》第三卷，载于《马克思主义研究》2020年第10期。

［21］韩庆祥：《全面深入把握习近平治国理政思想的十个重要方面》，载于《中国特色社会主义研究》2014年第12期。

［22］韩庆祥：《深化研究习近平新时代中国特色社会主义思想的十个重要

学理性问题》，载于《中共中央党校（国家行政学院）学报》2020 年第 1 期。

[23] 韩庆祥：《习近平新时代中国特色社会主义思想》，载于《科学社会主义》2017 年第 12 期。

[24] 韩庆祥：《习近平新时代中国特色社会主义思想的形成逻辑——党政干部关注的重大理论和现实问题（二）》，载于《中国党政干部论坛》2018 年第 2 期。

[25] 韩庆祥：《习近平新时代中国特色社会主义思想的原创性贡献》，载于《中共中央党校（国家行政学院）学报》2019 年第 6 期。

[26] 韩庆祥：《习近平新时代中国特色社会主义思想蕴含的马克思主义立场观点方法》，载于《毛泽东邓小平理论研究》2019 年第 3 期。

[27] 贺方彬：《论习近平新时代中国特色社会主义思想的世界视野》，载于《社会主义研究》2018 年第 4 期。

[28] 贺新春：《论习近平新时代中国特色社会主义思想的逻辑向度》，载于《马克思主义研究》2018 年第 5 期。

[29] 侯惠勤：《习近平新时代中国特色社会主义思想的哲学意蕴》，载于《马克思主义研究》2018 年第 5 期。

[30] 胡芳：《深刻把握新时代社会主义意识形态的科学内涵》，载于《马克思主义研究》2020 年第 7 期。

[31] 黄刚：《习近平新时代中国特色社会主义思想的"术语革命"与理论贡献》，载于《马克思主义研究》2020 年第 11 期。

[32] 姜辉：《"国情意识"：一切从实际出发》，载于《党建》2016 年第 9 期。

[33] 姜辉：《"中国之治"的制度优势》，载于《当代中国史研究》2020 年第 1 期。

[34] 姜辉：《创造性运用马克思主义世界观方法论认识解决中国发展问题》，载于《红旗文稿》2021 年第 1 期。

[35] 姜辉：《习近平治国理政思想的理论贡献——"五大问题"和"五大规律"》，载于《红旗文稿》2017 年第 7 期。

[36] 金民卿：《重大时代之问的系统回答——习近平新时代中国特色社会主义思想的发生逻辑》，载于《中国特色社会主义研究》2018 年第 6 期。

[37] 李君如：《实现民族复兴的行动指南——深入学习领会习近平新时代中国特色社会主义思想》，载于《毛泽东邓小平理论研究》2017 年第 11 期。

[38] 刘博：《习近平新时代中国特色社会主义思想的历史要素和时代主题》，载于《社会主义研究》2018 年第 10 期。

[39] 刘勇、王怀信：《论习近平新时代中国特色社会主义思想形成的五重

逻辑》，载于《社会主义研究》2018 年第 8 期。

[40] 马忠、安着吉：《把握习近平新时代中国特色社会主义思想精髓的历史维度》，载于《马克思主义研究》2019 年第 6 期。

[41] 秦德君：《习近平新时代中国特色社会主义思想实践性探析——兼论马克思主义科学理论的实践性》，载于《毛泽东邓小平理论研究》2020 年第 7 期。

[42] 秦刚：《习近平新时代中国特色社会主义思想对当今世界问题的深刻解答》，载于《马克思主义与现实》2020 年第 11 期。

[43] 秦书生、孙梅晓：《论习近平新时代中国特色社会主义思想的整体性》，载于《社会主义研究》2018 年第 6 期。

[44] 秦书生、张海波：《习近平新时代中国特色社会主义思想对科学社会主义的坚持与发展》，载于《社会主义研究》2020 年第 3 期。

[45] 秦宣：《习近平新时代中国特色社会主义思想的主题、内容和逻辑结构》，载于《马克思主义研究》2020 年第 4 期。

[46] 秦宣：《制度自觉、制度自信和制度创新——学习习近平总书记关于完善和发展中国特色社会主义制度的重要论述》，载于《中国特色社会主义研究》2014 年第 6 期。

[47] 石仲泉：《党的指导思想的历史性飞跃与习近平新时代中国特色社会主义思想》，载于《毛泽东邓小平理论研究》2017 年第 10 期。

[48] 宋效峰：《习近平新时代中国特色社会主义外交思想探析》，载于《社会主义研究》2018 年第 10 期。

[49] 孙建华、马焕兰：《习近平新时代中国特色社会主义思想的理论创新研究述论》，载于《毛泽东邓小平理论研究》2018 年第 8 期。

[50] 孙敬良、陈志：《论习近平新时代中国特色社会主义思想对共产党执政规律的深化》，载于《社会主义研究》2019 年第 6 期。

[51] 孙梅晓：《论习近平新时代中国特色社会主义思想整体性研究的出场语境》，载于《社会主义研究》2020 年第 10 期。

[52] 孙倩倩、岳伟：《论习近平新时代中国特色社会主义思想的整体性逻辑》，载于《社会主义研究》2020 年第 10 期。

[53] 田克勤、田天亮：《准确把握习近平新时代中国特色社会主义思想的内在逻辑》，载于《马克思主义研究》2019 年第 8 期。

[54] 王寿林：《习近平新时代中国特色社会主义思想的理论思考》，载于《中国特色社会主义研究》2017 年第 12 期。

[55] 王天义、朱鹏华：《习近平新时代中国特色社会主义经济思想的理论方位》，载于《毛泽东邓小平理论研究》2019 年第 1 期。

［56］王伟光：《当代中国马克思主义的最新理论成果——习近平新时代中国特色社会主义思想学习体会》，载于《中国社会科学》2017年第12期。

［57］王伟光：《全面准确把握习近平新时代中国特色社会主义思想关于文化的理论》，载于《马克思主义研究》2018年第1期。

［58］王新建、池忠军：《马克思主义整体性思维：习近平新时代中国特色社会主义思想的鲜明底色》，载于《社会主义研究》2020年第4期。

［59］王易、田雨晴：《习近平对培育和践行社会主义核心价值观的新贡献》，载于《马克思主义研究》2019年第11期。

［60］王永贵、刘希刚：《习近平新时代中国特色社会主义思想理论创新的四个维度》，载于《毛泽东邓小平理论研究》2018年第11期。

［61］王永贵：《深刻把握习近平新时代中国特色社会主义思想的三个维度》，载于《马克思主义与现实》2018年第11期。

［62］王治东：《试论习近平新时代中国特色社会主义思想实践品格的内在生成逻辑》，载于《毛泽东邓小平理论研究》2020年第7期。

［63］吴家华：《唯物辩证法是深刻领会习近平新时代中国特色社会主义思想的根本方法》，载于《马克思主义研究》2019年第8期。

［64］吴家庆、陈德祥：《论习近平新时代中国特色社会主义思想对马克思主义的原创性贡献》，载于《马克思主义研究》2019年第7期。

［65］吴新文：《新思想引领新时代——论习近平新时代中国特色社会主义思想对中华民族伟大复兴的意义》，载于《毛泽东邓小平理论研究》2018年第2期。

［66］肖贵清、田桥：《人民主体地位：习近平治国理政思想的核心理念》，载于《思想理论教育》2016年第12期。

［67］肖贵清、田桥：《习近平治国理政思想的逻辑主线和框架结构》，载于《中国特色社会主义研究》2017年第2期。

［68］肖贵清：《习近平新时代中国特色社会主义思想的重大意义》，载于《中共中央党校学报》2017年第12期。

［69］肖贵清：《习近平新时代中国特色社会主义思想对科学社会主义创新和发展的四重维度》，载于《思想理论教育》2018年第9期。

［70］肖贵清：《习近平新时代中国特色社会主义思想体系的建构逻辑》，载于《求索》2021年第1期。

［71］肖贵清：《习近平新时代中国特色社会主义制度建设思想论析》，载于《马克思主义理论学科研究》2018年第4期。

［72］肖唤元、秦龙：《习近平意识形态思想的四重特征》，载于《马克思主义研究》2018年第7期。

［73］肖巍、韩欲立、林青、任帅军：《从世界社会主义发展史看习近平新时代中国特色社会主义思想的意义》，载于《毛泽东邓小平理论研究》2018年第2期。

［74］辛向阳：《从习近平的"三问"看中国特色社会主义的发展》，载于《中国特色社会主义研究》2016年第1期。

［75］辛向阳：《论习近平的大局观》，载于《理论探讨》2021年第3期。

［76］辛向阳：《习近平全面深化改革思想的鲜明特征》，载于《探索》2014年第10期。

［77］辛向阳：《习近平社会主义政治建设思想探析》，载于《前线》2018年第5期。

［78］辛向阳：《习近平新时代中国特色社会主义思想的历史哲学性》，载于《学习论坛》2018年第9期。

［79］辛向阳：《习近平治国理政思想的历史唯物主义基础》，载于《思想理论教育导刊》2017年第4期。

［80］辛向阳：《习近平总书记系列重要讲话与马克思主义中国化》，载于《中共浙江省委党校学报》2017年第3期。

［81］燕连福：《习近平新时代中国特色社会主义思想的生成与发展》，载于《马克思主义研究》2020年第12期。

［82］杨守明：《论习近平新时代中国特色社会主义思想的全球化意蕴》，载于《社会主义研究》2019年第6期。

［83］杨卫、郑佳：《关于习近平新时代中国特色社会主义经济思想研究几个问题的思考》，载于《毛泽东邓小平理论研究》2018年第8期。

［84］张雷声：《21世纪马克思主义中国化的真理力量》，载于《人民论坛》2017年第11期。

［85］张雷声：《论习近平新时代中国特色社会主义经济思想的理论创新》，载于《马克思主义理论学科研究》2018年第4期。

［86］张雷声：《习近平国家治理思想的中国智慧》，载于《教学与研究》2016年11月。

［87］张雷声：《习近平新时代经济建设论论纲》，载于《马克思主义与现实》2019年第9期。

［88］张雷声：《新时代中国经济发展的理论创新——学习习近平关于经济高质量发展的重要论述》，载于《理论与改革》2020年第9期。

［89］章忠民、王树人：《以中国化马克思主义的整体性原则指导哲学社会科学繁荣发展》，载于《思想理论教育》2016年第12期。

［90］章忠民：《加强习近平新时代中国特色社会主义思想的整体性研究》，载于《马克思主义研究》2017 年第 11 期。

［91］章忠民：《加强习近平治国理政思想的整体性研究》，载于《马克思主义研究》2016 年第 10 期。

［92］周文、方茜：《从中华人民共和国发展史看习近平新时代中国特色社会主义思想的意义》，载于《毛泽东邓小平理论研究》2018 年第 2 期。

［93］邹洋：《国外关于习近平新时代中国特色社会主义思想研究综述》，载于《社会主义研究》2018 年第 12 期。

后 记

　　本书是教育部哲学社会科学重大课题攻关项目"习近平新时代中国特色社会主义思想研究"（18JZD001）的最终成果。

　　本书参与撰写者包括：

　　章忠民（撰写导论章，并负责全书最后统稿）

　　徐家林（撰写第一章）

　　张桂芳（撰写第二章）

　　裴学进（撰写第四章）

　　刘慧卿（撰写第七章第二节，并参与第七章第一、四节统稿）

　　刘洋（撰写第六章第一、二节，并参与第二章统稿）

　　姜国敏（撰写第三章，并参与全书统稿）

　　孙鹏（撰写第五章）

　　张孟雯（撰写第六章第三、四节，并参与第一章统稿）

　　李亚丁（撰写第七章第三节）

　　王世进（撰写第七章第一节）

　　赵劲（撰写第七章第四节）

教育部哲学社會科学研究重大課題攻関項目成果出版列表

序号	书 名	首席专家
1	《马克思主义基础理论若干重大问题研究》	陈先达
2	《马克思主义理论学科体系建构与建设研究》	张雷声
3	《马克思主义整体性研究》	逄锦聚
4	《改革开放以来马克思主义在中国的发展》	顾钰民
5	《新时期 新探索 新征程 ——当代资本主义国家共产党的理论与实践研究》	聂运麟
6	《坚持马克思主义在意识形态领域指导地位研究》	陈先达
7	《当代资本主义新变化的批判性解读》	唐正东
8	《当代中国人精神生活研究》	童世骏
9	《弘扬与培育民族精神研究》	杨叔子
10	《当代科学哲学的发展趋势》	郭贵春
11	《服务型政府建设规律研究》	朱光磊
12	《地方政府改革与深化行政管理体制改革研究》	沈荣华
13	《面向知识表示与推理的自然语言逻辑》	鞠实儿
14	《当代宗教冲突与对话研究》	张志刚
15	《马克思主义文艺理论中国化研究》	朱立元
16	《历史题材文学创作重大问题研究》	童庆炳
17	《现代中西高校公共艺术教育比较研究》	曾繁仁
18	《西方文论中国化与中国文论建设》	王一川
19	《中华民族音乐文化的国际传播与推广》	王耀华
20	《楚地出土戰國簡册［十四種]》	陈 伟
21	《近代中国的知识与制度转型》	桑 兵
22	《中国抗战在世界反法西斯战争中的历史地位》	胡德坤
23	《近代以来日本对华认识及其行动选择研究》	杨栋梁
24	《京津冀都市圈的崛起与中国经济发展》	周立群
25	《金融市场全球化下的中国监管体系研究》	曹凤岐
26	《中国市场经济发展研究》	刘 伟
27	《全球经济调整中的中国经济增长与宏观调控体系研究》	黄 达
28	《中国特大都市圈与世界制造业中心研究》	李廉水

序号	书　名	首席专家
29	《中国产业竞争力研究》	赵彦云
30	《东北老工业基地资源型城市发展可持续产业问题研究》	宋冬林
31	《转型时期消费需求升级与产业发展研究》	臧旭恒
32	《中国金融国际化中的风险防范与金融安全研究》	刘锡良
33	《全球新型金融危机与中国的外汇储备战略》	陈雨露
34	《全球金融危机与新常态下的中国产业发展》	段文斌
35	《中国民营经济制度创新与发展》	李维安
36	《中国现代服务经济理论与发展战略研究》	陈　宪
37	《中国转型期的社会风险及公共危机管理研究》	丁烈云
38	《人文社会科学研究成果评价体系研究》	刘大椿
39	《中国工业化、城镇化进程中的农村土地问题研究》	曲福田
40	《中国农村社区建设研究》	项继权
41	《东北老工业基地改造与振兴研究》	程　伟
42	《全面建设小康社会进程中的我国就业发展战略研究》	曾湘泉
43	《自主创新战略与国际竞争力研究》	吴贵生
44	《转轨经济中的反行政性垄断与促进竞争政策研究》	于良春
45	《面向公共服务的电子政务管理体系研究》	孙宝文
46	《产权理论比较与中国产权制度变革》	黄少安
47	《中国企业集团成长与重组研究》	蓝海林
48	《我国资源、环境、人口与经济承载能力研究》	邱　东
49	《"病有所医"——目标、路径与战略选择》	高建民
50	《税收对国民收入分配调控作用研究》	郭庆旺
51	《多党合作与中国共产党执政能力建设研究》	周淑真
52	《规范收入分配秩序研究》	杨灿明
53	《中国社会转型中的政府治理模式研究》	娄成武
54	《中国加入区域经济一体化研究》	黄卫平
55	《金融体制改革和货币问题研究》	王广谦
56	《人民币均衡汇率问题研究》	姜波克
57	《我国土地制度与社会经济协调发展研究》	黄祖辉
58	《南水北调工程与中部地区经济社会可持续发展研究》	杨云彦
59	《产业集聚与区域经济协调发展研究》	王　珺

序号	书　名	首席专家
60	《我国货币政策体系与传导机制研究》	刘　伟
61	《我国民法典体系问题研究》	王利明
62	《中国司法制度的基础理论问题研究》	陈光中
63	《多元化纠纷解决机制与和谐社会的构建》	范　愉
64	《中国和平发展的重大前沿国际法律问题研究》	曾令良
65	《中国法制现代化的理论与实践》	徐显明
66	《农村土地问题立法研究》	陈小君
67	《知识产权制度变革与发展研究》	吴汉东
68	《中国能源安全若干法律与政策问题研究》	黄　进
69	《城乡统筹视角下我国城乡双向商贸流通体系研究》	任保平
70	《产权强度、土地流转与农民权益保护》	罗必良
71	《我国建设用地总量控制与差别化管理政策研究》	欧名豪
72	《矿产资源有偿使用制度与生态补偿机制》	李国平
73	《巨灾风险管理制度创新研究》	卓　志
74	《国有资产法律保护机制研究》	李曙光
75	《中国与全球油气资源重点区域合作研究》	王　震
76	《可持续发展的中国新型农村社会养老保险制度研究》	邓大松
77	《农民工权益保护理论与实践研究》	刘林平
78	《大学生就业创业教育研究》	杨晓慧
79	《新能源与可再生能源法律与政策研究》	李艳芳
80	《中国海外投资的风险防范与管控体系研究》	陈菲琼
81	《生活质量的指标构建与现状评价》	周长城
82	《中国公民人文素质研究》	石亚军
83	《城市化进程中的重大社会问题及其对策研究》	李　强
84	《中国农村与农民问题前沿研究》	徐　勇
85	《西部开发中的人口流动与族际交往研究》	马　戎
86	《现代农业发展战略研究》	周应恒
87	《综合交通运输体系研究——认知与建构》	荣朝和
88	《中国独生子女问题研究》	风笑天
89	《我国粮食安全保障体系研究》	胡小平
90	《我国食品安全风险防控研究》	王　硕

序号	书　名	首席专家
91	《城市新移民问题及其对策研究》	周大鸣
92	《新农村建设与城镇化推进中农村教育布局调整研究》	史宁中
93	《农村公共产品供给与农村和谐社会建设》	王国华
94	《中国大城市户籍制度改革研究》	彭希哲
95	《国家惠农政策的成效评价与完善研究》	邓大才
96	《以民主促进和谐——和谐社会构建中的基层民主政治建设研究》	徐　勇
97	《城市文化与国家治理——当代中国城市建设理论内涵与发展模式建构》	皇甫晓涛
98	《中国边疆治理研究》	周　平
99	《边疆多民族地区构建社会主义和谐社会研究》	张先亮
100	《新疆民族文化、民族心理与社会长治久安》	高静文
101	《中国大众媒介的传播效果与公信力研究》	喻国明
102	《媒介素养：理念、认知、参与》	陆　晔
103	《创新型国家的知识信息服务体系研究》	胡昌平
104	《数字信息资源规划、管理与利用研究》	马费成
105	《新闻传媒发展与建构和谐社会关系研究》	罗以澄
106	《数字传播技术与媒体产业发展研究》	黄升民
107	《互联网等新媒体对社会舆论影响与利用研究》	谢新洲
108	《网络舆论监测与安全研究》	黄永林
109	《中国文化产业发展战略论》	胡惠林
110	《20世纪中国古代文化经典在域外的传播与影响研究》	张西平
111	《国际传播的理论、现状和发展趋势研究》	吴　飞
112	《教育投入、资源配置与人力资本收益》	闵维方
113	《创新人才与教育创新研究》	林崇德
114	《中国农村教育发展指标体系研究》	袁桂林
115	《高校思想政治理论课程建设研究》	顾海良
116	《网络思想政治教育研究》	张再兴
117	《高校招生考试制度改革研究》	刘海峰
118	《基础教育改革与中国教育学理论重建研究》	叶　澜
119	《我国研究生教育结构调整问题研究》	袁本涛 王传毅
120	《公共财政框架下公共教育财政制度研究》	王善迈

序号	书 名	首席专家
121	《农民工子女问题研究》	袁振国
122	《当代大学生诚信制度建设及加强大学生思想政治工作研究》	黄蓉生
123	《从失衡走向平衡：素质教育课程评价体系研究》	钟启泉 崔允漷
124	《构建城乡一体化的教育体制机制研究》	李 玲
125	《高校思想政治理论课教育教学质量监测体系研究》	张耀灿
126	《处境不利儿童的心理发展现状与教育对策研究》	申继亮
127	《学习过程与机制研究》	莫 雷
128	《青少年心理健康素质调查研究》	沈德立
129	《灾后中小学生心理疏导研究》	林崇德
130	《民族地区教育优先发展研究》	张诗亚
131	《WTO 主要成员贸易政策体系与对策研究》	张汉林
132	《中国和平发展的国际环境分析》	叶自成
133	《冷战时期美国重大外交政策案例研究》	沈志华
134	《新时期中非合作关系研究》	刘鸿武
135	《我国的地缘政治及其战略研究》	倪世雄
136	《中国海洋发展战略研究》	徐祥民
137	《深化医药卫生体制改革研究》	孟庆跃
138	《华侨华人在中国软实力建设中的作用研究》	黄 平
139	《我国地方法制建设理论与实践研究》	葛洪义
140	《城市化理论重构与城市化战略研究》	张鸿雁
141	《境外宗教渗透论》	段德智
142	《中部崛起过程中的新型工业化研究》	陈晓红
143	《农村社会保障制度研究》	赵 曼
144	《中国艺术学学科体系建设研究》	黄会林
145	《人工耳蜗术后儿童康复教育的原理与方法》	黄昭鸣
146	《我国少数民族音乐资源的保护与开发研究》	樊祖荫
147	《中国道德文化的传统理念与现代践行研究》	李建华
148	《低碳经济转型下的中国碳排放权交易体系》	齐绍洲
149	《中国东北亚战略与政策研究》	刘清才
150	《促进经济发展方式转变的地方财税体制改革研究》	钟晓敏
151	《中国—东盟区域经济一体化》	范祚军

序号	书　名	首席专家
152	《非传统安全合作与中俄关系》	冯绍雷
153	《外资并购与我国产业安全研究》	李善民
154	《近代汉字术语的生成演变与中西日文化互动研究》	冯天瑜
155	《新时期加强社会组织建设研究》	李友梅
156	《民办学校分类管理政策研究》	周海涛
157	《我国城市住房制度改革研究》	高　波
158	《新媒体环境下的危机传播及舆论引导研究》	喻国明
159	《法治国家建设中的司法判例制度研究》	何家弘
160	《中国女性高层次人才发展规律及发展对策研究》	佟　新
161	《国际金融中心法制环境研究》	周仲飞
162	《居民收入占国民收入比重统计指标体系研究》	刘　扬
163	《中国历代边疆治理研究》	程妮娜
164	《性别视角下的中国文学与文化》	乔以钢
165	《我国公共财政风险评估及其防范对策研究》	吴俊培
166	《中国历代民歌史论》	陈书录
167	《大学生村官成长成才机制研究》	马抗美
168	《完善学校突发事件应急管理机制研究》	马怀德
169	《秦简牍整理与研究》	陈　伟
170	《出土简帛与古史再建》	李学勤
171	《民间借贷与非法集资风险防范的法律机制研究》	岳彩申
172	《新时期社会治安防控体系建设研究》	宫志刚
173	《加快发展我国生产服务业研究》	李江帆
174	《基本公共服务均等化研究》	张贤明
175	《职业教育质量评价体系研究》	周志刚
176	《中国大学校长管理专业化研究》	宣　勇
177	《"两型社会"建设标准及指标体系研究》	陈晓红
178	《中国与中亚地区国家关系研究》	潘志平
179	《保障我国海上通道安全研究》	吕　靖
180	《世界主要国家安全体制机制研究》	刘胜湘
181	《中国流动人口的城市逐梦》	杨菊华
182	《建设人口均衡型社会研究》	刘渝琳
183	《农产品流通体系建设的机制创新与政策体系研究》	夏春玉

序号	书　名	首席专家
214	《现代归纳逻辑理论及其应用研究》	何向东
215	《时代变迁、技术扩散与教育变革：信息化教育的理论与实践探索》	杨　浩
216	《城镇化进程中新生代农民工职业教育与社会融合问题研究》	褚宏启 薛二勇
217	《我国先进制造业发展战略研究》	唐晓华
218	《融合与修正：跨文化交流的逻辑与认知研究》	鞠实儿
219	《中国新生代农民工收入状况与消费行为研究》	金晓彤
220	《高校少数民族应用型人才培养模式综合改革研究》	张学敏
221	《中国的立法体制研究》	陈　俊
222	《教师社会经济地位问题：现实与选择》	劳凯声
223	《中国现代职业教育质量保障体系研究》	赵志群
224	《欧洲农村城镇化进程及其借鉴意义》	刘景华
225	《国际金融危机后全球需求结构变化及其对中国的影响》	陈万灵
226	《创新法治人才培养机制》	杜承铭
227	《法治中国建设背景下警察权研究》	余凌云
228	《高校财务管理创新与财务风险防范机制研究》	徐明稚
229	《义务教育学校布局问题研究》	雷万鹏
230	《高校党员领导干部清正、党政领导班子清廉的长效机制研究》	汪　曣
231	《二十国集团与全球经济治理研究》	黄茂兴
232	《高校内部权力运行制约与监督体系研究》	张德祥
233	《职业教育办学模式改革研究》	石伟平
234	《职业教育现代学徒制理论研究与实践探索》	徐国庆
235	《全球化背景下国际秩序重构与中国国家安全战略研究》	张汉林
236	《进一步扩大服务业开放的模式和路径研究》	申明浩
237	《自然资源管理体制研究》	宋马林
238	《高考改革试点方案跟踪与评估研究》	钟秉林
239	《全面提高党的建设科学化水平》	齐卫平
240	《"绿色化"的重大意义及实现途径研究》	张俊飚
241	《利率市场化背景下的金融风险研究》	田利辉
242	《经济全球化背景下中国反垄断战略研究》	王先林

序号	书　名	首席专家
243	《中华文化的跨文化阐释与对外传播研究》	李庆本
244	《世界一流大学和一流学科评价体系与推进战略》	王战军
245	《新常态下中国经济运行机制的变革与中国宏观调控模式重构研究》	袁晓玲
246	《推进21世纪海上丝绸之路建设研究》	梁　颖
247	《现代大学治理结构中的纪律建设、德治礼序和权力配置协调机制研究》	周作宇
248	《渐进式延迟退休政策的社会经济效应研究》	席　恒
249	《经济发展新常态下我国货币政策体系建设研究》	潘　敏
250	《推动智库建设健康发展研究》	李　刚
251	《农业转移人口市民化转型：理论与中国经验》	潘泽泉
252	《电子商务发展趋势及对国内外贸易发展的影响机制研究》	孙宝文
253	《创新专业学位研究生培养模式研究》	贺克斌
254	《医患信任关系建设的社会心理机制研究》	汪新建
255	《司法管理体制改革基础理论研究》	徐汉明
256	《建构立体形式反腐败体系研究》	徐玉生
257	《重大突发事件社会舆情演化规律及应对策略研究》	傅昌波
258	《中国社会需求变化与学位授予体系发展前瞻研究》	姚　云
259	《非营利性民办学校办学模式创新研究》	周海涛
260	《基于"零废弃"的城市生活垃圾管理政策研究》	褚祝杰
261	《城镇化背景下我国义务教育改革和发展机制研究》	邬志辉
262	《中国满族语言文字保护抢救口述史》	刘厚生
263	《构建公平合理的国际气候治理体系研究》	薄　燕
264	《新时代治国理政方略研究》	刘焕明
265	《新时代高校党的领导体制机制研究》	黄建军
266	《东亚国家语言中汉字词汇使用现状研究》	施建军
267	《中国传统道德文化的现代阐释和实践路径研究》	吴根友
268	《创新社会治理体制与社会和谐稳定长效机制研究》	金太军
269	《文艺评论价值体系的理论建设与实践研究》	刘俐俐
270	《新形势下弘扬爱国主义重大理论和现实问题研究》	王泽应

序号	书　名	首席专家
271	《我国高校"双一流"建设推进机制与成效评估研究》	刘念才
272	《中国特色社会主义监督体系的理论与实践》	过　勇
273	《中国软实力建设与发展战略》	骆郁廷
274	《坚持和加强党的全面领导研究》	张世飞
275	《面向2035我国高校哲学社会科学整体发展战略研究》	任少波
276	《中国古代曲乐乐谱今译》	刘崇德
277	《民营企业参与"一带一路"国际产能合作战略研究》	陈衍泰
278	《网络空间全球治理体系的建构》	崔保国
279	《汉语国际教育视野下的中国文化教材与数据库建设研究》	于小植
280	《新型政商关系研究》	陈寿灿
281	《完善社会救助制度研究》	慈勤英
282	《太行山和吕梁山抗战文献整理与研究》	岳谦厚
283	《清代稀见科举文献研究》	陈维昭
284	《协同创新的理论、机制与政策研究》	朱桂龙
285	《数据驱动的公共安全风险治理》	沙勇忠
286	《黔西北濒危彝族钞本文献整理和研究》	张学立
287	《我国高素质幼儿园园长队伍建设研究》	缴润凯
288	《我国债券市场建立市场化法制化风险防范体系研究》	冯　果
289	《流动人口管理和服务对策研究》	关信平
290	《企业环境责任与政府环境责任协同机制研究》	胡宗义
291	《多重外部约束下我国融入国际价值链分工战略研究》	张为付
292	《政府债务预算管理与绩效评价》	金荣学
293	《推进以保障和改善民生为重点的社会体制改革研究》	范明林
294	《中国传统村落价值体系与异地扶贫搬迁中的传统村落保护研究》	郝　平
295	《大病保险创新发展的模式与路径》	田文华
296	《教育与经济发展：理论探索与实证分析》	杜育红
297	《宏观经济整体和微观产品服务质量"双提高"机制研究》	程　虹
298	《构建清洁低碳、安全高效的能源体系政策与机制研究》	牛东晓
299	《水生态补偿机制研究》	王清军
300	《系统观视阈的新时代中国式现代化》	汪青松
301	《资本市场的系统性风险测度与防范体系构建研究》	陈守东

序号	书　名	首席专家
302	《加快建立多主体供给、多渠道保障、租购并举的住房制度研究》	虞晓芬
303	《中国经济潜在增速的测算与展望研究》	卢盛荣
304	《决策咨询制度与中国特色新型智库建设研究》	郑永年
305	《中国特色人权观和人权理论研究》	刘志刚
306	《新时期中国海洋战略研究》	徐祥民
307	《发达国家再工业化对中国制造业转型升级的影响及对策研究》	刘建江
308	《新时代教育工作目标研究》	卢黎歌
309	《传统中国之治的历史与逻辑》	彭新武
310	《共建"一带一路"国家多语种、共享型经济管理数据库建设研究》	司　莉
311	《农地三权分置的理论与实践研究》	刘守英
312	《马克思主义中国化新飞跃论纲》	章忠民
	……